Rudolf M. Lüscher und Werner Schweizer

Amalie und Theo Pinkus – De Sassi
Leben im Widerspruch

Rudolf M. Lüscher und Werner Schweizer

Amalie und Theo Pinkus – De Sassi
Leben im Widerspruch

Mitarbeit von Urs Rauber, Iris Maier und
Willy Nabholz

Limmat Verlag Genossenschaft
Zürich

© 1987 by Limmat Verlag Genossenschaft, Zürich
ISBN 3 85791 129 8

Inhalt

Wie das Buch entstanden ist

Dieses Buch hat eine fast zehnjährige Geschichte hinter sich. Ein Lebensbericht über Amalie und Theo Pinkus: das durfte nicht eine leichtfertig geschriebene Standardbiografie sein, keine Parteigeschichte, auch keine Familiensaga. Das war allen klar, die in irgendeiner Form an dieser Publikation mitgewirkt haben. Wir wollten dieses Buch gemeinsam mit Amalie und Theo erarbeiten, weil dies den Umgangsformen entspricht, die beide zeit ihres Lebens pflegten. Es sollte kein Monolog, sondern ein kritisches und solidarisches Gespräch über das öffentliche und private Leben der zwei Alt-Linken werden. Dass dem Werk jedoch fast unüberwindbare zeitliche, personelle, finanzielle und andere Schwierigkeiten erwachsen sollten, hat niemand vorausgeahnt – am wenigsten die beiden Hauptpersonen. Das war gut so. Denn wie bei so mancher politischen Aktivität – vor allem bei solchen, in die einen Theo verwickelt – hätten sonst wohl die meisten von uns die Finger davon gelassen. Andererseits war es aber gerade die Lebendigkeit, Spontaneität und Herzlichkeit Amalies und Theos, die uns Beteiligte bis zum Schluss mitmachen liess. Für mich, der ich die ganze Entstehungsgeschichte miterlebt habe, hat diese Biografie alles in allem auch heute noch nichts von ihrer Faszination und Aktualität eingebüsst.

Schon anfangs 1979 hatten einige Berliner Freunde das Projekt einer Festschrift zu Theos 70. Geburtstag lanciert. Geplant war damals ein vierteiliges Buch mit einem biografischen Interview, einer Sammlung von «Zeitdienst»-Artikeln von athp (Kürzel für: Amalie & Theo Pinkus), einer Selbstdarstellung der wichtigsten «Pinkus-Institutionen» (Buchhandlung, Studienbibliothek, Salecina, alter Limmat Verlag, Zeitdienst). Und als Krönung hatten sich die damaligen Herausgeber/innen eine Serie von Prominentenbeiträgen aus der Feder von Wolfgang Abendroth, Max Frisch, Herbert Marcuse, Robert Jungk und anderen zum Thema «revolutionäre Infrastruktur» gewünscht. Diese Festschrift scheiterte aus verschiedenen Gründen –

nicht zuletzt wegen ihres akademischen Charakters, der dem Lebenswerk Amalies und Theos kaum entsprochen hätte. Übrig blieben aus der Konkursmasse dieses Unternehmens ein knapp 150-seitiges biografisches Interview, das ich mit Theo und Amalie in den Monaten März bis Mai 1979 geführt hatte, und einige kürzere Schweizer Beiträge, die eher die beiden Personen als die «revolutionäre Infrastruktur» ins Zentrum rückten. Diese Einzelbeiträge wurden in einer Zeitdienst-Sondernummer vom 31. August 1979 veröffentlicht, die Theo diesmal noch etwas eifriger kolportierte als sonst schon.

Im Winter 1979/80 setzte die Limmat Verlag Genossenschaft eine Arbeitsgruppe ein, die auf der Grundlage des damals vorliegenden Interviews nochmals ausführliche Gespräche über einzelne Lebensabschnitte und besonders interessierende Fragen führen sollte. Ihr gehörten neben den beiden Porträtierten Iris Maier, Pierre Bachofner, Willy Nabholz und der Schreibende an. Im Laufe dieser Zusammenkünfte, meist in der «alten» Studienbibliothek an der Wildbachstrasse, später immer häufiger in der Pinkus-Wohnung am Besenrain, vertieften und differenzierten sich vor unseren Augen allmählich die zwei verschiedenen Lebensgeschichten. Viele Fragen an Theo und Amalie waren auch Fragen zu unserer eigenen politischen Praxis und Weltanschauung. Statt Antworten resultierten aus den oft hitzigen Diskussionen neue Fragestellungen. Der Berg an Tonbändern wuchs, der Zeitaufwand für die Abschriften an freien Abenden und Wochenenden nahm zu. Amalies gute Tessiner Küche und Theos hausgemachte Dessert-Strudel sorgten zwar für unser Wohlbefinden. Dennoch drohte der Gruppe angesichts immer neuer von Theo ausgegrabener Tagebücher und unter dem Wust unerledigter Arbeiten nach einem Jahr der Kollaps.

Im Januar 1981 stiess Rudolf Lüscher, zuerst als «Schreiber» im Auftragsverhältnis, dann aber immer mehr als Mitgestalter und eingreifender Redaktor zur «Arbeitsgruppe Pinkus-Biografie». In den gut zwei Jahren bis zu seiner Erkrankung und seinem jähen Tod Ende März 1983 war Ruedi zweifellos der spiritus rector unserer Erinnerungsarbeit. Seine eigenwillige und kreative Verarbeitung des Lebensberichtes, der Gruppendiskussionen und einer umfangreichen Literatur zeugt von intensiver Auseinandersetzung insbesondere mit Theos Vergangenheit. Seine Arbeit an der Biografie ist leider Fragment geblieben – sie bildet den ersten Teil dieses Buches. Und manches, das wir mit ihm noch hätten diskutieren wollen, musste unfertig bleiben oder weggelassen werden. Mit Ruedi Lüscher haben wir nicht nur den produktivsten Kopf der Gruppe, sondern auch einen liebenswerten Freund und Mitstreiter verloren.

Als neuer «Schreiber» anerbot sich im Herbst 1983 Werner Schweizer zur Fertigstellung des Buches. Er hielt sich enger an Manuskript- und Gesprächsvorlagen, doch auch er hat den Text mit Zusatzrecherchen bereichert. Insbesondere hat er die Lebensgeschichte und die Erfahrungen von Amalie stärker berücksichtigt. Dazu konnte er unter anderem auf ein umfangreiches Interview zurückgreifen, das Frauen der FBB (Zürich) mit Amalie geführt und in der Juli/September-Nummer 1981 der «Frauezitig» veröffentlicht haben. Zwei Jahre vor Ende der Arbeit zog sich Iris Maier aus beruflichen Gründen zurück, so dass die Kerngruppe, neben Amalie und Theo, zeitweise auf zwei bis vier Personen zusammenschmolz. Ganz undenkbar wäre dieses Buch ohne die punktuelle Mitarbeit alter und junger Mitkämpferinnen und Mitkämpfer gewesen; in grösserem oder kleinerem Kreis führten wir mehrere Gesprächsabende durch. So mit Mitgliedern des «Freibund» (Helen Keller, Hilde Steinemann, Willi Bertschi, Marianne Kater) und der Naturfreunde (Emmy Bühler-Bek, Albert Georgi, Hans Hermann, Hans Welti), mit «Achtundsechzigern» (Ruedi Enderli, Franz Heiniger, Götz Perll, Helen Pinkus-Rymann, Vreni Voiret), mit Leuten aus der linken Infrastruktur (Jürg Frischknecht, Ruth Wysseier, Markus Bürgi), mit einzelnen Pinkus-Freunden und Mitarbeitern (Otto Böni, Stefan Kurella, Anna Ratti) sowie mit Moritz De Sassi und André Pinkus. In ihren Erzählungen und Diskussionen spiegelte sich nicht nur das Leben der beiden Hauptpersonen, sondern die Geschichte mehrerer politischer Generationen hierzulande. Wer Theos Erzählkunst kennt, weiss, dass ihm (fast) keine politische Allianz fremd und kein grosser Name zu prominent ist, um sie oder ihn für seine politischen Ziele einzuspannen. So wurde sein Lebensbericht, der oft in die grossen weltpolitischen Schilderungen abzuheben drohte, durch manchen konkreten Beitrag Aussenstehender und durch die Auswertung von Briefen und Tagebüchern auf den Boden des unspektakulären Alltags zurückgeholt.

Wenn das vorliegende Buch nun schliesslich als Stückwerk, von wechselnden Personen mitgestaltet, zustande gekommen ist, entspricht dies jener von Theo Pinkus entwickelten «Theorie der wechselnden Verkehrsmittel» auf dem Weg zum Sozialismus. Ein kritischer Vorbehalt ist allerdings angebracht: Was im fertigen Buch – vor allem im zweiten Teil – als fast ununterbrochene «Erzählung» von Theo und Amalie erscheint, ist in Wirklichkeit Resultat einer sich über Jahre hinziehenden Auseinandersetzung mit den beiden, beziehungsweise mit ihrer Biografie. Die reinen Informationsfragen nach dem was, wann, wie, wo, warum wichen bald streitbaren Diskussionen über Sinn und Bedeutung einzelner Handlungen. Fragen nach Brüchen in der Biografie wurden ebenso gestellt wie die Glaubwürdigkeit von Überzeugungen hinterfragt wurde. Die Moskauer Prozesse 1936–1938, die Treue zur Partei, die Einschätzung der sozialistischen Gesellschaften, aber auch die Fragen der Geschlechter-Emanzipation und des Verhältnisses zwischen Privatleben und politischer Arbeit waren solche Problemkreise, die Anlass anregender und mitunter harter Debatten wurden. So wurde auf Theos Wunsch hin manche starke mündliche Formulierung geglättet (er würde sagen: «differenziert»), während Amalies Erzählungen stärker in der ursprünglichen Unmittelbarkeit belassen wurden. Dennoch haben wir versucht, Widersprüche, wo sie nicht auflösbar waren, und farbige Formulierungen stehen zu lassen. Beim unvermeidlichen Ringen mit dem Verlag um Kürzung ist der Prozesscharakter dieser Biografie teilweise geopfert worden. Was wir als Mitarbeiter und Herausgeber bedauern, können wir der Lesefreundlichkeit zuliebe akzeptieren. Das Endprodukt kann dennoch als durchaus authentischer Text von Theo und Amalie gelten.

Zum Wesen dieser Doppelbiografie gehört auch, dass die eine Person in ihrer Bescheidenheit den Sinn eines so umfangreichen Memoirenwerkes immer wieder in Zweifel stellte, während die andere in ihrem unermüdlichen politischen Aktivitätsdrang alle Grenzen zu sprengen drohte. So brachte Theo bis zum Schluss immer wieder neue Vorschläge, was «unbedingt noch in die Biografie hinein muss». So könne man doch, meinte er unlängst, einen Zeitdienst-Artikel über ihre China-Reise im März 1987 quasi als Nachwort anhängen. Und seine und Amalies Stellungnahme «zu den heutigen Vorgängen in der Sowjetunion unter Gorbatschow» (Stand Juni 1987) dürfe auch nicht fehlen. Denn – so Theo – diese Ereignisse würden doch eigentlich ihre Hoffnungen bestätigen, die sie seit 1917 auf die Oktoberrevolution gesetzt hätten. Und dies sei schliesslich die beste Antwort auf die Frage, weshalb er immer noch Optimist sei... Lieber Theo, wir meinen, dass Ihr mit Eurer lebendigen Praxis Antworten auf manche Fragen geliefert habt, bevor sie überhaupt gestellt wurden. Wenn andererseits nach Erscheinen dieses Buches bei einigen Leserinnen und

Lesern in Bezug auf Pinkus & Co. dennoch nicht alles restlos geklärt sein sollte – so bist Du ja auch in Zukunft gerne bereit, bei allen möglichen Seminarien, Ausstellungseröffnungen und Medieninterviews zwischen Salecina und Falster, Mailand, Dresden und Amsterdam Dich entsprechend zu Wort zu melden.

Was uns und viele von denen, die mit Theo und Amalie eine zeitlang zusammengearbeitet haben, beeindruckt, ist ihr ungebrochener – einige sagen: sturer – Einsatz für die als richtig erkannten Ziele und für die Benachteiligten dieser Gesellschaft: für die Frauen, die arbeitenden Menschen, die Jugendlichen, die Ausländerinnen und Ausländer. Ihr Wirken ist auch für jene glaubwürdig, die ihre politische Haltung nicht in allen Punkten teilen, da sie beide ihre sozialistischen Überzeugungen konsequent in die tägliche Praxis umsetzen. Dieses Engagement während sechs Jahrzehnten ist trotz vieler Niederlagen getragen von einem unverwüstlichen Optimismus – mit dem sie auch politische Weggefährten immer wieder verblüffen – und einer oft spitzbübischen Heiterkeit. Alle individual-psychologischen Erklärungsversuche auf die Frage, warum denn die beiden bald Achtzigjährigen noch so viel herumreisen und an praktisch jeder linken Demonstration in Zürich teilnehmen (müssen), versagen vor Theos ebenso simpler wie treffender Antwort: «Wir sind eben so gesund, weil wir so aktiv sind.»

Die redaktionelle Schlussbearbeitung des Buches lag in den Händen einer Arbeitsgruppe des Limmat Verlages, der Markus Bürgi, Peter Morf und Jean-Pierre Müller angehörten. Das Rohmanuskript von Ruedi Lüscher wurde zusätzlich von Bettina Heintz, Hans Ulrich Reck und Pierre Bachofner betreut. Beata Stieger hat das ganze Manuskript lektoriert. Ihnen und allen anderen erwähnten Mitarbeiterinnen und Mitarbeitern möchten die Herausgeber herzlich danken. Unser Dank geht aber auch an mehr als ein halbes Dutzend ungenannt sein wollender Spenderinnen und Spender, die durch ihre namhafte materielle Unterstützung zum Zustandekommen dieses Buches beigetragen haben.

Zürich, im Juli 1987   Urs Rauber

1909–1934:
Verfasst von Rudolf M. Lüscher

Jugend

Brosamen und Vermutungen, 1909–1927

Anfangen müssten wir lange bevor Paul Theodor Pinkus am 21. August 1909 in Zürich zur Welt kam. Aber über die Vorgeschichte, die Geschichte seiner Eltern, Grosseltern, der Ahnen, haben wir wenig herausgefunden.

Gegen Ende des vorigen Jahrhunderts handelte Grossvater Adolf Pinkus in der schlesischen Stadt Breslau mit Seidengarn. Das Geschäft lief gut. Er heiratete die Tochter des Oberrabbiners von Schlesien. Am 13. August 1881 kam Lazar Felix Pinkus, Theos Vater, zur Welt.

Am 5. September, auch in Breslau, wurde Theos Mutter, Else Flatau geboren. Ihr Vater, Louis Flatau, handelte hier seit etwa 1880 mit Wein. Als Zwanzigjähriger war er nach Amerika ausgewandert, nach einigen Jahren auf Wunsch seiner Mutter aber wieder nach Schlesien zurückgekehrt. Hier heiratete er die siebzehnjährige Cerline Placek. Die Familien Flatau und Pinkus kannten einander; Felix und Else waren gemeinsam in der Tanzstunde. Später trennten sich ihre Wege.

Felix Pinkus schrieb sich um die Jahrhundertwende an der Universität Breslau für Nationalökonomie und Naturwissenschaften ein. Sein wichtigster akademischer Lehrer war der Wirtschaftswissenschaftler und Soziologe Werner Sombart. Später verliess Felix Breslau und immatrikulierte sich in Bern. Dort promovierte er mit der Arbeit «Die moderne Judenfrage. Von den Grundlagen der jüdischen Wirtschaftsgeschichte und des Zionismus.»

Ein recht kühnes Unterfangen, kaum geeignet, eine unauffällige akademische Karriere einzuleiten. Aber Felix Pinkus war kein unauffälliger, stiller Gelehrter. Theo erinnert sich: «Mein Vater war an der Beschaffung von Waffen für den Selbstschutz der russischen Juden beteiligt, das muss um 1903 gewesen sein. Er hielt damals auch enge Kontakte zu russischen Revolutionären in Bern und lernte Russisch.»

Familienbild, um 1900, Pinkus Väterlicherseits. Felix Pinkus ganz links, in der Mitte seine Mutter, neben ihr Theos Grossvater.

Dr. Felix L. Pinkus

In jene Jahre fällt der erste Aufschwung der zionistischen Bewegung. Theodor Herzls «Judenstaat» war 1896 erschienen und hatte sehr schnell grossen Widerhall in der europäischen jüdischen Intelligenz gefunden. Die Anfänge waren hart; Chaim Weizmann, später Israels erster Staatspräsident, bemerkte: «Man muss nicht verrückt sein, um Zionist zu sein. Aber es hilft.» Felix Pinkus reihte sich unter die Verrückten ein. Am 6. Zionistischen Weltkongress, 1904 in Basel, war er der Sekretär Theodor Herzls. Und jetzt wird auch klar, wie Theo Pinkus zu seinem Rufnamen gekommen ist.

Felix Pinkus gehörte dem Allgemeinen Zionistenverband an, der bürgerlich-liberalen Dachorganisation, die Herzls Ziele vertrat. Als sich die zionistische Bewegung politisch polarisierte, rückte Felix Pinkus in die Nähe der sozialistischen Poale Zion (aus der sich nach zahlreichen Spaltungen die Mapai, der sozialdemokratische Flügel der israelischen Arbeiterbewegung bilden sollte).

Über die nächsten Jahre wissen wir nur, dass Felix Pinkus als Journalist arbeitete und zum Theater wollte. 1907 stellte ihn das Stadttheater Lindau als Dramaturgen ein. Im Ensemble fand er Else Flatau wieder.

Else Flatau war gegen den entschiedenen Widerstand ihrer Familie zum Theater gegangen und nach Berlin gezogen. Bei Max Reinhardt hatte sie Schauspielunterricht genommen, einmal stand sie mit Frank Wedekind – in «Frühlings Erwachen» – auf der Bühne. Dazu meint Theo: «Als Schauspielerin hatte sich meine Mutter ganz dem Naturalismus zugewandt. Gerhart Hauptmann, Arno Holz und so weiter. Als junges Mädchen hatte sie Beziehungen zum Friedrichshagener Kreis um Bruno Wille. Dieser Kreis bezog seinen Namen von einem Berliner Vorort, in dem viele Künstler und Literaten lebten, die zum grössten Teil der Sozialdemokratie nahestanden.»

In dieser Zeit lernte Else Flatau auch die Dichterin Else Lasker-Schüler kennen, mit der die Familie Pinkus-Flatau jahrzehntelang befreundet blieb. Der achtzehnjährige, schon entschieden kommunistisch orientierte und an «bürgerlicher» Kultur nicht mehr eben leidenschaftlich interessierte Theo besuchte 1927 eine Lesung der Lasker-Schüler und notiert am 27. Februar in sein Tagebuch:

Sprach Else Lasker-Schüler nach der Lesung einen Moment. Sie las Gedichte, einige herrlich, mit teilweise zu scharfer Stimme. Aber an ihr ist nichts Mache. So merkwürdig alles bei Else Lasker-Schüler sein kann, nichts ist geschwindelt, alles aus ihrem Herzen.

Am 19. März 1908 hatten Else Flatau und Felix Pinkus geheiratet. Sie erhielten sehr bald ein gemeinsames Engagement nach Zürich, ans Volkstheater. Else Flatau sollte tragende Rollen spielen, Felix Pinkus die Dramaturgie übernehmen. Die beiden verliessen Lindau, mieteten eine Wohnung in Zürich und freuten sich auf die erste Inszenierung. Dazu ist es nie gekommen. Das Volkstheater ging in Konkurs, bevor das Theatergebäude fertiggestellt war. Immerhin fand Else Flatau ein Engagement am Central-Theater, das Boulevardstücke aufführte. Felix Pinkus blieb eine Weile arbeitslos und kam dann als Lehrer am Privatgymnasium Minerva unter.

Am 21. August 1909 kam Theo zur Welt. Else Flatau verliess das Central-Theater. Sie hat nie wieder Theater gespielt. Aber sie wirkte noch Jahrzehnte als Rezitatorin, hielt Lesungen im Schwurgerichtssaal. In Serien von fünf bis sechs Abenden hielt sie Vorträge über die Geschichte der Lyrik. Sie war in Zürich ziemlich bekannt. Unter ihrem Mädchennamen hat sie auch selbst Gedichte und Feuilletons veröffentlicht und Radiovorträge gehalten.

Felix Pinkus wechselte 1910 als Redakteur zur Schweizerischen Zeitschrift für Jugenderziehung. Beliebt hat er sich mit seiner Arbeit nicht gemacht; für das damalige Schweizer Bildungsklima verfocht er allzu liberale Ansichten. So traute er sich, die Frage, ob Lehrerinnen verheiratet sein dürften, mit Ja zu beantworten. Das ging zu weit. Dass ein Ausländer sie vertrat, gar ein Jude, machte die Sache nicht besser. Der Basler Lehrer und Schriftsteller Dominik Müller publizierte einen Brandartikel gegen den Verfall der Schweizer Pädagogik: «Von Pestalozzi bis Pinkus».

Den Verfall der Schweizer Pädagogik aufzuhalten, ist Müller nicht gelungen. Felix Pinkus blieb Redakteur und verlor seine Stelle erst, als die Zeitschrift 1914 einging. Er wechselte zur Wirtschaftszeitung «Economist» und blieb dort bis 1918 Redakteur. Zusammen mit dem, was die Vortragstätigkeit der Mutter einbrachte, hatte die Familie ein gesichertes Einkommen.

Zumindest in liberalen Kreisen stand Felix Pinkus in vortrefflichem Ansehen, wie Anfang des Weltkrieges auch die Bundespolizei feststellen musste. Ihrem Versuch, «einem Pinkus» auf die Sprünge zu kommen, den sie neutralitätsfeindlicher Aktivitäten verdächtigte, schob der damalige Vorsteher des Justizdepartements, Regierungsrat Wettstein, persönlich einen Riegel:

Ihre Anfrage über einen ‹Pinkus› in Zürich kann ich Ihnen dahin beantworten, dass ich Herrn Dr. Felix Pinkus, um den es sich hier zweifellos handelt, persönlich genau kenne. Er ist übrigens als Redakteur und Schriftsteller seit langem auch weitern Kreisen bekannt (...) Er ist schon seit Jahren in Zürich ansässig, Schweizerbürger (ursprünglich Deutscher), hat letzten Herbst aus Pflichtengefühl gegen sein neues Vaterland noch die Rekrutenschule mitgemacht und erfreut sich der besten Achtung in den hiesigen Kreisen. (...) Irgendein Verdacht der Spionage würde ihm gegenüber jeder Berechtigung entbehren.

Es herrschten also geordnete Verhältnisse; freilich keine üppigen.

Die Familie wohnte an der Hochstrasse 65, nahe der Kirche Fluntern, dort, wo der Zürichberg sein grossbürgerliches Flair verliert. Theo erinnert sich: «Neben Villen gab es dort auch Mietshäuser mit zum Teil proletarischen Bewohnern. Das Haus war ziemlich kaputt. Vor ihm standen die zwei grössten Bäume Zürichs, zwei riesige Mammutbäume. Sie brauchten so viel Wasser, dass der Keller, so weit ich mich zurückerinnern kann, immer unter Wasser stand. Das war für uns Kinder natürlich sehr interessant, und noch interessanter war: im Garten stand ein Stück alter Wald. Das Haus selber hatte an der Rückseite einen riesigen Spalt, durch den man den ganzen Arm stecken konnte. So etwas gab es in andern Häusern nicht. Im untern Stock wohnte eine Arbeiterfamilie; mit ihren Kindern haben wir unsere Kindheit verbracht.»

Kurz nachdem die Familie Pinkus 1924 in eine Zürichbergvilla umgezogen war, liess der Besitzer des Mietshauses die Mammutbäume fällen. Der fünfzehnjährige Theo notierte in sein Tagebuch:

Bin heute am Bienenheim vorbeigegangen. Fürchterlich sieht das aus. Ohne die Bäume so kalt, so kahl. Wie dieser Mensch, der Besitzer, die Bäume abhauen konnte. Geld, alles wegen dem Geld. Es ist mir ganz weh geworden, als ich diese Verwüstungen sah.

Am 26. Februar 1916 war Theos Schwester Miriam zur Welt gekommen. Theo scheint sich nicht über sie gefreut zu haben; über Miriam erzählt er wenig. In den Tagebüchern des Sechzehnjährigen finden sich ein paar gehässige Sätze, aber ein sechzehnjähriger Bruder, der auf eine neunjährige Schwester aufpassen soll, wird sich öfters ärgern.

Miriam ärgerte mich durch eingerollte Locken, so eitel. [7.8.26]
Abends beim Nachtessen war Miriam frech zu mir, ich ärgerlich. Mama

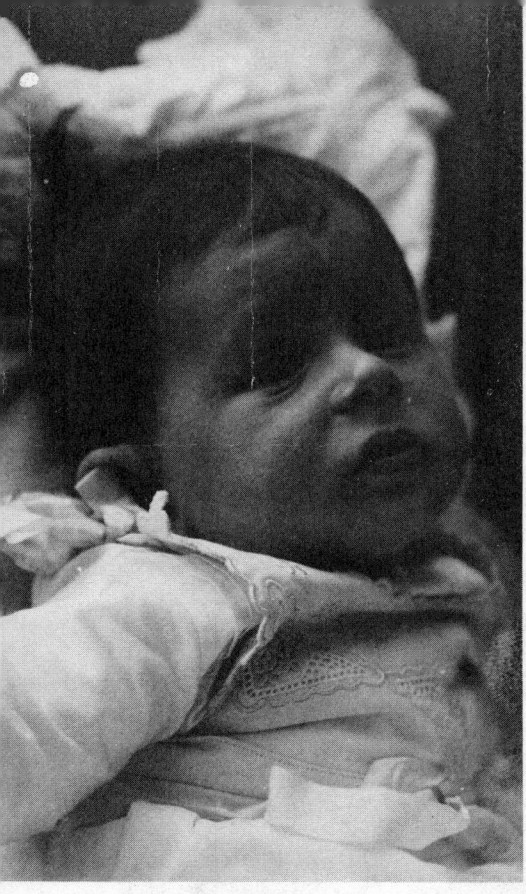

Theo, 5 Monate alt. Seine Mutter, Else Pin-
kus-Flatau, fotographierte akribisch jeden
Entwicklungsschritt ihres Sprösslings.
Dr. Felix L. Pinkus

Baumspenden für Palästina. Spende eines
Freundes von Felix Pinkus an den Zionistenverband, gezeichnet auf den Namen des Erstgeborenen Theo, 1909.

Theo als «doppelter Patriot»: In der Hand die Schweizerfahne, vor der Zionistenfahne.

ärgerte sich über mich, dumme Worte von meiner Seite, Aufregung von Mama, und das Krächlein war da. Unrecht habe natürlich ich. [27.8.26]

...überlege mir und erwähnte es auch Mama gegenüber, wie man Miriam etwas weniger kapitalistisch beeinflussen könnte, auch Lektüre etc. Kann dazu nicht viel machen. Entwicklung ist da abzuwarten.
[13.12.26]

Auch über das Familienleben ist von Theo nicht viel zu hören. Felix Pinkus, soviel wird man annehmen dürfen, war nicht oft zu Hause. Neben seiner Arbeit als Redakteur war er weiter aktiv in der zionistischen Bewegung; der Zionistenbund Zürich wählte ihn zum Präsidenten. Mit dem Freund Chaim Weizmann, mit Nahum Sokolov und anderen Zionistenführern beteiligte er sich an den Verhandlungen mit der britischen Regierung, die ihren Abschluss in der «Balfour-Deklaration» vom 2. November 1917 fanden. 1918 liess Felix Pinkus bei Orell Füssli die Broschüre «Von der Gründung des Judenstaates» erscheinen.

Im gleichen Jahr wechselte er von der Redaktion ins Kontor; das Einkommen war zwar gesichert gewesen, aber nicht splendid, und an wissenschaftliche und literarische Arbeit war nicht zu denken. Daher beschloss Felix Pinkus, Unternehmer zu werden und so schnell wie möglich genug Vermögen anzuhäufen, um dann die Geschäftswelt wieder verlassen und als Privatgelehrter leben zu können. Als anerkannter Finanzjournalist fand er leicht eine befristete Arbeit, die ihm den Schritt ins Finanzunternehmertum erleichtern konnte: er wurde 1920 zum Liquidator der zusammengekrachten Zürcher Depositenbank berufen. 1922 war die Liquidation erfolgreich beendet. Felix Pinkus hatte eine Reihe von Kontakten gewonnen, darunter einen Draht zu Hugo Simon, Bankier, Mitglied der USPD und kurze Zeit Finanzminister der preussischen Regierung. Simon war es auch, der Felix Pinkus zur Gründung eines eigenen Finanzgeschäfts ermutigte und allem Anschein nach auch erhebliches Kapital in die Gründung einbrachte. Über die Geschicke des Finanzgeschäfts hat Theo nichts zu berichten, ihn interessiert allenfalls der – «befreiende» – Konkurs im Herbst 1927. Theo hasste «das Geschäft», bald einmal aus politischen Gründen, zuerst aber, weil es die Familie zerriss. Der Vater war immer auf Reisen: Berlin, Paris, London, Amsterdam, Konstantinopel. Zuhause fand er wenig Zeit für Theo, grämte sich um den schlechten Geschäftsgang, die Gläubiger wurden unruhig, und der Tag, an dem Felix Pinkus reich und ruhig hätte aussteigen können, rückte immer

23

«Bienenheim»

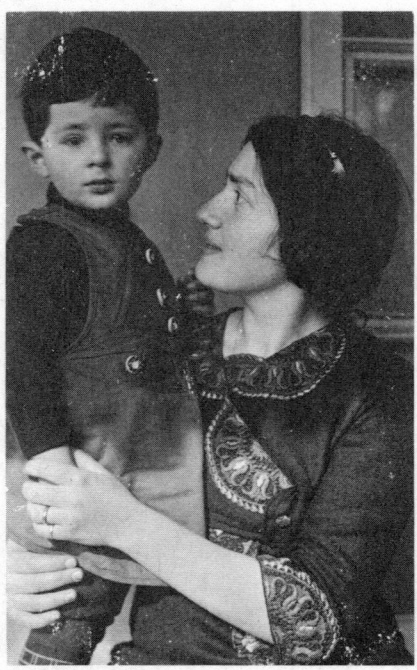

Else Flatau mit Theo

Felix Pinkus mit Theo

weiter in die Ferne, der Zusammenbruch immer schneller immer näher; die Zwischenzeit musste mit panischem Luxus überbrückt werden:

[Mama] weiss jetzt, wie Papa ungeheuer verschwendet hat. Sie weiss, wie er sich in Paris immer betäuben wollte, von einer boîte zur andern. Sie wollte ihm keine Vorhaltungen machen. Jetzt erfährt man, dass man trotz der aufreibenden Arbeit seit zwei Jahren keinen Rappen verdient hat, sondern eigentlich immer von dem fremden (schwarzen) Geld der Herren Meier, Heckler etc. gelebt habe.

Was ein Gläubiger Verschwendung nennen wird, mag dem Unbeteiligten ein freundlicheres Wort wert sein, wenn nicht der Champagner in Pariser Nachtlokalen, dann wenigstens die Bibliothek, von der ein Gläubiger giftig bemerkte, sie sei *das einzige Aktivum bei uns oben.*

Der junge Theo tat sich mit der Verschwendung wohl so schwer, weil er erst richtig in ihren Genuss kam, als er sich schon politisiert hatte:

Heute zum ersten Male Kaviar gegessen, aparter Sozialist.

Den Smoking, den er selbstverständlich geschenkt bekam, scheint er ungern und möglichst selten getragen zu haben, die Ferien im Pariser «Royal Monceau» waren ihm ein wenig peinlich. Nur am Haus war nichts auszusetzen, obwohl es durchaus bankiergemäss angelegt war. Die vorbeugenden Massnahmen gegen härtere Zeiten, die Else Flatau ergriff, haben Theo offensichtlich beeindruckt: «1924 konnten meine Eltern auf dem Zürichberg, an der Susenbergstrasse 10, eine Villa bauen. Das Land kostete damals 20 Fr./qm, der Hausbau vielleicht 100000 Franken. Das Haus war so projektiert – eine Idee meiner Mutter –, dass ein Teil als Wohnung mit zwei grossen Zimmern, Bad, WC und Hinterräumen für etwa 200 Fr. im Monat hätte vermietet werden können, falls das nötig würde.»

Als es nötig geworden wäre, machten 200 Franken Monatsmiete auch keinen Unterschied mehr; die Villa verschwand in der Konkursmasse, Felix Pinkus setzte sich nach Albanien ab, Theo ging nach Berlin, Miriam nach Breslau, Else Flatau hielt die Stellung. In Berlin, 1931, kam die Familie wieder zusammen.

Bei dem unbürgerlichen Bürgertum, in das Theo hineinwuchs, und aus dem er – wie seine Eltern – zugleich hinaustrat und hinausfiel, lohnt es sich wohl, ein wenig zu verweilen: Der Mann Nationalökonom, Dramaturg, Redakteur, Bankier, Bankrotteur; die Frau Schauspielerin, Rezitatorin-Journalistin-Hausfrau, beide dem assimilationswilligen jüdischen Bürgertum Preussens entsprungen, beide bemüht, einen bankiergemässen Lebensstil mit einer «liberalsozialidealistischen» Weltanschauung zu verbinden (das abschätzige Wort stammt vom jungen Theo) – wie kommt das zusammen?

Den bürgerlichen Lebensweisen, die die Grosseltern ausgebildet hatten, entwanden sich schon die Eltern. Alles, was sie ausprobierten, schlägt bürgerlichen Haltungen ins Gesicht: Verwicklung in Verschwörungen, zionistische Politik, Theaterarbeit, Fäden zur Bohème; nichts davon gehört sich. Unstät hätte man solche Lebenshaltung früher genannt, und der Bankier Felix Pinkus hat das Unstäte bis in den bürgerlichen Tod vorangetrieben; hat nicht, wie es sich schickt, Geld akkumuliert, sondern Geld – dazu noch fremdes – verschwendet. Schon seine Phantasie wirkt leicht anrüchig: ein Finanzgeschäft eröffnet man nicht, um es möglichst schnell meistbringend zu verkaufen und Privatgelehrter zu werden, ein Finanzgeschäft ist eine Lebensaufgabe. Es fehlte an Solidität, und das kann, zumal in der Schweiz, nur böse enden.

Ostjüdische Überlieferungen kennen den «Luftmenschen»; Geld hat er nie, Projekte immer, und er fristet sein Überleben von der Spanne zwischen kreditwürdigem Traum und wirklicher Pleite. Das Leben des Luftmenschen ist nicht frei gewählt; es spielt sich in der unaufhörlich gefährdeten Nische ab, die eine zutiefst judenfeindliche Kultur den Juden provisorisch anweist. Es gibt auch den intellektuellen Luftmenschen, und auch für sein Auftreten findet sich eine einfache gesellschaftliche Erklärung: für den intellektuellen Juden sind auch nur Provisorien vorgesehen. Im wilhelminischen Deutschland konnte ein Jude beispielsweise nicht Professor werden. Es ist also eine nicht eben untypische jüdische Intellektuellenlaufbahn, die mit der mehr oder weniger freiwilligen Wanderung ins Schweizer Exil beginnt, im Exil zum «verrückten» zionistischen Projekt findet und parallel dazu zum «verbrecherischen» Projekt des Sozialismus. Der exilierte preussische Jude bleibt, auch mit einem Schweizer Schriftenempfangsschein in der Tasche, dreifach exiliert: als «Papiirlischwizer», als linksliberaler Intellektueller, als zionistischer Jude. Er lebt provisorisch. Auch und gerade als Financier. Mag die Schweiz auch das Land der Bankenfreiheit sein, die Hüter dieser Freiheit achten darauf, wen sie in deren Genuss kommen lassen, und wen sie nur auf Zusehen hin mitspielen lassen: wer die Kastanien aus dem Feuer holt, und wer sie verzehrt. Luftgeschäfte sind für Luftmenschen; wenn etwas an einer Sache ist, wird

Else und Felix Pinkus beim Tonhalle-Maskenball, verkleidet als Sowjetstern und Grosskapitalist, ca. 1923.

sie sich schon in solidere Hände überführen lassen. Wenn nicht, kommt das SchKG (Schuldbetreibungs- und Konkursgesetz) zur Anwendung.

Was dem Luftmenschen am ehesten offensteht, sind Kunst und Wissenschaft. Sie sind vergleichsweise wenig blut-, boden- und rassebewusst. Aber auch sie bieten keinen verlässlichen Aufenthalt: Kunst ist brotlos, und die Wissenschaft ausserhalb der – nur begrenzt zugänglichen – Akademie unseriös. Wer sie betreiben will und nicht nur ihre Ergebnisse konsumieren, bleibt im bürgerlichen Exil. Ein Bankier mag ein Freund der Künste sein; Kunst zu produzieren sind andere berufen. Bleibt ein Zwischenbereich zwischen ordentlicher Arbeit und Kunst: der Journalismus. In diesem Bereich versammeln sich die Luftmenschen. Dass ihnen gelegentlich der Wechsel – oft der provisorische Wechsel – in die andern Bereiche gelingt, ist wahr; wahr ist auch, dass die Rückfälle häufig sind. Felix Pinkus ist immer wieder beim Journalismus gelandet.

Mit der bürgerlichen Integration der Familie Pinkus-Flatau war es nicht weit her, auch wenn sich Felix Pinkus mit steifem Hut und dunklem Anzug in sein Büro begab. Umso bunter, wohl auch verwirrender, die kulturellen, politischen, wirtschaftlichen Szenen und Reize, die sich im Hause Pinkus vermischten und zusammenprallten: Ein Haushalt, in dem an einem Abend Chaim Weizmann vorbeischaut, am andern Else Lasker-Schüler und an einem dritten ein erfolgreicher Händler, der seine Gewinne einmal spekulativ anlegen möchte, regt an. Er mag seine Bewohner auch überfordern. Ein Haushalt wie ein Kaleidoskop, das nicht zur Ruhe kommt. Ein gefrässiger Haushalt, der keine kulturelle Verlockung auslässt. Man geht in die Tonhalle, wenn Fritz Kreisler auftritt, man kauft früh ein Grammophon.

Papa hat einen wunderbaren Grammophon angeschafft. . . . Abends haben wir getanzt nach unserem Grammophon. Zum ersten Mal richtig zu tanzen angefangen. [8. 1. 26]

Der Vater ist mit den Galeristen Brüder Bollag befreundet (der eine war nebenbei Zauberkünstler, der andere malte impressionistische Bilder). Sonntagsvormittags besucht die Familie das Kunsthaus; der Vater – selber leidenschaftlicher Zeichner – kommentiert die Ausstellungen sachkundig. Mit dem Bildhauer Hermann Haller sitzt man im Café dansant des «Baur au Lac». In der Bibliothek stehen die Mappen von George Grosz. Theo heisst nicht nur Theodor nach Herzl, sondern auch Paul nach Paul Placzek, dem Bruder der Grossmutter, einem Maler und Zeichner. Zwei seiner Gemälde hängen noch heute in Amalies und Theos Wohnung: eine Gruppe alter Juden im Kaftan bei der gemeinsamen Deutung des Talmud, und ein Genreporträt eines sizilianischen Knaben. In der deutschen Inflation reist Felix Pinkus nach Berlin, kauft sich einen Abguss des Nofretetekopfes und Grosz' «Ecce Homo». Unweit davon steht in der Bibliothek Frans Masereels «Stundenbuch» mit einer Widmung von Kurt Tucholsky: «Dem doppelten Kollegen» (damals, 1923, arbeitete Tucholsky in Hugo Simons Bankhaus Bett, Simon & Co.). Der zehnjährige Theo darf ins Theater, als Friedrich Kayssler den Götz von Berlichingen spielt; man besucht den ehemaligen Kollegen in der Garderobe und Theo darf die eiserne Hand drücken.

Auch eine Bildungsreise durch Deutschland darf Theo sich angedeihen lassen.

[Nürnberg] herrliche Stadt, kein Dürer ohne Nürnberg, kein Nürnberg ohne Dürer. . . . gestern [in Leipzig] Deutsche Bibliothek. Riesiges Gebäude, interessante Säle. . . . [Bei Bekannten in Breslau] herrliche Bibliothek, Prachtausgaben! . . . [Ins Theater] zu «Dantons Tod», glänzendes Stück, so modern. . . Ein Stück von Molière, «Die Zierpuppen», und «Der zerbrochene Krug» von Kleist.

Diese Zeilen finden wir in Theos Tagebuch. Seine Mutter schenkte ihm 1924, zum fünfzehnten Geburtstag, ein erstes kleines Heftchen; Häuschenpapier, Pappband, zweiundfünfzig Blatt. Auf dem Vorsatzblatt steht ein Widmungsgedicht, von ihr verfasst:

Heute beginne für Dich, mit dieses Büchleins Kalender,
Neu und glücklich ein Jahr, Weisheit an jeglichem Tag
Grüsse morgens Dich schon und lenke in müss'gem Momente
Deine Gedanken empor, über die Pflichten des Tags.
Eignen Denkens Ergebnis oder innerst Erlebtes,
Kurz in Worte gefügt, fülle jedes Blatts leeren Raum.
Dann im Rahmen besonderer Art, die Bilder der Tage
Farbig einstmals Dir leuchten, schaffst Du Erinnern Dir so.

Am wichtigsten ist die Literatur im Bildungsbemühen der Eltern. Kein Zeitvertreib! Goethe war das Ideal seiner Mutter. Theo ist mit solchen Sentenzen aufgewachsen wie «Edel sei der Mensch, hilfreich und gut», «Wer immer strebend sich bemüht, den können wir erlösen» oder «Was aber ist die Pflicht? Die Forderung des Tages.»

In die Tagebuchhefte, die Else Flatau Theo schenkte, trug sie für jeden Tag ein Motto ein, einen Vers, einen Sinnspruch, eine Maxime, die zur besseren Lebensführung anhalten sollte: Claudius, Schiller,

Rückert, Lessing, Humboldt, Carlyle, Seneca, Jean Paul, La Rochefoucauld, Angelus Silesius, Schleiermacher, Horaz und immer wieder Goethe. Ein Museum im Taschenformat. Auf dem Vorsatzblatt des Tagebuchs für August/November 1925 steht:

> Mit Goethe fang an
> Mit Goethe hör auf
> Das ist der beste Tageslauf

Unsere Generation täte sich mit diesem Literaturumgang wohl schwer – schon für die zwanziger Jahre mutet er seltsam an. Er scheint eher dem späten neunzehnten Jahrhundert zuzugehören, und es verwundert, diesen Literaturgebrauch bei einer Frau anzutreffen, die sich ganz dem Naturalismus zugewandt hatte, bei einer Freundin Else Lasker-Schülers, einer Wedekind-Darstellerin, einer Frau, die Theo in einem radikal-liberalen Sinne erzog, der auch feministische Tendenzen einschloss. Sie kannte eine ganze Reihe von wichtigen Frauenrechtlerinnen, die Theo durch Widmungen in den Büchern seiner Mutter ebenfalls zum Begriff wurden: Hedwig Dohm, Adele Schreiber, Rosika Schwimmer und Marie von Ebner-Eschenbach. Doch der einzige Lebende, den Else Flatau für zitierfähig hielt, war Hermann Hesse. Gelegentlich liest sie Theo Gedichte vor: Heinrich Heine steht neben dem eher hurrapatriotischen, wenngleich klangreichen Ernst Lissauer, aber auch der Revolutionär Oskar Kanehl («Die Strasse frei!») fehlt nicht. Rainer Maria Rilke ist ein Ehrenplatz zugewiesen – aber Else Flatau weist Theo auf Problematisches hin wie jenes «Armut ist ein grosser Glanz von innen». Schon als Kind hat Theo die «Weise von Liebe und Tod des Cornets Christoph Rilke» gelesen; später beeindrucken ihn «Die Aufzeichnungen des Malte Laurids Brigge». Der Sechzehnjährige lernt Marga Wertheimer kennen (und verliebt sich hilflos und flüchtig in sie), die als Rilkes Sekretärin gearbeitet hat und vieles über Rilke berichtet.

Ordentlicher bürgerlicher Umgang mit Kultur wäre gleichmütiger, die Anteilnahme auf kostbare Gelegenheiten beschränkt, von denen sich's zehren lässt, wenn der Alltag wieder abgespult wird. Ein solches Gemisch von Gleichgültigkeit und festlicher Hochstimmung zeigt die Familie Pinkus noch am ehesten der Religion gegenüber. Theo kommentiert: «Die jüdische Religion spielte bei uns eine geringe Rolle. Wir besuchten an besonderen Festtagen die Synagoge, als Kind lernte ich Hebräisch und las die Bibel in der Ursprache... Meine Eltern entwickelten sich immer weiter von der Religion weg zum Atheismus.»

Einige hohe Feiertage – Pessach, Jom Kippur, Roschhaschana – werden begangen. Als Kind fastet Theo zu Jom Kippur und notiert einmal: «Wie gut ist doch ein Tag Diät!» Zu Chanukka werden feierlich die Lichter angezündet, und als ein Streit zwischen Theo und Else so heftig wird, dass die Mutter beim Lichteranzünden nicht dabei sein will, heult Theo und erbricht sich vor Kummer. Aber die Feiertage sind nicht in alltägliche Religiosität eingefasst, sondern stehen wie eine immer fernere Erinnerung neben den Lebensgewohnheiten.

Ähnliches scheint Mitte der zwanziger Jahre auch dem zionistischen Projekt zu widerfahren. Der Vater bleibt in der Loge B'nai B'rith aktiv, nicht zuletzt, weil sich in ihr geschäftliche Kontakte knüpfen und weiterführen lassen. (Mitglieder der Loge sind es auch, die Felix Pinkus zur Flucht nach Albanien raten, als sein Bankgeschäft zusammenbricht.) In den Räumen dieser Loge macht Theo als Kind seine ersten Erfahrungen mit einer öffentlichen Bibliothek; Bibliothekar war damals der später als Völkerrechtler bekannt gewordene Paul Guggenheim.

In den zwanziger Jahren war der Sohn und nicht der Vater aktiver Zionist. Die Entscheidung zwischen Zionismus und Sozialismus fiel dem fünfzehn-, sechzehn-, siebzehnjährigen Theo schwer, und er verfällt seiner Unentschiedenheit wegen leicht in Selbstvorwürfe:

Sagte da ein Schulkollege, Antisemit Beringer, ich trug den Mogen Dovid: «Die dürfen das nur tragen, wenn sie das Billet nach Palästina in der Tasche haben.» Ganz unrecht hat er nicht, denn viele Leute denken gar nicht daran, nach Palästina zu gehen. [14.11.24]

An dieser Notiz mag auch auffallen, wie geschwind aus einem Selbstvorwurf eine altklug-überhebliche Moral gemünzt wird. Darin dürfte sich die Stimmung des Haushaltes niederschlagen. Die Intensität, mit der sich die Familie Pinkus Kultur und Wissenschaft widmet, färbt die Wertungen, die zumindest Theo über seine Umgebung fällt. Die schlimmste Sünde, so scheint es, ist Oberflächlichkeit. Schon der Zwölfjährige schreibt über eine erwachsene Cousine:

Hilda ist ein grossartiger Mensch. Sie hat aber auch etwas durchgemacht, um zu einer solchen Reife zu gelangen. Man kann lange mit ihr reden über seelische Dinge, und ihr Einfluss wird mir später nützlich sein.

Theo registriert genau, welche seiner Bekannten *tief* sind und welche *oberflächlich*; mit den Oberflächlichen bleibt er nicht lange bekannt. Zuweilen, peinlich berührt, notiert er, bei einem Gespräch oder einem kleinen Fest hätten er oder die andern *geblödelt*.

Welche Lebensformen fand Theo vor, das ist die Frage, und die nächstliegende Antwort wäre: zu viele auf einmal; Sparsamkeit und Verschwendung, Kulturproduktion und Finanzgeschäfte, Zionismus, Feminismus, «Liberalsozialidealismus», Kapitalistentum – es kann nicht leicht gewesen sein, durch dieses Gemengsel hindurchzufinden. Das Bild liesse sich ohne Mühe noch weiter verwirren. Man mag sich die Familie entschieden verstädtert denken; man kann sich den Vater schwerlich ohne dunklen Anzug und steifen Hut vorstellen, in der Nähe ein wartendes Auto oder ein abfahrtbereiter Pullmanwagen. Und noch der verarmte KP-Funktionär Felix Pinkus hat in seiner Berliner Zeit die Bekannten durch sein grandseigneurales Auftreten, seinen gravitätischen Charme beeindruckt. Was ihn nicht hinderte, in der Küche Hand anzulegen. Eine von Theos Freundinnen schreibt später: «Als ich seinen [Felix Pinkus'] Artikel über Kartoffeln las, musste ich wieder an ihn denken, wie er mal in [Berlin-]Friedenau von Kartoffelbrei kleine kuchenähnliche Gebilde zauberte, mit Paprika und geriebener Semmel umhüllt.»

Man muss den steifen Hut wegdenken können: Felix Pinkus war begeisterter Bergwanderer. (Auch das ist nicht notwendig eine ‹unpolitische› Eigenschaft: Theodor Herzl hatte den «Muskeljuden» beschworen, der fähig wäre, in Palästina den Boden zu bewirtschaften, und der ein für allemal mit dem antisemitischen Geschwätz vom feigen, blutarmen, an die Wörter verlorenen Juden hätte aufräumen sollen.) Mit dem sechsjährigen Theo ging sein Vater von Elm aus über den Richetlipass, mit dem Dreizehnjährigen über den Bachtel, das Hörnli, die Lägern, die Hohe Rohne, den Etzel und – auf Skiern – den Zugerberg, später kam das Aroser Weisshorn dazu, der Grosse Mythen, der Pilatus. Pfingsten 1921 der Rigi, 1923 der Titlis, der Petersgrat, 1925 der Piz Corvatsch.

Theo erzählt nicht viel aus seiner Kindheit, die auffindbaren Dokumente geben wenig her, und die zahllosen Fotos, die seine Mutter knipste, zeigen nicht allzu viel. Theo bietet keine Geschichten an; die Mammutbäume vor dem Haus und der Riss in der Mauer sind ihm geblieben. Daneben haben sich ein paar Aufzeichnungen des Zwölfjährigen erhalten, wortkarg und eher unpersönlich. Theos erstes Tagebuch hat der Vater orthographisch und stilistisch korrigiert. Das Tagebuch diente offenbar der Einübung der Zeitdisziplin und zugleich der Verbesserung des schriftlichen Ausdrucks, angestrichene Fehler waren jeweils dreimal korrekt abzuschreiben. Väterliche Nachhilfe war offenbar nötig. Theos Lehrerin schrieb über den Achtjährigen:

> ...ich bin zu dem Schluss gekommen, dass der Junge nur mit unerbittlich drohender Strafe zu etwas Gutem zu bringen ist. Unermüdlich versuchte ich, das Kind mit moralischen Erziehungsmotiven (Ehrgefühl) zu beeinflussen. Alle Versuche schlugen fehl. ... Die Leistungen Theos sind dieses Quartal sowohl mündlich als auch schriftlich sehr schlecht. Und das nicht aus intellektuellem Unvermögen, sondern aus Gleichgültigkeit, aus Faulheit. Solch unausrottbare Unordentlichkeit kann ich an einem Kinde nicht verstehen. Auch das Betragen lässt sehr zu wünschen übrig...

Viel besser ist der Schulerfolg auch später nicht geworden, väterliche Nachhilfe hin oder her.

Die Jahre 1924–1927 hingegen sind reich dokumentiert; über sie geben uns nicht Theos Erzählungen allein Aufschluss, sondern vor allem das Tagebuch, das er in diesen drei Jahren pünktlich Tag für Tag geführt hat, mehr als zweitausend Seiten im A6-Format: Politik, Verliebtheiten, Familienkummer, Reisen, Freundschaften, Lektüre, Depressionen, Lebenspläne, Theatervorstellungen, Ausflüge. In diesen Jahren wird aus dem zionistischen Kind der Jugendbewegte, aus dem Jugendbewegten der Kommunist; und in diesen Jahren lebt die Familie Pinkus am Zürichberg in der Villa «Krystall». Im ersten Tagebuch wird der Auszug aus der Hochstrasse beschrieben:

Es stimmt einen doch wehmütig, aus dem alten Haus zu ziehen, wo mir jeder Spalt in den Wänden bekannt ist und eine Geschichte hat.

Und die letzten beiden Tagebücher beschreiben den Auszug aus dem «Krystall» und die Wohnungssuche in Berlin.

Aus der Zeit, die den Tagebüchern vorausgeht, haben wir nur wenige Brosamen sammeln können, Erinnerungen Theos: «Ich sehe mich förmlich an einem Tisch vor meiner Mutter stehen und sie fragen: ‹Mutter, warum gibt es Krieg?› Und sie versucht es mir, einem Fünfjährigen, zu erklären.»

Politik macht sich früh breit, wenn auch nur als Spiel, das hintendrein wohl bedeutsamer scheint als damals: «Meine ersten ‹politischen› Erlebnisse fallen in die vierte oder fünfte Klasse. Das war kurz nach dem Generalstreik, von dem ich nicht viel merkte. Ich kann mich erinnern, dass mir meine Mutter verbot, in die Stadt hinunterzuge-

33

hen. Entsprechend der sozialen Herkunft der Schüler gab es in der Klasse ‹Parteien›: es gab ‹Freisinnige›, vielleicht fünf, dann gab es etwa gleich viele ‹Bauern›. Felix Kunz, dessen Vater Arbeiter oder Kleinhändler und wohl Sozialist war, ich und ein dritter, an den ich mich nicht erinnere, waren die ‹Sozialisten›. Diese mehr spielerischen politischen Cliquen verloren dann wieder an Bedeutung.»

Sie wurden durch etwas abgelöst, das seine Bedeutung behielt, und mit dem die Politik später wieder zusammenfloss: «Wir gründeten einen ‹Literarischen Club›. Ich habe Bücher, die mir meine Eltern überliessen, mit LC gekennzeichnet und an Mitschüler und andere ausgeliehen. ... Aufgewachsen bin ich mitten unter Büchern... Ich kann mich noch erinnern, wie ich mit fünf Jahren zum ersten Mal in eine Buchhandlung mitgenommen wurde und zwar in die Buchhandlung Müller, heute ‹Zum Elsässer›, am Limmatquai. ...als kleiner Knirps bin ich auf dem Boden zwischen den Büchern umhergerutscht. Ich habe sie nie kaputtgemacht. ...Ich habe also immer einen gewissen Respekt vor Büchern gehabt, aber ich habe sie auch immer angeschaut.»

Beim Herumrutschen ist es lange geblieben. Ein Freund erinnert sich an seine Bibliotheksbesuche beim achtzehnjährigen Theo: Die beiden lagerten sich auf den Perserteppich im Bibliothekszimmer, Theo schenkte Tee aus dem Samowar ein, und sie verloren sich in russischer Literatur, sozialistischen Texten und Kunstbänden.

Theo kam bald zu einer eigenen Bibliothek, die rasant anwuchs.

Papa und Mama sind heute abend gekommen. Mama wunderte sich sehr über die vielen neuen Bücher. Bücher sind kleine Menschen, haben ihre Fehler und Tugenden und haben eine Seele, ... [27.10.24]

schreibt der Fünfzehnjährige, und der Sechzehnjährige:

Muss aufpassen mit meiner Büchermanie, mich selbst ein wenig zwingen, diese darf mich nicht beherrschen... [22.2.26]

Der nächste Tagebucheintrag lautet allerdings:

Nachmittag 100 Frcs. français bei Payot einbezahlt. [23.2.26]

Und ein halbes Jahr später triumphiert der Bibliomane:

Jetzt habe ich 782 Bücher. [22.8.26]

Ein wildes Sammelsurium: Max Eyths «Kampf um die Cheopspyramide», einiges von Svend Fleuron, daneben Robert Walsers «Spaziergang», vieles von Dostojewskij –

alle die russischen Typen, mit denen ich irgendwie verwandt bin. [20.5.26]

– fast alles von Romain Rolland, viel Jakob Wassermann; im Mai 1926 kam das Kommunistische Manifest hinzu:

Las das kommunistische Manifest, sehr gut, klar. In einer kommunistischen Ausgabe. Wie recht hat Marx und hat auch die Dritte Internationale, wie bin ich mit ihnen einverstanden. Es ist alles richtig. [9.5.26]

Die Bücherwut scheint die Eltern nicht geschreckt zu haben; sie machten sich allenfalls Sorgen, ob Theo vor lauter Lesen nicht seinen Körper schädige:

Mama, wenn sie was sagt, ist es ein Vorwurf in Bezug auf meine Gesundheit etc. [16.8.26]

Auf einem Spaziergang sagt der Vater:

...dass meine Lieblosigkeit vom letzten Sonntag ein Symptom einer Entwicklung sei, die verkehrt sei. Ich vernachlässige vor allem meinen Körper. Dann zog er meine intellektuelle Bilanz. Schlecht. [17.8.26]

In dem Monat, in dem der Vater Bilanz zog, las Theo: Rosa Luxemburgs Briefe aus dem Gefängnis, Schnitzlers «Traumnovelle», Leonid Andrejews «Das rote Lachen», Rilkes Buch über Rodin, Shaws «Der Sozialismus und die geistig Begabten», «Mort de quelqu' un» von Jules Romains, Dostojewskijs «Idiot», ein Theaterstück von Paul Géraldy, Engels «Ursprung der Familie...» und Werner Sombarts Schrift über Engels. Schlechte Schulnoten konnte er gerade nicht heimbringen – es waren Sommerferien –, aber die «Bilanz» des Vaters war berechtigt: Theo schlang Bücher in sich hinein, wie sie gerade in den Buchhandlungen auslagen, in der Zeitschrift «Literarische Welt» empfohlen wurden oder in der Jugendbewegung, in der er Mitglied war, auf der Tagesordnung standen. Um Ordnung und Systematik des Wissens, wie es die Schule anbot und verlangte, kümmerte er sich nicht. Theo war kein guter Schüler, und zur Zeit der «Bilanz» schon gar nicht; seine Versetzung erschien jedes Jahr wieder gefährdet, und für die Schule fand er so wenig Zeit wie möglich. Die Jugendbewegung war wichtiger. Sie machte ihn auch der Familie abspenstig – nicht, weil sich etwa politische oder moralische Konflikte zwischen den Eltern und dem «Jugendbewegten» ergeben hätten, sondern darum, weil die Familie gegen die Jugendgruppe ins Hintertreffen geriet. Theo war zeitweise nur zum Schlafen im «Krystall». Die «Lieblosigkeit vom letzten Sonntag», die der Vater rügte, bestand darin, dass es

durchaus nicht fein [gewesen sei], den ersten Sonntag nach siebenwöchiger Abwesenheit von [Papa] und Mama wegzubleiben. Ich solle mich schämen. Das gab mir noch den Rest. [15.8.26]

35

Die Eltern ihrerseits waren natürlich nicht aus Lieblosigkeit, sondern wegen geschäftlicher Sachzwänge sieben Wochen verreist gewesen. Aber das tat nicht weniger weh.

Komme in gar keine rechte Verbindung mit Mama und Papa, haben gar keine Zeit, richtig zu sprechen.

Wer hatte keine Zeit? Der Vater, den die immer bedrohlichere Finanzlage kreuz und quer durch Europa hetzte, die Mutter, die ihn begleitete, wenn sie nicht den Haushalt zusammenzuhalten versuchte, der Sohn, der Liebesgeschichten, Freundschaften und ein politisches Betätigungsfeld suchte? Schuldzurechnungen tragen nichts ein; aber der Schmerz über die fehlende «Zeit, richtig zu sprechen» lässt vermuten, Theo habe etwas Wichtiges gefehlt; etwas, das nicht immer gefehlt hatte. Wie die Eltern mit dem Kind Theo umgingen – und welche Veränderungen eintraten, als der Siebenjährige die Liebe der Eltern mit einer Schwester teilen musste –, darüber hat Theo nichts erzählt. Aber die Wut auf das Geschäft, das den Vater von zu Hause wegreisst, die «Krächlein» aus nichtigem – oft Miriam genanntem – Anlass mit der Mutter lassen vermuten, es sei da eine engverbundene Familie auseinandergesprengt worden, Theo habe Schritt für Schritt Abwendungen der Eltern verkraften müssen, die er nicht verkraften konnte. Erst kam die Schwester, dann kam das Geschäft, dann die Geschäftskrise. Er fühlte sich zu Hause allein gelassen.

Abends ging ich mit Papa spazieren. Ich wollte mit ihm über Liebe reden, tat es aber nur in Gedanken. Schade. [16.6.26]

Freilich konnte Theo mit den andern Jugendbewegten über Liebe und alles andere reden, und sie taten es ausgiebig, aber leichter ist ihm nicht geworden. Leichter wurde es erst, als den Vater die Schulden einholten. Als die Finanzunternehmung in Konkurs ging, konnte der Vater wieder sprechen, und das Gespräch blieb möglich, auch wenn es zwischen Albanien und Zürich geführt werden musste. Zu Theos achtzehntem Geburtstag schrieb ihm sein Vater:

Geliebter Theo,

dieser Brief wird wahrscheinlich gerade zu Deinem Geburtstag ankommen. Meine heissen Wünsche für dich konzentrieren sich besonders an diesem Tage. Ich weiss nicht, steht Dein Geburtstag diesmal unter einem ungünstigen oder günstigen Zeichen? Ich bin sehr geneigt, das letztere anzunehmen, denn niemals warst Du wohl so geistig mit Mama und mir vereint, wie in dieser Zeit, da – nach der Annahme der bürgerlichen Welt – eine Katastrophe über uns hereingebrochen ist, von der wiederum die bürgerliche Welt sagen wird, dass sie zum allergrössten Teil selbstverschuldet ist.

Das ist gewiss richtig, aber ganz anders, als der Bürger annimmt. Selbstverschuldung sehe ich lediglich darin, dass ich Jahrzehnte hindurch meine Jugendideale verraten habe. Niemals war mir das so klar, als am Tage unserer Rückkehr aus Konstantinopel, da Du die Deinigen entwickelt hast und wo ich Dir – sehr gegen meine Überzeugung – zum Teil widersprach.

Nun gehen wir alle einem Leben entgegen, das sicherlich Euch nicht die Bequemlichkeit des alten bieten wird – mir selbst war das alte seit Jahren furchtbarste seelische Qual – aber wir werden doch frei aufatmen können.

. . . Da ich mich gegen den Gott Mammon versündigte, bin ich vorläufig verfemt und ein Flüchtling. Hast Du das geahnt, als Du einmal zu Mama sagtest: «Papa ist ein Opfer des Kapitalismus»?

. . . Du weisst heute, dass ich den Weg, den Du wähltest, von ganzem Herzen billige und gutheisse. Aber eine Bitte, einen Wunsch habe ich heute an dich. Gehe diesen Weg nicht zu schnell, verausgabe Deine Jugend nicht in Kleinigkeiten, lerne und arbeite und spare dich auf, für die grosse Aktion.

. . . Du, Bergsteiger, kennst doch den Schritt, den man einhalten muss. Der langsam Steigende, der aufwärtsschreitet mit tiefen, lungenvollen Atemzügen, überholt schliesslich alle die Sonntagstouristen, die wähnen, den Gipfel im Sprungschritt erreichen zu können. Der Atem stockt, Lunge und Herz versagen, und man bleibt am Wege liegen.

. . .

Du kannst nur schwer ermessen, welch edles Wesen Deine Mutter ist, welch ein tapferer, aufopferungsfreudiger Geist in ihr wohnt, was alles sie in den zwanzig Jahren unseres Zusammenlebens für mich getan hat. Aber eine kleine Ahnung hast Du doch davon, denn sie hat ja auch Deinen Lebensweg vorbereitet mit klugen Worten, verständnisvollem Gewährenlassen und lebenswarmer Güte. . . .

Vater und Sohn konnte nichts Besseres zustossen als der Konkurs. Den

Sohn befreite er von schulischen Zwängen und von den Gewissenskonflikten, in die ihn sein Leben als sozialistischer Bankiersohn trieb; er zwang ihn, seinem Herzenswunsch nachzugeben und ins Verlagsgewerbe einzutreten; er lieferte ihm die objektive Voraussetzung für den Eintritt in die Kommunistische Jugend. Den Vater befreite der Konkurs von den Sachzwängen des Geschäftslebens und von seinen politökonomischen Gewissenskonflikten; in Albanien, fast mittellos und auf Zuwendungen aus Zürich angewiesen, konnte er so lange er wollte zeichnen, schreiben und sich auf den Eintritt in die kommunistische Partei vorbereiten. Ob Mutter und Schwester den Konkurs ebenso begrüssten, wissen wir nicht; Zweifel sind erlaubt.

Ein Glück für Theo, dass er ins Buchgewerbe eintreten wollte; aus dessen kultureller Mission konnte er das Recht ableiten, Zeugnisse und andere formale Qualifikationen geringer zu bewerten als Lust und Leidenschaft. Denn was Theo mit achtzehn an Zeugnissen anzubieten hatte, war mehr als dürftig, und die schlechte intellektuelle Bilanz, die der Vater gezogen hatte, nur allzu berechtigt. Theo war kein guter Schüler, auch keiner von den spektakulär schlechten, denen man etwas Besonderes zutraut, weil sie im normalen Schulbetrieb so dramatisch versagen. Er gehörte zu denen, die immer an der Versetzungsgrenze herumrutschen, immer wieder einmal ins Provisorium umgestuft werden, tunlichst öfter die Schule wechseln, gelegentlich aufhorchen machen, wenn sie sich wider Erwarten als intelligent oder gar als interessiert zu erkennen geben, und die ihre Lehrer irritieren, weil sie doch mit ein bisschen mehr Eifer und gutem Willen wenigstens zum Mittelfeld der Klasse aufschliessen könnten. Im nachhinein beurteilt Theo seine Schulzeit eher gelassen: «Nach der sechsten [Primar]klasse wurde ich aufs Gymnasium geschickt, nachdem ich die [Aufnahme]prüfung nur mit Mühe bestanden hatte. Dort wurde ich nach einer verlängerten Probezeit wieder hinausgeworfen, weil ich nicht mitkam. Ich war überhaupt kein guter Schüler, auch in der Sekundarschule nicht, die ich bis zur dritten Klasse besuchte. Ich hatte zum Teil gute Lehrer... Nach der Sekundarschule wünschten meine Eltern, ich solle trotzdem die Matur machen – ich wünschte das überhaupt nicht – und schickten mich dann auf die ‹Minerva›.»

Gewehrt hat er sich nicht, wehren war nicht seine Art, wer sich wehrt, bekommt Streit, besser, man gibt nach, und wenn die Geschichte schief herauskommt, kommt sie eben schief heraus.

Was wird Papa zum Zeugnis sagen? Ich gehe doch gern zur Schule und trotz

den Noten. Würde noch viel lieber gehen, wenn nicht die Notenangst wäre.
Blödsinn. Hoffentlich versteht mich Papa. Sonst etwas anderes, aber was??
Dieses ewige «Was wird später». Und doch. Ich möchte die Matura ma-
chen. [15.6.25]

Zwei Monate später heisst es:

Morgen Schule, ekelhaft, . . . Graust mir davor. [2.8.25]

Daran ändern auch die paar guten Lehrer wenig, auch nicht der wichtigste:

> «An der Minerva hatte ich einen hervorragenden Geschichtsleh-
> rer, Valentin Gitermann. Er wurde später ein bekannter Histo-
> riker und schrieb unter anderem eine Geschichte der Schweiz
> und eine dreibändige Geschichte Russlands. Gitermann konnte
> nicht Universitätsprofessor werden, weil er Sozialdemokrat und
> Jude war. Er hatte einen gewissen Einfluss auf meine Bildung,
> insbesondere lehrte er im Sinne des historischen Materialismus,
> obwohl er hier vielleicht allzu mechanistische Auffassungen ver-
> trat.»

Gitermann liess sich von den immer radikaleren Aufsätzen des Gymnasiasten nicht erschüttern, reagierte gelassen, auch etwa auf folgenden Passus:

. . . das ist der innere Grund, warum nicht nur ein Parlamentsbeschluss den
Sozialismus einführen kann, nein zur Einführung bedarf es der Revolution,
d. h. der gewaltsamen Zerstörung der Staatsmaschinerie.

Nur zu einer Inhaltsnote 4 reichte es freilich für diese Medienana-
lyse:

Die ganze Zeitung, vom Leitartikel bis zum letzten Inserat, ist Instrument
des Kapitalismus. Auf der ersten Seite zeigt sich dies in Lügenmeldungen, un-
term Strich in parteiischer Kritik der dem Kapital genehmen Kunst. Betrachten
wir nun aber den Inseratenteil, so zeigt sich hier klar, eindeutig und nackt das
ganze System. Reklame schreit uns in die Augen, von Mundwasseranpreisung
bis zur Todesanzeige.

Neben dem Wort «Todesanzeige» steht die begreifliche Lehrer-
frage: «Reklame?»

Es mag sich lohnen, bei dem doch befremdlichen Verhältnis von
schulischem Mittelmass und Lesewut, bei dem scheinbaren Widerspruch von familiärem Kulturleben und schulischer Gleichgültigkeit
zu verweilen. Gewiss lässt sich ein gut Teil der Faulheit, die verschiedene Lehrer Theo vorwarfen, damit erklären, dass er ein verwöhntes
Kind war und von Hause aus nicht darauf trainiert, die Zähne zusam-

menzubeissen und durchzuhalten. Zur Hauptsache aber war es gerade die Intensität des kulturellen Lebens in der Familie – und später in der Jugendbewegung –, die den schulgemässen Lerneifer blockierte. Erstens ist jene Intensität wählerisch: sie setzt allenfalls ein systematisiertes Grundwissen voraus, auf das neue Kenntnisse gepfropft werden; die Zeit jedoch fehlt für die Vermittlung des Grundwissens; man setzt es zudem als wenig reizvolle Selbstverständlichkeit voraus. Zweitens vollzieht sich die Aneignung von Kenntnissen und Wissen in einem solchen Milieu nicht nach schulischen Regeln – schrittweise Einführung, laufend Kontrollfragen, Faktensammlung –, sondern gleichsam osmotisch: man schwimmt in einem vielleicht etwas zu heiss eingelassenen Bildungsbad und muss sich nicht laufend vergewissern, ob die Arme jetzt an den Körper zu ziehen oder auszustrecken seien... Etwas überspitzt: ob man weiss, was man weiss, braucht man nicht zu wissen; man inneviert, was es zu wissen gilt, ohne den Erfolg der Einverleibung dieses Wissens prüfen zu müssen. Wüsste man nicht, was es zu wissen gilt, man würde es schon merken – nicht daran, dass einem zu einer Frage die korrekte Antwort fehlt, sondern daran, dass man sich in seinem Milieu nicht mehr geschmeidig bewegen könnte. Darin unterscheidet sich das intensive kulturelle Milieu – nicht immer zu seinem Vorteil, nicht immer zu seinem Nachteil – von einem schulgemässen oder wissenschaftlichen Milieu. Und vielleicht am gründlichsten vergegenständlicht sich dieser Umgang mit dem Wissen in der Arbeit des Buchhändlers – der natürlich die Bücher nicht liest, die er anbietet, und doch weiss, wozu sie gut sind und welches Buch welchem Leser wohl anstünde. So überrascht es nicht, wenn der sechzehnjährige Theo beim ersten Versuch, eine Antwort zu finden auf die Frage «Was wird später?» auf den Buchhändlerberuf verfällt:

...was will ich werden, sagen wir mal Buchhändler und Verleger bis auf weiteres. Das einzige, wofür ich Gedächtnis und Freude habe. [5.3.25]

Der Buchhandel verspricht auch, kulturelles und politisches Milieu zu verschmelzen. Zwei Monate später entsteht ein Plan:

Ich erzählte ihm meine Idee von der internationalen socialistischen Buchhandlung. ...Hier kann man etwas für die Menschen tun. [5.6.26]

Der Plan ist überschwenglich, aber seine Verwirklichung gewinnt Konturen:

Ich sprach die ganze Zeit mit [Heinz] Schweizer, legte ihm meinen Plan des socialistischen Verlages dar. Er war begeistert, und merkwürdig: schon ähnliches dachte er... Wir sahen beide, dass hier unser Lebenswerk liegt... wirk-

lich mit Realem Ideelles geschaffen werden kann, wirklich Einfluss auf Reales geübt werden kann. Die Geistesarbeiter-Internationale, die diese Buchhandlung wirklich darstellt, ist ein Bedürfnis und muss kommen. Wird sie, bevor wir so weit sind, geschaffen, stellen wir uns ihr zur Verfügung, kommt sie aber nicht vor unserer Zeit, dann schaffen wir sie. . . . Hier sehe ich meinen Weg klar und deutlich, hier muss ich arbeiten. Möglichst bald praktisch im Buchhandel (besonders socialistischen) arbeiten. Ich werde nicht auf die Uni gehen. Frage für mich: Matur? Immer denke [ich] darüber, ob es Wert hat. Ich glaube, es hat gar keinen Wert, das Klügste wäre, in einen Verlag oder so was einzutreten, dort zu arbeiten, dann noch in einigen Fächern (Mathematik) Stunden nehmen, dann ins Ausland Menschen kennen lernen. Menschen für unsere Genossenschaft. Und nach langer Vorarbeit einen Kongress berufen und diesen Verlag gründen.

Theo zögert, aus diesem Plan die nächstliegenden Konsequenzen zu ziehen. Er überlegt sich ausgiebig, ob er mit seinem Vater sprechen, und wie er ihm den Wunsch, vom Gymnasium abzugehen, schmackhaft machen soll. Die Überlegungen dauern rund ein Jahr an, und auch dann bedarf es noch des befreienden Konkurses. Als Theo sich seinem Vater eröffnet, weiss Felix Pinkus schon, dass er das Schulgeld fürs Gymnasium nicht mehr aufbringen kann. In der Zwischenzeit hat Theo immerhin seine Absichten ein wenig konkretisiert. Ein paar Tage lang arbeitet er aushilfsweise im Buchhandel:

Nach dem Essen in die Genossenschaftsbuchhandlung, dort geholfen, eingepackt, verkauft etc. [24. 12. 26]

Der Leiter der Genossenschaftsbuchhandlung, Bollmann, hält Theos Plan zwar für schwer und fast aussichtslos durchzusetzen, und Theo selber steigen politische Bedenken auf:

In meinem Innern merke ich, wie ich doch Karriere machen [gestrichen: wollte] will. [29. 12. 26]

Politische Moralität quetscht den grossen Plan auf eine kleine Lebensperspektive zusammen:

[Heinz Schweizer] meinte, dass ich schon eine Stellung bekäme, z. B. in der Genossenschaftsbuchhandlung im nächsten Halbjahr. [11.4.27]

Diese Einschätzung stimmte auf den Monat genau; nur bot nicht die Zürcher Genossenschaftsbuchhandlung Theo eine Stelle an, sondern der Ernst Rowohlt Verlag in Berlin.

Schlechte Schüler gibt es viele, und solche, die Buchhändler werden wollen, weil sie sich unter Büchern besonders wohl fühlen und

Theo als Achtzehnjähriger, vor der Lehrzeit in Berlin, Zürich, 1927. Foto: Else Flatau.

Theo mit seinem Hund «Prinz» vor der neu bezogenen Villa «Kristall» an der Susenbergstrasse 110. Das Haus entstand nach Plänen von Else Flatau und wurde vom Architekten Schulthess gebaut, mit einem speziellen Aussichtspunkt zuoberst auf dem Dach und einer Terasse über vermietbaren Räumen. Das Bild entstand 1924, kurz nach Fertigstellung.

glauben, in einer Buchhandlung lebe man unter Büchern, sind auch nicht eben selten. Ungewöhnlicher ist eine Phantasie, die eine Buchhandlung als politisch-kulturelles Zentrum in den Mittelpunkt stellt, die ein komplexes, internationales Gefüge von Verlag, Buchhandlung, genossenschaftlicher Trägerschaft und politischer Intervention, eine «Geistesarbeiter-Internationale» aufbauen will. Eine solche Phantasie kann sich vielleicht nur leisten, wer gegen die ökonomischen Zwänge eines jeden, auch des buchhändlerischen Berufes, abgeschirmt gelebt hat: wer sich keine Vorstellungen über das Geld hat machen müssen, weil immer welches da war, ebenso gewiss und unbegreiflich jeweils auftauchte wie Kaninchen aus dem Zylinderhut des Zauberkünstlers. Die ökonomische Naivität des Spekulantenkindes begünstigte seine politische Radikalität (wenn es denn überhaupt auf politische Gedanken kommt), und wie die spätere Entwicklung der Limmatbuchhandlung Pinkus & Co. und ihrer Verästelungen zeigt, werden solche überschwenglichen Phantasien nicht immer, nicht ganz, durch die Realitäten erdrückt... Es gibt auch spekulative Konstruktionen, die aufgehen.

Hier lässt sich passend eine Erinnerung Theos an frühe Lektüre anschliessen: «Mit dreizehn las ich jenes Buch, das mich vielleicht am stärksten überhaupt beeindruckt hat: ‹Gullivers Reisen› von Swift. Nicht in der quasi als Märchenbuch frisierten Ausgabe für Kinder, sondern in der Originalausgabe. Das Buch ist für mich eines der wichtigsten Werke der Weltliteratur vor dem ‹Kapital›. Ich habe es seither immer wieder gelesen. Durch seine aufklärerische Schilderung verschiedener Kulturen versteht es Swift hervorragend, zu einer Relativierung von Selbstverständlichkeiten beizutragen, man glaubt nachher den Mächtigen nicht mehr alles. ‹Gullivers Reisen› ist ein geradezu prophetisches Buch über die Entwicklung zum Kapitalismus. Swift hat die Probleme, die schon 1728, als das Buch erstmals und bereits zensuriert erschien, sichtbar wurden, wie zum Beispiel den Kolonialismus, glänzend analysiert.»

Die kapitalismuskritische Analyse ist nachgeschoben; aber welche Einladung zur grossen Reise mag der dreizehnjährige Theo dem zivilisierten Londoner – der sich von den Liliputanern ebensowenig verblüffen liess wie von den Akademien von Lagado und Laputa – abgehört haben, während er selber auf dem Perserteppich in der väterlichen Bibliothek lag, Tee schlürfte und die Schule Schule sein liess?

Geschichte einer Politisierung, 1924–1927

Es ist ein glücklicher Zufall: genau die Jahre, in denen Theo sich eine politische Identität erarbeitet, sind auch die Jahre, in denen er pünktlich, ohne Unterbrechung Tagebuch führt.

1924 zieht die Familie in die Zürichbergvilla ein:

Erste Nacht im Krystall mit Broche [Gebet]. Wein, Brot und Salz geweiht. [28. 11. 1924]

Es ist, als wäre die Bühne fertiggebaut, auf der sich in den nächsten drei Jahren zwei Dramen abspielen werden: der Zusammenbruch eines bürgerlichen Unternehmens, und der Aufstieg eines kommunistischen Projekts. – Wenn wir die Tagebücher der zwanziger Jahre so

43

ausführlich benutzen, dann glauben wir, sie hätten uns etwas Wichtiges über Theos politische Lebensgeschichte zu erzählen – und nicht nur über seine politische Geschichte.

Was Theo betrieben hat, damals, war in einer verbreiteten Lesart «Klassenverrat».

War Theo ein Klassenverräter? Das klingt nach allerhand Moral, diese Frage, und wenn wir uns in Theos Aufzeichnungen der kritischen Jahre umsehen – auch da macht sich die Moral breit. Freilich nicht moralische Bedenken wegen des Klassenverrats, sondern weil er eben nicht begangen wird. Theo scheint der Kaviar, den er als 17jähriger zum ersten Mal kosten durfte, im Hals steckengeblieben zu sein: Durfte man, als Sozialist, der man werden wollte, diesen Inbegriff der bürgerlichen Ausbeutungskultur sich überhaupt schmecken lassen? (Leider hat Theo nicht notiert, ob ihm der Kaviar geschmeckt hat, sondern nur das schlechte Gewissen.) Die allerneuste Antwort: «gestohlenen schon», hatte Theo noch nicht zur Hand. Seine Klasse zu verraten – das hingegen war ihm kein Problem. Auch darum, weil es nicht seine Klasse war. Mit dem Bürgertum ist das so eine Sache: es besteht hauptsächlich aus Aspiranten, und die, die es schon geschafft haben, sind selten. Klassenverrat – kein Problem. Aber ist es Theo gelungen, die Klasse, zu der er nicht gehörte, an die andere Klasse zu verraten? Ist er kein Bürger geblieben? Ist er je einer gewesen? Was ist da gelaufen?

Das erste dramatische Ereignis macht kein auffälliges Geräusch. Im November 1924 erscheint in Frauenfeld das erste Heft der «Schweizerischen Mittelschüler-Zeitschrift».

Da ist eine glänzende Zeitung, die Schweizerische Mittelschüler-Zeitung herausgekommen, werde abonnieren, mache eifrig Propaganda dafür. Endlich mal ein Sprachrohr der Schüler. Wie schade es um «die Jugenderziehung» ist, sehe ich immer wieder . . . [11.12.24]

Folgende Passagen sind aus dem Aufsatz gepflückt, der das erste Heft eröffnet:

Bei der heutigen Jugend und in erster Linie unter uns Schülern fehlt vor allem etwas: Die Gemeinschaft. Wahre, tiefe Freundschaften sind selten, sehr selten geworden. Noch seltener stehen sich Klassengenossen innerlich nahe oder fühlen sich als Schüler innerlich als Glieder eines Ganzen. Etwas aber fehlt völlig, und das ist der Zusammenhang zwischen den Schülerschaften verschiedener Schulen . . .

44

Das ist unser eigentliches Ziel: Die Erkenntnis durchdringen zu lassen, dass Schlappheit und Tatenlosigkeit einer wahren Jugend unwürdig sind. Unser ist es vielmehr, neues Leben zu bringen, mit der Sehnsucht nach Wahrheit alles zu durchdringen, mit allem uns auseinanderzusetzen und mit ungebrochener Kraft und Begeisterung für unser endlich gefundenes Ziel einzutreten. Dahin wollen wir kommen in fester Gemeinschaft...

Es geht offenkundig gegen die Rationalisierungstendenz moderner Industriegesellschaften, die die einzelnen Menschen zunehmend gegeneinander isoliert und die ihren Ausdruck in der bloss kenntnisvermittelnden Schule findet. Gegen diese Tendenz sollen die heiligen Worte «Gemeinschaft», «Kraft», «Begeisterung» das Gegengift bereithalten; und sie sollen, was merkwürdig anmutet, ihre Erfüllung in einer Schulform finden, die die Schüler zur Ganzheit der «Klassengenossenschaft» vereinigt. Das klingt altertümelnd und anheimelnd zugleich; sechzig Jahre später zehren wir noch vom Traum einer überblickbaren Gemeinschaft, in der wir zu unserer Kraft finden könnten – auch wenn uns die Schule nicht mehr als der geeignete Ort der Gemeinschaftsbildung erscheint.

Doch schon für die «Schweizerische Mittelschüler-Zeitschrift» kann man geltend machen, dass sie der Gemeinschaftsbildnerin Schule nicht lange über den Weg traut.

Die Schweizer Bewegung erntete bereits mit ihrem Anfang Früchte der Verspätung. Sie trat zu einer Zeit an, in der – wie immer im Ungefähren bleibende – sozialistische Gedankengänge die offizielle Kultur durchsetzten, und in der die Bilder der Oktoberrevolution die westeuropäische Phantasie beflügelten. Freilich beginnt die Bewegung weit hinten im Vergangenen. Der «Gemeinschafts»-Begriff, auf den die Mittelschüler-Zeitschrift ihre Sache bauen will, klingt hohl, und der geistige Ziehvater der Bewegung, der Frauenfelder Kantonsschulprofessor Fernand Petitpierre hielt es programmatisch und stilistisch lieber mit einem verwässerten Nietzsche als mit sozialen Fragen.

Sport ist das Vordemkampf und das Nachdemkampf. Auftakt und Nachklang. Vorschau und Rückschau. Genuss im Gedanken an das Kommende. Genuss in der Erinnerung an das Gewesene. Genuss, ja. In Arbeit, in Anstrengung. Genuss der Hingabe, Ganzsein in einer Aufgabe: Streben nach grösstmöglicher Kampftüchtigkeit.

Der wichtigste Schüler dieses Lehrers war Ruedi Schümperli, damals Gymnasiast, Leitartikler und Motor der Mittelschüler-Bewegung.

Wir haben gesehen, mit welcher Begeisterung Theo auf die erste Nummer der Zeitschrift reagierte – wohl, so darf man vermuten, weniger ihrer Argumente als der schlichten Tatsache wegen, dass sich Schüler fanden, die das Maul aufmachten. Wie Theo ging es in jenem Winter 1924/25 vielen Schweizer Gymnasiasten. Schon im März 1925 konnte Ruedi Schümperli zur Ersten Tagung Schweizerischer Mittelschüler nach Baden einladen. Es kamen rund hundertfünfzig Teilnehmer aus der ganzen Schweiz, darunter Theo. Den Höhepunkt der Veranstaltung sollte ein Festvortrag von Professor Petitpierre bilden: «Die Schule von morgen». Sein Publikum freilich war offenkundig jugendbewegter und weniger führungsabhängig, als Petitpierre erwartet haben mag. Als er sein Referat zu dem Ausruf emporschraubte: «Alles Gute kommt von unten!», erntete er den Zwischenruf: «Wenn alles Gute von unten kommt, wieso steht der dann noch da oben!?» So gab denn auch nicht der Festvortrag den Ton an, sondern die Diskussion unter den Teilnehmern. Ruedi Schümperli schrieb im nächsten Heft der Mittelschüler-Zeitschrift irritiert:

> ...Unausgesprochen ist es durch die Reihen gegangen: Wir wollen etwas finden, auf dem sich ein neues Leben aufbauen lässt, dem wir mit ganzer Kraft dienen können. ...Es fehlt uns allen die Fähigkeit zur Gemeinschaft. ...Der Wille, die Bereitschaft wurde von schon bereiteten, hergebrachten Kanälen aufgesogen; es gelang uns nicht, unserm Eigensten die eigene Form zu geben. ...Ich kann Euch nicht sagen, was ich möchte, aber Ihr müsst es doch fühlen.

Schümperlis Gefühle ähnelten denen vieler Teilnehmer überhaupt nicht. Die so grossen wie hohlen Erwartungen, auf die ihn der Vordenker Petitpierre eingestimmt hatte, waren nicht die Erwartungen der «naiveren» Tagungsbesucher, die schon glücklich waren, endlich ein weitgespanntes Gespräch aufnehmen zu können, und die ganz offensichtlich nicht in der Spekulation auf ein Pfingstwunder im März nach Baden gefahren waren.

Die Schweizerische Mittelschüler-Vereinigung rief sich offiziell an jenem 29. März als Organisation ins Leben und entwickelte sich dreigleisig. Ihre Zeitschrift erschien bis 1926 und ging dann in der Zeitschrift der «Jungen Schweiz» auf, die ihrerseits bereits 1926 wieder zerfiel und den «Freibund» aus sich entliess. Die Vereinigung gliederte sich in Ortsgruppen auf, die sich vergleichsweise unabhängig voneinander entwickelten – die Ortsgruppe Zürich scheint dabei eine dominierende Stellung eingenommen zu haben. Auf nationaler Ebene fand sich die Vereinigung zweimal jährlich zu Ferienlagern zusammen. Mit dem Übertritt der Mittelschüler-Vereinigung 1926 in ein Kartell verschiedener Jugendorganisationen, die «Junge Schweiz», kam sie erst zu einem eigentlichen nationalen Büro. Die «Junge Schweiz» sollte religiössozialistische Freischärler, Abstinente und die ehemalige Mittelschülerbewegung verbinden, brach aber bald auseinander – einmal, weil die Abstinenten zu sehr die Bewegung auf ihre Linie zu bringen suchten, zum andern, weil Freischärler und Mittelschüler sich immer deutlicher sozialistische Orientierungen gaben, die offenbar den Abstinenten Katzenjammer verursachten. Aus dem Zerfall des Jugendkartells «Junge Schweiz» ging der «Freibund» hervor, der im wesentlichen die Reste der Schweizer Mittelschüler-Vereinigung umfasste, so weit einzelne nicht vor den roten Tendenzen des «Freibund» die Flucht ergriffen. Diese roten Tendenzen liessen aber auch dem Kern der Freibündler den Fortbestand ihrer Organisation immer problematischer erscheinen: Wie konnte sich eine sozialistische Bewegung neben und ausserhalb SPS und KPS rechtfertigen? Das Problem war auf die Dauer unlösbar. Erst suchten die Freibündler 1927/28 einen Ausweg in der Gründung eines «Kreises» – einer verschworenen Gemeinschaft von «Berufsrevolutionären».

Die Konsequenzen jedoch konnten nicht anders als individualistisch gezogen werden; die meisten Freibündler traten in die linken Parteien ein, mehrheitlich in die SPS. Die Nachfolgezeitschrift des «Freibund», der «Funke», fusionierte vorübergehend mit der deutschen links-bürgerlichen Zeitschrift «Die rote Spur», löste sich wieder von ihr und verschwand Anfang der dreissiger Jahre. Der Freibund selber löste sich ebenfalls auf. Gegen Ende der dreissiger Jahre fanden sich einige Freibündler – Sozialdemokraten und religiöse Sozialisten – im Escher-Bund zusammen. Leitfigur war wieder Ruedi Schümperli. Der Escher-Bund verband Gemeinschaftsleben und politische Diskussion, beides auf Sparflamme, dafür für lange Jahre. Er übersprang sogar die Generationenschranke: mehrere 68er, meistens Kinder der Escher-Bündler, traten dem Bund bei. Dann jedoch wurde den 68ern das Vereinsleben zu mühselig, und eine Gruppe unter ihnen, die die Bundesleitung gestellt hatte, trat 1973 aus. Die Zeitschrift des Escher-

Bundes, der «Neue Bund», der in der sozialdemokratischen Debatte jahrzehntelang eine nicht unwichtige Rolle gespielt hatte, schrumpfte und verschwand schliesslich 1976.

Theos Kontakte zu den Freibündlern sind nie ganz abgebrochen. Er hat sogar zweimal im «Neuen Bund» publiziert; 1945 einen Artikel «Möbel als Tyrannen» und 1969 – zusammen mit Amalie – einen Reisebericht aus Russland. Zwischen den Artikeln lag der Kalte Krieg, in dem auch der Escher-Bund nicht neutral blieb: darum ist es wohl auch bei den beiden Artikeln geblieben.

Während Ruedi Schümperli Mitarbeiter für die «Schweizerische Mittelschüler-Zeitschrift» sucht, geht Theo im Alltag auf, leidet an der Schule, ärgert sich mit antisemitischen Mitschülern herum, besucht

einen Chanukkaball der zionistischen Ortsgruppe... ganz interessante Frauentypen. Ich glaub, ich muss tanzen lernen. [20.12.24]

und verzeichnet betroffen den Tod Carl Spittelers, *des letzten der grossen Schweizer Dichter.* Beim Lesen hält er sich freilich einstweilen noch eher an Werke auf der Wasserscheide zwischen Sachbuch und Unterhaltungsroman.

Er beginnt Rousseaus Bekenntnisse zu lesen, fährt Ende Januar mit der Familie ins Engadin, verliebt sich ein bisschen.

Am 1. März 1925 scheint eine Vorbereitungsversammlung der Mittelschülerbewegung stattgefunden zu haben:

Nachmittag in der Mittelschülersitzung gewesen, sehr interessant. Nur muss ein Programm gemacht werden. Wir wollen die Revolution in der Schule machen.

Die Revolution scheint dringlich, denn «langsam gefällt mir einiges der Schularbeit, aber manchmal hab ich doch eine Wut». Am 23. März finden die Zürcher Stadt- und Gemeinderatswahlen statt, im Gemeinderat schwingen die Roten obenauf, und Theo hält fest:

Ich glaube, im Grunde seines Herzens ist jeder Sozialist. Er muss es sein.

Wenige Tage später fährt Theo nach Baden:

Heute Mittelschülervereinigungstagung in Baden. Begeistert für Dr. Petitpierre und Schümperli, beides fabelhafte Menschen. War sehr interessant, manchmal hitzig, strengt an. Ortsgruppe gebildet.

Zunächst nimmt die Mittelschülerbewegung noch wenig Zeit in Anspruch und besetzt auch Theos Gedanken wenig. Wie in den Vorjahren betätigt er sich als Geldsammler für den Jüdischen Nationalfonds. Das bedeutet, in den Häusern und Wohnungen der Zürcher

Zionisten vorbeigehen, die dort aufgestellten Sammelbüchsen leeren, die Eingänge verbuchen und in der Zentrale abrechnen.

Vormittag Nationalfondsbüchsen geleert. Viele hätten mehr geben können.

Theo hat diese Sammeltätigkeit auch noch fortgesetzt, als er sich kaum mehr dem Zionismus verbunden fühlte. Dann diente ihm die Knausrigkeit der Spender als zusätzlicher Beleg für die Richtigkeit seines Bürgerhasses. Ende April tritt die Ortsgruppe Zürich der Mittelschülerbewegung an die Öffentlichkeit:

...in der Aula des Gymnasiums [?] Ein sehr feines Referat von Schweizer. Hier finde ich endlich einmal Gleichgesinnte. Es ist einem eine grosse Freude, solche Menschen zu finden. [Allerdings:] Fühle mich so einsam. Die Mittelschüler sind direkt eine Aufmunterung, aber Mädchen? Nichts.

Theo wirft sich nun erst recht auf die Mittelschülerorganisation:

Komme mir bald als ein Geistesmissionar vor. So red ich an die Leute.

Noch wird kein Zusammenhang zwischen der Mittelschülerbewegung und dem Sozialismus im Herzen spürbar. Der 1. Mai 1925 begrüsst ihn gleichsam aus der Ferne, als Festtag, mehr nicht:

Es ist doch schön zu wissen, dass der heutige ein internationaler und interkonfessioneller Tag [ist]. Alle Sozialisten der Welt feiern heute.

Zwischendurch liest Theo die Broschüre «Von der Gründung des Judenstaates», die sein Vater 1918 hat erscheinen lassen.

Sobald als möglich hin [nach Palästina], ungeheurer Idealismus ... Der Zionismus ist eine Gewissensfrage, bei der jeder Jude Farbe bekennen muss. Es lebe Zion. Übers Jahr in Jerusalem.

Heute sieht Theo seine zionistische Geschichte anders, als sie im Tagebuch aufscheint: «Als Kind sammelte ich Geld für den jüdischen Nationalfonds. ... Der Zionismus hat für mich nur bis ins Alter von etwa dreizehn Jahren eine Rolle gespielt. Heute kann ich die zionistische Ideologie und Theorie in keiner Weise mehr vertreten. Ich bin aber bewusster Jude geblieben, vor allem in der Haltung gegenüber dem Antisemitismus und der Diffamierung der Juden.»

Wir werden noch sehen, dass die Distanzierung vom Zionismus nicht in die Kinderzeit fällt, sondern sich – schmerzlich – genau in den Jahren der sozialistischen Politisierung vollzieht.

Die Mittelschüler-Zeitschrift versuchte unterdessen die eingeklagte «praktische Ausgestaltung» ihrer Reformen an die Hand zu nehmen. Ruedi Schümperli stellte den Plan einer «Unterstützungskasse» vor: «Die Unterstützungskasse ist ein Protest dagegen, dass das Studium noch immer von den finanziellen Verhältnissen statt von der Begabung allein abhängig ist.»

Die Idee hat nicht gezündet:

Mittelschülerversammlung... 52 Mitglieder... Diskussion über die Unterstützungskasse, bin auch dagegen, aber für Gründung eines Fonds.

Nicht besser erging es dem hochfliegenden Projekt, die Mitglieder der Ortsgruppe sollten sich im Sozialwesen engagieren und Gefängnisbesuche machen. Nach längerer Diskussion kam nur der Beschluss heraus, alle Mitglieder sollten sich zum Verzicht aufs «Spicken» verpflichten. Theo schloss sich immer enger an Albert Kramer an, der ihn in die sozialdemokratisch-kommunistische Unionsbuchhandlung am Helvetiaplatz einführte – Theo kaufte einstweilen auch da lieber Literarisches als politische Literatur.

Vom 14. bis zum 20. Juli hielt die Mittelschülervereinigung ihr erstes Ferienlager in Rüdlingen bei Eglisau im Kanton Zürich ab. Gastgeber war ein Hofgutsbesitzer, ein überzeugter Freigeldwirtschaftler. Diskutiert wurde über «neue Kultur»; über Eltern, Kinder und Menschenachtung; über Pan-Ideal, Frauenfrage.

Die Frau hat das, was sie angeht, zu entscheiden, der Mann das seine. Zuletzt kamen wir in Privatdiskussionen auf Liebe, Ehe – [Christentum, Albert Schweitzer]... Abend spazieren gegangen, ungezwungen diskutiert. Das Wunderbare ist das Ungezwungene... Auf dem Heimweg diskutierten und erzählten wir über Jugendliebe. Alle waren wir ehrlich. Abends eine Aussprache über Jugendliebe, die für mich ein tieferes Erlebnis war. So ehrlich hat jeder, Knabe und Mädchen, Wahrheiten gesagt. Abends sagte uns Schümperli Wunderbares von der herrlichen Gemeinschaft, die wir gründeten, die ewig halten sollte. Oft wollen wir zusammenkommen... Den Abend lagen wir noch unter bestirntem Himmel.

Die Kontakte mit den einzelnen Mitgliedern der Zürcher Ortsgruppe – Albert Kramer, André Reinewald – wurden intensiver, und das hatte Folgen für die Einschätzung des Ferienlagers:

Jetzt sehe ich Rüdlingen richtig. ...Die Offenheit, [von der] ich glaubte, dass sie dort sei, muss jetzt erst errungen werden. ...Es ist aber keine Enttäuschung, nur muss ich und die andern erst vieles erringen. [23.8.25]

Inzwischen entwirrte Theo seine Gefühle und geriet schnell in die nächste Verliebtheit:

...in die SMV. Versammlung. ...Viele Mädchen da gewesen. ...Dann mit einigen, Gusti Peter, Vera Gitermann zum Seenachtsfest. Ganz nett,

dann mit Vera bis zur Allmend spaziert. Erst um 11 Uhr von ihr getrennt. War sehr fein. [31.8.25]

Das ist der unauffällige Anfang der ersten grossen, unglücklichen Liebesgeschichte.

Ein Schulvortrag über Zionismus und Palästina führt zum ersten Mal zur Problematisierung zionistischer Selbstverständlichkeiten:

Bewies, dass man Zionist und Weltbürger sein könne. ...Gitermann ist aber auf dem Standpunkt: Zionismus ist national, deshalb nicht völkerversöhnend. Mama sagt: wenn zwei Häuser brennen, eines ¼ Stunde von dir entfernt, eines nah, wirst du doch sicher zuerst das nahe löschen. ...Wir müssen über den Zionismus zum Weltbürgertum kommen. [3.9.25]

Die Mittelschülervereinigung begann ihrerseits, ihre Selbstverständlichkeiten zu problematisieren:

Schümperli machte den Vorschlag, die Zeitung unter dem Titel «Die Junge Schweiz», allgemeiner erscheinen zu lassen. Gut. [10.9.25]

Aber Mitte September ging die Zürcher Ortsgruppe noch einmal zu ihren Anfängen zurück:

Diskussion SMV. Etwa 25 Leute. Zuerst Lokales, dann zur Aussprache. Was wir sollen, was wir wollen. Viele sehen zu materialistisch, zu realistisch. ...Dann sprach Prof. Petitpierre. Glänzend. Leider sehen viele nur, wie er spricht, nicht, was er spricht. Das alte Lied gegen die Tradition, mit Gedächtniskram, toter Punkt in der Schweiz. Neuer Mensch. Schloss mit dem Zarathustragedicht Nietzsches. [12.9.25]

Der Erfolg war nicht eindeutig. Die späterhin politisch Linkeren waren angetan, die zukünftigen Sozialdemokraten und Apolitischen spotteten. Theo – für Petitpierre wohl zusätzlich wegen des guten Rats eingenommen: «Nur was man lernen will, soll man lernen» – fasst zusammen:

Er ist gross, dekadent, eitel, aber doch wahrhaft mit uns. [12.9.25]

Vierzehn Tage später hatte die Zürcher Ortsgruppe das Problem Petitpierre einigermassen im Griff:

Es gibt halt zwei Meinungen: die Radikalen à la Petitpierre wie Ruedi, Albert, Gusti, Marianne und ich, und die Rechten auf guter Grundlage wie Schweizer und Ammann. [26.9.25]

Man wüsste gerne, warum Theo ohne jedes Zögern sich auf die Seite der Radikalen gestellt hat; aber vielleicht war das wirklich eine sonnenklare und unproblematische Entscheidung; auch späterhin wird es kein Schwanken, keine Revisionen, kein Zögern geben – wo der linke

Flügel der SMV, später des Freibunds sich formiert, da steht auch Theo und handelt sich damit auch die schwierigstmögliche Lage ein. Denn seine bourgeoise Lebensführung macht ihm die Radikalität zugleich leicht und allzuleicht: In einer Bewegung, deren Motor die Suche nach Ehrlichkeit und Offenheit ist, wird der immer als Aussenseiter erscheinen, dessen Lebensart nicht zu seinen Worten passt. Seine Radikalität irritiert doppelt: wenn er sie ehrlich meint, droht er zu weit zu gehen, weil ihm die Bremsen der kleinbürgerlichen und proletarischen Erfahrung fehlen, wenn er sie nicht ehrlich meint, wie kann er zu den Revolutionären der Aufrichtigkeit gehören? Und das mag erklären helfen, warum es für Theo nie eine andere Option gegeben hat als die KP; wer in die Reihen der Kommunisten tritt, der muss es ehrlich meinen, kein Spieler kompromittiert sich so tief. Und das erklärt auch, warum der Konkurs der Bank in Theos Augen ein befreiendes, kaum ein katastrophales Ereignis sein wird.

Vom 4. bis zum 10. Oktober veranstaltet die SMV ihr zweites Ferienlager, das erste Lager in Böschenroth im Kanton Zug. Die Ortswahl ist bedeutsam; das Ferienhaus in Böschenroth gehört der Zürcher Genossenschaft Proletarische Jugend und wird hauptsächlich von kommunistischen Organisationen benutzt. Von den Kommunisten ist in diesem Oktober noch nichts zu merken:

...Diskussion über Ehrlichkeit und Offenheit. Zu grosse Verstandeskultur, zu wenig Gefühl... Morgens über Pazifismus diskutiert, besonders Dienstverweigerung. Nie wieder Krieg, ganz klar, alle einer Meinung, auch ins Politische gekommen. Nachmittags... mit dem grossen Kahn gerudert. Heimfahrt war wunderbar, die Landschaft herrlich. Abends über Glauben, Christentum... Nachher noch auf dem See. Abends im Bett sehr wohltuend über Mädchen gesprochen und erzählt. «Die Sanfte» von Dostojewski gelesen... Heute früh über ‹Revolution› [geredet]. Schweizer leitete ein. Er und Ruedi ergänzen sich unbedingt so, dass wenn solche Typen da sind, man auf Fortschritt rechnen kann. Gusti, Peter, Revolution, Einzelumstellung... Abends über die Schule diskutiert. Das System wurde für schuldig befunden und die schlechten Lehrer... Nachmittag soziale Frage. Kramer leitete ein. Wir sind alle Sozialisten. Wir müssen Zusammenschluss suchen. Wir waren ziemlich einig. Lange über die Grundlagen des Sozialismus gesprochen. Kennenlernen, Zusammenschluss und Verantwortlichkeit sind die drei Forderungen. Abends über Ortsgruppenarbeit im besonderen Bezug zur sozialen Frage. Wir wollen Arbeitsgruppen machen, die diese Frage systematisch durcharbeiten durch Versammlung, Fabrikbesuche und Studium von Büchern. Martin Bubers «Verborgenes Licht»

begonnen. Morgens über Jugendbewegung. Wir sehen ein, dass sie nur ein Weg-
stück der Entwicklung ist, sie muss nachher in einer Kulturbewegung weitergehen.
Nachmittags über Abstinenz. Wir müssen Abstinenten sein. Es ist eine
Voraussetzung. Abends haben wir die von Ruedi gemachten Leitsätze durchge-
arbeitet. Wir wollen im neuen Geiste durch Gemeinschaft gestärkt eine Einheit
von Leben und Kultur erringen. ...Morgens... Jugendbewegung und was
weiter? André leitete ein. Geistige Kulturbewegung. Zusammenkünfte, später
Verlagsgründung, auch Schulgründung... Abschiedsstimmung... Lebenshal-
tung pro Person auf 1.50 Fr. gekommen. ...Wir haben eine geistige Gemein-
schaft, eine Kerntruppe.

Theo verbringt fünf Monate, von November 1925 bis März 1926
in Genf. Am 31. August hatte ihm der Vater diesen Ortswechsel angekündigt. Der Genfer Aufenthalt sollte ein halbes Jahr dauern,
wurde dann aber abrupt abgebrochen; die Gründe für den Abbruch
sind nicht ganz durchsichtig, aber weitaus klarer als die Gründe für
den Aufenthalt. Theo erinnert sich heute, er habe in Genf Französisch lernen sollen. Was ja einleuchtet. Das Tagebuch bietet eine
komplizierte Geschichte. Theo wohnte in Genf bei einer mit seinen
Eltern befreundeten Familie, den Jehoudis. Der Mann, Josué, war
mit Felix Pinkus offenbar in der zionistischen politischen Arbeit zusammengekommen; er scheint eine Art geistiger Lehrer gewesen zu
sein.

Jehoudi kann als Autorität nicht überzeugen, weil seine Frau ihn
verlässt und bei Theos Eltern beschuldigt, er wolle sie vergiften, um
ihre Lebensversicherung zu kassieren. Die Eltern reisen überstürzt
nach Genf, quartieren Theo aus.

Josué soll also (wie ich es sagte) in Bezug auf seine Maggidheit [Sendung]
grössenwahnsinnig sein. Ein Gewissen hat er nicht. ...So ist das Leben.

Diese Horrorgeschichte hat auch ihr Gutes: Theo muss nicht
gleich nach Zürich zurückkehren, sondern darf von Anfang Februar
bis Ende März allein in Genf bleiben. Er wird in einer Pension einquartiert, geht weiter – allem Anschein nach nicht gerade intensiv –
in die Schule, liest gefrässig. Die Genfer Monate, in denen Theo
sehr weitgehend sich selber überlassen blieb, bilden einen
nützlichen Einschnitt. Theo liest sich intensiv in die zionistische Literatur ein, und es scheint, als hätte eben diese intensive
Lektüre seine Loslösung vom Zionismus eingeleitet und ermöglicht.
Zuerst – vermutlich auf Jehoudis Anregung – liest Theo Joseph
Trumpeldors Aufzeichnungen aus dem russisch-japanischen

Kriege. Trumpeldor verkörpert einen wichtigen Strang der zionistischen Bewegung – in einer Abkürzung: die Figur des bewaffneten Juden, der nach Zion nicht als Beter kommt, und auch nicht als duldender Landarbeiter, sondern als Befreiungskämpfer – die Figur, die im Zentrum der militärisch-politischen Utopie des zionistischen Revisionismus stand. Theo, der durch die Lektüre wohl auf Heldenverehrung gestimmt werden sollte, reagierte gemischt:

Er war ein Held. Er lebe und mit ihm das jüdische Volk ewig fort. Trotz seines Soldatentums ist er gross. [27.10.25]

Dann wandte sich Theo Johannes Schlaf und August Strindberg zu. Kurz darauf wagte er sich an den Grundtext der zionistischen Bewegung, an Herzls «Judenstaat».

Wie fern sind wir doch heute von [Herzl]. Warum wird nicht an ihn gedacht? ...Da spricht Kraft heraus. ...Es hätte viel schneller gehen sollen. So ist es wie eine Verschleppung. Trotzdem ist viel geleistet.
[14./15.11.25]

Theo liest sich eifrig durch die Bibel. Als die Krise mit Josué heraufzieht, scheint sich aber das Interesse bereits vom Zionismus wegzuverlagern. Die letzten politischen Notizen aus der Genfer Zeit blenden auf die kontinentaleuropäische Problematik über:

Problem für mich der Liberalismus, ist er hohl, ist das Humanitäts- und Fortschrittsziel falsch und hohl, was aber als Ersatz... es ist zu früh, um auf den Liberalismus zu verzichten. ...Mit Josué Gespräch gehabt. Ich sehe kein Ziel, er sagt, ich müsse ein Ziel haben. Ich sehe nicht, ja, selbst Liberalismus ist nicht, ist kein Ziel. Was soll ich tun später etc...
[1./5.2.25]

In den letzten sechs Genfer Wochen liest Theo fast nur Belletristik – Cendrars, Romain Rolland, den grössten Teil des Jean-Christophe, Rousseau – «mein Genfer Freund» – und wieder Romain Rolland, zwischendurch noch Emil Ludwigs Biographie Wilhelms II. Und daneben Theater, Kino, Konzert, Besuche und unglückliche Verliebtheiten.

Unterdessen schlägt sich die Ortsgruppe in Zürich der S.M.V. mit der Abstinenzfrage herum. Man kommt zu keinem Entschluss, bis Ruedi Schümperli für Ordnung sorgt und ein Rundschreiben erlässt, das auch nach Genf kommt:

Abstinenz nicht mehr obligatorisch... man braucht die statutarische Forderung nicht... [3.11.25]

Mit dieser Festlegung, die auf die Reife und Verständigkeit der Mitglieder setzt, war das Problem offenbar noch nicht ausgestanden.

Als Theo über Weihnacht/Neujahr 1925/26 nach Zürich fährt, findet er – mit Ausnahme Schümperlis – eine verunsicherte und auflösungswillige Ortsgruppe vor:

Diskussion über Auflösung und Bund. Aber Ruedi will nicht. Also muss es von selber kommen. Wenn Ruedi weggeht, wird es so kommen. [5. 1. 26]

Was Theo nicht wusste: Schümperli war den Auflösungstendenzen zuvorgekommen. Mitte Februar 1926 erschien die «Junge Schweiz» als Organ der zu einem Kartell zusammengeschlossenen Jugendgruppen, und die Ortsgruppe Zürich des SMV war damit organisatorisch zur Bedeutungslosigkeit herabgesetzt.

Ende März fuhr Theo nach Zürich zurück, mit einem «Horror vor der Minerva», die Eltern kamen erst einen Tag nach seiner Rückkehr aus Paris zurück, und zwei Tage später fuhr Theo zum dritten Ferienlager, wieder nach Böschenroth. Diesmal hielten sich die Kommunisten nicht mehr im Hintergrund:

Nachmittags hat uns dann der kommunistische Gemeinderat Winiger, sehr feiner Typ, einen glänzenden Vortrag über Kommunismus gehalten. [4. 4. 26]

Theo fühlte sich unter den rund 25 Teilnehmern nicht allzu glücklich.

...doch ein grosser Unterschied in den Ferienlagern. Man war sich im ersten zu nahe, im zweiten gut und richtig, und hier ist man weiter von einander entfernt.

Dieses Gefühl kann noch einen weiteren Grund gehabt haben:

Der Kommunismus und Socialismus wird mehr und mehr zum Hauptproblem. Ich bin links, Sozialist, aber geht das, wenn Papa Bankgeschäfte macht, von denen ich lebe?

Diese Frage wird in den nächsten anderthalb Jahren immer quälender und aufdringlicher, und sie scheint auch die Problemlösungsfähigkeiten der Gruppe überfordert zu haben: Niemand konnte sich wirklich in Theos Lage versetzen. Das Ferienlager war noch nicht ganz vom Problem Sozialismus beherrscht – Schule, Kunst und Christentum waren Diskussionsthemen, und bevor man in die Diskussion über Sozialismus einstieg, las Schümperli aus Spittelers «Olympischer Frühling» vor. Die Diskussion über den Sozialismus galt ihrerseits dem Verhältnis von Christentum und Sozialismus. Man wollte nicht allzu schnell ins rote Wasser springen.

Theos Notizen vom Lager geben dem Leser freilich den Eindruck, die Schwierigkeiten der Organisation, die offene Frage, was für eine Organisation sie eigentlich sein wolle, hätten das Lager auseinanderbröseln lassen. Wohl nicht zufällig hielt Schümperli keine Schlussansprache. Winigers Rede konnte weder gleich verarbeitet noch weg geschoben werden. Die Zürcher Orts-, jetzt «Arbeits»-gruppe, lud unmittelbar nach dem Lager Valentin Gitermann zu einem Vortrag über Karl Marx ein,

sehr fein und klar dargestellt ... Leider hat er Russland nicht gern.
[14. 4. 26]

Aber die Umsetzung der Marxlektüre in den politischen Alltag wird noch eine Weile brauchen. Theos Mutter trägt in seiner Arbeitsgruppe *sociale und revolutionäre Gedichte vor ... Programm war sehr fein, Verhaeren, Mackay , Kanehl , etc. Hat glaub ich auf alle Eindruck gemacht.*

Zum 1. Mai kauft sich Theo einen Maibändel (er hat ihn heute noch). Es ist das Jahr des englischen Generalstreiks, den Theo eifrig verfolgt. Aber die Politik spielt zweite Geige; dafür gibt es zwei Gründe. Einmal, weil die Arbeitsgruppe noch vergleichsweise locker verbunden ist; man sieht sich jede Woche zur Sitzung, zwischen den Sitzungen bleiben die Kontakte sporadisch. Das wird sich bald ändern. Zum andern, weil sich Theo jetzt ernstlich in Vera verliebt.

Die Arbeitsgruppe konzentriert sich – hauptsächlich unter Kramers und Schweizers Einfluss – zunehmend auf das Studium der Geschichte des Sozialismus (von Fabrikbesuchen ist nicht mehr die Rede). Langsam kristallisiert sich ein innerer Kern der Arbeitsgruppe heraus: Kramer, Schweizer, Rosa Schärf und Theo. Kurze Zeit später verliebt sich Vera in Heinz Schweizer, und am Rand der Arbeitsgruppe (Vera war nie aktiv beteiligt) wächst ein Kleeblatt: Vera, Rosa, Heinz und Theo; die vier sehen sich zeitweilig jeden Tag. Diese Gruppenbildung ist nicht uninteressant: sie versammelt, mit Theo als Ausnahme, eher den sozialdemokratischen Flügel der Arbeitsgruppe; zugleich finden sich in ihr die beiden vom Zionismus tief berührten Mitglieder: Rosa und Theo.

Der Sommer 1926 war keine leichte Zeit für Theo: das Rätsel Vera, der Versuch, eine Berufsperspektive zu finden, die Unruhe der Eltern über Theos Schulleistungen und seine Fixierung an die Arbeitsgruppe, die langsame Loslösung vom zionistischen Gedankengut, das alles geht im Tagebuch wild durcheinander. An einer Versammlung zeichnete sich eine Spaltung der SMV ab:

Sie will sich verjüngen und nicht sozialistisch werden, wie wir ursprünglich wollten. Kramer war furchtbar marxistisch. [1. 10. 26]

Am 9. Oktober traf man sich wieder in Böschenroth. Es kam nicht zu einem Spaltungskongress; aber es wurde deutlich, und Schümperli merkte das sehr schnell, dass die Wendung zum Sozialismus die einzige Möglichkeit bildete, einer Spaltung zu entgehen. Schwierig war nur, die geeignete Art der Wendung auszumachen. Diesmal hielt Schümperli nicht das Schlusswort, sondern reservierte sich das Eröffnungsreferat.

Alte Sätze, welche bekannt, mich fast nervös machten. Alte Sachen. [9. 10. 26]

Am Abend des ersten Tags folgte die Kraftprobe:

Abends war lange Diskussion, ob wir das kommunistische Manifest lesen wollten, zehnmal wurde das gleiche gesagt... [10. 10. 26]

Man darf das nicht zu dramatisch lesen:

Sehr lustige Nacht verbracht, geteet bis spät, dann legten wir uns auf ein paar [Matten] unten hin. Dann um 4 Uhr fuhren wir mit dem Schiff noch hinaus. [10. 10. 26]

Offenkundig kamen zwei Spaltungen zusammen; einmal die zwischen religiös-sozialistisch und marxistisch-sozialistisch ausgerichteten Mitgliedern; zugleich eine Spaltung zwischen den Neuzuzügern in der SMV und den Mitgliedern der ersten Stunde, denen die «Revolution in der Schule» weder lebensgeschichtlich noch theoretisch sonderlich wichtig war. Schümperli, dem in Böschenroth das Heft aus der Hand genommen wurde, war klug genug, inhaltlich wie organisatorisch umzupolen.

Theo reiste für fünf Tage mit den Eltern nach Paris, und als er zurückkam, waren die Würfel im SMV schon gefallen. Auf der Fahrt nach Paris erzählte der Vater von seiner Arbeit im Geschäft.

Sehr interessant, aber, ausser dem Faktum, dass wir davon leben, fast sinnlos. [18. 10. 26]

Aber man lebte nur allzugut davon, und in Paris rückte die Forderung nach einem gesinnungsgemässen Leben wieder näher:

Fuhren dann durch dunklere Strassen zu diesem wunderbaren Hotel, wo ich ‹Sozialist› wohne. [18. 10. 26]

Die Mutter ging mit Theo ins Printemps; er kam mit einem neuen Anzug, einem Mantel und den Accessoires heraus. Man ass bei Rumpelmayer, sah Sacha Guitry spielen, besuchte ein chinesisches Restaurant; nachts tanzte man in den Lokalen à la mode, tagsüber eilte man von Museum zu Museum (das Musée Rodin hat Theo den grössten Eindruck gemacht, der «unglaublich volle» Louvre, der in zwei Vormittagen abgehakt werden musste, hinterliess gemischte Gefühle). Nach einem Theaterbesuch, gespielt wurde Jules Romains' «Le Dictateur» – überrollt Theo wieder die Widersprüchlichkeit seines Lebens:

Tragisch, beide haben recht und doch muss man sich zu einem bekennen, ich fühle immer mehr, es kommt bald die Zeit, wo ich mich entschliessen muss.

Eines freilich wird noch wichtiger und drängender:

Unaussprechlich sehne ich mich nach Dir Wera, ich liebe Dich rasend.

[24. 10. 26]

Die Eltern blieben noch in Paris, Theo fand in Zürich nur ein wortkarges Kärtchen von Wera, immerhin war die Stimmung beim Wiedersehen «gut». Eine Woche später war sie längst umgeschlagen:

Sie fing an, ich solle sie doch nicht lieben, ich sagte ihr, dass dies unmöglich sei... Sie aber meinte, mich könne sie nicht lieben... Ich sagte ihr, sie verschliesse sich gewaltsam ihrem eigenen Liebesgefühl, sie lasse es nicht heraus, als fürchtete sie, etwas zu verlieren und nichts, gar nichts zu gewinnen... Dass ich sie liebe und liebe, weiss sie jetzt endgültig, dass sie mich nicht liebt, sollte ich wissen, aber ich kann es nicht glauben, ich werde um ihre Liebe kämpfen... Nie mehr mit ihr davon sprechen, versuchen, sexuelle und Liebesgedanken auf andere Objekte zu übertragen, ihr ein geistiger Freund werden und sie mir zur geistigen Vertrauten und liebsten Freundin machen, nie werde ich aufhören, sie zu lieben, aber ich werde mein Gefühl etwas spalten.

[31. 10. 26]

Umso wichtiger, so könnte man sich's vorstellen, wird gerade dann die enge Beziehung zu den Leuten aus der Arbeitsgruppe – zumal die Familie selten beisammen ist und unter dem Leiden des Vaters an der Bank leidet.

Schümperli war in den letzten Oktobertagen 1926 nicht müssig, und als Theo von Paris zurückkehrte, erfuhr er:

In Zürich wird also von Schümperli etc. stark im SMV gearbeitet, einen neuen Namen hat unsere Schweizer Mittelschülerbewegung erhalten, nämlich: Freibund (echt liberales Wort).

Man erinnert sich: in der Genfer Zeit hiess es noch, es sei «zu früh, auf den Liberalismus zu verzichten.» Die Bezeichnung «Freibund», so möchte man Theos Bemerkung deuten, passt ihm aber jetzt schon nicht mehr ganz in den Kram: er hat in der Zwischenzeit unauffällig auf den Liberalismus verzichtet, und was ihn bei Schümperli stört, ist nicht zuletzt die Rückversicherung bei liberalem Gedankengut. Und wie es scheint, tut sich Schümperli mit der sozialistischen Wende weiterhin schwer. Er verschickt Anfang November ein vervielfältigtes Heftchen mit dem Titel «Freibund». Dieses Bulletin dient der Vorbereitung des Bundestages in Böschenroth vom 13./14. November 1926 und legt dessen Programm fest:

... *Aussprache über Sozialismus (wenn die Zeit reicht)*.

Schümperli legt es darauf an, die sozialistische Wende ins Individuelle zurückzunehmen:

> Unser *jetziges jugendliches Leben* wollen wir nach unsern innern Forderungen leben: Wir wollen im wahren Sinne des Wortes jung sein. Darum sind Volkstänze, Wandern und Singen Ausdruck unseres Lebens, eine Befreiung von aller übernommenen Konvention, ein Sichfinden und Sichformen unserer Kräfte, ein freudvolles Ja zum Leben. Alkohol und Nikotin empfinden wir als Feinde unseres Lebens. Unsere Freude fliesst aus reineren Quellen. Wir wollen unseren Verkehr immer völliger auf Ehrlichkeit und Offenheit aufbauen. Wir wollen, Mädchen und Knaben, zusammen sein und wie Schwestern und Brüder miteinander leben... Wenn wir, suchend und ahnend, die *Welt um uns* betrachten, so packt uns eine gewaltige Unzufriedenheit... Gekennzeichnet scheinen uns die heutigen Zustände durch Vergewaltigung des Menschen und Entseelung, Vermaterialisierung des Lebens. Dazu trägt vor allem eine falsche Wirtschaftsordnung bei, die ungeheure Reichtümer in den Händen weniger Bevorzugter konzentriert und gewaltige Volksschichten zu materieller und seelischer Bedrückung und Abhängigkeit verurteilt... Die neue Gesellschaft muss in erster Linie die Gemeinschaft und nicht das Individuum berücksichtigen, weil nur so alle Menschen gleicherweise die äussere Möglichkeit haben, ganze Persönlichkeiten zu werden... Die neue Gemeinschaft aber setzt neue Menschen voraus. Solche wollen wir werden.

Die ideologische Spaltung, die deutlich geworden war, hatte einstweilen keine organisatorischen Folgen. Und als gälte es, sich der Einheit der Organisation zu versichern, beschloss man, ihr in Zürich einen festen Treffpunkt zu verschaffen: «Wir werden jetzt hier eine Bude mieten, unser Versammlungszimmer [war] im ‹Karli›, und das wird dann sehr fein», schrieb Theo nach der Heimfahrt vom Bundestag. Eine Woche später besuchte Theo mit Rosi Schärf einen Vortrag in einer zionistischen Loge, und nun schlägt die sozialistische Wende deutlich auf Theos Einstellung zum Zionismus durch:

War gut, wieder mal unter die Juden gekommen zu sein, aber mit diesen Sachen – Aguda/Misrachi etc... diese Spaltungen machen es nur schwerer, an sie zu glauben. Wie fein für die, die es können, wie traurig für die, die es wollen und nicht mehr können wie Rosi, und für die, die es schon kaum mehr wollen wie ich. [23.11.26]

Wieder eine Woche später, freilich zu Chanukka, notiert Theo erfreut:

Wir zündeten nach dem Essen die ersten Lichtlein an, ich konnte die Broche noch gut... Selten fühlte ich die Herzlichkeit dieser Zeremonie wie heute. [30.11.26]

Daneben lief in der Arbeitsgruppe des – jetzt – Freibundes die Aufarbeitung der Tradition und der Theorien des Sozialismus weiter. Anfang Dezember

las Albert von Trotzki etwas vor über Revisionismus und die Sozialdemokratie bis 1914. Trotzki ist fabelhaft durchdringender Kopf. Eine imponierende Intelligenz. Wie er alles marxistisch betrachtet. [4.12.26].

Ein paar Tage später begann im Volkshaus ein Kurs über «Probleme der Internationale». Kursleiter war der Austromarxist Friedrich Adler; seit 1926 war Adler Sekretär der Sozialistischen Arbeiter-Internationale.

Adler ist ein schon älterer, gemütlicher Herr, ... Er ist ein sympathischer Typ, etwas Wienerisches an sich, und man denkt nicht an den Attentäter Adler... Er ging dann ein auf die österreichische Revolution 1918. Wie hier einfach die Macht ohne Koalition nicht genützt hätte, während in Deutschland die Revolution an der Spaltung der Partei zerbrochen sei. Adler zeigte mir, wie schwierig das Problem ist, er sieht kein Prinzip darin... In der Diskussion sprach ein Kommunist etwas unbeholfen. Adler konnte ihn natürlich leicht mit Ironie und geistiger Überlegenheit abschiffen lassen, was aber im Grunde gar nichts gegen die Grundgedanken der Kommunisten sagt. Doch die Versammlung war dem Kommunisten sehr feindlich gesinnt.... Ich neige trotz allem doch viel eher dazu, den Kommunisten recht zu geben im Prinzip. [9.12.26]

Die sozialistische Wende blieb keine Angelegenheit der Theorie: Am 12. Dezember beteiligte sich Theo zum ersten Mal an einer Demonstration. Nicht ohne Bedenken:

Morgen ist eine rötliche und rote Protestversammlung und Zug wegen Sonntagsarbeit etc. Werde wahrscheinlich gehen, trotz Villa etc. Heinz [Schweizer] wollte mich nicht dazu auffordern, weil er nicht von mir Manife-

stierung verlangte, aber in der Villa etc. sieht er gar keinen Grund, nicht zu
kommen. Wahrscheinlich werde ich gehen, da ich Lust habe zu manifestieren –
aber eben, könnte das nicht etwas blasphemisch sein!?   [11./12.12.26]

Die Lust war stärker als die Skrupel, Theo pilgerte zum Volkshaus
– und fand erstmal niemanden. Nach aufgeregter Suche stiess er

zum Zug von etwa 40 Menschen vom Freibund… Freischar und Nie wie-
der Krieg mit drei Plakaten, einem für die Bergarbeiter, einem «Nie wieder
Krieg» und einem guten, von Kramer gemacht: «Weg mit der Sonntagsar-
beit.» Es gehörte Überwindung [dazu] mitzugehen mit diesen Menschen, un-
ter denen es feine, grosse Typen hat, dann wieder aber Mädchen à la E. S. …
natürlich machte man sich lächerlich, aber doch nur Idioten gegenüber, die
nicht verstehen. … Wir zogen also herum, sangen verschiedene Kampflieder
und die Internationale auf der Bahnhofstrasse – ich genierte mich dann we-
nig… dass ich dort im Zug, die Internationale vorm Huguenin [vornehme
Konditorei] singend, wo ich vor einigen Monaten noch sass und wieder sitzen
werde; das zu ertragen und zu überdenken ist nicht leicht; dann wieder doch
die Freude gegenüber den Menschen, mit denen ich demonstriere, kurzum, es
war sehr möglich für mich, da mitzumachen.   [17.12.26]

Peinlicherweise erfuhr einer der Teilhaber des Bankgeschäfts von
Theos Demo-Teilnahme. Die Eltern scheinen sich nicht daran gestossen zu haben, der Aktionär jedoch konnte es nicht unterlassen,
einige väterliche Mahnungen durch seine Gattin weiterreichen zu lassen:

in der Jugend Sozialist sein etc. Wenn ich daran denke, dass mein Sozialis-
mus nur ein Übergang sein soll, dann fühle ich ein tiefes Grauen, nein, ich
will immer Sozialist sein. – Ich will nicht Kapitalist werden und muss in der
sozialistischen Bewegung mitarbeiten. Ein Muss. Ich muss.   [22.12.26]

Ein paar Tage später rechnete die Zürcher Justiz mit den

Brandstiftern aus den Reihen der streikenden Zimmerleute ab. Also auch
bei uns Klassenjustiz, Spitzel… [Heinz und Theo] gingen dann zum
Schwurgerichtssaal, konnten aber nicht hinein, hörten aber interessante, typi-
sche und charakteristische Worte von Arbeitern vor der Tür.

Später kam Theo mit Kramer zusammen doch in den Saal:

Es war ziemlich voll und höchst interessant, einen Gerichtssaal mit Ankla-
gebank, Verteidigern und Geschworenen zu sehen, die Stimmung zu beobach-
ten etc. [Der Verteidiger Farbstein] wenn er etwas bemerkte, hatte immer
recht. Die unsympathische Figur des Staatsanwalts, der vor seinem Platz kei-
nen Angeklagten hatte wie die andern Verteidiger, da der Staat sich nicht an-
klagen lässt. … Es ist eine ungeheure Verantwortung, Geschworener zu sein.

... Das Urteil im gestrigen Prozess war ein richtiges Klassenurteil – der Hauptangeklagte, ein geistesschwacher, dummer, armer Typ ein Jahr Arbeitshaus, andere Gefängnis etc. [23.12.26]

Den Übergang zum Jahr der grossen praktischen Wende 1927 beherrscht freilich nicht die Politik, sondern die Sexualität. Daran ist Wera schuld, die sich plötzlich entschlossen hat, Theo zu offenbaren, dass sie Heinz Schweizer liebe.

Die Episode Wera ist abgeschlossen, abgeschlossen. Das Problem, jetzt darf ich sie nicht mehr lieben, jetzt. [18.12.26]

So einfach verfügt man nicht über sich selbst. Eine Woche später:

Ein hässlicher erotischer Traum lief mir nach – Pfui. Wie kann ich da Disziplin haben? [25.12.26]

Die Unruhe lässt sich vorübergehend auf Rilkes Tod (29.12.1926) verschieben:

War nachmittags sehr down trotz allem. Der Tod Rilkes lief mir nach und alles war miess. [2.1.27]

Bald ergab sich eine weitere Gelegenheit, aus der Not ein intellektuelles Gespräch zu münzen:

[Rosa, Wera und Theo] unterhielten uns sehr angeregt über die Moral, die Bourgeoisie und das Sexuelle. Rosa fand alles traurig und will, dass man verdammt. Wera und ich verstehen eher, aber verachten doch. Das Gespräch begann über den ‹Reigen› Schnitzlers, den Wera gerade las.

Wie die Rollen in diesem erotischen Spiel schliesslich verteilt werden, ist klar:

Heinz sagte [Wera] auch, wie sehr er kämpfe mit dem Sexus, ihn bekämpfe durch Arbeit... Und sie helfe ihm, wie sie mir hilft, indem sie die Erotik vergeistigt und konzentriert. Wera hilft uns beiden also etwa gleich. Sie fühlt es und sprach es auch aus. Ich sprach von dem Büchlein der Kollontai. [5.1.27]

Theo hatte es eben gelesen und auf seinen Seiten eine Zukunftshoffnung gefunden – die sich freilich nicht so ohne weiteres mit Schweizers Sublimationsmodell verträgt, geistige Arbeit (statt kalter Duschen) helfe gegen den Sexus.

Las abends die glänzende Broschüre von Alexandra Kollontai: «Die neue Moral und die Arbeiterklasse»: Hier finde ich einen Weg für mich, für Wera, uns alle, wenigstens Richtung eines Weges. Einziger Ausweg für uns.... wir müssen endlich zu neuem, gesundem Verständnis unserer Psyche, vor allem des Sexuellen, kommen. [4.1.27].

Aber es gab Hindernisse:

Arbeiterferienheim Böschenroth der Genossenschaft Proletarische Jugend Zürich, 1927.

Die «Gänsefüsschenbude» des Freibunds links unten vor Gottfried Kellers Geburtshaus am Neumarkt Zürich.

*Wera fand natürlich das Büchlein von der Kollontai gar nicht besonders gut
– natürlich gefällt ihr die Losung, der Weg, die sexuelle Freiheit, nicht, undenkbar für sie, folglich überhaupt. Wir diskutierten da noch lange über das Büchlein. Heinz und ich stellten Familienmoral bei Rosa und Wera fest. Er aber hat diese «Neue-Moral»-Frauen auch nicht gern.* [6. 1. 27]

Wie es scheint, blieb das Gespräch dabei stehen, und Theo quälte
sich weiter.

Mit Rosa Schärf diskutierte er wieder die Palästinafrage und ging
mit ihr Geld für den Jüdischen Nationalfonds sammeln. Kurz vor Jahresende hatte der Freibund seine Bude bezogen, einen Kellerraum am
Neumarkt, neben dem Geburtshaus von Gottfried Keller. Am 28. Dezember wurde der Raum möbliert:

*hinunter mit dem Leiterwagen, mit Tisch und anderem beladen, herunter
zu unserer Bude am Neumarkt. Ein kleines, aber ganz gemütliches Zimmer mit
Ofen etc. Wir richteten es etwas ein.* [29. 12. 26]

In den nächsten Monaten wird Theo einen wachsenden Teil seiner
Zeit in der Bude verbringen – Arbeitsgruppensitzungen brauchen da
nur den kleinsten Teil der Zeit. Auf Theo musste die Bude in den
ersten Monaten des Jahres 1927 besonders anziehend wirken: zu
Hause wohnte niemand ausser Miriam und den Hausangestellten. Die
Eltern waren nach Konstantinopel gefahren, wo Felix Pinkus einen
letzten, verzweifelten Versuch unternahm, die Bankgeschäfte wieder
in Schwung zu bringen. In die Bude geht man morgens vor der Schule,
manchmal auch statt der Schule hin, trifft sich über Mittag dort oder
im «Karli», sitzt nachmittags wieder in der Bude; häufig spaziert man
an den See oder zu den Dreiwiesen und spielt dort Ball, schwimmt
oder rudert. Abends trifft man sich sowieso in der Bude, gelegentlich
übernachtet auch jemand. Die Arbeitsgruppe setzt ihre Aufarbeitung
der Geschichte des Sozialismus fort; im Februar werden die russische
Revolution und ihre Voraussetzungen diskutiert; einmal waren

zwei KJO da – diese [waren] etwas primitive Typen. [31. 1. 27]

Die Vortrags- und Diskussionssitzungen enden häufig mit gemeinsamem Gesang. Am 12. Februar bot sich dem Freibund wieder Gelegenheit zu einer grösseren Veranstaltung: Pestalozzis hundertster Todestag. Theo schrieb nach Konstantinopel:

*Es ist unglaublich, was alles um Pestalozzi herumgemacht wird. . . . Unsere
Pestalozzifeier in Albisbrunn, an der unsere Bewegung, die Freischar . . . und
die sozialistische Jugendorganisation teilnahmen, war wirklich fabelhaft schön.
Dieser Pfarrer Dr. Weidenmann, ein Sozialist, ist ein wirklich feiner Typ. Er*

als Pestalozzikenner und radikaler Mensch liess [vor] uns einen echten und grossartigen Pestalozzi erstehen. Anschliessend wanderten Heinz, Wera, Rosa und ich bei wundervollstem Wetter, Sternennacht von Albisbrunn nach Gontenbach über den Albis. [12.2.27]

Heinz Schweizer führte die Arbeitsgruppe an ihren Sitzungen in die Kritik der politischen Ökonomie ein,

hochinteressant und verzwickt [17.2.27]

bald las man die ersten Seiten des «Kapital».

Will jetzt das genauer ansehen, denn erst wenn ich einiges für mich studiert habe, kann ich fragen. Einen Überblick erhalte ich durch das, was Heinz erzählte. [3.3.27]

Mitte März scheint Theo zum ersten Mal – von einem Angestellten seines Vaters – erfahren zu haben, dass die Geschäfte nicht gut standen.

... ich bekomme, je mehr ich hineinsehe, einen immer grösseren Abscheu gegen dies verruchte, Papas Kraft saugende Geschäft. ... Ausserdem sind die türkischen Geschäfte z. B. gar nicht so grossartig. Papa ist Optimist – aber er sei zu sehr auch noch Idealist. ... Was gibt es für mich. Nichts als frei werden... und dann versuchen, was an Papas Geist noch zu retten ist. [18.3.27]

Dem Hass auf die Geschäfts - und Bürgerwelt gab die Geldsammlung für den jüdischen Nationalfonds neue Nahrung:

... ging dann mit Misserfolg einige Büchsen leeren. Ich hasse sie, diese reichen Juden. Je schöner die Villa, je weniger in der Büchse.... Ekelhaft, die reichen, prunkvollen Villen. Kommunist muss man werden, wenn man es nicht schon ist. Wegnehmen sollte man es allen. [19./20.3.27]

Um die Schule scheint sich Theo nicht mehr sonderlich gekümmert zu haben, und die Quittung kam auch prompt: Die Schulleitung eröffnete ihm, er könne nicht wie vorgesehen im Herbst 1927 zur Maturprüfung antreten, sondern erst im Frühling 1928. Theo schrieb nach Konstantinopel:

... Unterschied etwa 5 Monate. Was wird mir nun anderes übrigbleiben, da ich nun mal diesen Maturschein will. Freilich begeistert bin ich nicht davon. [27.3.27]

Die Krisen haben sich in diesem Frühling gehäuft; von allen Seiten wurde Theo mit Widersprüchen und widersprüchlichen Informationen eingedeckt. Er las das soeben abonnierte «Volksrecht», das eben wieder eine polemische Kampagne gegen die KPS inszenierte, die halbherzig ihre «Bolschewisierungskampagne» zu führen suchte, und gleich daneben las er die ultralinke Kritik an der KP:

Die «Aktion» mit ihrem Ultrakommunismus und Sowjethetze ist schon merkwürdig, da weiss man ja bald überhaupt nicht, was glauben.

Seinen Geschichtslehrer Gitermann kritisierte er, weil er fürs NZZ-Feuilleton schrieb, musste sich aber von dessen Schwester Wera Gitermann tadeln lassen.

[Wera] erwähnte dann einen Artikel, der die miserable Lage der türkischen Tabakarbeiter zeigt, und meinte, dass Papa helfe, diese auszubeuten. . . . Aber wie recht hat sie – schnörre ich doch immer für Sozialismus [gegen] ihren Bruder und lebe doch selber von Ausbeutung . . . gewiss mehr als er . . . Ich begann mich nun masslos aufzuregen. . . . Unsere Diskussion war dumm, weil [Wera] mir ja gar nicht helfen wollte, nur sagte, auch ich werde wahrscheinlich so wie Papa Kapitalist. Heinz kam da und brachte Klarheit und etwas Entpersönlichung. . . . Aber was soll ich tun, ich gehe in die Kapitalistenschule Minerva . . . und einen Bruch mit Papa und Mama und selbständig sein, hielte ich das denn aus? Und doch muss ich sagen, es ist nicht richtig, was Papa tut, aber ich kenne ihn ja so gut, ich erkenne seine gewaltige Tragik, und da soll ich mich trennen von ihnen allen? Habe ich denn überhaupt die Kraft dazu, würde ich nicht überhaupt zerbrechen? Doch was ist das, hier in der Villa zu hocken . . . Freilich, immer mehr sehe ich die Bedingtheit von Papa und Mama ein. Trifft nicht alles zu, was ich allen vorwerfe, den Bourgeois, wir haben revolutionäre Bücher, George-Grosz-Mappen etc., in Luxusausgaben gar noch, proletarische Gedichte, Papa kennt Theorie etc. des Sozialismus, ja soll sogar eine Zeitlang rot gewesen sein, aber doch sind wir keine Sozialisten, doch sind wir enge Bourgeois, freilich ohne Spiessigkeit etc., ohne Bourgeoisgeist, also zwischen den Klassen . . . welche Tragik, wo hinaus? Für mich, was gibt es da? . . . Am liebsten eine kleine Sozistellung einnehmen etc. . . . Aber man muss nun endlich mal konsequent sein . . . ich will fort von hier, und doch sind gerade meine Eltern so feine, hohe Menschen. [3. 4. 27]

Diese Verwirrung der Gefühle und Gedanken sollte in wenigen Tagen das vierte Böschenrother Ferienlager etwas klären; vorher war noch eine «Action» fällig:

. . . fixierten den Plan für morgen früh, das «Attentat» auf die NZZ. Sehr früh aufgestanden, wir drei gingen hinunter zur Bahnhofstrasse, [Arnold] Utzinger, Willi [Bärtschi] und ich. Wir bummelten und warteten etwa bis 7.30, dann gab sich endlich die Gelegenheit, den Daumier aufzukleben, auf das Schaufenster der Filiale der NZZ Bahnhofstrasse. Wir amüsierten uns natürlich köstlich darüber, lachten viel über die ersten NZZ-Leser, welche erstaunt das Daumier-Bild anstarrten. Wir gingen dann zu Heinz. Er kam mit uns, das Bild war aber schon abgerissen. [8. / 9. 4. 27]

Dann ging's nach Böschenroth. Hier kam es am ersten Vormittag zu einer

Aussprache über Wohltätigkeit und Sozialismus. . . . Die Aussprache war kurz und wir kamen zu sozialistischem Schluss. [Am zweiten Vormittag] las Albert [Kramer] aus Franz Jungs «Proletarier» einige Seiten. Dann las er noch viel aus dem Buche Upton Sinclairs «König Kohle» . . . soll ich brechen, muss ich brechen, drängt sich immer gewaltiger in mich, gerade auch bei diesen fürchterlichen Schilderungen der Kohlenbergwerke. Dann sprach Albert Kramer über Sozialismus . . . Wert, Mehrwert, Klassenkampf, Weltrevolution, Kapitalismus, Hochkapitalismus bis Rationalisierung. Albert sprach ganz fabelhaft klar und sicher über das alles . . . Es gibt nichts anderes. Wir assen spät zu Mittag, dann las ich weiter im Max Adler «Neue Menschen». Dann fuhren wir etwas auf dem See herum, . . . Wir spielten dann Völkerball am Waldesrand . . . las das Buch von Dr. Max Adler . . . fertig . . . Dieses Buch zeigt doch so klar Weg, Sinn etc. unserer Zeit und so viele stehen dem verschlossen gegenüber. Es fordert, politisch zu sein. Es spricht viele, ja alle meine Gedanken aus. Konsequenz?

Es wird immer klarer für mich Mahnruf . . . bin nicht berechtigt zu studieren wie Heinz, darf nicht mehr länger von der Ausbeutung leben. Muss in der sozialistischen Bewegung arbeiten, muss fort, arbeiten an kleinen Posten, aber mich selbst erhalten. [Donnerstag] früh sprach Ruedi über seine Idee von der Schule, die unsere Gemeinschaft tragen kann und will . . . [Freitag] . . . las einiges, so von Lenin . «An die Jugend», einige Aufsätze und eine Rede, begann dann «Staat und Revolution». Es ist nicht so schwer, wie ich dachte. Man versteht doch die Haltung der Linken. . . . Ich bekomm langsam Mut, wenn ich an das denke, zu arbeiten im Dienst der Idee . . .

Theo fuhr zwischendurch schnell nach Zürich; als er zurückkam, war die lang erwartete Spaltung schon vollzogen:

. . . Als ich ins Ferienheim kam, . . . sprach Ruedi gerade [über] Freibund und Sozialismus. Er stellte dann auch fest, dass Freibund nicht offiziell sozialistisch sei, aber der beste Weg dazu sei, eine Brücke zum Sozialismus, indem die Älteren dann in die Sozialistische Jugendorganisation oder Partei [eintreten sollten], während die Jüngeren dann zum Sozialismus kommen werden, [wobei] man natürlich ihre Entwicklung etc. beachten muss. Die Jungen, welche direkt antisozialistisch würden, würden eben den Freibund verlassen. Es ist also klar geworden und so herausgekommen, wie wir wollten und wie es unbedingt für die Bewegung und für die soziale Bewegung nützlich ist. . . . Abends wurde die neue Bundesleitung gewählt . . . Ein prächtiger Kamerad ist ein Schlosser aus Rorschach, ist Werner Baumgarten . . .

Am Mittwochmorgen wurde der Austritt aus der «Jungen Schweiz» und die Gründung einer eigenen Zeitschrift beschlossen. Dann fuhr man nach Hause.

Vom Lager war ich sehr zufrieden. Freibund bedeutet mir ungleich mehr als früher. . . . Ruedi, der jetzt so sozialistisch wurde, wurde mir auch immer lieber. . . . Selten habe ich den Freibundgeist, vielmehr erst jetzt habe ich ihn in mich aufgenommen und ich stehe sehr nah zum Freibund.   [9.–18.4.27]

Zwei Tage später besuchte Theo eine Veranstaltung des jüdischen Nationalfonds und sah

. . . schöne Bilder aus Palästina.

Der Freibund nahm Theo immer stärker in Beschlag, und in diesen Monaten zeichnet sich auch immer deutlicher ab, wie sehr der Freibund sich als abgeschlossene Organisation einzurichten beginnt. Das Leben seiner Mitglieder wird unter die Lupe genommen; Lob, Ermahnung und Tadel werden ausgeteilt. Der Druck auf die Mitglieder, Kontakte ausserhalb des Freibundes abzubauen, verstärkt sich.

Ruedi sprach von der merkwürdigen Grundspannung . . . , von Weras Einstellung zum Freibund, dass sie doch eigentlich nicht dazu gehöre. . . . Über Heinz sprachen wir auch, dass eben die Gefahr ist, Reservationen zu bilden . . .   [23.4.27]

Diese Verdichtung der Kontrolle traf auch Theo schmerzlich, weil das Aussenseitertum, das er an sich festgestellt hatte, von der Organisation gegen ihn betont wurde – gerade, als er sich seiner Einschätzung nach enger an den Freibund angeschlossen hatte als je zuvor:

. . . ich fühle, dass man nichts gegen mich hat, aber kein Vertrauen, dass ich wohl überall mitmachen kann, andererseits man aber wenig mit mir anfängt, dass mir der Freibund viel bedeutet, ich ihm nichts. Ruedi zeigte mir das. Heinz gab es etwas zu, es liege auch etwas an meiner Anlehnung an andere etc. [17.5.27]

. . Ruedi fragte ich offen, inwieweit er mich als Freibündler ansieht und das Vertrauen hat. Ruedi sagte dann, dass er auf mich, mein «Herz» betonte [er], auf meine Lebenseinstellung unbedingt . . . Vertrauen hat, dass ich mich aber natürlich theoretisch noch wandeln werde. Unbedingt aber auch vertiefen. [16.8.27]

Die Aussenseiterstellung, zu der sich Unsicherheit, scheinbare ökonomische Privilegiertheit und Verbalradikalismus verbanden, wird sich in den verbleibenden Zürcher Monaten nicht mehr auflösen lassen, auch wenn der Konkurs des Vaters Theos Stellung im Freibund erleichtert haben dürfte. Dieser Konkurs nähert sich rasant. Als die Eltern am 24. Mai aus Konstantinopel zurückkommen, gibt sich der Vater noch ganz zuversichtlich und verteidigt resolut seine «kapitalistische» Position. Theo spricht ihn nicht auf die Gerüchte vom schlechten Geschäftsgang an, die er im Büro vernommen hat. Felix Pinkus geht bald wieder auf Reisen, um die letzten, schon eher phantasierten Rettungsmöglichkeiten für die Bankgeschäfte zu sondieren. Aber in Zürich wird die Fassade aufrechterhalten, und Theo, der sich endlich getraut hat, den Eltern seine Wünsche vorzutragen, wird energisch heruntergeputzt.

Papa kam mit schwerem Geschütz. Die Minerva verlassen versteht er, die Genossenschaftsbuchhandlung sei eine Kateridee. Dann sucht Papa mir auseinanderzusetzen, dass man mehr wolle, er mehr will, ja Kommunist sei, dass es zwei Wege [gebe], dem Kommunismus zu helfen, der eine Weg sei der proletarische, der andere sei über den Spitzenkapitalismus. . . . Ich müsste noch lernen, ich müsse mal beweisen, dass ich etwas fertig machen könne, nicht die Matur, etwas anderes, eine Sprache lernen z. B., die Schrift zu verbessern und körperlich stark zu werden . . . Ich könnte ja . . . auch ein Handwerk lernen. Aber Buchhandlung sei so halbe Intelligenzarbeit. . . . ich müsse jetzt ein neutrales Leben führen. Politische Überzeugungen dürften meine Lebensführung nicht beeinflussen, also neutral, sehr nett, neutral aus Ausbeuterverdienst leben. Papa bestreitet aber, dass wir von Ausbeutung leben. Er findet auch dementsprechend, die Klassen etc. nicht existierend. Trotzdem ist Papa für den Kommunismus. [25.5.27]

. . . Mama verstand mich natürlich gar nicht, wie vorausgesehen. . . . Sie glaubt tatsächlich auch wie Papa, wir seien Sozialisten (nur deswegen, weil wir nicht gewöhnliche Bourgeois sind). . . . Es ist ja wirklich viel elterliche Liebe, aber andererseits vollkommenes Unverständnis aus Klassenbedingtheit. [26.5.27].

Immerhin kann Theo einen halben Erfolg buchen: er darf ins Handelsgymnasium überwechseln – freilich immer noch an der Kapitalistenschule Minerva. Eine Woche später

musste Papa zugeben, dass er Kapitalist sei, dass mein Weg richtig sei, er im alten bürgerlichen Stil lebe. Er gab alles zu und meinte, ich solle gar keine Angst haben, ich werde durch ihn umfallen . . . erzählte ihm von der Bewegung, die ihm jetzt sehr imponiert.

Ein paar Tage später stieg Felix Pinkus in den Zug nach Paris. Die Gespräche mit der Mutter verliefen viel schwieriger und hitziger – nicht zuletzt, weil einzelne Freibündler mit klugen Briefen an Theos Eltern seine Sache zu vertreten suchten, was der Mutter nur zu der Einsicht verhalf, *ich sei erst richtig zerstreut, seit ich Sozialismus etc. . . .*   [18.6.27]

Der Vater kam Mitte Juni zurück nach Zürich, um dann mit der Mutter zusammen nach drei Tagen plötzlich wieder nach Paris zu reisen. Fünf Tage später kehrte die Mutter allein zurück; der Vater war nach London weitergereist. Von dort fuhr er direkt nach Berlin, wo sich die Mutter mit ihm traf. Zwölf Tage später waren beide wieder in Zürich. Eine Woche darauf liess der Vater zum erstenmal seine Zurückhaltung fallen:

Papa sagte mir, ich solle das Lehrprogramm des Kaufmännischen Vereins holen. Die Minerva sei ihm zu teuer. Er sei jetzt in Schwierigkeiten, da in der Türkei verschiedenes faul sei. Mir ist es sehr recht, aus der ekelhaften Minerva herauszukommen.   [21.7.27]

Und wieder zwei Tage später wurden die guten schlechten Nachrichten ergänzt:

. . . in kurzem Gespräch änderte [Papa] vieles, sehr vieles, versetzte mich in eine grossartige Stimmung, so froh wie jetzt war es mir selten ums Herz. Papa sagte mir, dass er geschäftliche Schwierigkeiten habe, dass zwei Freunde die Geschäftsaufsicht jetzt haben. Dass er aufhören will, wenn er aus dem Zeugs raus ist. Wenns schief ginge, vielleicht nach Russland (sehr, sehr vielleicht). Aber wesentlich ist: Wir müssen uns einschränken. Minerva ist endgültig fertig. Was sehr erfreulich ist. Bis September soll ich für mich arbeiten. Dann soll ich in einen Verlag eintreten, und zwar von unten herauf. Fort kann ich noch nicht wegen Geldmangel. . . . Ich bin mit all dem sehr einverstanden. . . . es bedeutet für Papa, uns alle, Befreiung von Kapitalsklaverei. Ob wir nun aus dem Zeug gut oder schlecht herauskommen.
[23.7.27]

Glücklicher hätte sich die Lage nicht entwickeln können. Der Konkurs beseitigte mit einem Schlag Theos Hauptsorge: wie er endlich seine Entscheidung für den Sozialismus und gegen das kapitalistische Leben verwirklichen könnte, ohne deswegen mit seinen Eltern zu brechen. Beim Freibund und in der politischen Umgebung hatte er nach möglichst viel gewichtigen Argumenten gesucht, die ihn auf die richtige Seite ziehen könnten. So nahm die Teilnahme am 1. Mai Züge eines Gelöbnisses an:

Wir gingen zum Sammelplatz der Jugendgruppen und stellten uns zur Freischar und SJO. Von der Freischar waren sehr viele da, an die sechzig. Der Zug war endlos, über eine Stunde lang, Tausende von Arbeitern, Genossen und Genossinnen. Viele gute Plakate gegen Krieg, Faschismus, Reaktion, für Sacco und Vanzetti, für Sowjet-Russland etc., gegen die hiesige Polizei, Lohnforde-

rungen usw. Es war ein imposanter Zug, ich übernahm innerlich eine grosse Verpflichtung. Nächstes Mal gehe ich mit besserem Gewissen. [1.5.27]

Die Politik mischte sich schon in die Träume:

...träumte von echter Revolution etc. [8.5.27]

Trotz aller Schwierigkeiten im Freibund erhielt Theo doch Gelegenheit, einen Beitrag zur Bildungsarbeit zu leisten; er sollte einen Text über die österreichische Sozialdemokratie vorbereiten. Nach drei Wochen war er so weit:

Also ich liess endlich meinen Vortrag los über das österreichische sozialdemokratische Programm, aus dem ich grosse Teile vorlas... Dann berichtete ich über Wiens Verwaltung, las auch aus dem Büchlein Dannebergs usw.... Streifte dann kurz noch die Wahlen. Dachte, das ginge schnell. Aber ich sprach und las doch etwa anderthalb Stunden lang. Die andern schienen ganz zufrieden. [12.5.27]

Dem Austromarxismus widmete sich auch eine Arbeitsgruppe, die gemeinsam Max Adlers «Neue Menschen, Gedanken über sozialistische Erziehung» las – eine populär gehaltene Schrift des Wiener Philosophen, die eine an den Interessen des Proletariats ausgerichtete Organisation der Erziehung forderte. Als private Lektüre entdeckte Theo in diesen Wochen die Schriften Fritz Brupbachers , die ihn begeisterten. Einmal begleitete er den Vater zu einer Versammlung der zionistischen Ortsgruppe und notierte nachher:

...herrlich langweilig, ein richtiger Verein, von Bewegung keine Spur, tot, schade.... Aber sehr verständlich, das jüdische Volk kann den Klassengegensätzen auch nicht mehr ausweichen. [28.5.27]

Ende Juni fuhren die Freibündler nach Schlieren zur «Sozialistischen Landsgemeinde»:

...überglaste Festwiese mit rotweisser Fahne und Sängerfest.... die Leute gut aussehend, zum Teil sehr bürgerlich dreinschauend, von revolutionären Typen keine Spur. ...Albert Meier holte mutig die Schweizerfahne herunter, leider war keine rote da. Bier, Bier, noch einmal Bier. Robert Grimm sprach, immer sehr allgemein. [26.6.27]

Von der Sozialdemokratie hielt Theo immer weniger, und die Polemiken des «Volksrechts» gegen die Kommunisten empörten ihn immer heftiger:

Das Volksrecht ist direkt gemein und verlogen – bald wie die NZZ. [10.6.27]

Anfang Juli wurde die nächste Freibundtagung fällig, die den Ertrag der sozialistischen Wende festhalten und die künftige Arbeit in der sozialistischen Bewegung entwerfen sollte. Diesmal traf man sich in Rorschach. Freibündler und Kommunisten – zwei Quellen auf dem langen Weg zum einen Strom, das versuchen die «Rorschacher Blätter» durch eine Reihe kurzer Beiträge spürbar zu machen. Einen dieser Beiträge wollen wir aus den Archiven befreien, Theos erste (mit dem Vervielfältiger) gedruckte Arbeit:

Rorschach zeigte uns, was wir sind und was wir sein wollen. Wir sind junge Menschen mit verschiedenen Anschauungen und verschiedenen Gruppierungen. Wir waren aber getrieben von einem Gedanken: *Freibund!* Und dieser Gedanke führte uns zusammen. Verstanden wir und verstehen wir aber nicht noch immer Verschiedenes unter «Freibund»? Von Rorschach hofften wir Klarheit, eine eindeutige Einstellung. Ruedi [Schümperli] und Albert [Kramer] gaben sie; sie sprachen aus, was wir wollten. Wir müssen revolutionär sein; in und um uns. Eine Einheit bildeten die beiden Einleitungen zur Aussprache. Viele sind sich nicht bewusst, was es bedeutet, Alberts und Ruedis Worte als Einheit zu erfassen und konsequent durchzudenken.

Appellieren wir doch nicht immer an unsere Unklarheit, an unser allzuleichtes Glauben-Wollen! So werden wir sicher nicht klarer. Einmal müssen wir begreifen, dass Klassenkampf eine Tatsache, dass Rettung nur der revolutionäre Sozialismus bringt. Wir müssen uns der Tragik bewusst werden, was es heisst, in einer Wende der Zeiten, in einer Epoche des Übergangs, des schärfsten Klassenkampfes zu leben. Sicher opfern wir etwas von uns, wenn wir gegen Menschen unseren Hass richten müsssen, Menschen, die ein System vertreten! Ist es aber nicht sehr einfach zu sagen: wir dürfen nicht hassen und bekämpfen, nur damit wir nicht unser Äusserstes verletzen und so vor der krassen Wirklichkeit schützen können?

Bei uns besonders im «Osten» besteht die Gefahr, dass wir einseitig werden und das Geistige, Menschliche und Religiöse – also Individuelle betonen. Sicher kann man nicht genug an dieses denken, aber wir dürfen nicht vergessen, dass die Verhältnisse geändert werden müssen und wir, solange sie bestehen, mitschuldig an allen Greueln des Imperialismus und Kapitalismus sind.

Mit dieser Einstellung müssen wir auch in unserer täglichen, oft «kapitalistischen» Berufsarbeit stehen. – Sicher werden wir alle viel, viel tiefer in die revolutionären Gedanken eindringen müssen, wenn wir nicht nur Freibündler für uns, sondern für das Proletariat sein wollen.

In den nächsten Wochen wird Theo das «Rorschacherblättchen» vielen Leuten zu lesen geben, auch Fernstehenden. Zu den ersten Lesern gehören die Eltern, die nicht sehr viel darüber sagen. Hans Anderfuhren hingegen, der Leiter der Heimstätte Albisbrunn, ist begeistert. Bei ihm treffen sich die Freibündler am 17. Juli, zwei Tage nach dem Brand des Wiener Justizpalastes.

Wir gingen zu den Kirschenbäumen… wir hatten sie gemietet und assen so viel Kirschen, wie wir konnten. Etwas ermüdet gingen wir dann ins Haus und hörten Hans Anderfuhren zu. …Er bat uns aufzustehen und einige Momente ganz ruhig zu sein und [an] die Vorgänge in Wien zu denken. Dann sprach er über den Freibund… Tat fordert er, neue Gruppen, Organisierung der Jugend. Wir müssen eine breite Grundlage erhalten etc. Allem, was Hans sprach, konnten wir zustimmen und taten es. Er begeisterte mich. [21.7.27]

Kurz danach legte der Vater seine Geschäftslage offen.

Mit Papa ist jetzt wieder gut verstehen, da er … durch die missliche Geschäftslage selber zu meinen Schlüssen und Folgerungen kommt.

Der Vater fuhr wieder nach Paris, Theo, erleichtert wie nur je ein Konkursit, reiste für zehn Tage mit einigen Freibündlern nach Wildhaus, Amden, Chur, Flims und Fidaz.

Nachdem die Bankgeschäfte des Vaters nun endgültig gekippt waren – ein Gläubiger geriet in Panik und wollte seine 25 000 Fr Guthaben unverzüglich ausbezahlt bekommen –, notiert Theo in sein Tagebuch:

Papa ist nun gezwungen [über] Paris nach Marseille zu fahren und dann alles hier in Zürich aufhören zu lassen, um aus dem Bankkreis des schweizerischen Rechtes zu kommen, entweder nach Griechenland oder nach – ausgerechnet – Abessinien zu reisen, da diese Länder keinen Auslieferungsvertrag mit der Schweiz haben. [9.8.27]

Am nächsten Tag meldet sich Theo in der Minerva ab, die kulant, wie sich's gehört, die noch offene Schulgeld-Rechnung über 200 Franken annulliert. Spezialisten haben unterdessen Albanien anstelle von Abessinien als Zufluchtsort empfohlen. Am 10. August begleitet Theo seinen Vater nach Basel.

Wir machten Chiffren ab für Telegramme, die Papas Reiseziel anzeigen sollen. …Vive la révolution sagte Papa zuletzt, so [wird] es doch auch für

ihn Realität werden. . . . Vive la révolution!! Das ist die Lösung.
[11.8.27]

[Wieder in Zürich] erwarteten wir mit Spannung das Telegramm, ob Albanien oder Abessinien. . . . Es kam nach 16 Uhr – Vergleichen mit der Chiffre – Albanien und zwar über Mailand. So dass Mama Papa dort noch treffen kann, schon, um ihm die Schreibmaschine, die er vergessen hat, zu bringen.

In Theos Alltag ändert sich nicht eben viel. Da er endgültig von der Schule befreit ist, bleibt ihm mehr Zeit für die «Bude», und der Freibund und seine sozialistische Politik beherrschen Theos Tage und Gedanken noch stärker. Dabei spielt die Auseinandersetzung mit dem freibündlerischen Lebensstil, die Frage nach dem wirklichen Zugang zum Kern des Freibundes, eine keineswegs einfache Rolle.

Heinz sprach dann: ich sei mit Wera gegangen. Er wolle nicht, dass Spannungen zwischen uns seien . . . , wenn er mit ihr geht, d. h. Heinz wollte klar sehen und das erledigt haben. . . . [Ich legte ihm dar] dass ich ja mit [der] Zeit Wera überwunden habe, und zwar vor allem, indem ein neues Element in mein Leben kam, revolutionäres Sein, intensiv: Freibund. . . . Die andern im Freibund müssen sich halt abfinden mit dem, dass ein Freibündler mit einem Mädchen geht, der es durch ihr Wesen – jetzt wenigstens – unmöglich ist, in den Freibund zu kommen. Wir sprachen dann noch viel über Wera, deren Rettung ja wirklich Heinz ist, Rettung in unserem revolutionären Sinn. . . . [5.8.27]

Im August lud die Zürcher Ortsgruppe zum ersten Mal ein Mitglied der kommunistischen Partei als Referenten ein: Dr. Max Tobler.

Wir sangen, dann begann er zu sprechen. Zuerst Geschichtliches, dann die revisionistische und die leninistische Theorie. . . . Kam dann ins Aktuelle. Kommunisten sind heute die schlechtestbezahlten Arbeiterschichten; SP die Beamten, Angestellten, hochqualifizierten Arbeiter. . . . Tobler betonte die kommunistische Theorie des bewaffneten Bürgerkrieges. . . . Tobler sprach über die Wiener Ereignisse . . . das restlose Nachgeben der SP[Ö] Also kann [Friedrich] Adlers Sprache nicht ehrlich sein. Die SP entledigt sich gerne unangenehmer Linksleute. In Zürich sei alles besonders schlecht. . . . Es hänge auch sehr vom Temperament ab, in welche Partei [man eintreten solle]. Tobler sprach sehr gut, aber auch scharf, «Waffen in der Hand» etc. Ich glaube aber, dass er guten Eindruck gemacht hat auf unsere Leute. . . . [Nach der Diskussion] fragte ich noch Dr. Tobler wegen Buchhandlungen etc. Er sagte: Paris gar keine Aussichten. Berlin besser, doch sehr schwer. Ich soll mal an Willi Münzenberg vom Neuen Deutschen Verlag schreiben und mich auf ihn berufen. [16.8.27]

Was Theo am nächsten Tage tat. Unterdessen rückte der bürgerliche Untergang näher; Theo sortierte die Papiere seines Vaters, erkundigte sich, ob die Gläubiger auf seine eigene Habe durchgreifen könnten, geriet an einen der Grossgläubiger, der ihn gründlich über die Geschäftspraktiken seines Vaters aufzuklären begann.

Es war mir sehr interessant, mit [dem Gläubiger] Meier zu sprechen. ...Meier machte gar keinen so schlechten Eindruck.   [10.8.27]

Am Tag darauf wurde Theo 18 Jahre alt und bekam von der Mutter *ein 100 Fr Goldstück für Zeiten der Not geschenkt, dann einige Bücher, Lissagaray: «Geschichte der Kommune», «Sittengeschichte des Proletariats».*

Theo blieb noch einen Monat in Zürich.

...ging ich an eine Demonstrationsversammlung auf dem Helvetiaplatz. Es waren etwa 700 Leute. Hitz sprach als Präsident der Versammlung, dann Trostel , dann ein italienischer Genosse ...Ein Telegramm sollte abgesandt werden. Wie ohnmächtig sind wir doch. Sacco und Vanzetti werden trotzdem hingerichtet. ...[Später] kam Ferdi vom Stadttheater, wo es grossen Krach mit der Polizei und Verhaftungen gegeben hatte anlässlich eines Vortrags eines ... Richters aus New York. SJO, KJO, Freidenker etc. wollten über Sacco [und] Vanzetti reden, das wurde abgelehnt. Internationale, Rede, Polizei, Prügel, Verhaftung...   [22.8.27]

Am nächsten Tag wurden Sacco und Vanzetti hingerichtet. In der Ortsgruppe gab's eine Diskussion über

Bursch und Mädchen. [Paul] forderte Kampf gegen die Mode etc.... dann kamen wir bald auf das Soziale am Geschlechtsproblem in Mode, Ernährung, Arbeit und dann sofort der Schuldige: das Kapital, der Kapitalismus. Richi [Arioli]... betonte dann auch noch das Problem Freibündler(in) und Mädchen... ausserhalb des Freibundes, dachte dann an Heinz, Wera, betonte das Falsche des Glaubens, wenn die Liebe kommt, ist es fertig mit dem Freibund etc. [Als Willi Bärtschi zu Besuch kam] sahen wir uns Bücher an und zwar besonders die Sittengeschichte von Eduard Fuchs . Das tat uns ganz gut, die zum Teil scheusslichen Bilder anzusehen. ...[Mit Richi] sprachen wir ganz persönlich, wie wir uns zum Sexuellen stellen, zum Geschlechtsverkehr etc. [23.8.27]

Am ersten September wurde Theo eingeladen, sich bei der Zürcher Niederlassung des Neuen Deutschen Verlags vorzustellen.

Ich ging ins Büro des Neuen Deutschen Verlags. Mit der Berliner Zentrale ist wie vorauszusehen nichts zu machen. ...der Genosse dort gab mir gute Ratschläge... Er würde mir raten, um zu lernen, nicht in einem Parteibetrieb zu lernen, sondern sogar in einem bürgerlichen. ...Den Malikverlag würde er mir sehr raten, da dieser in Organisation und Form bereits bürgerlich sei.   [2.9.27]

In Zürich hat sich Theo anscheinend nicht weiter bemüht, seine Stellenaussichten abzuklären. Es gab sicher auch Dringenderes, etwa das Freischarentreffen in Lenzburg.

Hatte gar keine Lust nach Lenzburg zu gehen zum Freischartreffen. [3.9.27]

...vermissen musste man natürlich hier Revolution. ...Der SP-Präsident von Lenzburg, ein ziemlich trauriger Bürger mit exakten Bügelfalten, begrüsste. Dann sprach... [SP-]Genosse Hans Neumann aus Schaffhausen. ...Diskussion doch ziemlich fruchtlos. Etwas recht hat er sicher in vielem. Aber trotzdem – noch jedesmal, wenn ich mit einem solchen SP sprach, bin ich so klug wie vorher. Hans Neumann ist aber trotzdem ein wirklich sehr sympathischer feiner Typ. [4.9.27]

Und zwei Tage später veranstaltete die Zürcher Ortsgruppe eine Diskussion über

Karrieremachen... Enttäuschung der Eltern; was vorher – Gesinnung oder Brot? Stellung zu den Untergebenen. Sparen. Geld auf die Seite legen. ...Es sprach dann Ferdi sehr scharf und pessimistisch – oder nicht doch sparen? ...der Prolet hat nichts mehr, wenn er bereits 40 Jahre ist... Ich sagte einiges von dem, was ich mir aufgeschrieben. Wir sahen: heute werden Kompromisse sein, eigentliche Rettung kann nur die soziale Revolution bringen... Dann sprach noch Albert sehr pessimistisch, fast alle werden wir ruhiger werden, wenn die Jugend verfliegt.

Dann war eine öffentliche Versammlung der KJO fällig, und wieder zwei Tage später gab's eine weitere Demonstration:

...etwa 9 Freibündler und eine ganze Schar Freischärler, etwa 30. ...Nachdem die Polizei an unseren Tafeln schnüffelte und warnte, zogen wir singend in Viererreihen los. ...Wir zogen durch alle Arbeiterquartiere, Wiedikon, Industrie, Aussersihl, sangen und sangen. Oft auch in den grossen Höfen. Unsere Tafeln: Kein Knabenschiessen!, und Aufforderung, an den morgigen Spielnachmittag zu kommen. Wir zogen die Langstrasse durch... Wir forderten die Kinder auf zu kommen, manches rief Bravo. So zogen wir bis 21 Uhr herum. Am Schluss nahm noch der Polizist Adressen auf.

Das Knabenschiessen ist ein Stück echten – will heissen militaristischen – Brauchtums, das die vierzehn- bis sechzehnjährigen Knaben die Freude am Schiessen lernen soll. Sie ballern mit echten Armeewaffen siebenmal auf eine echte Zielscheibe und können sich – neben Ehre – auch ein ihrer Treffsicherheit angemessenes Geschenk vom Gabentisch holen, den Zürcher Firmen und Bürgertum reichlich decken. In den zwanziger Jahren kamen Zürcher Antimilitaristen auf den Gedanken, eine Gegenveranstaltung für die Kinder aufzuziehen. Hans Anderfuhren war bei diesen Gegenfesten, die bis in die dreissiger Jahre gefeiert wurden, einer der wichtigsten Anreger. Auf längere Sicht waren freilich die Lockungen der Armeekarabiner und besonders der Budenstadt, die am Rand des Knabenschiessens aufgebaut wird, stärker. Der Spielnachmittag, an dem Theo teilnahm, war einer der ersten:

Es waren viele von uns. . . . Wir gingen dann in die Turnhallen Feldstrasse. Es kamen im ganzen etwa 400 Kinder, wir, und im ganzen etwa 500 Menschen. Hans Anderfuhren und Max Lezzi waren auch gekommen. So wurden dann mit den Kindern Volkstänze, Spiele, Laufen und alles mögliche getrieben. Bei Hans war es natürlich am lebendigsten. Da wurde Mariechen-sass-auf-einem-Stein, Widiwupp und solches gemacht. . . . Gegen 16 Uhr wurden dann Birnen ausgeteilt und alle Kinder in einer Turnhalle plaziert. Dann sprach Hans Anderfuhren . . . Er konzentrierte alle Kinderaugen auf seine sympathische Gestalt. Er sprach ein einleitendes Wort. Vorher sangen wir alle noch. Dann erzählte er ein Märchen von einem bösen König, ich weiss nicht, war das Märchen von ihm oder vom Landauer oder sonst von einem Genossen. Dann kam er auf den Krieg. Sprach gegen das Morden. Erzählte, dass im Krieg so viele Menschen getötet worden waren, dass man acht Monate gehen müsste, bis man an allen vorbeigegangen wäre. Er sprach bilderreich, lebendig. Vom Frieden und von den Kindern, vom Gewehr, vom Knabenschiessen. . . . Die Kinder hörten und horchten alle brav. Dann erzählte er noch das Märchen, das die Freischärler aufführten, des «Kaisers neues Kleid». . . . Wir mussten noch die Turnhalle putzen, all die Birnenreste etc. aufräumen. . . . gegen 19 Uhr zogen wir dann los, in den Gartenhof, wo wir uns noch versammelten, einige von uns, der Freischar und der SJO . . . Dann, . . . ich konnte nicht anders, brachte ich die Angelegenheit mit der [offenbar ausgeschlossenen] KJO und den ‹Arbeiterkindern› noch einmal auf. . . . Die Antworten waren wieder die gleichen. Die KJO hätte wieder gestört, sie hätte ja doch nicht mitgemacht. . . . Wir sangen dann noch und waren ganz guter Stimmung. . . . Ging dann noch ins Volkshaus, wo eine Versammlung war von Poale Zion, zwei Arbeiterführer aus Palästina . . ., sprachen, der erste jiddisch, der zweite deutsch. Er sprach ganz gewaltig pathetisch, doch ehrlich. Keine Tatsachen wollte er bringen, sondern den Geist der palästinensischen Arbeiterbewegung will er darstellen, der sei einzig und gewaltig. . . . Unmarxistisch im vulgären Sinn wie die Judenfrage überhaupt ist, war auch die Rede dieses Genossen. . . . Ich war doch nicht so wahnsinnig mitgerissen von dem Genossen. . . . das Proletariat muss unmystisch, unreligiös, in seiner Not gepackt werden, also nützt doch allein Marxismus. [11.9.27]

In zehn Tagen sollte Theo nach Berlin reisen. Dass die Zürcher

Zeit zu Ende ging, wurde ihm, obwohl er gewusst hatte, wie die wirtschaftliche Lage aussah, erst jetzt wirklich deutlich.

...am 26. [9.] Gläubigerversammlung. Ich soll das Meinige zusammenpacken und losziehen. [13.9.27]

Bevor die Pleitegeier zuschlagen konnten, gelang noch eine kleine Schuldnerbegünstigung:

...Fand [bei Papa] einen wunderbaren Kollwitz-Holzschnitt, tat ihn in einen Rahmen und brachte ihn in die Bude. [14.9.27]

Andere Pretiosen folgten – Fuchs' Sittengeschichte wurde nach Berlin gesandt, ein Rodin ging zu einer Freibündlerin. Aus Albanien erhält Theo einen Brief seines Vaters:

...er gibt mir recht, es war Illusion, das mit dem Vermögen und dem Freisein. Freilich beschäftigt sich Papa nicht gerade mit dem, was ich wollte, [sondern] mit okkultistischen Schriften. [15.9.27]

In den Zeitungsspalten tauchen die ersten Kommentare zum wirtschaftlichen Zusammenbruch auf –

«Volksrecht»: Kurze Notiz. Titel: 1 Million Unterbilanz. «Kämpfer»: Pinkus ade, Scheiden tut weh. [17.9.27]

Die Freibündler verhielten sich loyal, in der Ortsgruppe arbeitete man weiter, als sei nichts geschehen. Am 20. September ging Theo zum letzten Mal an eine Ortsgruppensitzung:

Mir tut es wirklich weh, die Bude, diese ... liebsten Menschen – nun zum letztenmal mit ihnen zusammenzusein.

Am Tag vor seiner Abreise sah er zum ersten Mal Fritz Brupbacher:

Vortrag... im KJO: Warum Sozialdemokraten und Kommunisten ... Brupbacher ist ein grosser Mensch, sehr geistreich und trotzdem sehr ernst und tief bei der Sache. Er hat ein interessantes, zerfurchtes, doch glattrasiertes Gesicht und etwas sehr Unkonventionelles, Gemütliches. Sofort stellte er Fragen, liess diskutieren, aber nur innerhalb seiner Disposition, ganz wissenschaftlich wollte er, dass man vorgeht. ...Vier Kampfmittel... bei SP [und bei] KP: Gewerkschaften, Genossenschaften, Parlamente, ausserparlamentarische Mittel. SP arbeitet fast nur mit den ersten drei, KP betont das vierte. ...Brupbacher fragte alle, bis alle zu Wort kamen und inspirierte alles meisterhaft, veranlasste einen sehr zum Denken. [22.9.27]

Am 23. September war es Zeit geworden, Zürich zu verlassen. Theo schaute noch im Büro vorbei.

...[der Gläubiger] Meier war auch da und wünschte mir alles Gute, ich soll es zu etwas bringen, Politik sein lassen etc. ...Nach 19 Uhr Abschied vom «Krystall» und von Miriam. ...Eilte dann den bekannten Weg, nun zum

Frauenfelder Treffen des Freibunds, «Pink» mit Krawatte.

letzten Mal, in die Bude. Es waren viele dort. . . . Wir sangen noch . . . die
Warschawjanka etc. . . . Fuhr dann mit dem Rad an die Bahn, Mama war
gerade gekommen . . . Dann kamen die Freibündler, etwa 22, Lidi mit Laute,
Päul mit Flöte. Wir sangen. Zuerst «Wir sind jung», dann «Brüder, zur
Sonne». Heinz, Wera und Rosi waren auch gekommen. . . . Dann die Interna-
tionale, bei ihren Klängen nahm ich Abschied von Heinz, von Albert, von
Päuli, Richi, von allen, die da waren. . . . Rosi . . . hatte mir Pinskers Reden
über Judentum «auf den Weg» gebracht. Abschied von Wera, sie sah mich
merkwürdig an. . . . Haio, Haio riefen alle, und ich war abgefahren.

Sechs Jahre Berlin, 1927–1933

Gegen 10 Uhr am Morgen des 24. September 1927 stieg Theo im Anhalter Bahnhof aus dem Zug. Die allgemeine Lage war günstig – ausser
für Revolutionäre: Die Inflationskrise der frühen zwanziger Jahre war
einigermassen überstanden, die Stimmung so ruhig, wie sie in der
Weimarer Republik sein konnte. Die bürgerliche Rechte hatte sich's
leisten können, ihre «stille Koalition» mit der SPD schiessen zu lassen

79

und versuchte es einmal mit klarem Kurs; viel Zeit blieb ihr nicht mehr, acht Monate später bildete die SPD die Regierung. Im dritten Reichstag – seit Dezember 1924 im Amte – hielt die KPD 9,1% der Sitze, die schwächste Beteiligung, die sie in der Weimarer Zeit je hatte. Die Arbeitslosenrate sollte bis 1937 nie mehr so tief sein. Theos Lage liess sich nicht schlecht an; Freunde fanden innert vier Tagen ein Zimmer für ihn in Schöneberg, und eine Woche nach seiner Ankunft, am 1. Oktober, wurde er beim Ernst Rowohlt Verlag als Lehrling angestellt. Am 28. September hatte Theo, mit Empfehlungen versehen, vorgesprochen:

Der Prokurist Ernst Meier sprach dann mit mir, machte mich auf Verschiedenes aufmerksam und sagte mir, ich solle ihm meinen Lebenslauf schicken. Eindruck ganz gut, fortschrittliches Geschäft, tolerant bürgerlich. [28. 9. 27]

Ernst Rowohlt selbst schluckte dreimal leer, als er den nach damaligen Begriffen etwas langhaarigen Burschen sah:

Er war etwas über mein Äusseres entsetzt, fand sich aber schliesslich damit ab.

Am Tage nach seiner Anstellung besuchte Theo zum ersten Mal eine KP-Versammlung in den Spichernsälen.

...ein Genosse [R. Klauber] sprach gegen Hindenburg, das Demonstrationsverbot, den Rummel [mit der] Klassenjustiz etc. Fand liebenswürdige [Genossen]. Bald fragte mich einer, was das Freibundabzeichen bedeute. So, von Zürich – ob ich den Brupbacher kenne. Mir war wohl, endlich bei Genossen, Menschen, die gleichgerichtet sind wie ich. Und wie gerne sang ich wieder die Internationale. [29. 9. 27]

Am Montag begann die Arbeit, Theo merkte bald, wie einschneidend sich sein Tageslauf veränderte, und das schlug – zu unserm Pech – auf sein Tagebuch durch.

Das Tagebuch wird kürzer, die regelmässige Arbeit, die sehr angenehm ist, eine Wandlung in vielem veranlassen wird, lässt einen nicht mehr so viel erleben wie sonst. Nun hoffe ich aber bald in die KJ zu kommen; ich habe es nötig. Nur regelmässig die «Rote Fahne» [Tageszeitung der KPD] lesen, befriedigt nicht.

Am Wochenende nach seiner ersten Arbeitswoche unternahm er einen ersten Schritt:

War dann im Liebknechthaus, es war aber schon zu spät, so fuhr ich hinaus nach Neukölln zu einer Ausstellung «10 Jahre Sowjetunion» und einer Führung von Genosse Heinrich Vogeler-Worpswede. Genosse Vogeler erklärte seine ganz grossartigen Gemälde, auf denen er das ganze Leben der Sowjetunion von den verschiedensten Seiten darstellt. . . . Benutzte die Gelegenheit dieser Ausstellung und wurde endlich Mitglied der Roten Hilfe. Ein freundlicher Genosse schrieb mich ein. War sehr gern bei all den Menschen, die ich doch nicht im geringsten kenne.

Es verging wieder eine Woche – zwischendurch besuchte Theo mit einer Bekannten eine Aufführung des sowjetischen Arbeitertheaters «Blaue Blusen» an der Piscator-Bühne –, dann stand Theo wieder vor dem Liebknechthaus:

«Ich erkundigte mich, wo die Kommunistische Jugend in Schöneberg zu finden sei. Der Portier, der mit einem furchterregenden Riesenhund dasass, verwies mich an das Jugendheim in der Hauptstrasse.»

Erst fand Theo das Haus nicht, tags darauf fand er zwar das Haus, aber es war niemand zu sehen. Immerhin meldete ein Anschlag, der KJV treffe sich jeweils am Dienstag. Unterdessen nahm Theo an einer Demo teil:

Las . . . von der Abfahrt der IAH-Delegierten nach Moskau, in einer Stunde am Schlesischen Bahnhof. Fuhr also dorthin. Eine lange Untergrundbahnstrecke. Der Bahnhofvorstand hat verboten, dass Leute mit [Bahn]steigkarten auf den Damm dürfen. Es gelang mir aber doch durchzukommen. Das Ganze war Schikane gegen die IAH. Als die Genossen abfuhren, stimmten wir, es waren trotzdem etwa dreissig Menschen da, die Internationale an. Auch dieses wurde energisch vom Vorstand verboten. Schupo grinste überall.

Am folgenden Dienstag nahm Theo zum ersten Mal an einem Treffen des KJV Schöneberg teil:

«In dem Raum waren etwa vier oder fünf junge Leute, darunter ein wunderschönes Mädchen. Sie haben mich etwas misstrauisch, aber auch staunend begrüsst. Sie waren es nicht gewohnt, dass da einfach jemand kommt. Ich stellte mich vor. Sie fragten mich ein bisschen aus über die Schweiz. Das schöne Mädchen hiess Hertha Sommerfeld und war die Freundin des leitenden Genossen der Roten Jungfront, der Jugendorganisation des Rotfrontkämpferbundes . Dieser Genosse, er hiess Werner Jurr , hatte noch zwei Brüder, die auch in der KJ waren: Hans, und den, den man Joko nannte.»

. . . Vom heutigen Abend war ich sehr positiv überrascht. Ich hätte nicht geglaubt, gleich solche Typen mit solcher Herzlichkeit zu finden, im Gegenteil, ich war auf einiges anderes gefasst.

Von jetzt an war für Theos Abende gesorgt. Gleich am übernächsten Tag

. . . traf [ich] mich mit . . . einem Genossen, der uns dann in die Funktionärssitzung unserer Gruppe . . . mitnahm. Dort waren einige Genossen von vorgestern und einige mir noch neue Genossen und Genossinnen. Es war nun sehr nützlich und interessant für mich, der Sitzung beizuwohnen, unerhört offen, hart und klar wird sich da die Meinung gesagt. Es ging auch nicht ohne Reibereien. Das Wichtigste [ist] ihnen Organisation, mir war das neu, die Wichtigkeit der Organisation. Aber hier ist eben eine revolutionäre Massenbewegung, wo alles ganz anders ist als bei uns. Hier muss straffe Organisation sein. Der Eindruck war ein sehr wesentlicher. Ich wurde in die Agitpropkommission gewählt.

«Schon bei unserem nächsten Zusammentreffen tauchten Schwierigkeiten auf. Die Genossen sprachen dauernd von ZK, VBL, UBL – lauter Abkürzungen. Ich begriff vom Ganzen gar nichts. . . . Ich lernte, dass es einen Polleiter gab, einen Orgleiter, einen Agitpropobmann, einen Kassier. Der Pol[itische]leiter war der führende Mann, der die politische Linie der Partei einzuhalten hatte. Der Orgleiter führte die Organisation, die Administration, bereitete die Demonstrationen vor undsoweiter. Der Agitpropobmann war verantwortlich für Agitation und Propaganda, organisierte Flugblätter, Zeitungen und deren Vertrieb. Schliesslich gab es noch einen Lit[eratur]obmann, der uns mit Broschüren und Büchern versorgte.»

Einen Tag nach seiner Erhebung in den Funktionärsrang ging Theo an die nächste Versammlung.

. . . Es waren mindestens fünfzig Genossen da, darunter viele sehr sympathische Typen. Wir hatten Kurs: Politisches Grundwissen, geleitet von einem Genossen Löw, der es ganz gut verstand, einem jedes Wort klar zu machen: Wert, Kapitalismus, Kapital, Mehrwert . . . [21.10.27]

Schon nach wenigen Wochen musste sich Theo selber als Referent bewähren:

«Sie haben dann sehr rasch von mir verlangt, dass ich aufgrund zweier kleiner Broschüren an einem Gruppenabend ein Kurzreferat halten solle, über die Jugend in der Sowjetunion, von der ich natürlich bis dahin keine Ahnung hatte. Dass ich in Berlin nicht mehr [wie im Freibund] über das Rote [SPOe-]Wien, sondern über die Sowjetunion referieren musste, passt eigentlich sehr gut zu meiner damaligen neuen politischen Heimat.»

Theos Zeit war ausgefüllt. Tags die Arbeit bei Rowohlt, an den Abenden Schulungs- und Agitproparbeit, politische Diskussionen, Vor- und Nachbereitung von Kundgebungen, an den Wochenenden des öftern politische Treffen, Kurse und Tagungen. Sehen wir ein wenig näher hin und lassen Theo rückblickend erzählen.

Vom 1. Oktober 1927 bis Anfang 1930 arbeitete Theo im Ernst Rowohlt Verlag, zwei Jahre als Lehrling ohne Berufsschulausbildung. «Ich musste mich längere Zeit mit der Lagerstatistik und ähnlichem unter der Anleitung des Herstellers, Kahnert, beschäftigen.» Daneben war schon in den ersten Tagen Hilfsarbeit im Lektorat zu erledigen: «Hier wurden der Kartothek nach Adressen geschrieben und Karten an Zeitungen geschickt, mit denen der neue [Emil] Ludwig, ‹Kunst und Schicksal› angeboten wurde; die Beschäftigung war blöd, wurde aber kurzweiliger durch die geistreichen Lektoren Franz Hessel und Paul Mayer.»

Botengänge blieben auch hier dem Lehrling nicht erspart. Im Tagebuch gibt es folgenden Eintrag:

Lerne Berlin ganz gut kennen, da ich in der Stadt viel herumfahren und -gehen muss für den Verlag.

Es will einem scheinen, als habe Theo in der Lehrzeit wenig mehr Arbeiten übernehmen dürfen als die des Boten und des Lageristen, wobei freilich anzumerken ist, dass der Rowohlt Verlag kein Muster an Organisation, dazu des öfteren finanziell eingeklemmt war. Auch Theo blieb das nicht verborgen: «Der Verlag befand sich damals in einem stürmischen Auf und Ab. Während meiner Lehrzeit tauchten plötzlich Herren von der Druckerei in Wittenberg und der Buchbinderei in Leipzig auf. Was vorging, wurde uns Lehrlingen – wir waren zu zweit – nicht mitgeteilt. Wir hörten nur, dass grosse finanzielle Schwierigkeiten Buchbinder und Drucker veranlasst hatten, sich ihre Guthaben durch Mitwirkung im Verlag zu sichern.»

Nach Abschluss der Lehre wurde Theo auf eine für seine späteren Tätigkeiten höchst lehrreiche Stelle versetzt: «Ich residierte in einem Nebenbüro mit Vervielfältigungs- und Falzmaschinen, betreute die Kopierabteilung und das Besprechungswesen. Ich hatte gelernt, wie man Verlagsprospekte zusammenstellt, aus Besprechungen das Beste herauszieht, um die Wirkung im Prospekt noch zu verstärken.»

Man ist neugierig, wie sich Theo in der Atmosphäre des Verlags fühlte – immerhin hat Ernst Rowohlt einen der wichtigsten und lebhaftesten, wenn auch «bürgerlichen» Verlage jener Berliner zwanziger Jahre geleitet, und im Hause tauchten fast täglich die Autoren auf, deren Namen in aller Kulturbeflissenen Munde waren. Schon in der ersten Arbeitswoche sah Theo den damals höchst erfolgreichen, politisch je nach Wetterlage von ultralinks bis braun schwankenden Arnolt Bronnen:

Ein unsympathischer Typ mit Monokel, auch durchweg unproletarisch.

Unproletarisch, das war das Schlüsselwort. Der Verlag und die Leute, die man zu sehen bekam, konnten sympathisch sein, sogar interessant, aber wichtig konnten sie nicht werden.

Alles Menschen, die dem Charakter des Verlags entsprechen – linksbürgerlich mit unproletarisch sozialistischem Geiste und ästhetischer Richtung.

Rowohlt selber hätte diese Etikettierung eher verwundert – er konnte mühelos neben linken Autoren einen Ernst von Salomon, deutschnational, aus dem Umkreis der Rathenau-Attentäter plazieren, – ihn politisch unterzubringen, dürfte ein Kunststück sein. Am besten hält man sich an eine Geschichte, die Theo erzählt. 1929, nach dem Verbot der KP-Parteizeitung «Rote Fahne», hat Theo auf dem Vervielfältiger und auf verlagseigenem Papier zehn Ausgaben einer «Ersatz»-Zeitschrift gedruckt, den «Schöneberger Jungprolet»: «Rowohlt bat ich damals um die Erlaubnis, auch mal etwas für ‹mich› zu vervielfältigen. ... Bald war Rowohlts Papier aufgebraucht, wir bestellten neues, wir hatten ja durch den Verkauf der Zeitung das Geld wieder eingenommen. Am Schluss ist wohl doch bei Rowohlt ein Papierdefizit übriggeblieben. Fast zwanzig Jahre später besuchte mich Rowohlt in Zürich. Er erinnerte mich verschmitzt an die Dinge, die neben der Verlagsarbeit in ‹meiner Abteilung› gelaufen waren. Er hätte schon damals gewusst, was hinter dem ‹für mich etwas vervielfältigen› steckte, aber ihm wäre es recht gewesen.»

Nur wenige Rowohlt-Autoren haben Theo genug interessiert, um eine Erinnerung abzugeben. Einer war der Auflagenstar Emil Ludwig, der seine Biographien über Wilhelm II., Goethe, Bismarck und Napoleon schon halbindustriell mit einem Stab von Mitarbeitern kompilierte: «Emil Ludwig drückte mir die Hand, als ich ihm Korrekturabzüge ins Hotel bringen musste. Mein Lehrlingskollege erhielt beim nächsten Botengang zwei Mark. Also wussten wir, dass ein Händedruck des grossen Autors mindestens zwei Mark, wenn nicht noch mehr, wert war.»

Walter Benjamin , für Rowohlt 1925 – unzufriedener – Übersetzer Balzacs , ab 1927 Proust -Übersetzer, 1928 mit der «Einbahnstrasse» und dem Trauerspielbuch Rowohlt-Autor, liess sich öfters blicken, aber seine Verschlossenheit und Theos geringes Interesse an eigentlich «bürgerlichen» Schriftstellern verunmöglichten einen engeren Kontakt: «Wenn Franz Hessel mit mir Zeitungen durchsah oder an der Seite von Paul Mayer Lektoratsarbeit erledigte, bekamen die beiden oft den Besuch eines Autors, der mir sehr sympathisch war, von dessen Bedeutung ich aber keine Ahnung hatte. Es war Walter Benjamin. Ich wusste, er hatte einen Bruder , einen Genossen, Arzt, den viele von uns kannten. Ich wusste, er schreibt schwierige und wichtige Dinge. Der Jungkommunist von damals sah seine Aufgaben aber woanders als bei Literatur und Philosophie.»

Tiefer eingeprägt hat sich aus der Zeit bei Rowohlt nur eine Gestalt: Franz Hessel, Lektor und Autor bei Rowohlt, den Theo im Geschäft fast täglich sah. Der achtzehnjährige Theo schreibt nach der ersten Begegnung in sein Tagebuch:

Hessel ist ein fein- und schöngeistiger Mensch mit gütigem Wesen, aber einem klar unpolitischen Denken. Wenn man [ihn] politisch fassen würde, ist er links, aber sonst sieht er noch viel anderes in der Welt. Ein sehr feiner Typ.

Rowohlt war der Arbeitsplatz. Hauptsache jedoch war das politische Leben, erst im KJVD, dann in der KPD. Ende 1927 war Theo Agitpropfunktionär bei der Verwaltungsbezirksleitung Berlin-Schöneberg geworden. Schon Anfang 1928 stieg er zum Agitpropobmann der VBL Schöneberg auf. Neben Schulungskursen bildeten Massenversammlungen, Treffen, Jugendtage einen wichtigen Teil der propagandistischen Arbeit. Als Theo zu Ostern 1928 den Reichsjugendtag in Chemnitz besuchen sollte, gab man ihm einen Schützling mit: «Ich war damals einer der Jüngeren im KJV Schöneberg. Nach Chemnitz wollte auch ein Vierzehnjähriger mitkommen. Seine Eltern – Arbeiter – hatten ihm gesagt: wenn du da hinwillst, musst du schon in den KJV eintreten. Er kam also zu uns, und wir haben ihn auch aufgenommen. Er hiess Willi Stoph .»

Die Arbeit im KJV war nicht immer leicht – vor allem auch darum, weil die Konflikte in der KPD sich auf den KJV auswirkten. Während der ganzen Weimarer Zeit pendelte die KPD zwischen «linken» und «rechten» Positionen. Ganz grob gesprochen gingen die Linken davon aus, Deutschland stehe auf der Schwelle einer revolutionären Periode, und die KPD könne in dieser Periode nur bestehen, wenn sie eine Politik des klaren und kompromisslosen Bruchs einschlage – nicht nur mit der Bourgeoisie und ihren rechten Anhängseln, sondern und vor allem auch mit dem Herrschaftsgrenzträger der Bourgeoisie, der «sozialfaschistischen» Sozialdemokratie. Die KP-«Rechte» hielt das kapitalistische System für «relativ stabilisiert» und die Einheit der Arbei-

Schöneberg, Potsdamer Brücke und Strasse, 1927. Im Haus rechts befand sich der Rowohlt Verlag.

terklasse für wichtiger als den absoluten Führungsanspruch der KP, die Sozialdemokratie eher für einen schwankenden Bündnispartner als für den Hauptfeind. Sie nahm auch die faschistische Bedrohung ernster als die Linke. Die Spannungen zwischen deutschen KP-Rechten und -Linken wurden durch die Spannungen in der KPdSU (Trotzki-Sinowjew/Stalin/Bucharin) überlagert; über die Entscheidungen der Komintern wurden diese Spannungen direkt in die KP-Führung hineingeleitet.*

Als Theo nach Berlin kam, steuerte die «mittlere» Linke um Ernst Thälmann, ergänzt durch die «mittlere» Rechte um Ernst Meyer, die KPD in den Aufwind. Es war zu verschiedenen einheitsfrontähnlichen Stillhalteabkommen zwischen SPD und KPD gekommen; die KPD hatte im Volksentscheid über die Enteignung der Fürsten die grösste Mobilisierung in ihrer Geschichte erreicht, sie hatte im Parlament aktiv mitgearbeitet und einige gesetzgeberische Erfolge erzielt. Alle Strömungen der «Ultralinken» (Fischer, Maslow, Korsch usw.) waren bis Ende 1927 ausgeschaltet. In Moskau jedoch bereitete sich die Wende nach links vor; die Überzeugung setzte sich durch, die «relative Stabilisierung» des Kapitalismus ginge zu Ende und entscheidende Krisen müssten in allernächster Zeit ausbrechen. In einer Krise aber war der Platz der KPD nicht in einer Einheitsfront, sondern an der Kampffront – zumal die SPD sich in einer Krise noch deutlicher «sozialfaschistisch» gebärden würde. Vor allem der letzte Punkt schien sich zu bewahrheiten. In die Reichstagswahlen 1928 stieg die SPD mit der Parole «Kinderspeisung statt Panzerkreuzer» ein; kaum aber hatte sie eine Koalitionsregierung gebildet, bewilligte sie den Panzerkreuzer. Parallel dazu rückte sie in arbeitsrechtlichen Fragen nach rechts und betrieb eine repressive Polizei- und Justizpolitik. Die KP-Leitung reagierte konsequent mit einer Kurswendung nach links und machte sich daran, die paar Rechten und die halbrechten «Versöhn-

---

* Die «Sozialfaschismus»-These hatte Sinowjew bereits 1924 in Umlauf gebracht. Sie trat während der «rechten» Periode in Komintern und KPD in den Hintergrund und wurde 1928 im Zuge der Linkswendung mit Stalins Gütesiegel wieder hervorgezogen.
    Wir folgen hier Abendroths Darstellung. Bösartiger könnte man argumentieren, das Argument mit dem Ende der «relativen Stabilisierung» sei nur eingesetzt worden, um dem wirklichen Problem ein theoretisches Mäntelchen umzuhängen: dass sich nämlich die Stalin-Fraktion nach Ausschaltung der trotzkistisch-sinowjewistischen Linken daran machte, die bucharinistische Rechte zu liquidieren, und diese Kursänderung nicht nur zuhause, sondern auch in der wichtigsten assoziierten Partei durchziehen wollte.

ler» aus Leitung und Apparat auszuschalten. Die Rechte (Brandler/ Thalheimer) versuchte genau zu dieser Zeit, die KPD zurückzuerobern. Sie scheiterte und gründete ihre eigene Partei, die Kommunistische Partei (Opposition). Im Frühjahr 1929 war die Lage geklärt: die Thälmann-Linke beherrschte die Partei vollständig. Diese Frontenklärung schlug auf den KJVD Berlin-Schöneberg durch; Mitte 1928 wurde die VBL Schöneberg abgesetzt.

Auf Theos damalige Position lässt sich indirekt schliessen. Albert Kramer, der Freund aus der Freibundzeit, schreibt ihm am 3. Mai 1928: «...Zuerst die Frage der Spaltung! ... Es scheint mir die Frage, ob bei der heutigen Weltlage die Spaltung für das Proletariat ein Vorteil ist, ... noch offen...» Theo hatte ihn offenbar kurz zuvor aufgefordert, auch in Zürich den linken Schwenk gegen die SPS mitzumachen. Interessanterweise erwähnt Theo keine KJVD-Freunde aus jener Zeit, die klar auf der ZK-Linie lagen, sondern nur Freunde, die als Abweichler kaltgestellt oder versetzt wurden. Dieser Neigung, an der Parteilinie politisch festzuhalten – Theo unterstützte die neu eingesetzte VBL und übernahm «Gruppenfunktionen» –, aber Freundschaften neben der Parteilinie zu schliessen, werden wir auch später begegnen.

Grossen Einfluss beim Auswechseln der VBL hatte der Polleiter der Schöneberger KPD, Hans Stauer, der Theo und andere KJVD-Mitglieder «einmal zu einer Aussprache lud und uns vor dem Abgleiten in den ‹Rechtsopportunismus› warnte. ... Dieser Hans Stauer war sieben Jahre später einer der Hauptangeklagten bei den Moskauer Prozessen, unter dem Namen Berman-Jurin. ... Er wurde zum Tode verurteilt.»

Die Frontenklärung in der KPD kann man nur gebührend werten, wenn man die SPD nicht aus den Augen verliert. In Berlin lieferte die SPD selber handfeste Belege für den Sozialfaschismusverdacht. Die Ordnungsrolle der Berliner SPD erreichte einen Höhepunkt, als auch zum 1. Mai das bestehende Demonstrationsverbot in Berlin nicht aufgehoben wurde und der SPD-Polizeipräsident von Berlin, Karl Zörgiebel, die 1. Mai-Kundgebung der KPD blutig zerschlug – es gab fünfundzwanzig Tote –, unmittelbar darauf ein Verbot der «Roten Fahne» nachschob und sich zudem genüsslich über beide Erfolge in der bürgerlichen Presse verbreitete. Der «Bluthund» Noske hatte einen würdigen Nachfolger gefunden. Aber welche politischen Konsequenzen konnte die Basis ziehen, Theo als einer von ihnen? «Die

Barrikaden in Neukölln und im Wedding, die die Jugendlichen gegen die Polizei errichtet hatten, um ihre Demonstration zu schützen, die fünfundzwanzig Toten dieses ‹Blutmai› – das alles hat die Situation gegenüber dem Vorjahr völlig verändert. Das war die Geburtszeit der Propaganda gegen alle ‹kleinen Zörgiebels›, der Theorie des Sozialfaschismus. Das haben wir dann alle mehr oder weniger akzeptiert. In der Praxis sah es aber weniger klar aus, weil wir ja immer wieder mit Sozialdemokraten diskutierten. Ich erinnere mich, dass nach diesem 1. Mai eine grössere Anzahl Jugendlicher aus der sozialistischen Jugend zur kommunistischen Jugend übergetreten sind aus Empörung über diese Schiesserei.»

Sozialfaschismus – gut, aber was war denn mit dem Faschismus ohne Beiwörter? Die NSDAP war bei den Reichstagswahlen 1928 von 2,85 % auf 2,45 % der Sitze zurückgefallen, also kein dringendes Problem. Bei den Wahlen 1930 eroberte die NSDAP unversehens 18,55 % der Sitze. Als «sozialfaschistische» Partei hatte die SPD in der Weltwirtschaftskrise offenbar versagt – aber bis die KPD ernstliche Folgerungen aus diesem Tatbestand zog, hielt die NSDAP schon 37,85 % der Reichstagssitze, stellte vier von siebzehn Länderregierungen und war an zwei anderen beteiligt.

Für Theo, wie für alle «kleinen» Funktionäre, war die praktische Frage – Einheitsfront «von unten» – und sei's nur ein kleines Stückchen weit, dringlicher; aber es scheint auch ihm gelungen zu sein, die Alltagspraxis und die Generallinie reinlich in zwei verschiedene Abteilungen seines Kopfes unterzubringen. Dafür gibt es einen einfachen Grund: Die taktischen Unzulänglichkeiten der KPD-Politik mussten gegen die notwendig richtige Generallinie abgeschottet werden – sonst wäre der historische Anspruch der Partei, der einem erst die Kraft gab, Parteiarbeit zu leisten, in Gefahr geraten. Aus demselben Grund mussten die Argumente der innerparteilichen Opposition konsequent überhört werden. Die Treue zur Partei wurzelt, überspitzt gesagt, nicht in ihrer Generallinie, sondern in ihrem Entstehungspunkt und ihrer Fortexistenz als Organisation, die auf diesem Entstehungspunkt fusst: der Oktoberrevolution. Das heisst sogar, dass nicht nur die Argumente der Opposition überhört werden, sondern auch die der jeweiligen Zentrale; worauf es zunächst ankommt ist der Bestand der Partei, und nicht deren aktuelle Begründung.

Dies galt damals auch für Theo: «Warum bin ich von Anfang an gegen die ‹Trotzkisten› gewesen? ... Ich bin als 18jähriger in den Jugendverband eingetreten und habe mich mit der Partei damals verbunden gefühlt. Das war die Organisation der Arbeiterklasse, in die ich eingetreten bin. Ganz naturgemäss war ich der Gegner jener, die dort Opposition machten, die Partei ändern oder kaputtmachen wollten. Es war selbstverständlich, dass ich nicht auf der Seite jener stehen konnte, die durch einen langen politischen Prozess in Opposition gekommen sind, die Sachen gewusst haben, von denen ich nichts wusste. Ich habe die Sowjetunion verteidigt, ich habe kaum Ahnungen von der inneren Auseinandersetzung gehabt, ich habe zwar mit Bedauern den Konflikt Stalin – Trotzki verfolgt, aber selbstverständlich war ich bei jenen, die die Partei repräsentierten und nicht bei denen, die gegen die Partei kämpften. Diese Loyalität gegenüber der Partei bestand natürlich auch während diesen ersten parteiinternen Kämpfen, die ich miterlebt habe, obwohl das gar nicht immer leicht gewesen ist. Denn die ‹Linken›, die damals in der Parteiführung sassen, hatten ziemlich katastrophale Parolen herausgegeben. So waren die Nazis schon sehr bedeutend geworden, als das ZK-Mitglied Heinz Neumann die Parole in die Welt setzte: ‹Schlagt die Faschisten, wo ihr sie trefft!›.»

Weiter wird man nicht vergessen dürfen, dass – Studenten einmal ausgenommen – niemand dazu kommt, nichts als Generaldiskussionen zu führen. Es gibt eben Alltagsarbeit. Nach der vorübergehenden Erschütterung durch die Ausschaltung der «rechtsopportunistischen» VBL Berlin-Schöneberg entwickelte sich Theos Funktionärslaufbahn bruchlos weiter: «Viele Aktivitäten sprachen wir [vom KJVD] mit der Partei ab. Ein recht grosser Teil stand im Zusammenhang mit Kampagnen und Wahlkämpfen, die die Partei führte. Überhaupt war der Kontakt zur Partei ziemlich eng, nicht zuletzt, weil man ja ziemlich bald in die Partei eintrat. [Doppelmitgliedschaften – KJVD/KPD – waren nichts seltenes, und im KJVD blieb man etwa von 15 bis 25.] Die Betriebszeitungen machten wir ganz allein. Sie richteten sich an die Lehrlinge der grossen Fabriken in Schöneberg – Grossdruckerei Langenscheidt, Askania-Werke (die haben im Krieg Unterseebootseinrichtungen hergestellt) oder Mix & Genest, die für uns nur ‹Murks und geht nicht› hiess. Die Lehrlinge dieser Betriebe haben wir jeweils zuhause besucht, haben aufgeschrieben, was sie uns erzählten – manchmal schrieben sie selber ein paar Zeilen –, und dann ging's ans Vervielfältigen im hinteren Teil einer Wirtschaft an der Bahnstrasse (heute Crellestrasse), dem wohl proletarischsten Teil Schönebergs. Die Arbeit war sehr mühsam – wir hatten nur ganz einfache Maschinen, eine Walze, die man einfärben und über die Gaze in einem Rahmen hin- und herschieben musste. Die geworbenen Lehrlinge arbeiteten als Gruppe mit den Betriebszellen zusammen. Für uns war der Kontakt mit ihnen ziemlich schwierig, weil sie ja nur in Schöneberg als Lehrlinge arbeiteten und meist woanders wohnten.

Die KJV-Gruppen in Schöneberg – drei mit siebzig oder mehr Mitgliedern – bestanden fast nur aus Arbeitern, dazu kamen ein paar kaufmännische Angestellte. Sehr viele waren arbeitslos. Auf den Strassen und in den typischen Höfen der Berliner Mietskasernen haben wir gesungen, etwa ‹Hier ist die KJ› undsoweiter. Dann haben die Leute Geld hinuntergeworfen, selten auch einmal einen Blumentopf. Unser Hauptagitationsfeld war der Rummelplatz. Da verkauften sich unsere Zeitungen besonders gut. In vielen Stadtteilen gab's Rummelplätze mit allem Drum und Dran, der Dame ohne Unterleib, der Wahrsagerin, mit allem, was dazu gehört.»

Den Höhepunkt dieser ersten Phase der Jugendarbeit für die Partei bildete der Druck des «Schöneberger Jungprolet». Nach dem «Blutmai» hatte der SPD-Polizeipräsident die «Rote Fahne» bis auf weiteres verboten. Die KPD liess darauf in den Quartieren Ersatzzeitungen erscheinen. Theo, nun seit fünf Monaten Mitglied der KPD – das Mitgliedsbuch hatte er aus Wilhelm Piecks Händen empfangen – und einige KJVDler beschlossen, auch eine Ersatzzeitung herauszubringen; die Infrastruktur stand ja im Rowohlt Verlag bereit: «Mit einem Jugendgenossen, der arbeitslos war, und den ich stundenweise bei Rowohlt untergebracht hatte, druckte ich jede Woche nach Feierabend tausend Exemplare des zehnseitigen ‹Schöneberger Jungproleten›. Die armen KJV-Jugendlichen mussten dann jede Woche auf den Rummelplatz an der Hauptstrasse und vor das Jugendhaus in Schöneberg gehen und die Zeitung verkaufen. So bei der achten oder neunten Nummer verging ihnen die Lust. Glücklicherweise wurde das Verbot der ‹Roten Fahne› nach zehn Wochen aufgehoben. So konnten wir die zehnte Nummer mit der Erfolgsmeldung beschliessen, der ‹Jungprolet› müsse jetzt nicht mehr erscheinen, seine Aufgabe sei erfüllt. Auf die Zeitungsaktion waren wir sehr stolz; es war wirklich eine Sache von uns Jungen gewesen.»

Die Partei war wohl auch mit dem Erfolg zufrieden. Jedenfalls wurde Theo in diesem Sommer Polleiter der KJVD in Schöneberg. Die politischen Aufgaben Theos nahmen zu. Im September 1929 war er Delegierter am KJVD-Verbandskongress, im Laufe des Jahres 1930 wechselte er von der Jugend- zur eigentlichen Parteiarbeit. Und zwar im politischen wie im Berufsleben. Anfang 1930 schied er bei Rowohlt aus, um im Karl-Liebknecht-Haus für den Internationalen Arbeiter-Verlag zu arbeiten: «Es war der Verlag der KPD, der Broschüren herausgab, aber auch die ‹Roten Eine-Mark-Romane› und eine Reihe mit internationalen proletarischen Romanen. Damals erschienen im IAV die Gedichte Erich Weinerts, Hans Lorbeers und Johannes R. Bechers. Becher und Kurt Kläber, der die literarische Abteilung leitete, gaben die ‹Proletarische Feuilletonkorrespondenz› heraus. Ich wurde Mitarbeiter von Kurt Kläber. Er hatte damals seinen proletarischen Roman ‹Die Passagiere der dritten Klasse› verfasst und war bekannt geworden durch seine Erzählungen über die Ruhrkämpfe (‹Barrikaden an der Ruhr›), die durch Entscheid des Reichsgerichts verboten worden waren.

Im Karl-Liebknecht-Haus waren das ZK der KPD, das ZK des KJVD und das Kinderbüro der Jungpioniere untergebracht. Ich beteiligte mich an der Redaktionsarbeit für die ‹Junge Garde›. Das Haus, in dem ich mich damals nach dem KJV Schöneberg erkundigt hatte, war zu meinem Arbeitsplatz geworden. Der Junggenosse begegnete nun den führenden Genossen nicht nur auf den grossen Massenveranstaltungen, an denen sie als Redner auftraten. Meine Arbeit im Internationalen Arbeiter-Verlag scheint aber die Verlagsleitung nicht befriedigt zu haben, oder man hat umorganisiert, jedenfalls hörte sie nach rund drei Monaten auf, ich kann mich nicht mehr genau erinnern wie.

In dieser Zeit bereitete das Kinderbüro ein Weltkindertreffen in Berlin vor. Kinder aus der ganzen Welt sollten zusammenkommen und für ihr Leben, für ihre revolutionäre Zukunft und für den Sozialismus Freundschaftsbande knüpfen. Dieses Treffen stiess überhaupt nicht auf die Sympathie der Behörden und der gegnerischen Parteien. Für diese Kinder war die Werbeparole des Bürgermeisters – Jeder einmal in Berlin – nicht gedacht. Delegationen aus den kapitalistischen Ländern durften nicht ausreisen, die Kinder aus der SU nicht einreisen. Die Genossen im Kinderbüro fragten mich, ob ich – gegen eine bescheidene Entschädigung – die Werbung für das Kindertreffen übernehmen wolle. So wurde ich Werbe- und Presseleiter des Weltkindertreffens.

In den Arbeiterzeitungen tauchten überall kleine Hinweise und Artikel zur Vorbereitung des Kindertreffens auf. Die zweiundzwanzig kommunistischen Tageszeitungen im Reich, die ‹AIZ› (Arbeiter Illustrierte Zeitung), auch Berliner Betriebszeitungen belieferte ich mit Beiträgen. Wir forderten zur Quartiersammlung auf und machten das Programm bekannt. Die Berliner Arbeiterschaft zeigte grosse Sympathie für das Treffen. Wegen der Aus- und Einreiseverbote konnte es aber nicht in einem so grosszügigen Rahmen wie geplant abgehalten werden. Aus dem Osten konnten wir schliesslich nur eine Delegation aus der Mongolischen Volksrepublik empfangen.

Offenbar hatte ich die kommunistische und Arbeiteröffentlichkeit nicht schlecht auf die Veranstaltung aufmerksam gemacht. Jedenfalls gab meine Werbearbeit Willi Münzenberg Anlass, mich zu fragen, ob ich für die AIZ arbeiten wolle. Mir ging ein Traum in Erfüllung.»

Willi Münzenberg war Sekretär der Internationalen Arbeiterhilfe (IAH), die aus der Hilfe für das hungernde Russland hervorgegangen war und die Unterstützung bei Streiks und in Notlagen leistete. Münzenberg war der brillanteste Propagandist der kommunistischen Bewegung. Er wusste, wie sehr Propaganda eine Sache der Organisation ist. Es gelang ihm, in der Weimarer Republik einen funktionstüchtigen Verband von Medienbetrieben – Zeitschriften, Buchverlage, Kinoverleih usw. – aufzubauen und zusammenzufassen. Im Rahmen der IAH gründete und betrieb Münzenberg: die AIZ, die Zeitungen «Welt am Abend» und «Berlin am Morgen», eine Reihe von Zeitschriften – «Der Arbeiterfotograf», «Eulenspiegel», «Freund der Sowjetunion», «Der Weg der Frau» –, den Neuen Deutschen Verlag, die Prometheus-Filmgesellschaft und noch vieles andere, einschliesslich einer Finanzierungsgesellschaft, der «Aufbau, Industrie und Handels AG». Über Münzenbergs Umgang mit KPD und Komintern ist viel debattiert worden; man wird, ohne sich aufs Glatteis der Literatur zu begeben, sagen können, dass Münzenberg sich gegenüber der Zentrale genug Spielraum verschafft hat, um weitgehend seine Vorstellungen von Propagandaarbeit und seine Personalpolitik durchzusetzen – ob sie nun zum neuesten Schwenk der Parteilinie passten oder nicht.

Die Arbeit in diesem Medienverbund muss Theo sehr entsprochen haben: «Mit Willi Münzenberg und seinen Mitarbeitern und Genossen sollte ich nun bis zum Ende meiner Berliner Zeit arbeiten. Der Neue Deutsche Verlag hatte seine Büros in der Wilhelmstrasse 48, unweit des Potsdamerplatzes, in einem der Zentren des alten Berlin. Hier war das internationale Büro der IAH. Ich hatte die Aufgabe, mich über den redaktionellen Inhalt und die Redaktionspläne zu orientieren, die kommenden Nummern wie die AIZ im allgemeinen in allen

Arbeiterzeitungen durch Hinweise bekannt zu machen. Darüber hinaus sollte ich auch die Werbung für die andern Zeitschriften des Verlags betreuen. Da war einmal der ‹Rote Aufbau›, die theoretische Zeitschrift der IAH. Er beschränkte sich nicht auf Mitteilungen oder Berichte der IAH, sondern setzte sich auch mit dem Reformismus und den Nazis auseinander und hielt dabei im allgemeinen die Linie der KPD ein. Eine wichtige, wenn auch kleine Zeitschrift war der ‹Arbeiter-Fotograf›, der auf Initiative des AIZ-Gestalters Hermann Leupold 1926 gegründet worden war. Diese Zeitschrift trug viel zur Wirksamkeit der AIZ bei.

Ich hatte mich bald eingearbeitet und setzte mich mit Begeisterung für die AIZ, diese grossartige Illustrierte, ein. Sie stand im Mittelpunkt der Verlagsproduktion. Ich arbeitete eng mit der Vertriebsabteilung zusammen, die im ganzen Reich Vertriebsstellen unterhielt, bei denen die AIZ-Kolporteure jede Woche die AIZ abholen gingen. Der Kioskverkauf fiel nicht ins Gewicht, weil die meisten Kioske bürgerlichen Konzernen gehörten, die die kommunistische Presse boykottierten. Für die Kolporteure – meist Arbeitslose – gab ich den ‹AIZ-Kolporteur› heraus, der Vertriebsfragen behandelte und jeweils den Inhalt der kommenden Nummern vorstellte.»

Ausserhalb der Arbeitszeit war Theo nun hauptsächlich gewerkschaftlich tätig. Hier gilt es an die Politik der KPD ab 1928/29 zu erinnern: Als die Partei die Einheitsfront-Taktik wieder verwarf und auf die Konfrontation mit der «sozialfaschistischen» SPD setzte, musste sie auch ihre Gewerkschaftspolitik anpassen; die weitgehend sozialdemokratisch geprägten Gewerkschaften zeigten kein Interesse an einer revolutionären Zuspitzung der Arbeitskämpfe. Von einer Kooperation in und mit den Gewerkschaften war vergleichsweise wenig zu erwarten, weil die – überwiegend arbeitslosen – KP-Mitglieder ihr Gewicht in den Gewerkschaften schwerlich zur Geltung bringen konnten. Zugleich musste eine Radikalisierung der Arbeitskämpfe den arbeitslosen oder von Arbeitslosigkeit bedrohten Parteimitgliedern mehr entsprechen als die abwägende Gewerkschaftstaktik. Endlich hatte die Komintern die Linie der Opposition gegen die Gewerkschaften in den Vordergrund gerückt. Die Gewerkschaftsarbeit der KPD verlagerte sich also zunehmend weg von den Gewerkschaften und in den Aufbau einer eigenen Organisation: der «Revolutionären Gewerkschaftsopposition» (RGO). Die RGO-Linie war freilich auch innerparteilich schwer durchzusetzen. Zwar fand keine parteioffizielle Debatte statt, aber die Mobilisierungskraft der RGO blieb gering, und die Basisaktivisten scheinen sich zu beträchtlichen Teilen «rechts» von der Parteilinie aufgehalten zu haben. Sie trieben weiter Opposition *in* den Gewerkschaften und versuchten, die Kontakte zur Basisschicht der sozialdemokratischen Gewerkschaftler aufrechtzuerhalten.

Theo wechselte zu diesem Zeitpunkt von der Agitprop- zur Angestelltenarbeit. Er stieg bald von der RGO-Angestelltenkommission Berlin-Brandenburg in die RGO-Reichsleitung auf. Er gehörte zu den RGO-Leuten, die nicht aus den offiziellen Gewerkschaften austraten, sondern doppelspurig fuhren: oppositionelle Aktivitäten in der Gewerkschaft – für den Verlagsbuchhändler Theo Pinkus war die Buchhandelsgruppe des Zentralverbandes der Angestellten (ZdA) zuständig – und RGO-Kritik an der Gewerkschaft. Der ZdA war dem linken, SP-nahen Angestelltendachverband «Allgemeiner freier Angestelltenbund» (AfA) angeschlossen, dem zahlenmässig schwächsten Angestelltenverband der Weimarer Republik (die beiden stärkeren standen weiter rechts). Innerhalb der Buchhändlerorganisation scheint sich Theo als zuverlässiger Gewerkschafter ausgewiesen zu haben; jedenfalls wollte ihn die Buchhändlergruppe wiederholt in den Vorstand entsenden; das scheiterte jedesmal am Verbot einer KP/ZdA-Doppelmitgliedschaft für Funktionäre. Theo konzentrierte sich auf Propagandaarbeit; er redigierte die Zeitschrift «ZdA-Opposition» zusammen mit Karl Gröhl, der auch im Neuen Deutschen Verlag leitend arbeitete. «Wir hatten Angestelltengruppen aus der Versicherungsbranche, den Banken, aus Warenhäusern und anderen Betrieben. Interessant war, dass die RGO-Arbeit unter den Angestellten sich zu einem grossen Teil innergewerkschaftlich abgespielt hat. Die Folge war, dass wir die letzte Bastion einer relativ vernünftigen Gewerkschaftsarbeit gewesen sind. Wilhelm Florin, der aus dem Ruhrgebiet nach Berlin versetzte neue Bezirksleiter der KPD, hatte bemerkt, dass wir im ZdA innergewerkschaftliche Arbeit leisteten. Er lud mich und einen andern Genossen zu einer gründlichen Aussprache ein und sagte uns: ‹Ihr seid die einzigen, die vernünftige Gewerkschaftsarbeit machen. Wir müssen diese RGO-Politik langsam korrigieren.› Da hat uns Florin beauftragt, in der RGO über die Notwendigkeit innergewerkschaftlicher Arbeit zu referieren. Ich habe damals darüber auch einen Artikel im ‹Parteiarbeiter› geschrieben.»

Aber da war es für innergewerkschaftliche Arbeit schon zu spät –

auch für Theo: im Januar 1933 wurde er als Kommunist aus dem ZdA ausgeschlossen.

Es gibt, so heisst es, auch ein Privatleben. Für den politischen Aktivisten verwischen sich die Grenzen zwischen Privatheit und Öffentlichkeit; dafür spricht etwa auch Theos Theorie von der «Abrundung der politischen Zusammenarbeit durch eine Liebesbeziehung». Aber Privatheit ist nicht restlos politisierbar; vieles, was unpolitische Menschen am Privatleben lieben, legt der Politiker ungerührt ab. So konnten die Verwandten und Familienfreunde, die Theo 1927 in Berlin Willkommen geheissen hatten, ihn zum Essen einluden, um einen Arbeitsplatz für ihn besorgt waren und ihn mit ihrem Bekanntenkreis zusammenzubringen suchten, in Theos Leben keinen Platz gewinnen: bestenfalls unentschieden linksbürgerliche Kreise hätten ihn nur vom KJVD abgelenkt.

Theos Familie war jetzt in alle Windrichtungen zerstreut: Zürich, Albanien und Breslau; der Vater versteckte sich in Valona (Vlonë) vor der Schweizer Justiz und seinen Gläubigern. Gelegentlich kam ein Brief nach Berlin:

«... hier ist halbe Wildnis in den Städten, und sobald man herauskommt, ist es ganz wild ... Die Ausbeutung existiert auch hier, und zwar landwirtschaftlich, in grossem Masstabe. Von Klassenkampf aber noch keine Spur, wie natürlich in einem Lande, in dem die Mehrzahl der Bevölkerung noch Analphabeten sind. ... ich fühle mich eigentlich ganz glücklich. Ich schreibe und male – habe über 50 Bilder gemacht, grosse Fortschritte – und gesundheitlich geht es mir glänzend.

...ich höre, dass Du auch in Berlin schon Anschluss an unsere Richtung gefunden hast. Ich wiederhole aber meine Bitte, dass Du Dich bestimmt nicht irgendwie aktiv mit Politik beschäftigst...» [11.11.27]

Else Flatau kam nach Berlin, während Felix Pinkus in Albanien blieb und sich dort offenbar entschloss, wieder politisch aktiv zu werden – nicht mehr als Linkszionist, sondern als Kommunist. Entsprechend löst ein anderer Ton die besorgten Ermahnungen ab, Theo solle politisch unsichtbar bleiben:

«So wichtig die Gesinnung ist, so entscheidet letzten Endes nicht sie allein, sondern die revolutionäre Tat. ...Nicht die Bücher entscheiden, sondern die Barrikade. Und es scheint, dass alles dazu

führt, dass wir bald solcher Entscheidungsfrage gegenüberstehen.»
[4. 10. 28]

Dieser Brief wird kaum der albanischen Situation gegolten haben, sondern spiegelt die neue Linie der Komintern wieder: die grosse Krise kommt bestimmt und bald.

1929 siedelte Felix Pinkus nach Wien über, wo er für die KP-Zeitung «Rote Fahne» arbeitete. Dieser Umzug barg gewisse Risiken; anders als Albanien hatte Österreich einen Auslieferungsvertrag mit der Schweiz unterzeichnet und darüberhinaus trübte sich das politische Klima der anbrechenden dreissiger Jahre für die Linke ein. Felix Pinkus wurde bald einmal in Wien verhaftet und an die Schweiz ausgeliefert. Hier landete er im Zürcher Bezirksgefängnis. Drei Monate sass er in Untersuchungshaft, während die Bezirksanwaltschaft ihre Anklage wegen betrügerischen Bankrotts behutsam in eine solche wegen leichtfertigen Bankrotts umbaute – allem Anschein nach waren die Belastungszeugen nicht darauf erpicht, vor Gericht allzuviele Fragen über ihre Beteiligung am Bankgeschäft zu beantworten, und ein Verfahren wegen leichtfertigen Bankrotts liess sich diskreter abwickeln. Felix Pinkus wurde zu drei Monaten Gefängnis verurteilt, die er – wie es der rechtsstaatliche Zufall gelegentlich so will, auf den Tag genau schon in U-Haft abgesessen hatte – und kam im Herbst 1929 frei.

1931 kam auch Felix Pinkus nach Berlin. Nach langem Hin und Her bekam er eine Stelle als Wirtschaftsexperte in der Handelsvertretung der Sowjetunion. Die Familie lebte knapp, aber nicht in Not; Felix Pinkus verdiente 600 RM, Else Flatau-Pinkus konnte mit Schreiben (Feuilletons, Filmdrehbücher, ghostwriting) rund 150 RM beisteuern. Theo wurde während seiner Lehrlingszeit von einer Jugendfreundin seiner Mutter mit 100 RM unterstützt, dazu kam ein Lehrlingslohn von 30 RM, später 50 RM. Beim IAV und während der Vorbereitung des Kindertreffens verdiente Theo 250 RM, beim Neuen Deutschen Verlag etwa 350 RM, «...das war ein relativ gutes Gehalt». Theos Lehrlingseinkommen hatte gerade für die Miete gereicht: seine erste Berliner Wohnung, ein möbliertes Zimmer, kostete 30 RM. Am Essen sparte er: «Abends vor den Sitzungen [des KJVD] assen wir Bratheringe oder Salzgurken mit Brot, manchmal auch ein Stück Wurst, das genügte.»

Gelegentlich half er seinem Einkommen ein wenig nach: «Im kalten Jahr 1929 liess ich mit meiner grossen Ledermappe bei Rowohlt einfach Kohlenbriketts mitlaufen... Für die autonome Korrektur der damals noch sehr billigen, für uns aber doch sehr hohen Tarife der Berliner Verkehrsgesellschaft sorgten wir durch kultiviertes Schwarzfahren. Man konnte mit allen Bus-Billetten in die U-Bahn umsteigen. Wir erbaten sie uns also an den Busstationen oder suchten sie ganz einfach auf der Strasse. Sie waren zwar nur eine Stunde gültig, aber in dieser Zeit genossen wir freie Fahrt. Man nannte diese Wertpapiere ‹Roller›. ‹Ham Sie ’n Roller?› wurden die aussteigenden Buspassagiere begrüsst. In einer Kneipe bei der U-Bahn-Station Bülowstrasse wurde eine Rollerbank eingerichtet. Arbeitslose Junggenossen nahmen Fahrscheine entgegen und gaben sie – natürlich streng innerhalb der Gültigkeitsdauer, damit nichts schiefging – an die weiter, die eine freie Fahrt brauchten.

Die immer grössere Not, in der die Jugendlichen steckten, machte erfinderisch; in einzelnen Fällen wurden die Grenzen des bürgerlichen Rechts überschritten. Die Junggenossen blieben auch solidarisch, als einige junge Arbeiter in unserem Bezirk sich zu einer Clique zusammenschlossen und ihre Not durch die Ausräumung eines Buttergeschäfts lindern wollten. Solche Aktionen lagen gar nicht auf der Linie des KJVD; er lehnte sie ab wie auch den individuellen Terror. Aber wir hatten Verständnis für unsere Genossen von der ‹Clique Eierschlamm› – so nannten sie sich. Wie wir mit den Kameraden solidarisch waren, die sich gegen Faschisten wehrten und dafür ins Gefängnis oder ins Zuchthaus kamen, so schrieben wir auch jene nicht ab, die durch ihre Aktionen kriminalisiert wurden. Wir erinnerten uns an einen anarchistischen Spruch aus der Krisenzeit der frühen zwanziger Jahre: ‹Was trennt uns von den guten Sachen? Die Fensterscheiben!› Die Scheiben splitterten zwar selten, einen Sport oder Plausch haben wir aus dem Klauen nicht gemacht, anders als das heute im subkulturellen Milieu manchmal geschieht. Und alle diese Eigentumsdelikte waren Bagatellen gegenüber dem Grossbetrug, der damals an der arbeitenden Bevölkerung verübt wurde – durch Sozialabbau, Teuerung, Notverordnungen...»

Wo mit geklauten Kohlen geheizt wird, und wo eine Salzgurke mit Brot das Nachtessen abgibt, hat der Luxus nichts verloren: «Geraucht habe ich nie. Als ich vierzehn Jahre alt war, beschloss ich, nicht zu rauchen. Das habe ich bis heute eingehalten. So reichte mein Budget 5 bis 10 Mark weiter als das der andern Jugendlichen. Dafür habe ich Bücher gekauft. – Das tönt jetzt so moralisch, aber es ist die schlichte Wahrheit, dass meine Lenin-Bände mich nicht mehr gekostet haben

als andere ihre Zigaretten. So ist meine Bibliothek auch immer gewachsen. Ich habe schon in dieser Zeit – auch im Zusammenhang mit
meiner politischen Arbeit – alles gesammelt, was ich nur konnte. Aus
den 300 Büchern, die ich in einer Kiste aus Zürich mitgenommen
hatte, sind im Lauf der Berliner Jahre 1800 geworden.»

Jeden zweiten Tag also stellte Theo ein neues Buch in sein Zimmer.
Die häufigen Umzüge müssen recht abenteuerlich geworden sein. Das
möblierte Zimmer, in dem Theo zuerst untergekommen war, musste
er verlassen: «Es wurde der alten Frau Crantz zuviel, Kommunisten zu
beherbergen. Darauf zog ich mit einem jungen jüdischen Arbeiter,
Rudi Zimt, zusammen. Das kam auch wesentlich billiger. Im Keller
eines Kürschnermeisters in der Frobenstrasse im ‹alten Westen› (Schöneberg) fanden wir ein grösseres Zimmer für 40 oder 50 Mark. In
einem alkoholfreien Restaurant in der Nähe wurde ein Mittagessen für
90 Pfennig, gelegentlich 1.20 oder 1.50 RM aufgetragen. Nach einem
Jahr ist uns das Essen aber so verleidet, dass wir nicht mehr hingehen
konnten.

Unser Zimmer war nicht komfortabel; das einzige kleine Fenster
lag genau auf der Höhe des Hofpflasters, wir konnten die Hand durchs
Fenster strecken und den Boden berühren. Waschen mussten wir uns
in einem Flur. Aber der Kürschnermeister liess uns in Ruhe, wenn wir
Freundinnen zu Besuch hatten. Irgendwoher bekamen wir auch noch
ein ziemlich kaputtes Sofa, das wir schliesslich eines Nachts vor ein
Kirchentor stellten. In Berlin ist es üblich, alte Matratzen und dergleichen einfach auf die Strasse zu stellen, wenn grade niemand zuschaut;
uns schien der Platz vor der Kirche sinnvoller.

Später schlug meine Mutter, die möbliert wohnte, vor, wir könnten
gemeinsam eine Wohnung suchen. Das war uns recht, zu dritt haben
wir uns in Friedenau eingemietet. Am Abend unseres Einzugs jedoch
wurden wir schon gekündigt, weil sich der Besitzer aufregte, als wir
Kisten mit Büchern an der Aussenmauer in die Wohnung hinaufzo-
gen. Überhaupt hätten wir viel zu viel Zeug. So zogen wir eben wieder
um. Als mein Vater auch nach Berlin kam, wohnten wir zusammen in
Friedenau. Rudi Zimt war nicht mehr dabei. Später zogen wir nach
Lichterfelde-Ost und schliesslich, als Miriam aus Breslau gekommen
war, an die Friedrichstrasse in die ‹Französische Siedlung›. Hinter den
dreigeschossigen Wohnhäusern lag der Park der Tierärztlichen Hochschule, das Theater am Schiffbauerdamm stand ganz in der Nähe,
gegenüber sahen wir das ‹Haus der Technik›. Die ganze Gegend war

Tag und Nacht belebt, aber in die Siedlung drang kein Strassenlärm. Gleich gegenüber wohnten Georg Lukács, seine Frau und deren Kinder aus erster Ehe. Meine Eltern waren mit der Familie befreundet.»

Sechs Wohnungen in fünf Jahren, das gibt kaum Gelegenheit, irgendwo nachbarlich zu werden. Die Gelegenheit wäre auch nicht ergriffen worden. Die Politik ging vor, und die Vermischung von politischer Arbeit und Arbeit in politischen Betrieben hat damals wie heute den Arbeitstag in die Länge gezogen. Die Frage, ob es in all der Hektik im vielfältig unruhigen Berlin, in den fast sechs Jahren zwischen Theos achtzehntem und vierundzwanzigsten Lebensjahr ein Privatleben gegeben habe, ist keine müssige Frage. (Wie auch der Hinweis nicht müssig ist, dass die Wiedervereinigung der Familie in wechselnden Berliner Wohnungen Theo deutlich von den Arbeiten entlastet haben dürfte, die zum Privatleben gehören, und die zu erledigen Frauensache war und weitgehend geblieben ist.)

Auch Politiker in hektischen Zeiten suchen Romanzen. Als Theo zum erstenmal an eine KJVD-Sitzung gegangen war, war ihm gleich «ein wunderschönes Mädchen» aufgefallen. Sie hatte aber schon einen Freund. Seine frühen Berliner Liebesversuche wirken noch in der Erzählung tragikomisch: «Bianca habe ich im KJVD kennengelernt. Sie war mit einem sehr sympathischen Mitglied der lokalen Parteileitung befreundet und zeigte doch auch Interesse für mich. Als ein Zimmer bei Frau Crantz frei wurde, zog sie ein. Aber es kam nicht zu der von mir so gewünschten ‹Abrundung› – ich habe mir das immer so gedacht: aus der politischen Zusammenarbeit ergibt sich Freundschaft und Liebe, die wiederum den gemeinsamen Kampf lustvoll und erfolgreich macht. Die politische Zusammenarbeit war gut... Es lag an mir. Ich habe das erst ganz begriffen, als mich eines Tages mein Freund Heinrich Kurella besuchte, Bianca begrüsste und sich am nächsten Morgen bei mir sozusagen entschuldigte, dass er bei ihr geblieben war. Ich war nicht eifersüchtig, ich bewunderte ihn höchstens. In diesen Dingen war er eben freier als ich.»

Von der Freiheit in diesen Dingen war im KJVD viel die Rede – sie tat in den Ohren weh, so schwerfüssig kam sie daher: «Spasseshalber sagten wir, wir bräuchten neben dem Polleiter, dem Agitpropobmann und dem Kassier auch einen SI, einen Sexualinstruktor. Einige unter uns hatten Max Hodanns ‹Bub oder Mädel› gelesen, ein Buch aus der bürgerlichen Jugendbewegung, das auch in der Arbeiterjugend weit verbreitet war. Unter der Arbeiterjugend herrschten aber andere Sitten als in der bürgerlichen Jugendbewegung. Ich war schockiert, als ein Genosse erklärte, mittwochs könne er nicht an die Sitzungen kommen, da habe er jeweils ‹Geschlechtstag›.»

Der Zusammenbruch der Weimarer Republik beschleunigte sich 1932. Die Regierungen wechselten immer schneller, regierten hauptsächlich per Notverordnung. Die NSDAP wuchs und wuchs.

Die Repression verschärfte sich, was Theo am eigenen Leib erfuhr: «Im August 1932 fand im Neuen Deutschen Verlag eine Hausdurchsuchung statt. Wir wurden alle verhaftet, auf Polizeilastwagen verladen, ins Präsidium gefahren, mussten dort die Nacht verbringen und wurden am nächsten Tag ohne Weiterungen entlassen. – Im Herbst 1932 wurden die Berliner Verkehrsbetriebe bestreikt – dazu aufgeru-

Theo mit weiteren Verhafteteten bei den Haussuchungen im Neuen Deutschen Verlag und bei der Internationalen Arbeiterhilfe IAH, Berlin, 31. August 1932. (Theo auf der hintersten Bank, Mitte).

fen hatte die RGO. Die NSBO (Nazi-Betriebsorganisation) versuchte darauf, Terrain gutzumachen, indem auch sie den Streik bejahte. Jedenfalls, die KPD gewann in Berlin nochmals kräftig Stimmen, während SPD und vor allem NSDAP Stimmen einbüssten. Es schien sich ein Zusammenbruch der NSDAP anzukündigen; das hat wohl auch dazu beigetragen, dass Hitler im Januar 1933 zum Reichskanzler ernannt wurde – das Rechtsbürgertum fürchtete, die NSDAP könnte ihr Gewicht verlieren. Zwei Tage zuvor, am 28. Januar, rief die Berliner RGO die Vertrauensleute aus allen Betrieben zusammen – über 800 Delegierte. Ich war mit Lieschen dort. Die Hauptfrage hiess: Wenn Hindenburg Hitler zum Reichskanzler ernennt – welcher Berliner Betrieb tritt dann in den Streik? Die Delegierten eines einzigen Betriebs erklärten ihre Bereitschaft: die von der Müllabfuhr. Wir waren geschlagen. Eine bewaffnete Auseinandersetzung erschien uns ohnehin unmöglich. Es gab keine Waffen.»

Die KPD hatte zwar bis zum Ende der Weimarer Republik ihre Kampfverbände behalten, zuerst die «Proletarischen Hundertschaften» dann den «Roten Frontkämpferbund», aber bewaffnet waren sie nicht, und man bereitete sie auch nicht auf militärische Kämpfe vor. Man sang nur die Lieder:

«Legt an, gebt Feuer, ladet schnell,
Weich keiner von der Stell!»

Theo präzisiert: «Natürlich gab es theoretische Diskussionen über den bewaffneten Aufstand [in der Zeitschrift ‹Oktober›], es gab auch einen illegalen Apparat, der sich hauptsächlich auf ‹Zersetzungsarbeit› in Reichswehr und Polizei spezialisierte – man versuchte, Soldaten und Polizisten auf die Seite der Arbeiter zu holen. Aber es gab keine bewaffnete Massenorganisation.»

Die Gegenseite war weniger zurückhaltend. Von den Freikorps, die sich nach dem militärischen Zusammenbruch 1918 gebildet hatten, über die bewaffneten Hilfstruppen der rechtsextremen Parteien bis zur SA hielt die Rechte immer auf militärische Handlungsfähigkeit – im Ernstfall konnte sie ohnehin auf die Reichswehr zählen.

Ein wichtiger Grund für dieses militärische Ungleichgewicht liegt darin, dass die Linke keine eigene militärische Tradition kannte. Ein Positivum einerseits, in der Weimarer Republik erwies sich dies jedoch als Mangel. Die radikale Linke kannte nur ein militärisches Vorbild: Trotzkis Rote Armee, und sie kannte diese Armee nur als mehr oder weniger spontan aus einer politischen Bewegung herauswachsenden

Kampfverband ohne festgefügte Strukturen, Kommandohierarchien, geschweige denn Ausbildungseinrichtungen. Was aus der militärischen Überlieferung übernommen wurde, waren die Dekorationen: blutrünstige Kampflieder – die meisten militanten Lieder der Weimarer Zeit sind umgedichtete Soldatenlieder aus der Wilhelminischen Zeit –, Fahnen und Uniformen. Auf den ersten Blick mochten die Formationen des RFB und der SA einander ähneln (und beide sich deutlich von klassischen militärischen Formationen unterscheiden), aber, so Theo: «Das ‹militärische Gehabe› war beim RFB etwas ganz anderes. Dem RFB gehörten Arbeiter an, die eine dünne Jacke trugen; das kannten wir. Vor den Nazis sind wir immer erschrocken. Sie waren ganz anders ausgestattet, und sie ahmten ganz ernsthaft militärische Formen nach, zackig, mit Hakenkreuzarmbinden und Fahnen. Natürlich trugen auch wir unsere Fahnen, aber die andern hatten Hakenkreuzfahnen. Wir wussten, was das bedeuten sollte. Und die Art zu marschieren! Schaut einmal die Spanienkämpfer an – wie die als Gruppe marschieren, die sehen ganz anders aus als die Nazis. Da findet man weder diese perfekte militärische Ausbildung noch dieses feindselige, zackige Auftreten.

Als ich noch in der Jugendbewegung war, hatte sich die SA auch noch nicht so gründlich militarisiert wie später die SS. Aber die führenden SA-Männer – Offiziere der alten Reichswehr – versuchten die preussischen Traditionen zu pflegen, auf der Strasse wie im Wirtshaus. Im RFB waren die Arbeiter unter sich, sie standen nicht unter dem Kommando von Adligen und Berufsmilitärs, sondern von ihresgleichen – Ernst Thälmann, Willi Leow. Und ganz anders als der RFB war die SA eine ausgesprochene Schlägertruppe. Ich selbst bin nie in eine Schlägerei mit den Nazis geraten, aber einmal ging ich mit Lieschen und zwei anderen Mädchen durch die Potsdamerstrasse, und eine Gruppe junger Nazis pöbelte mich an – ‹Jud› undsoweiter. Die Mädchen haben mich in die Mitte genommen und einen energischen Schritt angeschlagen.»

Das Dilemma der KPD – sieht man einmal davon ab, dass sie in der Weimarer Republik nicht stark genug war, den Aufbau einer militärischen Organisation zu realisieren – war zweifellos durch ihre Organisationsvorstellungen bedingt (was sich auch in der Unfähigkeit, auf die tatsächlich ausbrechenden bewaffneten Aktionen in der Weimarer Republik zu reagieren, niederschlägt): Die Rote Armee, von der sie träumte, und die Rote Ruhrarmee, der sie sich nicht anzuhängen verstand, waren Formationen, die sich für demokratischen Zentralismus, Polleiter, Orgleiter und Agitpropobleute wenig eigneten, eine entsprechend organisierte militärische Formation hätte sich von der Reichswehr lediglich durch die Armbinden unterschieden. Diesem Dilemma ist die KPD durch den Verzicht auf militärische Vorbereitungshandlungen ausgewichen. Das Dilemma liess sich so zwar auflösen, damit verschwand aber auch das Widerstandspotential. Geblieben sind die Lieder und die Solidarität mit einzelnen der unterlegenen Aufständischen, wie etwa mit Max Hölz, der 1920 im Vogtland gekämpft hatte, gefangengenommen und zu lebenslänglichem Zuchthaus verurteilt worden war, im Gefängnis der KPD beitrat und 1928 amnestiert wurde. (Später ist er in der Sowjetunion unter ungeklärten Umständen gestorben.)

Als sich schon abzeichnete, dass Hitler die Macht übergeben werden könnte, versuchten einzelne Genossen, politische Lösungen zu finden. Es gab Verhandlungen mit dem Sozialdemokraten Rudolf Breitscheid. Andere hofften auf den General von Schleicher, auf eine «Dritte Front» aus Reichswehr und Gewerkschaften. Die Reichswehr schwankte; die Nazis passten ihr zwar nicht, aber sie schienen ja gegen Ende 1932 an Einfluss zu verlieren. Auf jeden Fall bildeten sie doch die einzige Garantie gegen eine linke Regierung.

«Die KPD war ungenügend vorbereitet; über die Illegalität hat sie erst nach dem 30. Januar diskutiert. Da war ich nicht dabei. Mich hat die Krankenkasse am 1. Februar 1933 nach Ober-Schreiberhau (Riesengebirge) zur Kur geschickt; ein Genosse der in der Kasse arbeitete, hatte den Eindruck, ich hätte Erholung nötig. Ich kam für fünf oder sechs Wochen in ein Sanatorium und sollte eine Liegekur machen. Hauptsächlich habe ich das ‹Kapital› und die AIZ gelesen und mit den anderen Patienten – Arbeitern – diskutiert. Nach etwa zehn Tagen haben sie mich wegen kommunistischer Propaganda aus dem Sanatorium geworfen. Der Arzt war aber offenbar kein Faschist; er meinte, ich solle noch etwa vierzehn Tage im Ort bleiben und meine Kur weiterführen. Ich konnte bei Arbeitern – Genossen – wohnen und den Arzt regelmässig aufsuchen. Die Liegekur habe ich dann mit Skitouren ergänzt. Die KPD war noch halblegal; unsere Zellensitzungen haben wir zu fünft im Wald auf Skiern abgehalten. Als wir einmal von einer Tour, die uns über die Grenze nach der Tschechoslowakei geführt hatte, ins Dorf zurückkehrten, fanden wir beim Verkehrsbüro einen handgeschriebenen Anschlag vor: ‹Die Kommunisten haben den Reichstag angezündet!› Das war am 28. Februar. Ich rief in Berlin an und fragte, was los sei. Meine Eltern rieten mir, sofort nach Berlin zu kommen. Am nächsten Tag stieg ich in den Zug. In Berlin herrschte bereits der Terror. Viele Genossen waren schon verhaftet. Der Neue Deutsche Verlag stand in voller Auflösung. Münzenberg hatte sich mit einigen andern nach Paris abgesetzt – die Nazis hätten ihn sofort umgebracht. In einem Büro fand ich Granzow, der die Kasse verwaltete und mir meinen letzten Lohn auszahlte: 350 RM.

Am 5. März wurden wieder Reichstagswahlen abgehalten. Ich stand mit einem KPD-Plakat vor dem Wahllokal, neben mir SA-Leute, die mich nicht behelligt haben. Es kam noch darauf an, in welchem Quartier man lebte; die Machtverteilung war noch nicht überall entschieden. Wenige Wochen später wurde unsere Wohnung durchsucht, von einem Polizisten – vermutlich einem Sozialdemokraten; die meisten Polizisten damals waren in der SPD – und einem SA-Mann, der als Hilfspolizist eingesetzt war. Hilfspolizisten zu rekrutieren gehörte zu den ersten Amtshandlungen nach Hitlers Ernennung zum Kanzler. Mit solchen Posten wurden unzufriedene SA-Leute beruhigt, zu einem Taglohn von 5 RM. Eine wichtige Form der Arbeitslosenunterstützung. Der SA-Mann benahm sich manierlich und folgte den Befehlen des Polizisten. Sie haben sich gründlich umgesehen, Notizen über unsere Personalien und über meine Bücher gemacht, aber nichts mitgenommen ausser meinem Pass. (Das war vor dem 1. April; ich erlebte an diesem Tag noch den Judenboykott.)

Einen Pass musste man haben. Ich ging also zur Schweizer Botschaft, zum damaligen Legationsrat und späteren Botschafter Froelicher. Froelicher sagte: ‹Hören Sie, Pinkus, das ist ein bisschen viel auf einmal, Kommunist, Jude, Ausländer und kein Pass.› Er ging ins Nebenzimmer und kam nach zehn Minuten mit einem neuen Pass zurück: ‹Ich kann Ihnen nur eines sagen: reisen Sie ab. Sie können ja in die Schweiz zurück.› Ich besprach mich dann mit verschiedenen Genossen, die mich alle für gefährdet hielten und mir zu verschwinden rieten.

Ganz unauffällig reiste ich dann ab. Ich fuhr per Rad zum Anhalter Bahnhof, gab mein Gepäck und mein Fahrrad auf und fuhr nach Basel. In Basel stieg ich aus dem Zug, holte mein Fahrrad und radelte nach Zürich.

Wenig später sind meine Eltern und meine Schwester ausgewiesen worden. Gegen mich wurde auch eine Ausweisungsverfügung erlassen, kurioserweise blieb mein alter Pass aber bei der Polizei. Die sowjetische Handelsvertretung versetzte meinen Vater nach Paris; dort konnte er eine Zeitschrift herausgeben, die ‹Revue économique de l'URSS›.»

Lieschen, oder: Briefe aus dem Dritten Reich

1929, nach dem Berliner Blutmai waren viele Jugendliche, die in der Sozialistischen Arbeiterjugend organisiert waren, zum Kommunistischen Jugendverband übergetreten, darunter auch ein junges Mädchen, die für Theo überaus wichtig werden sollte: «Die KJVD-Zeitschrift ‹Junge Garde› wurde auch von den neuen Genossinnen und Genossen verbreitet. Ich hörte von einem Mädchen, das im grossen Telefonamt im Berliner Alten Westen, der zu unserem Bezirk gehörte, eine ungewöhnlich grosse Zahl von Exemplaren verkaufte – der Legende nach gegen 200 Stück. 200 ‹Junge Garde› in einem Telefonamt? Das klang wie ein Wunder, denn wir kannten keine einzige unter den jungen Mädchen, die dort arbeiteten. Die Verkäuferin war in Berlin-Lankwitz zu Hause. Bald hatte ich ihren Namen herausgefunden und traf sie. Sie war eine Ur-Berlinerin, in Sprache und Gestus. Sie konnte nicht nur Zeitungen an die Frau bringen, sie konnte auch erzählen wie keine andere.

Es begann eine merkwürdige Freundschaft, die bis zu ihrem Tode 1976 dauerte. Elisabeth ‹Lieschen› Wenzels Vater war Bauarbeiter, zeitweise kleiner Baumeister. Geboren und gestorben ist sie in Berlin-Lankwitz, das sie nur im Zweiten Weltkrieg verlassen hat.

Unsere Freundschaft kann man wohl als Liebe bezeichnen, und in den ersten Jahren als Verliebtheit – auch wenn mein sexuelles Verlangen eindeutig stärker war als ihres und sie recht froh war, als nach einer Weile, in der letzten Zeit meines Berliner Aufenthaltes, eine andere Genossin in dieser Hinsicht die enge politische Zusammenarbeit ‹abrundete›.»

Die Freundschaft der beiden blieb davon unberührt; Theo, soviel wissen wir aus Lieschens Briefen, war der Mann, mit dem Gespräche geführt werden konnten, der politisch klarsichtig war, zuhörte, wenn Lieschen traurig war, Bücher anschleppte, lustig war, wenn Lieschen lustig war, auf – manchmal politische und manchmal unpolitische – Spaziergänge ins Grüne mitkam. Seine politische Klarsicht reichte freilich nicht weit genug, Lieschen davor zu bewahren, ihre Berliner Schnauze im Betrieb allzuweit aufzureissen. So wurde sie 1930 wegen politischer Umtriebe gegen die Republik aus der Telefonzentrale gefeuert. Von da an musste sie sich mit Gelegenheitsarbeiten durchschlagen. Als die Nationalsozialisten an die Macht kamen, verdiente sie ihr Geld mit Zeitungsaustragen – und auch zu dieser Stelle war sie nur gekommen, weil ihre Schwester eine ruhigere, aber nicht sehr sichere Anstellung gefunden hatte und Lieschen die Zeitungstour quasi in Stellvertretung überliess. Daneben hatte Lieschen ihrem Vater und ihrer Schwester den Haushalt zu führen: «Ich bin demzufolge eine Hausfrau geworden. Das heisst, ich habe deren Pflichten. Werden – kommt wohl nie in Frage, denn ich bin dabei nicht gerade glücklich.»

Umsoweniger, als sie sich mit ihrer Schwester – seit der NS-Machtergreifung, schreibt sie später – nicht vertrug, und der Vater sich in allem auf die Seite der Schwester stellte. Lieschen versuchte, der quälenden Familienklemme zu entfliehen, aber dafür hätte sie erst eine solide Arbeit gebraucht, und wenn sie die gehabt hätte, auch noch ein solides Finanzgebaren, aber: «Geld und ich sind abstossend zu einander.»

Der Rückhalt, den die Parteiarbeit bieten konnte, war mit der NS-Machtergreifung weitgehend zusammengebrochen; zwar blieb die engere Gruppe von Aktivisten und Freunden, mit denen sie und Theo in der Weimarer Republik gearbeitet hatten, noch eine Weile intakt, aber der Parteiarbeit gebrach es nicht nur an Erfolgen, sondern auch an Orientierung: «Man muss [den Arbeitslosen] mehr sagen, als dass sie hungern. Das könnte unter Umständen nicht ins Gewicht fallen, sie haben noch mehr, was ihnen wert ist, als ihren Magen. Ich glaube, wir haben an all das andre zu wenig gedacht, darum ist auch jetzt bei vielen nur sehr wenig oder gar nichts übrig geblieben... Jeder hat schliesslich in der letzten Zeit ein paar Ideale verlieren müssen, speziell die, die zuviel hatten, aber manche haben auch erkannt, dass ihr Ideal kein Heiligenbild ist, das Wunder vollbringt, und dass sie sich mal daran machen müssen, die sogenannten Wunder selbst zu schaffen.»

Als Lieschen diese Zeilen im Juni 1933 schrieb, hatten sich solche Einsichten noch nicht an der Parteispitze herumgesprochen, und auch nicht in der Kommunistischen Internationale. Aber die sogenannten Wunder selbst zu schaffen, war durchaus etwas, an dem Lieschen auch unter widrigsten Umständen, auch allein zu arbeiten sich zutraute, zumindest: das Wunder zu schaffen, widerborstig und ohne Resignation durchzuhalten. In den frühen Jahren des Faschismus schienen die Aussichten dafür nicht einmal allzu schlecht. Die sarkastischen Briefe, die Lieschen nach Zürich schickte, sprechen für sich und lassen allerhand merken; auch von den Mühen und Gefahren, denen dieser Sarkasmus abgerungen werden musste. Am 1. Mai 1933, dem ersten ‹Tag der nationalen Arbeit› heisst es: «Wenn Du hier wärst, würdest Du denken, dass seit einer halben Stunde der Krieg tobt. Aber es ist bloss das Feuerwerk... Berlin sieht einfach phantastisch aus. Ein Fahnenmeer in Schwarz-Weiss-Rot und Hakenkreuz. Jedes Kind singt. Die Augen der Erwachsenen glänzen freudig und voller Erwartung. Die meisten Leute tragen Abzeichen, Orden und Blumen, und die sie nicht tragen, werden misstrauisch angesehen. ...Jetzt, als ich abends vorbeifuhr war [das Tempelhofer Feld] mit Scheinwerfern beleuchtet. Ein unvergessliches, gewaltiges Bild. Aus den offenen Fenstern spricht laut und stark das eindringliche Organ des Volkskanzlers, und das Volk jubelt Beifall. Transparente wie ‹Achtet die Arbeiter, Achtet die Arbeit›, ‹Es gibt nur einen Adel, den Adel der Arbeit› und so weiter leuchten von überall. ... Die Transparente mit ihren Girlanden aus Tannen sind in den Konzentrationslagern von den Kommunisten gemacht, weil sie das besonders gut können, aus ihrer früheren Tätigkeit her. Dutzende von Fliegern überkreisen das Ganze. Alles ein Beweis, dass das Propagandaministerium klappt...»

«Deine Schwester und ich waren im Kino... Wir sahen uns den Film ‹Unter der schwarzen Sturmfahne› an. ...Drei Tage nach der Uraufführung waren in dem grossen Kino vielleicht 200 Leute drin. Nebenan wurde ‹Ein Lied für Dich› mit Jan Kiepura (das ist ein Sänger) gegeben. Und da waren nur noch ein paar Plätze zu 4 Mark zu haben. Kaum zu verstehen, wo doch so sehr packend die Not des deutschen Bauern gezeigt wurde und der Ausweg unterm Hakenkreuz. Na, wir sahen uns jedenfalls den deutschen Film an, der Jan Kiepura soll nämlich ein Jude sein und dazu noch ein bildschöner.»

Das Propagandaministerium funktionierte, aber es gab auch Pannen. Am 25. August erzählt Lieschen von einem Zwischenfall: «...im Zusammenhang mit einer Demonstration, die für den Horst-Wessel-Film gedreht werden musste, ...wurden Statisten in RFB-Uniformen gesteckt und eine Strasse im Proletenviertel wurde für diesen Zweck. mit kommunistischen Fahnen und Transparenten ausgeschmückt. Während der Vorbereitungen dazu sammelten sich die Arbeiter auf dem Trottoir an, um sich das Theater anzusehen. Als nun die Demon-

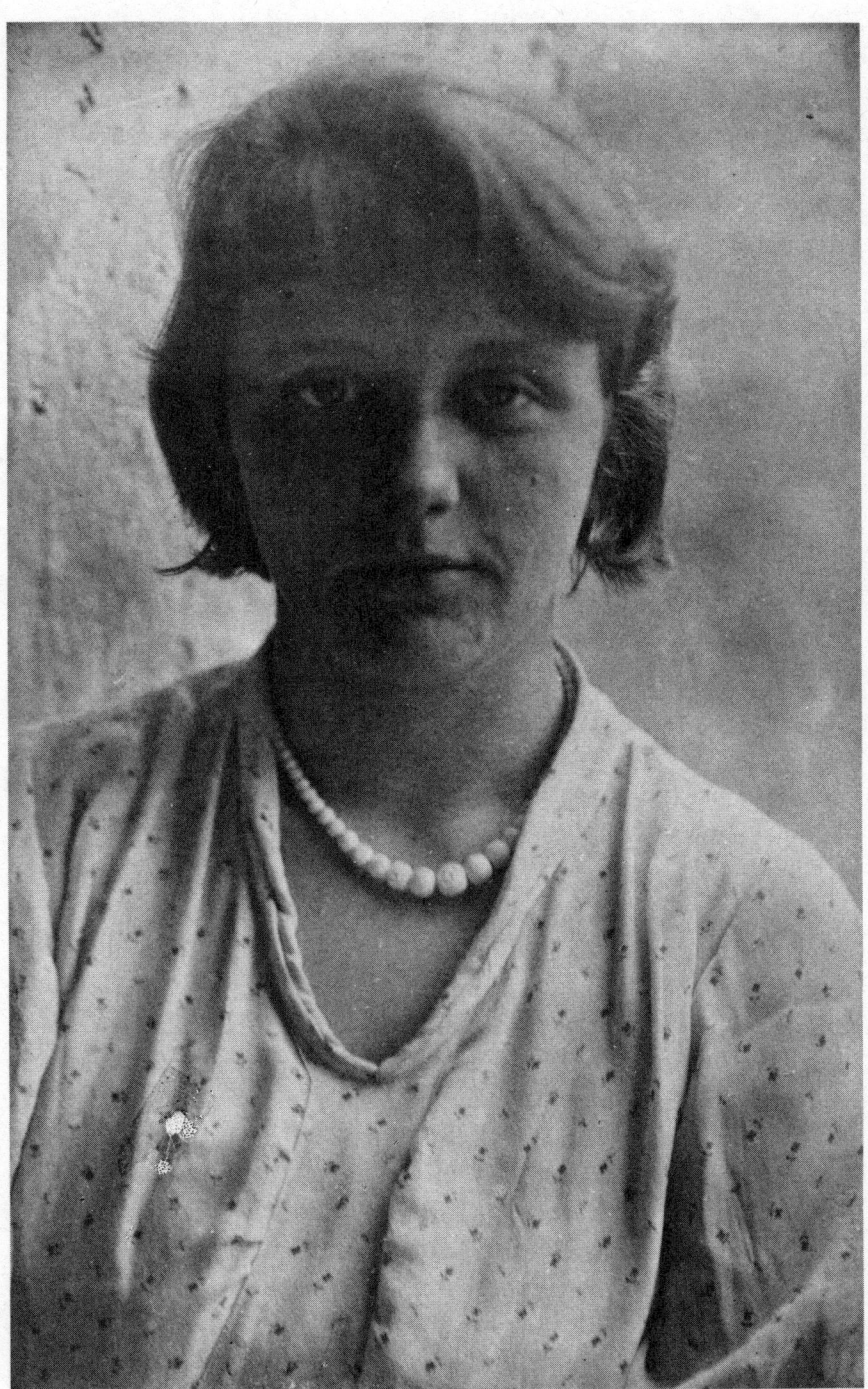

Lieschen Wenzel, ca. 1930.

stration gemimt werden sollte, ... gingen die Arbeiter vom Bürgersteig auf die Strasse und schlossen sich dem Schauspielerdemonstrationszug an. Die Sache schien aber den Leitern dieser Aufnahme einen zu natürlichen Charakter anzunehmen, so dass sie das Überfallkommando alarmierten, welches kräftig zwischen die Statisten und die Arbeiter schlug, bis die Demonstration aufgelöst war.»

Solche Briefe abzuschicken, war riskant; wie es scheint, hat Lieschen vorübergehend eine Möglichkeit gefunden, ihre Mitteilungen in die Geschäftspost der Firma zu schmuggeln, in der sie damals arbeitete. (Die Briefe sind während der Arbeitszeit auf Schreibmaschine getippt.)

Der Parteiapparat schien im Herbst 1933 noch halbwegs zu funktionieren. Anfang September schrieb Lieschen: «Die neue Unterbezirksleitung, die wir jetzt haben, macht einen fabelhaften Eindruck, und ich bin sehr hoffnungsvoll.»

Aber im selben Brief heisst es auch: «In meinem Betrieb haben die aktiven Kollegen eine nicht gerade sehr schöne Stimmung, weil verschiedene beobachtet zu haben glauben, verfolgt zu werden, ... man muss dann manchmal gegen solche Stimmungen kämpfen, die da sagen, dass man 2–3 Wochen ‹ruhig› sein soll, bis sich alles ‹beruhigt› hat, praktisch soll man dann so übervorsichtig sein, dass man nichts mehr machen soll.»

Immerhin ging kein maschinengeschriebener, gefährlich offener Brief mehr nach Zürich. Lieschen begann sich ans getarnte Schreiben zu gewöhnen. Sie plante eine Reise nach Zürich – finanziell schon problematisch, weil kaum Geld über die Grenze genommen werden durfte, im übrigen aber durchaus zu bewerkstelligen – was das Regime anging. Die Partei hingegen hatte nichts für Auslandreisen übrig: «Nun wollte ich schon längst bei Dir sein... Unsere Freunde lassen mich nicht weg. Sie meinen, um diese Zeit ist es nicht gut für mich, von hier fortzufahren. ... Ausserdem sollen sie finden, dass die geistige Atmosphäre bei Euch ebenfalls nicht viel tauge, wenigstens nicht für mich. ... Es hindert mich schliesslich nichts, wenn ich doch kommen will. Aber Du entsinnst Dich früherer Zeiten. Ich wollte eben manchmal was tun, was mir passte, und nachher tat ich dann doch immer, was ihnen gefiel. ... Eins aber werde ich Dir sagen, und das bleibt: Ich komme doch, und sie werden es nicht wissen.»

Während andere KPD-Aktivisten nur noch klandestine Beförderungswege für ihre Briefe wählten oder sich mühten, einen möglichst verschnörkelten Code für ihre Nachrichten zu finden – einer von Theos Korrespondenten wählte das geologische Fach und sprach von «braunen Tertiärschichten», was vielleicht doch einen allfälligen Zensor unterschätzen hiess – stellte sich Lieschen naiv, was ihr nicht leicht fiel. Ende Oktober 1933 riskierte sie die Sätze: «Hoffentlich gibt's keinen so strengen Winter, der unserer Regierung Schwierigkeiten machen würde. Man gibt sich wirklich alle Mühe, aus den Leuten rauszuholen, was man kann. ... An einem Samstag im Monat ist unser Volk eine grosse Familie, der Reiche und der Arme, alle essen dasselbe. ... Jetzt haben wir ja bald wieder eine Wahl. ... Und es gibt gar keinen richtigen Wahlkampf, weil es doch bloss eine Partei gibt. Es ist überhaupt alles viel einfacher. Viele meiner alten Jugendfreunde und Bekannten sind jetzt schmucke SA-Männer geworden.»

Das Jahr 1934 stellte das NS-Regime vor heikle Probleme. Es war zwar gelungen, die Opposition organisatorisch zu lähmen, aber eine Lösung der Wirtschaftskrise war noch nicht gefunden, und die soziale Basis des faschistischen Regimes schien nicht hinreichend gesichert. Ein KP-Aktivist, der mit Theo in der Angestelltenarbeit zusammengekommen war, schrieb im April 1934: «Die Betriebsgruppen wachsen langsam, aber stetig. Viel neue Leute, die Mut haben. ... bei vielen alten Funktionären macht sich ein grosser Mangel an Härte bemerkbar. ... Auch dieser Brief an Dich ist eine Schwäche, die ich mir vor mir selbst entschuldige mit unserer engen Zusammenarbeit. ... Der Terror ist gross, und jede Kraft ist schwer zu ersetzen. ... Der Mangel an geschulten Funktionären wird immer grösser... Dann der grosse Geldmangel... Eine furchtbare Welle von Misstrauen hält alles in [ihrem] Bann... Die SA ist meiner Meinung nach nicht mehr zuverlässig, da zu viele Leute von uns drin sind... Die Stütze der Faschisten bei ernster Lage wäre nur Polizei und SS, also so stark wäre die brutale Macht gar nicht, wenn der Stein ins Rollen käme. Die Reichswehr ist nach wie vor ein eigener Körper...»

Das Denken im Horizont des Aufstandes, das schon vor der NS-Machtergreifung die politische Analyse blockiert hatte, erscheint seltsam zählebig; noch 1934 blieben basisnahe Aktivisten auf den Apparat polizeilich-militärischer Repression fixiert und rechneten seine geballte Kraft auf gegen diejenige einer offensiven – und ihren Kampf mit deutlichen Erfolgen eröffnende (wie sollte sonst die SA kippen?) – Arbeiterklasse, die schon 1932/33, als die Apparate noch intakt gewesen waren und offen arbeiten konnten, nicht zu mobilisieren war.

Sie unterschätzten sowohl die «sanften» Mittel des Regimes wie seine harten. Lieschen sah im Februar 1934 die «sanfte» Option weit klarer: «[Die Reichskreditbank wird] am 1. Mai einen Betriebsklub eröffnen, den die Firma anschliessend an ihr Gebäude gekauft hat. Dort werden nach italienischem Muster allerlei Möglichkeiten zur Unterhaltung geschaffen: Lese-, Film-, Musik-, Tischtennisräume, Liegehalle, Büffet, also alles, was für die Angestellten zur angenehmen Gestaltung der Freizeit beiträgt. So etwas wird von der Abteilung der Arbeitsfront ‹Kraft durch Freude› organisiert. Dieses wird sicher nicht der einzige Betrieb sein, der so etwas macht. Zugleich mit dem neuen Arbeitsgesetz sollen solche Einrichtungen den Arbeitenden geschenkt werden.»

Und was die harten Mittel angeht, ist das aufständische Denken der bürokratischen Arbeit solange unterlegen, als der Stein nicht ins Rollen geraten ist: aufständisches Denken stellt sich den Zusammenprall mobilisierter Massen vor; unterdessen pickt die Bürokratie die potentiell Aufständischen einzeln oder in kleinen Grüppchen heraus. Dies scheint Theos Korrespondenten zugestossen zu sein, und auch der Gruppe, in der Lieschen arbeitete. Ende Februar schrieb Lieschen nach Zürich: «... wir jonglieren mal bloss so unsere Finanzen, dazu kommt, dass wir in letzter Zeit auf diesem Gebiete ein riesiges Pech aufzuweisen hatten. Es ist doch bei einem unserer Freunde, der noch einiges Geld besass, ein grosser Einbruch erfolgt, der ihm schlecht bekommt und uns nicht minder.»

Lieschens nächster Brief kam zehn Monate später nach Zürich, abgesandt aus dem Berliner Frauengefängnis. Ein Mitglied ihrer Organisation war zum Denunzianten geworden, die ganze Gruppe hochgegangen. Lieschen sass monatelang in Untersuchungshaft und wurde schliesslich zu einer mehrmonatigen Gefängnisstrafe verurteilt. Am 1. Mai 1935, wieder in Freiheit, schrieb sie: «Im grossen Ganzen bin ich die gleiche geblieben, abgesehen von einigen kleinen seelischen Vertiefungen, die entstanden bei etwas grösseren Erlebnissen... Der Hang zu etwas Sentimentalität liegt uns Deutschen nun einmal im Blute. Es ist dies auch nicht zu verachten, denn somit schlummert in vielen ein kleiner Dichter, der dann besonders rege Phantasiegebilde in Bewegung setzt, wenn mal die Wirklichkeit ein bisschen zu nüchtern ist. Und was passiert – man merkt die Nüchternheit der Welt nicht mehr. Sie wird damit, wie unser oller Goethe sagt, ein Teil von jener Kraft, die stets das Böse will und doch das Gute schafft. Diese Worte noch bezogen auf andere Eindrücke, dann hast Du das Resultat einer gross angelegten Angelegenheit in seiner Wirkung auf meine Person. ... ich habe ... ein Vierteljahr verträumt, es waren auch keine schlechten Träume, mein Gemüt ist immer heiter und zuversichtlich gewesen, so dass ich zum Schluss innerlich gestärkt und ausgeglichen geworden bin.»

Die Wirtschaftskrise hielt an, eine Vorstrafe bedeutete – um ein neuerdings beliebtes Wort zu zitieren – eine Erhöhung der Mobilität der vorbestraften Arbeitskraft: «... habe inzwischen wieder mal meine Stellung gewechselt, nicht sehr gern und freiwillig, aber überall passe ich eben nicht hin. Ich bin zwar noch jung, habe aber schon eine Vergangenheit, die nun einmal nicht überall gefällt.»

Dennoch blieben die Maschen des NS-Staates noch weit genug, Ausflüge zu erlauben. Anfang Januar 1936 fuhr Lieschen für ein paar Tage in die Schweiz und besuchte Amalie und Theo. Ihre Tarnung beim Schreiben hatte sie inzwischen perfektioniert. Über die Olympiade berichtete sie – schreibmaschinenschriftlich, mit falscher Unterschrift und in der Rolle einer blauäugigen Touristin – im Juli 1936: «Ich bin also wirklich froh, dass mich unsere Tante Helene jetzt eingeladen hat, denn sicher war es früher hier nicht so interessant wie augenblicklich. Ein Leben und ein Betrieb. So etwas kennen wir bei uns zu Hause wirklich nicht. Nun, dafür ist hier ja die Olympiade, auf die alle bis auf den letzten Mann eingestellt sind. ... Die Strassen sind wirklich sehr schön geschmückt, überall Fahnen, alle Länder sind vertreten ... Die Strassen, in denen bisher fieberhaft gebaut und verbessert wurde, sind nun nahezu alle fertig, bald wird eine neue Stadtbahnlinie, die, an der damals das grosse Unheil passierte, eingeweiht und dem Verkehr übergeben. Die grossen Bahnhöfe sind auch alle restlos umgebaut und bieten ein Bild der Ordnung und des Wohlstandes. Alles für Olympia. Grosse Ausstellungen zeigen die Entwicklung eines Volkes, das stets über der Arbeit seinen Kummer vergessen hat. Es wirkt alles demonstrativ, und das soll es ja wohl auch. ... Von vielen Strassen und Plätzen sind die Bäume verschwunden, damit die Bauten besser zu sehen sind, damit auch hier gesagt wird: Hier kann nirgendwo geträumt werden. ... jetzt sind überall klare Fronten, Gleichheit und dadurch ein bisschen Nüchternheit. Aber das ist schliesslich Geschmacksache, und Romantik wird jetzt hier eben nur da gepflegt, wo sie dem Ganzen dienlich ist. ... Als ich das letzte Mal hier war, da sah man ab und zu mal einen Soldaten, jetzt Militär aller Wege, gut aussehend, braun gebrannt und gut angezogen. ... Man sieht, dass hier doch noch viel Geld steckt, trotz aller Schwierigkeiten, die hierzulande in diesem Punkt zu bestehen scheinen. Aber keine andere Nation könnte sich so etwas leisten. ... Sie verzichten hier gern auf ein Mittagsbrot, wenn sie wissen, dass es dem Ansehen des Volkes zugute kommt. Sie haben auf viel verzichtet, sagen sie, damit sie sich ihre Wehrmacht schaffen konnten. ... dazu gehört eben ein grosser Wille und Opfermut, und den haben sie, soweit sie ihn noch nicht besassen, sich jetzt in den letzten Jahren anerzogen. ... Tante Lene ist ja eigentlich nicht so dafür, aber ihre beiden Jungens und auch Käte sind in der HJ und im BdM. Sie werden es auch dadurch später leichter haben, sagt sie, und ausserdem werden sie in der Schule schief angesehen, wenn sie nicht da drin sind. ... die Leute sind hier jeder verschieden. Bloss in einem sind sie einheitlich, dass sie sich alle mit irgendwelchen Problemen befassen, die immer wieder auf politischer Grundlage fussen, bloss schlau werden kann man nicht daraus. ... Und es scheint ihnen doch recht gut zu gehen, was reden sie schon so viel davon. Einige sind eben unzufrieden, und die werden wohl nie zufrieden sein. ... Ab und an ist mal was nicht in Ordnung, z. B. gab es bis vor kurzem keine Eier. Verstehen konnte ich das auch nicht, weil ja schliesslich die Hühner gerade jetzt viele Eier legen. Aber die werden dann zu etwas anderem gebraucht, und das hat ja nun auch aufgehört, nun gibt es wieder welche. ... Gerade in der Ausstellung am Kaiserdamm wird jetzt recht anschaulich gezeigt, woraus man alle möglichen schönen Sachen machen kann. Und es sieht doch eins so schön wie das andere aus, was tut es da, wenn es einen andern Ursprung hat, die Hauptsache ist doch, man hat was anzuziehen. ... man gibt sich wirklich alle Mühe, Schlechtes zu vermeiden und das Gute zu zeigen, und das tut im Grunde genommen ja jede Hausfrau, wenn sie Besuch hat, warum soll das nicht mal eine ganze Nation tun...»

Aber die Einsicht, dass das nationalsozialistische System sich auf Dauer eingerichtet hat, und dass es sich nicht allein durch Terror, sondern auch dank anwachsender Loyalität erhält, treibt Brüche in die Ironie. Mittendrin in einem Brief vom September 1936 kippt der Ton um: «Am ersten Tag [der Olympiade] schloss natürlich meine Firma die Tore für jedermann und wir eilten, um das olympische Feuer nach Berlin transportiert zu sehen. O, ich erblickte es mehrere Male. Immer gleich schön. Dazu sah ich auch ebenso schön unseren Führer und seine engste Gefolgschaft. Das erste Mal, seit er meine Geschicke in seine Hand nahm. Ich war nachher wie beruhigt, er war genauso, wie ich ihn mir vorgestellt hatte. ... Man konnte sogar mit andersrassigen Freunden ausgehen, ganz ohne Gefahr, weil es ja nicht zu sehen war, ob es nicht doch Ausländer sind.

Man darf eben keine bewusste Form haben, sondern als formlose Masse muss man so dahinfliessen, möglichst breit, damit man überall hinkommt. Aber es ist widerlich. Und da verfällt man auf den doch an sich seltsamen Gedanken, sich ein Kind anzuschaffen, das wäre doch dann ein Geschöpf, in das man alles reinlegen kann, was ein anderer nur schwer und so langsam begreift. In anderen Stunden sieht man natürlich den Unsinn ein, solche weiten Perspektiven zu ziehen, aber es geht mir wirklich nicht allein so.»

Der Schwenk der Kommunistischen Internationale und der KPD von der Strategie des «Sturmangriffs» auf die faschistischen Sumpf- blüten – die letzten, moderigen – des kapitalistischen Systems zur Strategie der «Volksfront», der defensiven Wahrung wenigstens der sozialstaatlich erweiterten bürgerlichen Demokratie, hat den Glauben an die unaufhaltsame Veränderung gebrochen.

Die antinationalsozialistische Opposition war eine Opposition, die nicht nur ihre Apparate eingebüsst hat, sondern auch ihre ideologi- schen Hebel: der kriegskonjunkturell aufblühende Nationalsozialis- mus funktioniert, und er funktioniert – an den Zuständen in der Welt- wirtschaftskrise gemessen – nicht schlecht. In einem Brief, den Theo im Frühjahr 1937 erhält, versucht einer seiner KP-Korrespondenten dieser Lage doch noch eine strategische Perspektive abzugewinnen: «Heute – nach 4 Jahren illegaler Tätigkeit – ist ein Paradoxon festzu- stellen: wir müssen wieder legal arbeiten! ... Der Schlag, den der Hit- lerfaschismus der klassenbewussten, deutschen Arbeiterbewegung versetzte, ging viel tiefer, als es zunächst den Anschein hatte. ... Tat- sächlich ... ist es ihm gelungen, einen wesentlichen Teil der politi- schen Erkenntnisse, die als unumstössliches Gut der deutschen Arbei- ter galten, zu vernichten. ... Der Fehler lag in der Unterschätzung des massenpsychologischen Faktors! Wir haben nicht realistisch genug mit den Folgen der faschistischen Politik auf sozialem und chauvinisti- schem Gebiet gerechnet. ... [Wie soll die legale Arbeit aussehen?] Die äussere Tarnung wird im Regelfall durch Mitgliedschaft bei einer Massenorganisation am besten vollzogen werden. Es darf sich bei un- serer Einstellung zur Lage keineswegs um eine oberflächliche, leicht durchschaubare Tarnung handeln; ... es hat keinen Sinn, Blockwalter der DAF [Deutsche Arbeitsfront] zu werden und dann ausschliesslich auf die NSDAP zu schimpfen oder das zu verkleinern, was in den Augen der breiten Masse als Hitlers Erfolg gilt! ... Wir werden feststellen müssen, dass all diese Menschen [die ‹Frau auf dem Markt, der Mann am Bürotisch›] zum erheblichen Grad Feind dieser oder jener Hitlerschen Massnahme, oder auch ganzer Teile der faschistischen Praxis sind, aber wir werden auch sehen, dass diese Erscheinungen äusserst different und vielfach kaum auf einen Nenner zu bringen sind. Darüber hinaus werden wir vor allem einer Tatsache Rechnung tragen müssen: dass sie nämlich von einzelnen, ihnen zusagenden Aktionen wie KdF [Kraft durch Freude] und NS-Kulturgemeinde restlos begeistert sind. ... Es darf den überwachenden Staatsinstanzen nicht möglich sein, uns als Träger der Opposition herauszufinden! Unsere Arbeit muss unbedingt so getarnt werden, dass sie sich in noch legalen Formen vollzieht.»

Eine solche Gratwanderung zwischen Illegalität und Überanpassung, Mimikry und Absturz, hätte vielleicht gewisse Aussichten gehabt, wenn eine Organisation sich für sie entschieden hätte, die nichts anderes gewesen wäre als ein lockerer Zusammenschluss selbständiger, eigensinniger Frauen und Männer, und die – auch strategisch – nicht auf Konfrontation aus gewesen wäre, sondern auf – hier ist das Wort am Platze – Zersetzung eines Systems durch die Häufung kleinster Abweichungen. Vielleicht. Die KPD jedoch – vor wie nach der grossen Volksfront-Wende – war eine andere Organisation. So rollten die Staatsinstanzen die übriggebliebenen Widerstandsgruppen auf, und die verschonten Oppositionellen tarnten sich so gründlich, dass ihre Opposition nicht mehr fassbar war – nicht nur für die Gestapo nicht, sondern auch nicht mehr für andere Regimegegner. Eine solchermassen nicht mehr fassbare Opposition etikettieren manche gern als Resignation. Aber das ist zu einfach. Den kleinsten Unterschied zwischen Resignation und Unauffälligkeit umschreibt ein Brief, den Lieschen am 8. Februar 1937 nach Zürich sandte. Und dieser Brief lässt sich nur richtig lesen, wenn man weiss, dass Lieschen einen Monat später in die Schweiz fuhr – und den strategischen Text, den wir gleich oben zitiert haben, mitschmuggelte: drei mit Schreibmaschine beschriebene A4-Blätter, die eine sorgfältige Zollkontrolle unfehlbar entdeckt hätte. Lieschen schrieb: «Ich lebe so intensiv, dass ich immer gegen Mitternacht wie eine Padde ins Bett hineinfalle. Aber das intensive Leben ist nicht so gehaltvoll, wie nachher der Zustand der Müdigkeit. Gelebt ist hier gleich verbummelt. Es ist dies nicht meine Schuld, die Zeit will das so. ...Mein Bummelleben ist an sich gar nicht so schlimm. Nicht einmal verwerflich. Ihm fehlt bloss ein Ziel, aber wer hat das schon hier von uns. ...Zweimal die Woche Sport. KdF natürlich. Nur unter Frauen, auch natürlich. Gleich anschliessend an die Arbeitszeit, 3–4 Stunden hintereinander. Zum Schluss ist man von einer angenehmen Kraftlosigkeit. Dann trinkt man noch mit einigen, mit denen es einem lohnend erscheint, sie näher kennen zu lernen, eine Tasse Kaffee. Kommt noch der Heimweg hinzu, ist die Mitternacht heran, man macht sich die Stullen, stopft sich einige kleine Bollen in den Strumpf, liest einige Seiten, macht die Augen zu. Ein anderer Tag. Da lerne ich italienisch. Meine Kolleginnen auch. Bevor wir gehen, machen wir noch schnell die Hausarbeiten, man hat ausserdem natürlich die Bücher ständig bei sich, um in der Bahn oder sonst wo einen Blick hineinzutun, dann ab zum Unterricht. Dieser Unterricht ist eine Angelegenheit für sich. Es wird von waschechten Söhnen [des italienischen] Volkes ausgeführt. Aber behandeln tun die uns, als wären wir Dreck. ...Bis jetzt liessen sich ja alle alles gefallen, angeschrieen wurden wir, schlimmer als Schulkinder, reden tut man nur mit uns mit hämisch herabgezogenen Mundwinkeln, ...mir würde es ja nicht schwerfallen, mal zu sagen und zu tun, was ich denke. Aber ich möchte noch eine Weile warten, ob nicht mal einem oder dem andern der Hut hoch geht. ...Anschliessend lässt man sich meist abholen, von männlichen Geschöpfen in der Mehrzahl. Dann geht man dann unheimlich viel essen, oder ins Kino oder sonstwohin, immer rein in den Trubel der Grossstadt, der eigentlich gar kein Trubel ist. Es tun bloss immer eine Menge Menschen zu gleicher Zeit dasselbe. ...Nun kommt ein Tag, der den Dingen dient, die einem ein zivilisiertes Aussehen geben. Man wäscht, plättet, stopft, pediküt, maniküt, macht die Bude sauber, kauft ein, erledigt Gänge, schreibt, liest, um ist der Abend. Dann hat man einen Tag der Erbauung im alten Stil. Man besucht oder hat zu Besuch alte Freunde, plaudert, liest was Vernünftiges, manchmal wird auch ein kleines Fest gefeiert, wenn ein altes neues Gesicht auftaucht, man tauscht Erinnerungen und Erlebnisse aus, benützt nebenbei die Zeit, einen Teil der ewig kaputten Strümpfe zu stopfen und beschliesst diesen Tag, der einen die Banalität der Zeit vergessen liess. Übrig bleibt noch ein Wochenende und ein Sonntag. Das Wochenende wird meist mit Einverleibung höherer Kunst, Theater, Konzert und dergleichen ausgefüllt, manchmal auch einer Vertiefung neu erworbener Bekanntschaften, und am wunderbarsten findet man es, wenn man nichts vorhat und lesen kann oder das prosaischste und schönste tut – schlafen, ohne den Wecker gestellt zu haben. Aber dazu kommt es fast nie. Denn der Sonntag will sein Recht, und sein Recht heisst: raus in die Natur... da sind wir wieder alle beisammen... bis [wir] schlafen gehen [müssen], und [dann] beginnt [man] mit halbausgeschlafenen Knochen die neue Woche. ...Einen Tag, scheint mir, habe ich vergessen. Aber es tut nichts, er ist nicht so erschütternd. Das ist der Tag, an dem man die Besuche erledigt, die nicht zu umgehen sind, die der individuell zu behandelnden Personen. Jede Woche eine andere. Bis wieder die erste dran ist. ...Einen Gedanken habe ich dabei natürlich nie, dass ich etwa heiraten möchte, das ist nämlich so ein Punkt, manche tun dieses, weil ihnen einem ziellosen Leben gegenüber diese Tat anscheinend sinnvoller erscheint. Besonderes entspringt allerdings hierbei auch nicht. Höchstens dass sie sich in Bälde dann vermehren. Das kann man auch so.»

Am 31. Dezember 1938 brachte Lieschen ihren Sohn Ulrich auf die Welt. Den Vater hat sie nie geheiratet; eine verlässliche Wochenendbekanntschaft, eine grosse Liebe. Anfang November 1938, im siebten Monat schwanger, überquerte Lieschen noch einmal schnell die Grenze bei Konstanz, um einige Briefe zu schreiben und einige Dokumente zu spedieren, die zur Befreiung eines politischen Gefangenen beitragen sollten.

Im März 1939 geht ein Brief nach Zürich: «...vielleicht kommt es noch einmal so, dass wir lediglich in unseren Kindern eine Hoffnung auf die Erfüllung unserer Wünsche und Träume und Vollendung unserer angefangenen Arbeit sehen. Denn es vergeht ja in unserem Leben eine Hoffnung nach der andern, ein Körper, fast vollkommen krank, ohne jede Abwehrstoffe.»

Langsam werden die Briefe seltener und weder von Politik noch von kleinem Widerstand ist mehr die Rede. Von Ulrich ist die Rede: wie er wächst, was er für Spiele treibt, wie kräftig er wird und wie anstrengend, dass er immer wieder erkrankt. Die grosse Welt wird mit ein paar Sätzen abgefertigt: «Meine politische Orientierung beschränkt sich zur Zeit auf die 4-Minuten Tagesnachrichten früh um 6.05. So hoffe ich dann [...], dass ich... recht schöne Ferien mit meinem Spatz und Euch verleben werde.»   [22. 8. 39]

«Es ist ja nun eine schwere Zeit über uns hereingebrochen, die hoffentlich nicht lange dauern wird. ...Das andere, traurige, darüber kann man nun nicht viel reden, das ist eben der Krieg.» [14.9.39]

«Aber Ihr müsst ja auch unter dem Krieg leiden und habt eigentlich gar nichts damit zu tun. Aber lass uns davon schweigen, da ändert keiner was dran.» [28.10.39]

«Mir wäre am sympathischsten gar nichts [machen], bloss Mama sein und was damit zusammenhängt.» [31.1.40]

Von diesem Brief an trägt jedes Blatt, das nach Zürich geht, mindestens einen Zensurvermerk.

«Wir merken hier ja nicht viel vom Krieg.» [8.6.40]

«Ich bin überhaupt ohne Sorge für die Zukunft, lediglich solche Dinge, wie sie Tante Friedel geschehen sind, bringen mich aus dem Gleichmass.»* [26.1.42]

«Unser gemeinsamer lieber Freund, mein kleiner Vetter John, ist am 6. Februar im Lazarett gestorben.» [2.3.42]

«Ich bin auch von ganzem Herzen Optimist und lass mich von der heutigen Lage nicht beeinflussen.» [16.6.42]

Ein halbes Jahr später noch ein Brief, und wieder neun Monate später, am sechsten September 1943, ein kurzer Brief, wohl der Zensur zuliebe in Sütterlinschrift geschrieben, aus Märtensmühle: «Ulrich und mir [geht es gut]. Möge es weiter so bleiben, denn ein Verlust unserer Gesundheit wäre – abgesehen vom endgültigen Ende – das einzige, was wir noch verlieren könnten. So sind wir jetzt Wilhelm Buschs Aufruf gefolgt: ‹Komm, mein liebes Kind, komm aufs Land›...»

Was – der Zensur wegen – nicht hatte erwähnt werden können: die verzweifelten und meist erfolglosen Versuche, Freunde und Bekannte, jüdische vor allem, vor dem Zugriff des nationalsozialistischen Mordapparats zu schützen.

Im Januar 1946, dank amerikanischer Vermittlung, kam der nächste Brief aus Berlin: «...Ulli und ich haben den Krieg überstanden, wir haben dem Tod unzählige Male ins Auge gesehen, wir haben ein abenteuerliches Vagabundenleben geführt, nun sitzen wir jedoch wieder in unserem alten Berlin-Lankwitz, drei Minuten entfernt von un-

* Friedel war die Schwester von Theos Mutter. Bis zur Kristallnacht war sie als Schauspielerin der jüdischen Kulturgemeinde tätig. Sie hatte den dringenden Ratschlag von Lieschen nicht befolgt, einer eventuellen amtlichen Aufforderung nicht Folge zu leisten, sondern sich sofort bei ihr zu melden. Sie wurde von den Nazis über Lodz, von wo noch eine Nachricht kam, in eines der Vernichtungslager gebracht.

serer alten Wohnung, auf unserem eigenen Land. ... Märtensmühle verliessen wir im Januar 1944, da uns dort immer die abgeschossenen Flieger drohten auf den Kopf zu fallen. Wir waren erst in Berchtesgaden, und als man uns dort nicht mehr wollte, am Bodensee in Kressbrunn. Nachdem wir auch dort den grossen Angriffen auf Friedrichshafen wie durch ein Wunder entronnen waren, zogen wir nach der Tschechei in ein kleines Nest. [Von dort aus ging Lieschen einige Male nach Berlin zu ihrem Vater.] Im Februar [nach dem Tod des Vaters] kehrten wir endgültig Berlin den Rücken und erlebten nun das Ende des Krieges in Haida; er hat genau vor unserer kleinen Stadt aufgehört. Die Tschechen wollten uns dann nicht mehr, und wir zogen mit Rucksack und Handtasche 3 Wochen lang zu Fuss von dort nach Berlin. ... Inge [Lieschens Schwester, mit der sie sich nach dem Zusammenbruch des Nationalsozialismus ausgesöhnt hatte] und ich haben uns als Bewerberinnen für einen Lehrerinnen-Kursus gemeldet.»

Zwei Monate später folgt die Erklärung für diese Berufswahl: «Ich habe wirklich alles riskiert und habe auch manchen durchbringen können, aber da, wo es mir besonders darauf ankam, da steh ich heute mit leeren Händen da. Kannst Du Dich noch an den Jeremias erinnern? Zwei Jahre lang habe ich ihn ganz besonders gehütet, und kaum hatte ich Berlin den Rücken gedreht, da war er auf dem Weg nach Auschwitz. ... Manchmal, wenn man nachts sitzt und schreibt, wie ich es jetzt tue, alles ist so still, und das Erinnern kommt, das ist dann einfach fürchterlich. ... Ich werde jetzt nicht schreiben, wie es um den Deutschen beschaffen ist, ich bin heute friedlich. ... Aber ich weiss wohl, warum ich die Gelegenheit ergriff, um Lehrerin zu werden.»

Lieschen bestand den Lehrerinnen-Kurs, in die SED war sie bald eingetreten, und Ende 1948 befand die SPD, SED-Lehrer seien im freien Teil Berlins nicht tragbar. Vermutlich war Lieschen nicht aus den korrekten Gründen Lehrerin geworden, und überhaupt, wie ihr ein SPD-Schulvorstand in Erinnerung rief, war sie schon 1930 wegen politischer Umtriebe gegen die Republik bei der Reichspost entlassen worden. Eine Weile liess man sie dennoch in Ruhe, gegen Ende 1949 wurde aufgeräumt und Lieschen liess sich in Berlin-Ost noch einmal zur Lehrerin schulen, wieder mit Erfolg. 1951 wurde sie zur Schulleiterin ernannt. Das ging so lange gut, wie sie zwischen Lankwitz – Berlin-West – und ihrer Schule in Berlin-Ost pendeln konnte. Als auch das zu Ende ging, blieb sie in Berlin-Lankwitz und bekam endlich eine Stelle bei der Berliner Stadtbahn, die unter Ostberliner Verwaltung stand. Dort arbeitete sie bis zur Pensionierung. 1976 ist sie gestorben. In Berlin-Lankwitz.

Eine Tessiner Jugend in Zürich

Kindheit, 1910–1927

Eine Heimat zuviel

Amalie ist zwar Tessinerin, aber in Zürich aufgewachsen: «Die Leute meinen immer, ich komme aus dem Tessin. Dann sind sie enttäuscht, wenn ich sage: Ich bin in Zürich geboren und aufgewachsen. Meine Eltern waren beide Tessiner, zu Hause haben wir italienisch gesprochen, in bin als Tessinerin erzogen worden – aber eben in Zürich. Im Tessin haben sie mich immer ‹La Tedesca› genannt, und in Zürich war ich in der Schule ‹s'Tschinggeli›.»

In Zürich Fuss fassen

Amalies Mutter kam aus Modrengo, ihr Vater aus Freggio; beides sind Weiler der Gemeinde Osco in der Leventina, keine zwei Kilometer Luftlinie voneinander entfernt oberhalb von Faido. Nach der Heirat zogen sie 1908 nach Zürich, zum Grossvater väterlicherseits, der hier schon Fuss zu fassen versucht hatte. Amalie hat an diese Zeiten noch keine Erinnerung, sie kennt sie nur vom Hörensagen: «Er verkaufte in seinem Gemüseladen an der Birmensdorferstrasse auch Orangen stückweise; die fand man sonst damals fast nur in Apotheken. Es war ein stattlicher Laden, mit drei Schaufenstern. Aber dann ging der Grossvater pleite, trotz der Schaufenster. Und im Konkursverfahren haben sie die Aussteuer meiner Mutter beschlagnahmt; jahrelang hatte sie daran gearbeitet: vierundzwanzig Leintücher, alle selber genäht, mit Hohlsäumen und allem Drum und Dran. Alles ist beschlagnahmt worden, grad einen Tisch und vier Stühle haben sie behalten dürfen, ein Bett für jeden, einen Wechsel Leintücher und einen Schrank.»

Amalies Eltern wohnten an der Zweierstrasse 20. Der Vater verkaufte nun heisse Marroni im Winter. 1909 kam Amalies Bruder Maurizio zur Welt. Und dann wagten sich die Eltern an die Eröffnung eines kleinen Ladens, «so es Tschinggelädeli», sagt Maurizio, ohne richtiges Schaufenster; ein ganz gewöhnliches Fenster zur Strasse diente als Auslage und Blickfang. 1910 kam Amalie zur Welt. Die Familie zog an die Badenerstrasse, 1914 an die Forchstrasse 136: eine Dreizimmerwohnung. Das grösste Zimmer diente als Laden, und wieder war das Zimmerfenster Schaufenster. Die Familie hatte kein leichtes Leben, und Amalie versteht dies auch sehr anschaulich darzustellen; kleinbürgerliche Enge jedoch hat sie nicht erdrückt:

«Der Laden war auf den Namen meiner Mutter eingetragen, über der Tür stand, handgeschrieben: Pierina De Sassi-Pasci. Mich haben die Kinder immer ausgelacht, weil sie ‹Paschki› sagten und nicht ‹Paschi›, wie man es korrekt ausspricht, und auch weil Pierina so ein ungewöhnlicher Name war... Da meine Schulkameraden eben immer an unserm Laden vorbeigingen, hatten sie leicht zu spotten. Das Haus haben sie längst abgerissen. Die Forchbahn fuhr dort in die Kurve und hat immer gequietscht; das haben wir jede Nacht gehört. Damals sind noch viele Wagen von Pferden gezogen worden; unser Milchmann liess mich oft auf dem Kutschbock die Forchstrasse hinunter bis zum Hegibachplatz mitfahren. Elektrischen Strom hatten wir noch nicht; in der Küche brannte eine Gasflamme, die Zimmer wurden mit Petroleumlampen beleuchtet, gekocht wurde mit Holz.

Die Grossmutter

Meine Grosseltern väterlicherseits kannte ich nicht mehr, meine Grossmutter mütterlicherseits dagegen sehr gut. Sie hatte sechs Kinder; dennoch musste sie das ‹Heimetli› allein durchbringen. Ihr Mann arbeitete in Lyon; der Boden hat nie genug gebracht. Einmal im Jahr kam er heim und zeugte ihr ein Kind; dann ging er wieder, und sie arbeitete in Feld und Stall und besorgte die Kinder. Sie war die mutige Frau im Dorf; wenn etwas Schwieriges oder Gefährliches zu tun war, hat man immer nach ihr geschickt. Sie war es, die den Doktor in Faido holen ging, wenn eine Frau ein Kind bekam und die andern Frauen nicht weiter wussten. Sie ging auch, wenn tiefer Schnee lag. Den einen Doktor nannte man den ‹macellaio›, weil alle Frauen, die er berührte, an Kindbettfieber gestorben sind. Meine Grossmutter holte immer den andern. Sie war im Dorf sehr angesehen und beliebt. Schreiben konnte sie kaum, und sie behauptete steif und fest, Jerusalem liege neben Rom. Mein Bruder wollte ihr das Gegenteil beweisen, aber sie hat es ihm einfach nicht geglaubt.

Vater und Mutter

Meine Eltern haben eigentlich eine ganz glückliche Ehe geführt. Als der Vater gestorben war, meinte meine Mutter, er habe in den zehn Jahren nie ein böses Wort zu ihr gesagt. Sie war viel aggressiver und hat ihm oft Vorwürfe gemacht. Sie war auch tüchtiger. Mein Vater. kam aus einer streng katholischen Familie und nahm die Religion wahnsinnig ernst. Meine Mutter kannte zwar die Bibel sehr gut, aber sie hat sie ausgelegt, wie es ihr in den Kram passte.

Politisch aktiv war sie nicht, sie war Patriotin, aber sie hatte einen unheimlich scharfen Gerechtigkeitssinn, und sie hatte erfahren, dass immer die armen Leute Unrecht bekommen.

Zu mir sagte sie immer: ‹Sei come tuo padre, sempre ottimista›. Sie war eher Pessimistin; Vater und Mutter haben einander ausgeglichen.

Geschichten erzählen

Meine Mutter hat viele Geschichten erzählt, während der Arbeit oder nach dem Nachtessen. Einmal hörte ich so gespannt zu, dass ich einen Blechlöffel gegessen habe; da war ich vier Jahre alt. Meine Mutter hat mir sofort den Finger in den Hals gesteckt, aber sie konnte nur noch ein paar kleine Stückchen herausfischen. Es war ein ganz weicher Löffel, ich habe Stück um Stück abgebissen und sie hat erzählt und erzählt.

Geschichten aus dem Dorf hat sie erzählt, manchmal auch Gruselgeschichten – woher sie die hatte, weiss ich nicht. Und viele traurige Geschichten, von armen Leuten; vom ‹spazzacamino›, von einem Knaben, der sein kleines Schwesterchen auf dem Arm trägt und zu ihr sagt, als er eine Frau sieht, die ihr Kind stillt: ‹Porgigli la tua mamella›. Auch von den Briganten hat sie erzählt, die für die armen Leute stehlen und die Beute verteilen. Und aus dem Dorf hat sie noch Geistergeschichten gewusst, etwa von Bauern, die nachts die Marksteine verstellt haben und zur Strafe nach ihrem Tod in die Gletscher verbannt werden und jede Nacht nach Osco herunterkommen und versuchen, die Marksteine zurechtzurücken. Meine Mutter sagte, sie glaube nicht daran, aber ein bisschen hat sie doch daran geglaubt, und wenn ich zu

Bett ging, habe ich die Beine ganz schnell unter die Decke gezogen, weil ich Angst hatte, es sei jemand da.

Kindergarten

Meine Kindergärtnerin war eine Feministin, ich glaube, mein Feminismus ist dort vorbereitet worden. Sie hat meine Mutter sehr geschätzt, weil meine Mutter eine tüchtige Frau war und eine liebe Frau. Dass meine Kindergärtnerin eine Feministin war, habe ich natürlich erst viel später begriffen. Ich habe sie einfach gern gehabt.

Geschenke

Als der Vater einmal ein wenig Geld hatte – da war ich etwa vier Jahre alt –, gingen wir zu Freudwiler [Spielwarengeschäft], und mein Vater hat mir ein ‹Bäbi› gekauft, mit Naturhaaren – die habe ich immer wieder gekämmt und frisiert –, mit Augen, die auf- und zukippten; die Hände und die Beine konnte man bewegen. Dieses ‹Bäbi› habe ich lange behalten; irgendwann in den dreissiger Jahren habe ich's für die Tombola eines ‹Kämpfer›-Balls gespendet.

Um dieselbe Zeit haben Maurizio und ich ein plüschiges, kleines Baumwollschäfchen geschenkt bekommen. Weil es weiss war, wurde es bald dreckig und grau. Da hat ein befreundeter Maler – er war übrigens Anarchist – versprochen, er mache das Schäfchen wieder weiss. Er hat es mit weisser Ölfarbe angestrichen, und auf den Hintern braune Farbe geschmiert – als ob das Schaf Durchfall gehabt hätte. Dabei weiss doch jeder, dass Schafe kleine Kügelchen scheissen, und ein Schaf nur einmal Durchfall hat: nachher ist es nämlich tot. Als unsere Mutter das Schaf gesehen hat, ist sie wahnsinnig wütend geworden und hat es ins Feuer geworfen. Wir waren ganz traurig, wir hätten es gern behalten, auch wenn es von der Farbe ganz hart und steif geworden war.

Weihnachten haben wir immer gefeiert, aber nur mit einem guten Essen, ohne Tannenbaum oder Tannenzweige. Nur einmal, als die Nonna an Weihnachten zu Besuch kam, haben meine Eltern einen Christbaum aufgestellt, und unter dem Baum stand ein kleiner Kochherd. – Als Maurizio einmal eine Tafel Schokolade stibitzt hatte, sind wir mit dem Herd auf die Dachzinne gestiegen und haben eine heisse Schokolade gekocht. – Wie ich den Herd unter dem Baum gesehen habe, fragte ich mich, ob das Christkind Gedanken lesen könne. Einen Herd hatte ich mir ganz fest gewünscht, aber ich hatte niemandem ein Wort davon gesagt.

Als ich sieben war, hat meine Mutter Maurizio und mir zu Weihnachten je ein Taschentuch geschenkt – mir ein rosarotes – und gesagt, mehr könne sie uns nicht schenken, sie habe kein Geld dafür. Aber das heisse nicht, wir seien keine guten Kinder. Manche Eltern würden sich ‹von› schreiben, wären glücklich, wenn sie solche Kinder hätten. Und, übrigens: das Christkind gebe es nicht. Ich war ein bisschen enttäuscht, vor allem, weil ich mir jetzt die Sache mit dem kleinen Herd nicht mehr erklären konnte.

Schule

Acht Jahre ging ich zur Schule, und ich wäre so gern noch länger gegangen; der Lehrer sagte, ich müsse studieren, ich hätte das Zeug dazu.

Meine Mutter war ganz begeistert von dem, was ich lernen durfte; sie hat nachts alle meine Schulbücher gelesen, alle Geschichten und Gedichte, alles. Mir haben alle Fächer gefallen, ausser Schönschreiben. Gegen das Schreiben hatte ich nichts, aber Reinschreiben war schrecklich, immer gab's Kleckse. Ich habe mir so Mühe gegeben – da wird das Tintenfass nachgefüllt, ich denke nicht dran – schon wieder ein ‹Tolggen›. Ich konnte auch nichts abschreiben, ohne Buchstaben zu vergessen. Ich musste immer ‹flicken›, das ist mir mein ganzes Leben nachgegangen. Ich habe immer gedacht: eine Bürolistin könnte ich nie werden. Und genau das bin ich geworden.

Was ich hätte werden wollen? Ich wollte in die Forschung gehen, etwas Naturwissenschaftliches, Chemie hätte mir gut gefallen, ich war auch immer gut im Rechnen. Im schriftlichen Rechnen; beim Kopfrechnen waren die Buben schneller, ich musste immer zuerst überlegen. Aber Algebra und Geometrie gefielen mir: herausfinden, wie man etwas löst… Aber schnell war ich nicht, eher schwerfällig, da steckt das Berglerische in mir drin.

Mit den Schulkameraden bin ich gut ausgekommen, aber nach den Schulstunden hatten wir kaum Kontakt, und ich konnte ja auch nie jemanden mit nach Hause nehmen, da wir zu fünft in zwei Zimmern hausten. Ich hatte nicht einmal ein eigenes Bett, und die Stube, in der wir nachts schliefen, war der Arbeitsraum meiner Mutter.

Esther

Als ich in die zweite Klasse ging, ist Esther zu uns gekommen. Die Schwester meiner Mutter schrieb, ihre Tochter müsste jetzt in die Fabrik arbeiten gehen und sie sei ganz unglücklich darüber. Meine Mutter hat geantwortet, die Schwester solle das Mädchen doch nach Zürich schicken, man werde schon eine Arbeit für sie finden. Zum verabredeten Termin gingen meine Eltern zum Hauptbahnhof, um dieses Mädchen – Gina hiess sie – abzuholen. Aber am Hauptbahnhof war niemand, weil das Mädchen im Bahnhof Enge ausgestiegen war. Und es war auch nicht Gina – die hatte nämlich losgeheult, als man sie nach Zürich schicken wollte; die mochte sich nicht von ihrer Mutter trennen. Da hat meine Tante eben die Tochter einer ihrer Freundinnen, einer Italienerin, in den Zug gesetzt. Das war Esther. Ich sehe sie noch vor mir; sie trug einen violetten Hut, eine Bluse mit steifem Kragen und ein grünes Tailleurkleid, das sie selber bei der Schneiderin hatte nähen müssen. Sie sah aus wie fünfunddreissig, dabei war sie sechzehn und bildhübsch. Meine Tante meinte eben, meine Mutter brauche eine Hilfe, da hat sie meiner Mutter die Esther geschickt. Dabei wollte meine Mutter *ihr* helfen...

Für uns begann eine schöne Zeit. Esther war ein sehr fröhliches Mädchen; sie hat immer gesungen – wie eine Nachtigall. Als sie etwa eine Woche bei uns war, hat ihr mein Bruder ein Zettelchen in die Schürzentasche gesteckt, auf das er geschrieben hatte: ‹Esterina, io ti voglio tanto bene, dammi un baco.› Er war empört, als wir ihn fragten, was für eine Raupe (= baco) er wolle; er wollte doch einen Kuss. Wegen Esther sind wir eine richtig fröhliche Familie geworden – meine Mutter war ein wenig zu schwermütig, und Esther hat das ausgeglichen.

Heimarbeit

Meine Mutter hat Konfektionskleider genäht. Zuerst ging sie auf die Stör und schneiderte Kleider für wohlhabende Frauen, doch waren diese sehr langweilige Zahlerinnen. Meine Mutter sagte immer, die reichen Frauen seien schlimmer als die andern. Sie verstünden einfach nicht, dass man das Geld *braucht*. Weil sie nicht mehr monatelang auf die Bezahlung warten wollte, hat sie angefangen, zu Hause Konfektion zu nähen. Im ersten Weltkrieg nähte sie Uniformen zusammen – das war eine sehr anstrengende Arbeit. Für ein gewöhnliches Kleid bekam sie einen Franken fünfzig, für ein seidenes drei Franken, und einmal nähte sie ein Kleid aus Taft für die Königin von Holland, das gab fünf Franken. Als mein Vater krank war, hat sie sechzehn Stunden am Tag gearbeitet. Später hat sie nur noch Krawatten genäht, Selbstbinder, für ein anderes Geschäft. Esther hat ihr dabei geholfen und im Laden verkauft. Diese Arbeit war besser bezahlt.

Kinderarbeit

Als ich etwa acht oder neun Jahre alt war, habe ich meiner Mutter beim Nähen geholfen. Jeden Nachmittag nach der Schule half ich hinter der Nähmaschine, an der meine Mutter nähte. Die Aufgaben habe ich immer schon in der Schule gemacht. Ganz im stillen war ich traurig, weil ich die Jahreszeiten nicht mehr erlebt habe wie früher, die blühenden Bäume, die grünen Wiesen, aber ich fand es einfach nötig, der Mutter zu helfen. Die Knöpfe und die Druckknöpfe habe ich angenäht und die Kleidersäume genäht, damit die Kleider rechtzeitig abgeliefert werden konnten. Meine Mutter war gegen Kinderarbeit und machte sich Vorwürfe, aber sie brauchte ja das Geld, damit wir etwas zu essen hatten.

Zu Tisch

Im Tessin kocht man *besser* als in der Deutschschweiz. Aber nicht aufwendig.

Ich habe mir gewünscht, einmal ein ganzes Ei allein essen zu dürfen; Vater bekam immer ein ganzes und ich dachte, das möchte ich auch einmal. Aber gehungert habe ich nie. Meine Mutter erzählte, sie habe gehungert. Bei uns war immer etwas zum essen da; meine Mutter meinte, sie gebe das Geld lieber für's Essen aus als für den Arzt.

Etwa einmal in der Woche gab's Fleisch; wir haben ein Pfund Siedfleisch gekauft für fünf Personen; auch Früchte hatten wir regelmässig. Das Mittagessen hat fast immer mein Vater gekocht, meistens Gemüsesuppe mit Reis drin. Den Rest haben wir abends gegessen. Manchmal fragte er, ob er ‹pom rosti› machen solle, da waren wir ganz begeistert, strahlten übers ganze Gesicht und riefen: ja, ja!

Milch und Brot gab's immer, wir haben jeden Tag beim Bäcker ein Vierpfundbrot geholt; ein Vierpfundbrot für fünf Personen und dazu

Milch. Wir haben immer ganz dicke Brotscheiben geschnitten; erst wie ich den Theo kennenlernte, habe ich gesehen, dass man Brot auch ganz dünn schneiden kann. Als es uns ein wenig besser ging, haben wir auch Butter bekommen, und dann Konfitüre. Wenn wir Konfitüre holen durften im Konsum, bekam ich ein offenes Kesselchen und rannte hin; die Konfitüre wurde ins Kesselchen gefüllt, und ich rannte nach Hause. Konfitüre haben wir ziemlich selten gekauft. Mit der Zeit gab's auch Milchkaffee statt Milch; wir Kinder bekamen immer heisse Milch mit Brotmocken.»

Jemand wirft ein: Gemüsesuppe mittags und abends, das sei auch nicht abwechslungsreich.

Amalie: «Aber es war *gute* Gemüsesuppe! Wir haben immer gut gegessen, einfach, aber reichlich. Natürlich gab es ‹nur› Gemüse-suppe, aber jedes konnte zwei oder drei Teller nehmen, oder es gab Spaghetti mit Tomatensauce, aber ohne Fleisch, oder Reis, ma senza funghi! Und Gemüse gab es fast immer. Oft blieb etwas im Laden liegen und musste aufgebraucht werden. Auch die Traubenbeeren, die im Gitter liegenblieben, habe ich gegessen, ich musste nur die braunen Stellen wegschneiden. Und Zucca (Kürbis) gab's, die hielt immer ein paar Tage vor, aber sie wurde jeden Tag anders zubereitet; Peperoni und Zucchetti gab's noch keine. Salat haben wir gelegentlich bekommen, meistens Kopfsalat, auch Chabis und einmal sogar Nüssli-salat. Ab und zu Rüben, die kamen in die Suppe. Ja, und Auberginen hat's gegeben, meine Mutter konnte die unglaublich gut zubereiten, einfach mit Olivenöl. Einmal im Jahr, zu Weihnachten, gab's Poulet. Mein erstes Kotelett habe ich erst mit fünfundzwanzig oder dreissig gegessen... Aber Kutteln haben wir bekommen, einmal in der Woche etwa, mit Tomaten...

Zum Essen haben wir uns Zeit genommen. Es war gemütlich. An Weihnachten und bei andern Festen oder wenn Besuch aus dem Tessin kam, haben wir Suppenteller und flache Teller gedeckt. Sonst kamen alle Speisen in den gleichen Teller. Erst bei Theo habe ich gesehen, dass man normalerweise einen Suppenteller und dann einen flachen Teller benutzt.

Solange der Vater lebte, durften wir beim Essen nicht reden, und wir durften auch nichts herauspicken und beiseiteschieben. Ich ver-suchte immer die Zwiebeln herauszufischen, weil der Vater sie immer anbrennen liess, und das mochte ich überhaupt nicht, beim Reis zum Beispiel – riso in cagnon hat er gekocht, einfach weissen Reis mit einer

Spaziergang auf dem Uetliberg. Amalie mit ihrer Mutter, Maurizio und Esther, Frühling 1926.

Zwiebelschwitze – aber immer liess er die Zwiebeln anbrennen!...
Vielleicht auch gehört das dazu. Er fand's wunderbar und ich überhaupt nicht, und ich hab die Zwiebeln herausgefischt und er hat mir –
Peng! – mit dem Löffel eins auf die Finger gegeben, und da habe ich die
Zwiebeln unzerkaut hinuntergeschluckt. Spinat mochte ich auch
nicht, der blieb immer zwischen den Zähnen hängen; aber wenn im
Laden Spinat übrigblieb, hat ihn der Vater halt gekocht... Mein Vater
hat fast immer das Essen gekocht, er hatte ja nur den Laden zu führen,
und meine Mutter nähte die Konfektionskleider...

Manchmal haben wir ein Glas Wein zum Essen getrunken, ‹Lam-
brusco› oder etwas ähnliches. Mein Vater und meine Mutter haben an
Sonntagen billigen Wein getrunken, wenn das Geld reichte.

Vom Nutzen des Patriziats

Meine Mutter war ‹Patrizierin› von Modrengo. Das hat für uns bedeutet, dass wir Anrecht auf einen Teil der Kastanien hatten, die der Gemeinde gehörten. Und die haben wir jedes Jahr zum ‹Giorno dei

Morti› bekommen. Kastanien sind ziemlich nahrhaft, sie haben zusammen mit Milch ein gutes Nachtessen abgegeben. Kastanien wurden immer gesotten, nie gebraten; das wäre viel zu aufwendig gewesen. Die gesottenen Kastanien mussten wir sorgfältig schälen – bis man eine geschält hatte mit den ungeschickten kleinen Händen, hatte man schon wieder Hunger auf die nächste. Da fällt mir ein – mit dem Schälen bin ich nie zurande gekommen; mein Vater hat sich immer aufgeregt, dass ich zum Beispiel die Schalen von den Kartoffeln nur in kleinen Stückchen wegbrachte. Er konnte eine Kartoffel in einem Zug schälen. Habe ich mir Mühe gegeben und grosse Schalenstreifen abgeschnitten, habe ich immer zu tief geschnitten und zuviel von der Kartoffel mitabgeschält, das war auch wieder nicht recht.

Feste

Weihnacht und Ostern wurden gefeiert, mit einem guten Essen eben. Zu Weihnachten gab's Kuchen, das einzige Mal im Jahr, immer denselben, eine ‹Torta da Osc›, das ist eine Torte aus altbackenem Brot, Grappa und Rosinen. Der Theo mag das nicht; als ich zum ersten Mal eine ‹Torta› aufgetragen habe, meinte er, das sei ja wie ein Pudding. – Einer meiner Onkel hatte zehn Kinder, und meine Mutter hat ihnen immer die Kleider geschenkt, die uns zu klein wurden, und sie hat auch für alle Kinder noch ein Kleidchen extra genäht. Zu Ostern hat uns mein Onkel dafür ein ‹capretto› geschenkt, und dazu ein ‹Spampezia›, eine Torte mit Nussfüllung; nicht so nahrhaft wie die ‹Torta da Osc›, aber sehr knusprig und gut.

Geschichten vom lieben Gott

Meine Mutter hatte eine wahnsinnige Wut auf den lieben Gott. Ein Sadist sei er, hat sie gesagt, der schaue einfach zu, wie es den Leuten dreckig gehe. Nach dem Tod unseres Vaters wünschte unsere Mutter, dass wir zur Kirche gehen. Sie könne uns nicht begleiten, sie ginge immer schon um sechs in der Frühe, aber *wir* müssten auf jeden Fall hingehen. Mein Bruder und ich vermuteten jedoch schon lange, sie gehe gar nicht hin, und einmal hat er sie gestellt. Sie musste lachen, uns aber war das unverständlich. Da hat sie uns erklärt, wenn *sie* nicht in die Kirche gehe, komme sie ins Fegfeuer, aber wenn sie *uns* anstifte, nicht hinzugehen, komme sie ganz bestimmt in die Hölle.

Einer meiner Cousins liess seine Kinder nicht taufen; der ging auch nie in die Kirche, nicht einmal bei seiner Hochzeit. Er kam bis zur Kirchentür mit und ist dann verschwunden oder hat vor der Kirche gewartet, bis die Feier aus war. Meine Grossmutter hat mir immer zugeredet, ich solle ihn doch dazu bringen, seine Kinder taufen zu lassen. Ich fand, das sei seine Sache – mich hat man getauft, und es hat mir auch nichts genützt. Meine Grossmutter sagte, es könne den Kindern ja nichts schaden – das bisschen Wasser, und vielleicht nütze es ihnen doch etwas, so für alle Fälle. Es wäre doch schade, wenn die Kinder ewig im Fegfeuer bleiben müssten, da es sich so leicht vermeiden liesse. Aber mein Cousin hat seine Kinder nicht taufen lassen. Und er gab ihnen auch nur Namen, die nicht im Heiligenkalender standen, Iride und Dirce.

Blicke in die Zukunft

Meine Mutter kannte eine Kartenschlägerin, und sie liess sich manchmal die Karten legen. Aber sie glaubte nicht recht dran, die Frau tat ihr einfach leid. Ihre Tochter ging in die gleiche Schulklasse wie ich; die hatte eine wunderbare Handschrift, mit Schatten und allem, aber sonst war sie strohdumm. Und die Kartenschlägerin wurde von ihrem Mann geschlagen. Meine Mutter fand, sie sei eine Frau, also müsse sie sich für die Kartenschlägerin wehren, und ich habe mich für das Mädchen in der Schule eingesetzt, weil der Lehrer hässlich mit ihr war.

Politische Spuren

Mein Vater freute sich immer, wenn am 1. Mai die Sonne schien und wenn's am Sechseläuten regnete. Meine Mutter sorgte sich, er könnte im Laden Ärger bekommen, wenn er solche Dinge andern Leuten gegenüber sagte.

Meine Mutter hat zuerst für jüdische Geschäfte genäht, und sie hatte eine Wut auf die Juden. Später arbeitete sie für eine christliche Firma, und da ist sie explodiert: die seien ja noch schlimmer als die Juden, und seither fand sie, Juden oder Christen, das sei gehupft wie gesprungen, darauf komme es überhaupt nicht an, Padrone sei Padrone, darauf komme es an.

Sie hatten, glaub' ich, ein wenig Kontakt zu italienischen Emigranten, sie haben mich sogar einmal an ein Fest mitgenommen. Ada Negri hat dort gesprochen, die war damals eine ziemlich bekannte Dichterin, später ist sie Faschistin geworden, da war sie eben abgeschrieben. Aber zu Hause hatten wir eins ihrer Bücher, und früher war sie Sozialistin gewesen.

Verzweiflung

Meine Mutter hat einmal einen Selbstmordplan für uns vier gemacht, weil unser Leben einfach zu schwer war. Wir waren alle damit einverstanden, nur mein Bruder war nicht ganz überzeugt. Da hat er eine Zeichnung gemacht: wir vier, durch Gas vergiftet, liegen am Boden, mit aufgedunsenen Bäuchen. Als er uns diese Zeichnung zeigte, war meine Mutter so gerührt, dass sie den Plan aufgegeben hat. Ich war fest entschlossen gewesen, mich vergiften zu lassen; elf Jahre war ich damals. Der Vater war ein Jahr vorher gestorben.

Abtreibung

Meine schwer katholische Tante sagte einmal, meine Mutter habe auch nicht alle Kinder behalten, die ihr der liebe Gott geschickt hatte. Meine Tante und meine Mutter hatten am gleichen Tag geheiratet; die Tante hatte zehn Kinder, meine Mutter nur zwei. Ich konnte mir gar nicht vorstellen, dass meine Mutter Kinder umbringt, und ich habe ihr weitererzählt, was meine Tante gesagt hatte. Sie wurde sehr zornig.

Später hat sie mir einmal erzählt, dass sie mich abtreiben wollte. Sie rannte die Treppen hinauf und hinunter und nahm Senfbäder, aber ich kam halt doch auf die Welt.

Besuche in der Leventina

Meine Mutter war tief beleidigt, weil keiner von den Verwandten meinen Vater aufnehmen wollte, als er Tbc bekam. So beleidigt, dass sie meinte, sie würde uns nie wieder zu den Verwandten in die Ferien gehen lassen.

Früher war es auch kompliziert gewesen, weil immer jene Verwandten beleidigt waren, bei denen wir nicht wohnten. Die Sommerferien dauerten etwa fünf Wochen; wir sind mit der Eisenbahn – mit dem Regionalzug, nie mit dem Schnellzug – nur bis Rodi-Fiesso gefahren. Von dort konnte man zu Fuss nach Osco hinaufsteigen, und gleich war wieder ein wenig Geld gespart. Mitarbeiten mussten wir nicht; wir sind mit dem Vieh mitgegangen, von Osco aus ins Bedretto-Tal hinauf, das war ein weiter Weg [über dreissig Kilometer]. Aber wir hatten keine Verantwortung.»

Amalie und der um ein Jahr ältere Bruder blieben sich über die Kindheit und Jugend hinaus verbunden. Naheliegend also, dass sich Maurizio am Erinnern beteiligt:

1914

Maurizio: «Mein Vater hat den Laden selber eingerichtet, alle die Regale geschreinert, für die Chiantiflaschen und die Orangen. Einmal gab's ein Erdbeben, und alle Flaschen zitterten. Und im gleichen Jahr liest der Vater Zeitung und sagt: ‹Maledetto, maledetto, è scoppiata guerra.› Es gab eine Diskussion, von der ich überhaupt nichts verstanden habe, und ich fragte, was das sei, Krieg. Meine Mutter sagte: ‹Wenn einer den andern kaputtmacht.› Ich konnte überhaupt nicht begreifen, warum.

Landesstreik

1918 gab's Lärm auf der Strasse. Damals blieben die Geschäfte bis zehn Uhr abends geöffnet; da kamen die Streikenden und drohten und lärmten, zwangen die Geschäftsleute, ihre Rolläden um acht herunterzuziehen... Im allgemeinen war meine Mutter sozialer eingestellt als mein Vater, aber über den vorverlegten Ladenschluss hat sie sich schrecklich aufgeregt; meinem Vater hat's gefallen.»
    Amalie: «Mein Vater wollte Kleider, die meine Mutter geschneidert hatte, in der Stadt abliefern. Das Tram fuhr aber nicht mehr. Er hat uns beschrieben, wie alles in Aufruhr geraten war, und wir haben über den Generalstreik diskutiert.»

Grippe

Im Winter 1918/1919 brach eine Grippe-Epidemie aus, die sich über die halbe Erde ausbreitete; Millionen von Menschen starben. Auch die Familie De Sassi-Pasci wurde krank.

Maurizio: «1918/1919 wütete die Grippe; im Tagblatt standen Hunderte von Todesanzeigen. Niemand kam mehr in unsern Laden einkaufen. Und 1919 lagen auch wir, ich weiss nicht wie viele Wochen, vielleicht zwei Monate lang, wie bewusstlos am Boden; wir hatten – ich weiss nicht mehr warum – keine Betten mehr, wir lagen einfach auf dem Boden, in Steppdecken eingewickelt. Hie und da kam die Gemeindeschwester vorbei und brachte etwas zu essen – ich selber habe nichts essen können. Im Laden war eine Kiste Orangen stehen geblieben; Orangen waren das einzige, was ich hinunterbrachte, und ich glaube, die haben mir das Leben gerettet.

Die ganze Familie ist erkrankt, zuerst der Vater, dann die Mutter, dann meine Schwester. Esther und ich blieben am längsten gesund; wir konnten auch noch schnell auf den Markt gehen und ein paar Dinge einkaufen, damit überhaupt etwas im Haus war, bevor wir uns alle nicht mehr rühren konnten.»

Tbc

Maurizio: «Ja, und 1919 hiess es dann in allen Zeitungen: ‹Zurück zur Natur!›, vom Kräuterpfarrer Küenzle hörte man aller Enden, und da sagten Vater und Mutter: ‹Jetzt gehen wir auf den Uetliberg!›. Mein Vater kochte einen grossen Topf Risotto, wir wanderten auf den Uetliberg und stiegen auf den Aussichtsturm. Und dort fing der Vater an zu husten.»

Amalie: «In diesen Bergdörfern, wo er herkam, war die Ernährung ganz einseitig. Die Leute assen den ganzen Winter über nichts als Kartoffeln und ‹Zigra› – Quark mit Pfeffer und Salz. Eine solche Ernährung reicht für einen Jugendlichen einfach nicht, und der Organismus bleibt geschwächt.»

Maurizio: «Das glaube ich nicht. Immer Kartoffeln mit Zieger, das ist ihm vielleicht verleidet, aber ungesund ist eine solche Ernährung nicht. Ich denke an etwas anderes: 1918/1919 wurde mit den Lebensmitteln gefrevelt. Wir bekamen Suppe zu essen, die zwischen den Zähnen knirschte, wer weiss, was alles in die Speisen gemischt worden war; manchmal musste ich mich erbrechen. Diese Nahrung hat einen geschwächt, während die Schieber, die die Not ausgenützt haben, Millionäre geworden sind.»

Amalie: «Die erste Zeit blieb mein Vater zu Hause, aber es hiess immer, er sollte ins Sanatorium. Meine Mutter hat überallhin Briefe geschickt, auch in den Tessin, aber alles fürchtete sich vor einem Lungenkranken. Keine Familie wollte ihn aufnehmen, das Sanatorium in Ambri-Piotta war überfüllt, schliesslich kam er nach Wald, und gestorben ist er im Waidspital, weil sie ihn im Lungensanatorium nicht behalten wollten; er hatte zu hohes Fieber. Im Waidspital ist er noch sechs Monate gelegen. Wenn wir ihn besuchen gingen, mussten wir immer vor einer Gittertür warten, bis die Besuchszeit anfing. Dann ging das Gitter auf, und meine Mutter war immer die erste, die hineinging.»

Maurizio: «Die Pro Juventute hat sich dann eingeschaltet, weil meine Mutter allein den Laden führen musste und daneben noch Kleider in Heimarbeit nähte, und meine Schwester und ich wurden aufs Land verschickt.»

Amalie: «Ich kam nach Fischingen, zu einer Bäckersfamilie mit zehn Kindern. Das erste war, dass sie meinen Koffer öffneten und jedes Kleidungs- und Wäschestück einzeln betrachteten – und meine Mutter hatte doch alle meine Kleider selber genäht. Ich habe fast geweint und hatte wahnsinnig Heimweh. Zwei Monate bin ich in Fischingen geblieben, und in der Zeit, am 12. Juli 1920, ist mein Vater gestorben.»

Maurizio: «Damals postierte sich der Migros-Verkaufswagen – die Migros hatte da noch keine eigenen Läden – direkt vor unserem Geschäft, und unsere Kunden haben zu Migros gewechselt, weil der frischere Ware anbot. Unsere ist davon, dass sie niemand mehr kaufen kam, auch nicht frischer geworden... So ist unser kleines ‹Tschinggelädeli› mehr oder weniger eingegangen. Und am 5. Januar 1927 ist unsere Mutter gestorben, an einer Blut- oder Magenvergiftung. Wir vermuten, es sei Selbstmord gewesen. Die Kantonspolizei kam vorbei und durchsuchte die Wohnung. Es wäre ziemlich naheliegend, dass sie Selbstmord begangen hat, vielleicht wegen der Migros und dem Laden, vielleicht, weil sie ein uneheliches Kind erwartete, das wissen wir alles nicht, man hat uns nie Auskunft gegeben.

Meine Schwester hat ein Jahr lang Trauer getragen, sie ging immer in Schwarz, und ich dachte: ‹Ja, was soll das denn?› Ich bin nicht einmal ans Grab meiner Mutter gegangen, ich bin Superrealist geworden – ich sagte: ‹Gesundheit› wünschen, wenn jemand niesen muss, das ist doch Blödsinn, ich wollte von all dem nichts mehr wissen.»

Amalie: «Als meine Mutter mit einundvierzig Jahren starb, war ich sechzehneinhalb. Ich habe nie wirklich herausgefunden, wie sie gestorben ist, aber mein Onkel sagte später, sie habe sich umgebracht. Sie kam damals ins Spital, angeblich, weil sie ein Kind von einem verheirateten Mann erwartete. Ich glaube, das war mein Vormund; der ist ihr immer nachgestiegen. Und meine Mutter wollte doch die Moral aufrechterhalten. Sie meinte, wir würden sie verachten, wenn sie ein Kind bekäme. Dabei hatten wir unsere Mutter so gern, wir hätten dieses Kind doch akzeptiert.

Als meine Mutter gestorben war, bin ich nie mehr zur Kirche gegangen. Ausser zur Mitternachtsmette an Weihnachten.»

Selbständigkeit, 1927–1934

Allein zu dritt

Amalie: «Wir drei – Esther, Maurizio und ich – sind zusammengeblieben. Den Laden konnten wir verkaufen, und als alle Lieferantenrechnungen bezahlt waren, sind uns noch rund dreihundert Franken geblieben. Wir haben sie auf ein Sparheft eingezahlt.»

Maurizio: «Zuerst mussten wir eine Wohnung finden. Nach Vertrag hätte uns der Besitzer frühestens auf den 31. März kündigen können, aber er wollte seine Mätresse in dem Laden installieren – für die damalige Zeit war's schliesslich ein ganz stattlicher Laden –, und so hat er uns schon auf den 28. Februar an die Luft gesetzt. Wir kamen dann für einen Monat bei einem Nachbarn an der Forchstrasse unter, und am 1. April sind wir an der Wunderlistrasse eingezogen.»

Ordnung der Verhältnisse

Maurizio: «Natürlich bekamen wir einen waisenamtlichen Beistand, den Herr Winkler, aber mich hat man quasi zum Familienvorstand erklärt. Ich musste dem Vormund einfach eine Jahresabrechnung vorlegen.»

Amalie: «Esther war damals vierundzwanzig Jahre alt; sie hat den Haushalt geführt und mit Heimarbeit als Schneiderin Geld verdient. Von der Schule gegangen bin ich ja, als meine Mutter noch lebte; wir beide, mein Bruder und ich, haben dann eine Verkäuferlehre beim Globus angefangen.

Maurizio: «Meine Mutter wünschte, dass ich Kaufmann werde, und sie meinte, ein Verkäufer sei ein Kaufmann. Ich sagte, ich wolle nicht Verkäufer werden, lieber ginge ich als Handlanger. Da hat meine Mutter geweint, und als sie weinte, habe ich gleich aufgehört zu protestieren und bin als Verkäufer zum Globus an der Bahnhofbrücke gegangen.»

Amalie: «Ich war wahnsinnig unglücklich in dieser Lehre. Die Füsse taten mir so weh; ich wurde immer herumgejagt, das kannte ich gar nicht. Ich arbeitete in der Mercerie, das heisst, ich musste immer Staub wischen und Körbe voll Merceriewaren herumtragen, und immer brüllte es von der Kasse her: ‹Mercerie!!› Ich habe fast einen Schock bekommen. Abends musste ich zuerst meine Füsse baden, weil sie vom vielen Stehen schmerzten. Ich war überhaupt unglücklich, weil ich so gern weiter zur Schule gegangen wäre. Und dann wollte der Globus plötzlich meinen Bruder nicht mehr.»

Maurizio: «Da gab's etwas, das ich einfach nicht aushielt: immer wenn der Direktor in den Verkaufsraum kam, mussten wir aufstehen, richtig strammstehen; jedesmal hiess es ‹Aufpassen! Nicht hinsetzen!› Nach zwei Monaten hatte ich die Nase voll. Am Boden waren Teppiche gestapelt, die man den Kunden zeigte, und als der Direktor wieder einmal auftauchte, habe ich mich auf diesen Teppichstapel gelegt und bin liegengeblieben. Da konnte ich sicher sein, dass sie mich entlassen.»

Amalie: «Mein Vormund meinte, wenn sie meinen Bruder nicht behalten wollten, dürfe ich auch nicht bleiben. Im Globus wollten sie mich unbedingt behalten, aber ich war so froh, gehen zu können; ich bin meinem Vormund um den Hals gefallen und habe gesagt: ‹Ich möchte wieder in die Sekundarschule!› So bin ich noch zu neun Monaten Sekundarschule gekommen, und nachher bin ich an die Gewerbeschule gegangen. In der Sekundarschule haben sie mich nicht mehr als ‹Tschinggeli› gehänselt, und ich habe einen sehr guten Hauptlehrer gehabt, der sehr viel akzeptierte. In der Sekundarschule konnten wir schon Englisch lernen, das habe ich auch getan, und in der Gewerbeschule blieb ich bei Englisch und Französisch.»

Maurizio: «Meine Mutter hatte sich aber in den Kopf gesetzt, ich müsse Kaufmann werden, und wollte unbedingt, dass ich die Handelsschule besuche. Es hat dann zu einer einjährigen Schnellbleiche an Gademanns Handelsschule gereicht. Das kostete fünfhundert Franken, und ein Diplom habe ich auch bekommen.»

Lohnarbeit

Maurizio: «Der Vormund hat uns dann beide in seinem Treuhandbüro angestellt. Wir haben beide jetzt 240 Franken Lohn bezogen, das war damals viel, und wir dachten, unser Vormund sei ein richtiger Wohltäter.»

Amalie: «In einem Treuhand- und Revisionsbüro gibt es hauptsächlich Buchhaltungsarbeiten zu erledigen, und genau das war für mich das Letzte, was es geben konnte. Rechnen und Reinschreiben, das war gar nicht mein Fall. Zum Glück musste ich kaum Buchhaltungen führen, sondern sie revidieren und kontrollieren; das war interessanter als Kontenblätter nachführen. Fehler finden, das hat mir gepasst, das ist mir auch geblieben. Bei meinem Vormund – der war ein richtiger ‹Tüpflischiisser› – habe ich gelernt, genau zu arbeiten. Eine kaufmännische Ausbildung konnte ich nicht machen. Zu Hause habe ich selber Maschineschreiben gelernt – nach den Lehrheften meines Bruders –, mit einer Vorrichtung, die die Tastatur abdeckt. Sogenanntes Blindschreiben. Richtig habe ich das nie gelernt; ich kann zwar blindschreiben, aber nicht so perfekt, wie man das in einer Schule lernt.

Sechs Jahre bin ich bei meinen Vormund geblieben. Ich mochte ihn nicht besonders. Er hat mich auch gehindert, eine Lehre zu machen. Und immer wenn eine amtliche Kontrolle in sein Büro kam, die sehen wollte, ob er korrekt für die Ausbildung seiner Angestellten sorge, hat er mich in eine Ecke abgeschoben. Eine Lehre durfte ich nicht machen, und über die Handelsschule hat man nicht einmal geredet, das war etwas für meinen Bruder. Ein Bursche braucht das, aber ein Mädchen... Auch wenn ich eine viel bessere Schülerin war als er.»

Maurizio: «Der Vormund galt weit herum als Wohltäter. Er hat die Heilsarmee unterstützt, er hat überall Trinkgelder verteilt, den Putzfrauen, den Tramkondukteuren. Und gelebt hat er davon, dass er Scheinfirmen gründete, auf die er dann Aktien und Obligationen herausgab! Wir mussten die Zinstermine nachtragen und registrieren, wann seine Aktionäre und Obligationäre wieder Zinsen zugute hatten; sonst gab's fast nichts zu tun. Er hat für ein paar kleine Firmen die Buchhaltung geführt und ein paar Revisionsaufträge gehabt, aber davon hätte er nicht einmal die Büromiete bezahlen können – immerhin war die Firma am Bahnhofplatz eingemietet. Und wenn wieder ein Zinstermin fällig war, oder wenn er sonst Geld brauchte, hat er eben wieder eine Firma gegründet, zwischendurch hat er sich mit Frauen herumgetrieben. Ich bekam das Gefühl, da stimme etwas nicht, aber ich verstand natürlich nicht, was da genau lief. Schliesslich tauchte einer von seinen Gläubigern auf und wollte wissen, was wir denn eigentlich trieben und was mit dieser Firma wirklich los sei. Der hat gleich gemerkt, dass ich nicht durch dick und dünn zum Chef halte. Dann kam die Polizei, der habe ich genau erzählt, was ich wusste. Und mein Vormund hat acht Monate Gefängnis unbedingt bekommen.»

Lebensführung

Maurizio: «Mit unserem Lohn, den unsere Kameraden als sehr gross empfanden, sind wir in ein ziemliches Kleinbürgerleben hineingeraten.»

Amalie: «Vom Bahnhofplatz bin ich immer zu Fuss nach Hause gegangen – das Tram war zu teuer –, aber wenn man zu Fuss geht, läuft man sich die Sohlen durch. Ich habe immer wieder nachgerechnet, was eigentlich billiger sei, das Tram oder neue Schuhsohlen. Die Sohlen waren doch noch billiger. Später gab's dann Wochenkarten für das Tram; so eine Karte habe ich mir gekauft, wenn sich eine Regenwoche anzeigte. Für einen ganzen Monat hätte ich mir aber auch diese Wochenkarte nicht leisten können. An die Versammlungen sind wir immer zu Fuss gegangen. Später hatte ich ein Velo; das war dann Luxus.

Esther ging an die Gewerbeschule, dort hat sie richtig Deutsch gelernt, in Deutschkursen für Fremdsprachige, und in diesen Kursen sassen auch Tschechen – fast alles Schneider –, mit denen hat sie sich angefreundet. Die Tschechen haben uns oft besucht, und wenn sie zu Besuch kamen, haben wir in der Wohnung getanzt, und wenn wir tanzten, reklamierten die Nachbarn, weil ihre Deckenlampen gewakkelt hätten. Wir seien eine Rasselbande, hat's geheissen. Es war eine fröhliche Zeit, und die Leute im Haus haben das nicht ertragen. Tanzen durften wir also nicht mehr, aber auch wenn wir lachten, haben sie reklamiert.

Das Haus gehörte einer Strassenbahnergenossenschaft.

Erste Liebe

Mit den Tschechen sind wir auf Bergtouren gegangen, mehrmals jeden Sommer. Auf einer Tour habe ich mich in einen der Tschechen verliebt, da war ich achtzehn. Er war ein Netter, und ich habe mich schwer verliebt. Aber ich fand, er habe mich nicht so gern wie ich ihn, und einmal kam er nicht zu einem Rendezvous. Das hat mich überhaupt nicht gefreut, und ich habe beschlossen, mit der Geschichte Schluss zu machen; ich ertrug das einfach nicht, dass er mich hat stehen lassen, nachdem wir uns verabredet hatten. Da habe ich eben Schluss gemacht und sieben Kilo abgenommen. Damals war ich ein bisschen rundlich, es war schon in Ordnung, etwas abzunehmen.

Ein Maibändel, aber noch keine Politik

Als ich bald siebzehn war, habe ich auf dem Weg zur Arbeit meinen ersten Maibändel gekauft. Ich weiss noch genau wo – am Zeltweg, an einer ganz bestimmten Stelle; ich weiss nur nicht mehr, von wem ich ihn gekauft habe. Aber ich weiss noch, dass ich den Bändel rechts getragen und dass ich immer hinuntergeschielt und mich gefragt habe: ‹Gehöre ich wirklich dazu?› Und ich habe mir geantwortet: ‹Schliesslich gehe ich arbeiten, und es geht mir dreckig.› Also gehörte ich schon dazu, zu den Arbeitern. Und am ersten Mai musste ich arbeiten gehen, auch wenn mein Vormund immer sagte, er sei ein ‹Sozialist›.

In die Politik geraten

Wir hatten einen Cousin, der hat uns fast jede Woche besucht. Er hat vom sowjetischen Fünf-Jahres-Plan erzählt, hat die Zeitschrift ‹USSR im Bau› mitgebracht, vom Krieg in China erzählt. Sein Vater war ein Deutscher, den die Schwester meines Vaters geheiratet hatte. Und der Cousin, Ernst hat er geheissen, ist immer wieder zu uns gekommen, hat uns an Daetwyler-Versammlungen mitgeschleppt – an eine kann ich mich noch erinnern, die war angekündigt: ‹Daetwyler oder Lenin› –, an Freidenkerversammlungen und so weiter. Er war ein ganz Radikaler.»

Maurizio: «Der Ernst hat uns ins politische Fahrwasser gezogen. Später ist er erschrocken, als es in Deutschland hiess: ‹Der Führer ruft nur einmal› und hat bei den Nazis mitgemacht; nach dem Krieg ist er aus der Schweiz ausgewiesen worden. Zu uns sagte er: ‹Wisst ihr, bei uns gibt's viele, die sind aussen braun, aber innen rot.› Wir aber waren sehr enttäuscht und haben uns von ihm distanziert. Seinerzeit hat uns der Ernst auch auf Jack Londons ‹Die eiserne Ferse› gebracht. Das war eine Offenbarung für mich, ich hatte ja damals keine Ahnung. Victor Hugos ‹Les misérables› habe ich dann auch gelesen, und bald einmal den ‹Kämpfer› abonniert. Zu seinen politischen Gedanken kam der Cousin Ernst durch seinen Schwager Paul Walder, den ‹Chäsli-Walder›, und uns hat er brühwarm weitererzählt, was der ‹Chäsli-Walder› ihm beigebracht hatte. Der Ernst hat den Kommunismus ganz falsch aufgefasst, er hat sich darunter nur den Sturm auf die Bastille vorgestellt, sonst nichts. Aber uns hat's Eindruck gemacht.»

LLL

Amalie: «Meine erste Kundgebung war eine LLL-Feier, Lenin, Liebknecht, Luxemburg. Eine tolle Versammlung! Der grosse Saal im Volkshaus war voll besetzt, oben und unten, ich bin auf der Galerie gesessen und habe Bekannte gesehen. Ich war ganz erstaunt, dass so gewöhnliche Leute auch dort hingingen.

Abgebrochene Brücken

Um diese Zeit bin ich auch aus der Kirche ausgetreten. Die Freidenker haben mich dazu gebracht. Später las ich den Briefwechsel zwischen Lenin und Gorki; ich war zwar ausgetreten, aber irgendwie noch religiös geblieben.

Als mein Bruder und ich beide volljährig geworden waren, haben wir das Sparbüchlein mit den 300 Franken sofort aufgelöst. Erstens kam es uns unmoralisch vor, und zweitens war mein Bruder damals arbeitslos. Nicht dass er mit den dreihundert Franken etwa lang ausgekommen wäre, auch damals nicht...

Politische Lehrzeit

Wir sind zusammen an alle Veranstaltungen gegangen, Esther, mein Bruder und ich. Nur Esther mochte nicht immer mitkommen; überhaupt fand sie das Leben zu dritt nicht mehr so schön wie früher, weil wir nur noch politisierten. Ich erinnere mich, wie ich ihr einmal, an die

Küchenwand gelehnt, einen Vortrag gehalten habe – die AIZ hatte grade ein Heft über China herausgebracht. In China herrschte Hungersnot, ein Chinese war abgebildet, man konnte seine Rippen zählen, er war am Verhungern, aber wir waren am Essen, uns ging es gut, und ich sagte: ‹Wir können doch nicht sagen, es gebe keinen Krieg!›, denn in China gab es Krieg und Hungersnot. Ich habe der Esther eine richtige Agitationsrede gehalten. Nachher kam ich mir ziemlich blöd vor; die Esther hab ich immer für gescheiter gehalten als mich selber und ich mochte sie so gut... Aber ich wollte einfach unseren politischen Eifer verteidigen. Später ist auch Esther langsam aber sicher politisch tätig geworden; sie hat einiges mehr geleistet als mein Bruder und ich.»

Maurizio: «1929 bin ich volljährig geworden. Da sagte ich mir: ‹So, jetzt darf ich›, und bin in die KPS eingetreten. Ich ging an die Heinrichstrasse 108 ins Haus der AHU (Arbeiterheim Union) und meldete mich im Sekretariat. Dort sass der Parteisekretär Robert Müller – ich hatte das Gefühl, der sei nicht so ganz auf der Höhe, ein sturer Typ; der hat mir nicht so gefallen, aber er strahlte, als ich mich anmeldete.

Die Esther hat immer dagegen opponiert, dass Amalie und ich uns für die Bewegung interessierten und mitmachen wollten, und da hab ich mir gedacht: Jetzt abonniere ich noch ‹Falce e Martello›, schliesslich bin ich Tessiner – und von dem Augenblick an war sie noch aktiver als wir...

Bald darauf, immer noch 1929, hat der ‹Chäsli-Walder› den Cousin Ernst und mich im Auto nach Baden gefahren zu einem verbotenen Roten Treffen; Bringolf hat dort gesprochen. Und dann hat mich Walder an ein anderes Treffen nach Niederweningen mitgenommen, es hiess, wir müssten zu den Kleinbauern gehen. Und so sind wir eben hinaus zu den Kleinbauern gefahren. Die haben uns mit Knüppeln empfangen, blutig zusammengeschlagen; schliesslich musste die Polizei uns beschützen. Der Maxim Bleuler, so ein kleines Männchen, war der Chef der Arbeiterwehr, und wir waren mit der Arbeiterwehr und der Schalmeimusik hinausgekommen, das hat die Bauern zusätzlich aufgereizt. Zuerst wurde musiziert, und als wir meinten, wir könnten jetzt zur Ansprache übergehen und der Bleuler – nicht sehr überzeugend – gesprochen hat, ging's im Hintergrund los, da lagen Scheiterhaufen, aus denen die Niederweninger Knüppel herauszogen und damit drein schlugen. Wir sind abgezogen und lange nicht mehr aufs Land hinausgegangen.»

Amalie: «Ich bin in die Rote Hilfe eingetreten, und natürlich auch in die IAH. Für die IAH habe ich von Haus zu Haus gesammelt – Zehner, Zwanziger, Fünfziger. Damals waren das grosse Beträge, die Leute hatten ja kein Geld. Einmal hat mich die Polizei geschnappt – das war mein erster Kontakt mit ihr –, die Sammlung war nicht bewilligt, und ein Bürger hat mich denunziert. Eine Sammelliste mit sieben Franken haben sie mir abgenommen; das Geld haben wir nie zurückerhalten. Wir sammelten für die Textilarbeiter in der Ostschweiz Kinderhilfsbeiträge. Arbeitslosengeld gab's keines, die Textilarbeiter blieben damals monatelang, jahrelang arbeitslos und ihre Kinder waren unterernährt. Ich machte auch den Einzug der IAH-Mitgliederbeiträge im Kreis 1. In diesem Kreis waren ganz arme Arbeiter. Der Mitgliederbeitrag machte zwanzig Rappen aus, und meistens nahm man den Betrag für zwei Monate auf einmal zusammen, aber bei diesen Arbeitern konnte man das nicht tun. Die hatten ihre kleinen Kinder und kein Geld, denen konnte ich nicht vierzig Rappen auf einmal abverlangen. Verglichen mit ihnen kam ich mir ganz reich vor.»

Maurizio: «Ich bin in die Partei mit ziemlich unklaren Ansichten eingetreten, und habe dann bei der MASCH mitgemacht. Dort haben wir ziemlich viel gearbeitet. 1929 war ja die Zeit, wo KPS und SPS scharf gegeneinander auftraten, ich habe diese Gegensätze nie ganz begreifen können. Eigentlich habe ich schon damals gemerkt, dass es eine Übertreibung war, die RGO zu gründen, ich bin halt nicht so ein Rabiater wie viele anderen. Ich bin irgendwie zarter, wie man so sagt, und darum dachte ich, das sei doch übertrieben. Ich hatte schon eine Wut wegen dem Verhalten der SPS, aber sie deswegen Sozialfaschisten undsoweiter zu nennen, das fand ich nicht gut. ...Es ist eben schwierig zu sagen, wie ein Werdegang abläuft, auf einmal hat man das Gefühl, man sei immer so gewesen, wie man schliesslich geworden ist.»

Amalie: «In Zürich waren 1929 bis 1932 ziemlich bewegte Jahre – es gab die grossen Streiks: Monteure, Schneider, Mieter, Schuharbeiter. Wir haben an vielen Streikversammlungen teilgenommen. Es war die Zeit der RGO.»

Maurizio: «Am 15. Juni 1932 habe ich gesehen, wie die Polizei mit Maschinengewehren auf uns geschossen hat, nur zur Abschreckung, getroffen wurde niemand. Aber auf dem Helvetiaplatz hat einer seine Pistole an einem Baum abgestützt und gezielt; ich weiss nicht, ob er abgedrückt hat, aber die Pistole habe ich gesehen. Das hat mich ent-

Die IAH unterstützte im Juni 1932 die streikenden Zürcher Heizungsmonteure. Amalie mit einem Transparent im Demonstrationszug. Foto: Bildarchiv zur Geschichte der Arbeiterbewegung.

setzt. Und am 16. Juni – es hatte einen Toten gegeben – waren alle Strassen voll, 50000 oder 100000 Menschen, von der Polizei war nichts zu sehen und auch nicht von ihren Maschinengewehren.»

Amalie: «Für die IAH habe ich nicht nur gesammelt; ich war auch im Sprechchor. Wir sind an vielen Versammlungen aufgetreten und haben unsere Chöre gerufen:

‹Während die Fahne in China noch stand,
Lodert schon wieder ein neuer Brand!›
Bergarbeiterstreik in England
‹Generalstreik – Generalverrat –
Doch keiner rüstet zur Tat›

Und jede Strophe endete mit dem Refrain:

‹Flattert das Banner der IAH!›

Aktivistin der IAH bin ich fast zufällig geworden. Zwar wollte ich mich schon aktiv betätigen, aber ich war zu schüchtern, mich selber zu melden. Alle, die ich kannte, konnten so gut reden und schreiben... Dann habe ich Liesel und Hans Bruggmann kennnengelernt. Liesel war eine sehr gute Rednerin. Das Einzige, was mich bei ihr gestört hat, war, dass sie in ihren Reden immer wieder auf die Abtreibung zu sprechen kam. Ich wusste schon, das war ein Problem für die armen Leute, vor allem für die Arbeiterfrauen. Aber mich selber hat es noch nicht betroffen.

Wir traten auch der Gesellschaft ‹Freunde der Sowjetunion› bei. Überall hat man ganz kleine Beiträge bezahlt, es hatte ja niemand Geld. Wir sind mindestens zehn Organisationen beigetreten.

Einige Kurse der MASCH habe ich auch besucht. Wir lasen das ‹Kommunistische Manifest›, von dem ich hell begeistert war, und einige ‹Elementarbücher des Kommunismus› – ‹Lohn, Preis, Profit› von Marx, ‹Zur Wohnungsfrage› von Engels, ‹Staat und Revolution› von Lenin. Ich habe nie mehr so viel Elementarliteratur gelesen wie in dieser Zeit. – Das war meine Freizeit.

Der zweite Arbeitsplatz

Als mein Vormund in diese Betrugsgeschichte hineingekommen war, musste ich eine neue Stelle suchen; da blieb ich aber nur zwei Wochen. Es war eine Engros-Lebensmittel-Firma. Der Besitzer verlangte, ich solle dem Lebensmittelkontrolleur schöne Augen machen, damit er die Salami nicht so genau anschaue. Das fand ich unerhört. Ich sollte mit ihm auch in den Keller gehen, damit er dort nicht in die falschen Gestelle guckte; ich habe mich geweigert. Darauf meinte der Besitzer, ich müsste ja wissen, wie man das anstellt, wir hätten ja auch einen Laden gehabt... Aber bei uns hatte man immer alles ansehen können! Hauptsächlich hätte ich schreiben sollen; Abschriften machen und die kleine Kasse führen. Ich führte sie, und am nächsten Tag war kein Geld mehr drin. Sie haben sich aufgeführt, wie wenn ich sie leergestohlen hätte. Später ist das Geld wieder zum Vorschein gekommen, aber das hat mich nicht mehr interessiert. Die Frau des Besitzers war so eklig. Sie hat mir zwar immer Tee gebracht und tat freundlich, aber die Atmosphäre war nicht zu ertragen, alles kam mir so unsauber vor. Nach vierzehn Tagen habe ich gekündigt. Da war ich zwei Monate arbeitslos. Grad zur richtigen Zeit – die IAH wollte mich nach Berlin und vielleicht auch in die Sowjetunion schicken.

IAH-Delegierte in Berlin und in der Sowjetunion

Bei der Aktion für die ostschweizerischen Textilarbeiter-Kinder war ich nämlich die erfolgreichste Sammlerin gewesen. Ich habe rund dreihundert Franken zusammengebracht, das war eine grosse Summe, damals. Darum hat mich die IAH zur Delegierten für den Zehn-Jahre-IAH-Kongress in Berlin gewählt. Da bin ich zum ersten Mal über die Schweizer Grenze gekommen. In Berlin hat mich der Verkehr verblüfft, Zürich kam mir dagegen wie eine Kleinstadt vor. Das war zwei Jahre, bevor die Nazis an die Macht kamen, aber sie zeigten sich schon überall; man hat sie immer gesehen mit ihren Hakenkreuzen und ihren Totenköpfen. Wenn wir in die Kongresshalle gehen wollten, standen sie immer rechts und links herum, wir mussten immer zwischen den Nazis durchlaufen. So etwas hat man in der Schweiz nie gesehen.

Der Berliner Kongress hat uns dann in die Sowjetunion delegiert. Das hatte man uns schon in Zürich gesagt, denn schliesslich musste man genug warme Kleider mitnehmen. Die ganze Reise – Berlin und die Sowjetunion – dauerte einen Monat; alles wurde bezahlt, nur die Eisenbahn bis zur Schweizer Grenze musste ich selber bezahlen. In der Sowjetunion hat man mich nach Usbekistan delegiert; die Bahnfahrt dauerte eine Woche. Viele Frauen waren noch verschleiert. Die Männer hockten in den Teestuben, und die Frauen krampften. Auf einem kleinen Podest sassen sie herum, die Männer, mit verschränkten Beinen, und tranken Tee, den ganzen Tag über, man konnte vorüber-

Die öffentliche Kundgebung der IAH anlässlich des Kongresses im Berliner Sportpalast, Oktober 1931. Auch Theo war an diesem Kongress, kannte Amalie aber noch nicht.

Amalie, 21jährig, während der Reise durch die Sowjetunion.

Teilnehmerinnen und Teilnehmer der Russlanddelegation, die auf dem 10. Jahreskongress der
IAH 8.–15. Oktober 1931 gewählt wurde. Amalie im Kreise der Delegation im Park der Rotarmisten in Taschkent.

gehen, wann man wollte, immer tranken sie Tee. Und wenn man einen Mann auf der Strasse einhergehen sah, lief seine Frau zwei Schritte hinter ihm her.

Emanzipatorischer Kommunismus

Wir haben dort natürlich die verschiedenen Organisationen besucht. Die IAH war auch vertreten, sie hatte sogar ein Filmstudio, schon seit zehn Jahren. Von der Leiterin eines Kindergartens, den wir besuchten, erfuhr ich, wie sie diese Verhältnisse zu ändern versuchten. Sie haben die Frauen zum Beispiel nicht gezwungen, den Schleier abzulegen; sie haben versucht, sie zu überzeugen. Wir haben gehört, dass Kommunistinnen ermordet wurden, weil sie versuchten, diesen Frauen zu helfen. Die Männer wollten nicht, dass ihre Frauen aus dem Harem hinauskämen. Das hat mich schon damals empört. Die Kommunisten haben versucht, die Frauen weiterzubilden; sie mussten neue Methoden erfinden, Unterricht mit Bildern, weil die Frauen Analphabetinnen waren. Sie haben Klubs für Kindererziehung gegründet. Das war eine Möglichkeit, an die Frauen heranzukommen. Die Lebensbedingungen waren sehr unhygienisch – die Menschen wohnten in Lehmhütten, die Mauern wurden mit Kuhfladen isoliert, mit Kuhfladen haben sie auch geheizt – Holz gab's keines. Die Kindersterblichkeit war sehr gross. Wir haben auch Betriebe besichtigt, und man hat uns gezeigt, wie die Frauen verschleiert in die Fabrik kamen, den Schleier zur Arbeit ablegten und ihn nach der Arbeit wieder anzogen. Mit der Zeit liessen sie den Schleier ganz weg – vorausgesetzt, der Mann hatte es erlaubt. Einzelne Männer waren natürlich auch für diese Veränderungen, aber viele Frauen wurden geschlagen. Es gab auch einzelne, die ihren Männern davonliefen. Was mir imponiert hat war, dass man den Frauen keine Veränderungen aufgezwungen hat. Die Frauen waren wirklich daran interessiert; es ging ihnen so schlecht. Sie wollten wirtschaftlich unabhängig werden. Aber das geht nicht von heute auf morgen.

Und diese Versuche, ohne Zwang etwas zu verändern – das war zu Stalins Zeit. Nein, damals war nicht alles negativ. Und wir waren auch nicht so erzogen, dass wir einen Kult um Stalin und Lenin gemacht hätten. Das war eine spätere Generation. An meinen Buben habe ich das gemerkt. Sie waren in der Freien Jugend und bei den Pionieren, und dort gab's diesen Stalinkult. Stalins Geburtstag wurde immer gefeiert. Mich hat das eher gestört.

Ein roter Fanklub

In der Delegation haben sie mich umschwärmt. Da gab's einen Indonesier, und einen Neger aus Pennsylvania, einen Bergarbeiter, der hat zu mir gesagt: ‹After the revolution, I shall marry you.› Der war wirklich nett. Der Indonesier war Student, in den habe ich mich halb verliebt; er sich nicht in mich. Beim Neger war es schon eher umgekehrt. Aber umschwärmt wurde ich schon, auch von Russen. Ein Armenier wollte, dass ich dort bleibe und machte mir die grössten Liebeserklärungen. Ich hätte ohne weiteres dort bleiben können, aber ich sagte, das ginge nicht, ich hätte noch einen Bruder. Da haben alle gelacht – wegen einem Bruder heimgehen, das haben sie mir nicht abgenommen.

Grüsse aus Moskau

Da hatte ich so einen ultralinken Einfall – ich habe alle meine Bekannten und auch meine Verwandten in der Leventina mit Postkarten aus Moskau bombardiert. Man konnte die doch gratis schicken!... Die Fotos waren hässlich, sie hatten damals ganz hässliche Postkarten (sie sind auch heute noch nicht sehr schön). Nur meine Verwandten haben die Grüsse negativ aufgenommen, allerdings haben sie nie ein Wort dazu gesagt. Aber als ich zurückgekommen bin, habe ich ihnen von der Sowjetunion erzählt, und sie haben eigentlich sehr positiv mit mir diskutiert, vor allem mein atheistischer Cousin in Osco.

Heimkehr

Als ich aus der Sowjetunion zurück war, bin ich in die Partei eingetreten. Schliesslich fand ich auch Arbeit beim Sekretär des Schlossermeisterverbandes und anderer Gewerbeverbände.

Parteiarbeit

Ich bin direkt in die Partei eingetreten. Im Kommunistischen Jugendverband war ich nie organisiert. Ich habe mich zwar dafür interessiert, aber niemand hat mich aufgefordert einzutreten, und ich hatte auch Angst, bei der Arbeit Schwierigkeiten zu bekommen.

Gewerkschaftlich war ich nicht organisiert, schliesslich arbeitete ich bei einem Sekretär von Unternehmensverbänden und musste aufpassen. Wenn sie mir dahintergekommen wären, hätten sie mich entlassen. Aber an den 1. Mai-Kundgebungen hab ich immer teilgenommen, ich trug eine dunkle Brille und niemand hat mich erkannt. Auch Maibändel habe ich in Arbeiterquartieren immer verkauft, ich stand schon morgens um sechs auf der Strasse, und Zeitungen hab ich verkauft, den ‹Kämpfer› und den ‹Mahnruf›, die Zeitung der IAH - die Heilsarmee hatte ihren ‹Kampfruf›, das hat mich immer geärgert.

Im Büro habe ich von Montag bis Freitag täglich acht Stunden gearbeitet und am Samstag noch vier Stunden. Abends kam die Arbeit für die Partei. Ich glaubte noch an die Revolution, ich glaubte, wir würden sie noch erleben.

Die Parteimitglieder waren fast alle Arbeiter; sehr viele Frauen – ungefähr ein Drittel der Mitglieder. Ich hatte nie das Gefühl, die Frauen seien diskriminiert; damals bildeten wir uns noch ein, in der Partei sei das nicht so. Viele Frauen waren unabhängig, Arbeiterinnen. Bei den Ehepaaren war's anders, da waren nur die Männer Parteimitglieder, und die Frauen blieben irgendwo im Hintergrund, waren Hausfrauen, die überhaupt nichts zu sagen hatten. Manchmal, wenn ich nach irgendeinem Genossen suchte, schauten sie mich komisch an – Was will die von meinem Mann? Ich war ganz ahnungslos und hab erst mit der Zeit gemerkt, dass das eine Rolle spielt. Aber mit der Zeit hat sich's gegeben und sie merkten, dass ich ihnen ihren Mann nicht wegnehmen wollte.

Als ich aus der Sowjetunion zurückkam, war grade der Streik der Schuharbeiterinnen in Brüttisellen. Dort habe ich über meine Reise berichten müssen, in einem Restaurant vor einem kleinen Kreis von zehn oder fünfzehn Leuten. Ich hatte wahnsinnig Angst. Aber es ging gut, es war eigentlich nichts Besonderes.

Funktionärin?

Es gab die Zellensitzungen, dann die Hausagitation, die Landagitation, Unterschriftensammlungen, Wahlkampagnen. Die Zelle war die unterste Organisationsstufe; fast alles Quartierzellen mit zehn bis fünfzehn Mitgliedern. Betriebszellen hatten wir fast keine, auch wenn es auf jedem Parteitag hiess: ‹Hinein in die Betriebe!› Zellenversammlungen fanden alle vierzehn Tage statt, zum Teil sogar jede Woche. Wir wohnten am Albisriederplatz, also kam ich in eine Zelle, die zum Kreis 3 gehörte, und dort bin ich bald Zellenobmann geworden. Damit kam ich automatisch in die Kreisleitung. Und die Kreisleitung hat mich 1932 zum Mitglied der Zürcher Parteileitung gewählt. Das ging viel zu schnell, aber sie waren über jedes aktive Mitglied froh. Eine grosse Rolle habe ich nie gespielt, in der Parteileitung habe ich mich nicht ein einziges Mal zu Wort gemeldet, aber ich habe meine Arbeit zuverlässig und so gut ich konnte gemacht. In der Parteileitung sassen etwa dreissig Leute, darunter Otti Schütz, Otti Brunner und andere Mitglieder mit grosser Erfahrung in der Arbeiterbewegung und in Streikkämpfen. Es gab intensive Diskussionen, aber die Grundsatzdiskussionen wurden in den Zellen geführt, und zwar aufgrund der Papiere, die die Parteileitung herausgab.

Antifaschistische Emigranten

Als sich Esther politisiert hatte, arbeitete sie vor allem für die illegale Kommunistische Partei Italiens. Sie hat im Auftrag der Roten Hilfe italienische Flüchtlinge betreut, für Unterkunft und Essen gesorgt. Wir haben bei uns immer italienische Emigranten aufgenommen, auch wenn wir kein Geld hatten, auch wenn später die Lebensmittel rationiert waren. Sie mussten bei uns immer mehr als bescheiden essen, aber wir haben uns gut verstanden.

Mario Martini

Bei dieser Arbeit hat Esther Mario Martini kennengelernt. Er hat bei uns zwei Jahre als Illegaler gewohnt. Mario Martini ist Esthers Freund geworden. Sie konnten nicht heiraten, weil Mario immer weiter von Land zu Land getrieben worden ist. Mario hat uns praktisch den Haushalt gemacht und uns politisch geschult. Er hat mich auf Jack Londons ‹Eiserne Ferse› gebracht und mich über den italienischen Faschismus orientiert. Er wusste, von was er sprach. Die Faschisten hatten ihn gefoltert.

Als Mario zu uns kam, wohnten wir noch an der Grebelackerstrasse, er ist mit uns an die Agnesstrasse umgezogen und dann an den Albisriederplatz. Da hatten wir eine Hausdurchsuchung, die Polizei hat irgendwelches Material gesucht, aber nichts gefunden. Und der

Mario (links) und Esther auf dem San Bernardino Pass, 1967.

Esther Longa.

Mario stand einfach an einer Zimmertür und tat, als repariere er das Türschloss; kein Mensch hat seinen Ausweis sehen wollen. Ich glaube heute noch, dass die ‹Tschugger› genau wussten, wer er war, aber absichtlich nichts gesagt haben. Ich glaube, das waren anständige Typen. Nach draussen ist er wenig gegangen, aber gelegentlich hat er eine Versammlung besucht, auch als Redner. Er konnte gut reden, er war ein Naturtalent. Er war in der KPI organisiert. An einer Versammlung ist er gegen den Professor Schiavetti aufgetreten, der damals noch Republikaner war. Professor Schiavetti hat die Scuola d'Italia organisieren geholfen, das war eine antifaschistische Schule, ein Gegengewicht zur faschistischen Casa d'Italia.»

Maurizio: «Schliesslich ist er aus Unachtsamkeit hochgegangen. Er ist ein- und ausgegangen, hat für unsern Haushalt eingekauft, als ob er ein Schweizer wäre – und irgendeinmal ist die Polizei vorbeigekommen, wegen einer blossen Formsache. Da glaubte er, jetzt gelte es ihm, hat versucht, sich in der Wohnung zu verstecken, und das haben die Polizisten gesehen.

Er hat noch in Moskau die Leninschule mitgemacht, in späteren Jahren war ich aber enttäuscht über die Ansichten, die er gehabt hat. Ich konnte nicht verstehen, wie ein Marxist solche Meinungen, geradezu metaphysische, vertreten kann. Er ist auch ins Moralisieren geraten, in ein kleinbürgerliches Moralisieren...»

Amalie: «Mario ist später zu uns zurückgekommen, 1942. Er war im Internierungslager, und wir haben ihn hierherkommen lassen können, Esther war damals auch bei uns. Er hat sich unter seinem richtigen Namen angemeldet, den wir gar nicht gekannt hatten.

Esther und Mario haben den Kontakt zu Theo und mir nie abgebrochen, auch später nicht, nachdem Theo aus der KPS ausgeschlossen war, obwohl sie beide treue Mitglieder der PCI waren. Das hat mir unheimlich Eindruck gemacht. Aber sie kannten uns eben zu gut.

1933

Die nationalsozialistische Machtübernahme war niederschmetternd. Mario sagte, die deutschen Genossen hätten aus dem Sieg des italienischen Faschismus nichts gelernt.

Wir hatten die AIZ abonniert, und wir warteten jede Woche gespannt auf das Bild mit den Fotomontagen von John Heartfield – da-

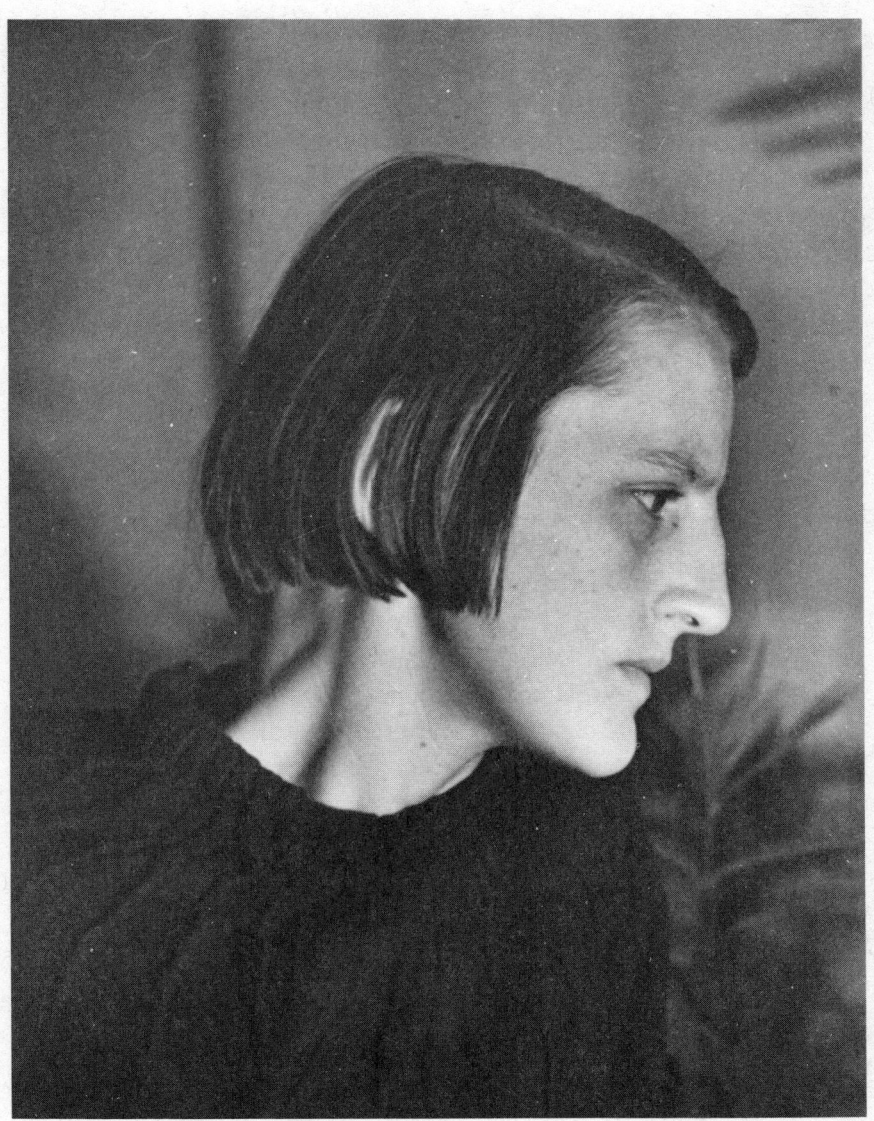
Amalie. Foto: Jolande Custer, 1935.

mals wussten wir natürlich nicht, wer das war; er hat immer wieder gezeigt, was hinter den Nationalsozialisten stand.

Ende 1933 kam dann der Reichstagsbrandprozess in Leipzig. Bis weit ins Bürgertum hinein hat man mit Dimitroff sympathisiert. Mein Chef kam in mein Büro herüber, die NZZ in der Hand, und sagte: ‹Der hat's ihnen wieder gegeben!› Und dann las er aus dem Prozessbericht vor. Wenn er über Mittag nach Hause ging, hab ich die Zeitung aus dem Papierkorb gekramt – ich hatte kein Geld, mir die NZZ zu kaufen –, las den Prozessbericht und steckte die Zeitung wieder in den Papierkorb.

Trotzkismus

Ich bin in eine Diskussion mit einer Frau hineingeraten, die meinte, diese Entwicklung habe ihre guten Gründe. Ich habe sie schliesslich gefragt, ob sie Trotzkistin sei – sie hat auch die Sowjetunion kritisiert. Und sie war tatsächlich Trotzkistin. Als ich das zu Hause erzählte, hat mir Mario empfohlen, Lenins ‹Der linke Radikalismus – Die Kinderkrankheit im Kommunismus› zu lesen. Ich war entsetzt, weil ich mit dieser Frau die längste Zeit diskutiert hatte, ohne zu merken, dass sie Trotzkistin war. Trotzkismus war damals das Schlimmste, was einem passieren konnte. Wir waren nicht erzogen, diese Dinge kritisch zu sehen, und es gab scharenweise prominente Leute, Barbusse und andere, die für die Sowjetunion geschwärmt haben. Nicht nur wir Dummköpfe haben daran geglaubt, auch ganz andere, gescheite Leute.

Liebesgeschichten

Ich habe lange um meinen tschechischen Schneider getrauert. Aber kurz bevor ich in die Sowjetunion gefahren bin, habe ich mich ein bisschen mit einem Bauzeichner angefreundet. Er interessierte sich für mich, aber ich war überhaupt nicht verliebt – bei mir geht das einfach lange. Ich stehe nicht so schnell in Flammen. Aber als ich zurückgekommen bin, habe ich mich doch mit diesem Bauzeichner befreundet. Es ist eine gute Beziehung geworden, aber nicht mehr. Der Bauzeichner bekam eine Anstellung in Basel. Immer dieses Hin und Her. Und ich wusste auch ganz genau, was passieren würde, wenn er kam. Das konnte ich nicht ausstehen. Ich wusste, er kommt, wir gehen ins Kino, dann gehen wir nach Hause und dann gehen wir ins Bett. Ich ertrug das nicht. Auf jeden Fall hat es mir wahnsinnig ‹gestunken›. Einmal habe ich vergessen, zu ihm nach Basel zu fahren und bin an eine Partei-versammlung gegangen. Das hat er mir übelgenommen. Aber er war auch ein Parteigenosse, ein treuer.»

Die dreissiger Jahre

Einander kennenlernen, zusammenleben

Amalie arbeitete nun also in einem Sekretariat, das den Schlossermeisterverband und andere Gewerbe betreute. Aber Theo haben wir mit seinem Velo irgendwo auf Zürichs Strassen stehen lassen, im März 1933. Was nachzutragen ist, lässt sich schnell erzählen.

Theo fand ein möbliertes Zimmer bei Frau Späny, bei der sich 1908 schon seine Eltern eingemietet hatten, und er trat in die KPS über. In Berlin hatte seine Mutter – kaum sass er in der Eisenbahn – einen Stapel Wurstkisten besorgt, Theos 1800 Bücher und die Zeitschriften hineingepackt und nach Zürich spedieren lassen. Die Transportkosten waren beträchtlich.

Die unentbehrlichen Möbel hatte Theo bald einmal beisammen; Betten und anderes lagerte in einer Halle bei Kuoni. Ungarische Genossen aus Berlin, die über die Schweiz später nach Paris gingen, hatten sie aus der Nazi-Zeit herübergerettet und, als sie die Möbel nicht mehr brauchten, zu Kuoni gebracht. Anfang Juli 1933 verheiratete sich Theo. Eine Scheinehe, damals wie heute eins der wenigen Mittel, Emigrant/innen ein Verbleiben in der Schweiz zu sichern. Theos Frau war Hanna Oppenheim, die in den zwanziger Jahren, als Jura-Studentin, oft bei der Familie Pinkus zu Gast gewesen war, und deren Eltern Theo die erste Berliner Unterkunft anboten.

Theo war ohne Aussicht auf Arbeit in Zürich angekommen; in der Schweiz suchten rund 70000 Arbeitslose eine Stelle, die Krise spitzte sich laufend weiter zu. Aber Theo hatte Glück. Bald schon traf er seinen Berliner Genossen Heinrich Kurella, der als Unterbezirksleiter des KJVD Berlin-Schöneberg wegen ungenügender Abgrenzung gegen die KP-Rechte abgelöst, aber gleich mit andern Parteiaufgaben betraut worden war. Kurella amtete inzwischen als – illegaler – Leiter der Rundschau-Nachrichtenagentur RUNA in Zürich und suchte eine geeignete Person für den Posten eines – legalen – Redakteurs.

Theo, Schweizer, journalistisch erfahren, politisch zuverlässig, war genau die richtige Person. Kurella konnte seine Komintern-Vorgesetzten von Theos Wünschbarkeit überzeugen, und Mitte 1933 war Theo angestellt. Er blieb fünf Jahre lang RUNA-Redakteur. Die RUNA war eine von Schweizer Kommunisten gegründete Genossenschaft, als Präsident amtete Jules Humbert-Droz. Sie bildete einen relativ umfangreichen Apparat, weil sie nicht eine, sondern drei Redaktionen umfasste: der Pressedienst erschien in einer deutschen, einer französischen und einer englischen Ausgabe. Die englische Ausgabe wurde von zwei – nicht gemeldeten – Engländerinnen redigiert, die französische entstand im legalen Büro unter Leitung von Jenny Humbert-Droz, die deutsche ebenfalls im gleichen legalen Büro unter Theos Redaktion. Gegenüber der Komintern war zuerst Heinrich Kurella, später Guido Zamis verantwortlich.

Einige Redakteure hielten sich zeitweise illegal in der Schweiz auf – zum Teil ohne Aufenthaltsgenehmigung, die meisten ohne Arbeitsgenehmigung –, und alle standen unter dem Druck der Vorschriften, die eine politische Betätigung von Ausländern unter Strafe stellten.

Der «Rundschau-Nachrichtendienst» stellte den Tagespressedienst der Komintern her – eine Zusammenstellung von Komintern-Meldungen, Nachrichten aus der internationalen kommunistischen Presse, gelegentlich auch polemischen Auseinandersetzungen mit Berichten und Kommentaren der bürgerlichen Presse. Er wurde – in einer Auflage zwischen 150 und 200 Stück – an Zeitungen, Zeitschriften, Presseagenturen und kommunistische Parteileitungen versandt. Jeden Tag musste eine Reihe von Meldungen aus den einlaufenden Materialien gefiltert, redigiert, auf Matrizen getippt, vervielfältigt und zusammengebündelt zur Post gebracht werden. Nach Möglichkeit sollten die Meldungen des Pressedienstes «pfannenfertig» an die Redaktionen der Arbeiterpresse und an die Parteileitungen gehen. Die RUNA lieferte täglich zwischen fünfzehn und dreissig Seiten Text. Das Material kam aus vielen Quellen. Da standen an erster Stelle die Telegramme der Komintern aus Moskau: Beschlüsse der Komintern, der KPdSU, Nachrichten aus den verschiedenen Sowjetrepubliken, Berichte, Kommentare. An zweiter Stelle: Zeitungen und Zeitschriften aus verschiedenen Ländern. Drittens, und von nicht geringer Bedeutung: private Mitteilungen; Briefe, oft konspirativ unter grosser Gefahr aus Ländern mit antikommunistischen Regimes hinausgeschmuggelt.

Telegramme, Zeitungsmeldungen und so weiter «in ein einigermassen einwandfreies Zeitungsdeutsch» zu bringen, war hauptsächlich Theos Aufgabe. Diese wurde nicht unwesentlich dadurch erleichtert, dass in der RUNA eine ausgezeichnete Typistin arbeitete: Fiete Ketzler, eine Deutsche, die schon bei der Inprekorr mitgearbeitet und nach der Emigration einen Schweizer geheiratet hatte, also legal und unauffällig bei der RUNA eingestellt werden konnte. «Sie schrieb wie ein Maschinengewehr, man musste sich sogar beim Diktieren beeilen.»

Die eigentlichen Artikel – Zusammenzüge und Übersichten aus telegraphischen Meldungen, Zeitungsberichten und den gelegentlich einlaufenden Briefen – konnten unter geringerem Zeitdruck geschrieben werden. Hinzu kamen Polemiken oder Richtigstellungen.

Mit den «illegalen» Mitarbeitern traf sich Theo irgendwo auf der Strasse. Oft verfügten die illegalen Redakteure ihrerseits über konspirative Quellen, von denen wiederum die legalen Redakteure nichts zu wissen bekamen. Die erforderlichen «Kurierdienste» übernahmen, neben Theo, die Zürcher KP-Genossen Emil Schrämli und Hugo Stolle. Gelegentlich konnten die RUNA-Produzenten ihre Meldungen an einem der nächsten Tage im «Kämpfer» oder im «Volksrecht» wiederfinden.

Ja, auch im «Volksrecht». Die RUNA bildete eine der wenigen Kontaktstellen zwischen SPS und KPS, noch bevor die grosse Wende zur Volksfront 1935 von der Komintern beschlossen wurde. Das war vor allem deshalb möglich, weil der Leiter des sozialdemokratischen Pressebüros INSA, Otto Pünter, antifaschistische Arbeit für wichtiger hielt als Ausgrenzungen innerhalb der Arbeiterbewegung. Pünter nahm früh Kontakte zur italienischen antifaschistischen Emigration auf und beteiligte sich auch an ihrer illegalen Arbeit. Im Zweiten Weltkrieg war er in der Gegenspionage aktiv und stand in Verbindung mit Alexander Rado und der Roten Kapelle.

Im übrigen blieb die Wirkung der RUNA in der Schweiz sehr begrenzt. Sie diente hauptsächlich dazu, den Informationsfluss zwischen der Kominternzentrale, den kommunistischen Parteien in Europa – vor allem den Exilparteien – und der kommunistischen Presse – soweit sie noch vorhanden war – aufrechtzuerhalten. Ausser dem «Kämpfer» und allenfalls dem «Volksrecht» hätte sich wohl keine schweizerische Zeitung dazu hergegeben, RUNA-Meldungen nachzudrucken. Eine nicht unbeträchtliche indirekte Wirkung dürfte die RUNA dagegen gehabt haben, weil sie die in Basel erscheinende «Rundschau» mit Material versorgte. Die «Rundschau» wurde – in Kleinformat und soweit das möglich war – an kommunistische Gruppen auch in faschistisch beherrschte Länder geschmuggelt und dort während der dreissiger Jahre in den noch erscheinenden konspirativen Mitteilungsblättern ausgewertet. Zwei kleine Einblicke in diese Form der Informationsarbeit liefert uns Theos Korrespondenz. Am 5. April 1934 schrieb einer von Theos Mitaktivisten in der «Angestelltenbewegung» aus Berlin: «... Mit noch zwei Genossen haben wir vor einiger Zeit eine neue Angestelltenleitung gebildet, die bis jetzt zehn Industriegruppen [umfasst]. Poststellen und Kurierapparat ist geschaffen. ... Eine zentrale Pressekommission gibt den Leitern die nötigen Informationen für ihre Zeitungen. ...»

Diese Gruppe ist ziemlich sicher noch 1934 hochgegangen. Auf die Gefährlichkeit der konspirativen Zeitungszustellung weist Felix Pinkus schon im Juli 1933 brieflich – aus Paris – hin: «Die ‹Kommunistische Internationale› schicke ich Dir zurück. Wenn Du sie an Lieschen schicken willst, mach das auf Deine Kappe. Ich will es nicht tun. Nachdem jetzt für Verbreitung von Literatur die Todesstrafe eingeführt ist, wird man die Empfänger auch nicht unbehelligt lassen. Die Sendung per Post wird überhaupt nicht mehr angängig sein.»

Aus einem von Lieschens Briefen wissen wir freilich, dass sie noch im August oder September 1933 eine «Rundschau» zugesandt bekam.

In den fünf Jahren seiner RUNA-Arbeit hat Theo redaktionell rund dreissigtausend Schreibmaschinenseiten überwacht und einen Teil davon selber verfasst. Wie konnte er diese Erfahrung nutzen? Theo kommentiert:

«Meine Berufsarbeit war gleichzeitig eine Schule – und ich habe auf dieser Schule bestimmt mehr gelernt als viele andere auf einer Hochschule, vor allem über die weltweite Entwicklung der kommunistischen Bewegung. Was wir damals zusammengestellt haben, gehört heute zum wichtigsten Quellenmaterial – nicht nur zur Geschichte der Komintern und zu der des Faschismus, sondern auch zur Urgeschichte der nationalen, antiimperialistischen Befreiungsbewegungen. Allerdings muss ich eine Einschränkung machen: wir haben über viele Dinge nicht berichtet, und von manchen haben wir nicht einmal erfahren. Über die Moskauer Prozesse brachten wir den offiziellen Bericht; die Hintergründe kannten wir höchstens in Bruchstücken. Andere haben mehr erfahren als wir, auf anderen Wegen, und ihre Kenntnisse wurden – verständlicherweise – auch antikommunistisch ausgewertet; manche dieser Berichte entsprachen trotzdem der Wahrheit. Wir haben das alles von uns weggeschoben, wir haben alle Kritiken für Phantastereien und Unsinn gehalten.»

Die RUNA war eine Schule. Sie war auch ein Betrieb, und sie wurde nach dem Prinzip geführt, dass oben entschieden wird. Eine der gravierenden Entscheidungen, die der mittlere Kader Theo Pinkus im Auftrage der Leitung zu vollstrecken hatte, war eine Kündigung: «Bei der RUNA arbeitete Emmy Bek, die sich zu jener Zeit mit dem damaligen KP-Sekretär Willi Nöthiger angefreundet hat. Nöthiger wollte 1935 die Beschlüsse des Siebten Weltkongresses der Komintern nicht akzeptieren; er hielt die Volksfrontlinie für falsch. Darum hat man ihn aus der Parteileitung ausgeschaltet, mit andern zusammen. Und ich bekam den Auftrag, Emmy Bek zu entlassen. Ich habe ihr gesagt, ich könnte ja selber nichts dafür, aber sie müsse doch einsehen, dass sie nicht eine Beziehung mit Nöthiger aufrechterhalten und gleichzeitig in der RUNA arbeiten könne. Sie hat es nicht eingesehen und mir die Kündigung schwer verübelt. Ich kam mir auch nicht grade als Held vor, aber die Parteidisziplin verlangte eben solche Massnahmen.»

Man brauchte aber nicht nur im falschen Schlafzimmer zu liegen, um gekündigt zu werden. Nach fünfjähriger Arbeit flog Theo selber hinaus, vermutlich, weil er den falschen Gesprächsfreund gehabt hatte, vielleicht auch nur, weil er zum Brennpunkt eines administrativen Kompetenzkonflikts geworden war. Wenig Glück hatte Theo bei seiner Suche nach einer Freundin.

Zwar schreibt Felix Pinkus im Oktober 1933: «Wir freuen uns sehr über Deine neue Freundin. . . . So hast Du also als einziger Kommunist vom Wahlkampf profitiert.»

Im Februar 1934 aber muss Lieschen, zwischen konspirativen Plänen, Trost und Lebensweisheit spenden: «Ich bin ja gar nicht so sehr überrascht über Deinen Misserfolg bei Deiner Freundin. Erstens mal kümmerst Du Dich viel zu wenig um Deine Freundinnen überhaupt. Mädels wollen immer, dass man sich *sehr* für sie interessiert, nicht bloss für ihre wirtschaftliche Seite, sondern auch für allen andern Quatsch. Mag er Dich vielleicht nur wenig oder gar nicht packen, so musst Du eben Cavalier sein und so tun als ob. . .»

Theo hat sich diese Empfehlung mit Bleistift angestrichen.

Nun, Amalie und Theo verkehrten in denselben Kreisen, und allzu unübersichtlich waren diese Kreise nicht.

Amalie: «1933 sind wir vor dem Volkshaus mit Fritz Heeb in eine Diskussion geraten. Damals war er noch Student, und er hat nur sehr herablassend mit uns Kommunisten gesprochen. Wir haben darüber gestritten, wer an der nationalsozialistischen Machtergreifung schuld hat. Wir sagten: die Sozialdemokratie. Und Heeb sagte: die Kommunisten. Es war keine sehr fruchtbare Diskussion. Wir haben uns sehr ereifert, ich habe den Heeb ziemlich angeschrieen. Da kam Theo dazu, er war gerade aus Deutschland ausgewiesen worden. Er konnte erzählen, wie es wirklich zugegangen ist, und er konnte ganz sachlich reden. Theo sagte: Die Schulddiskussion können jetzt Kommunisten und Sozialisten in den KZs führen. Da hat der Heeb nicht mehr viel zu sagen gewusst.

Das nächste Mal, als ich den Theo gesehen habe, ist er in einem abgeschossenen grünen Polohemdchen dahergekommen und hat sein Velo gestossen. Er hatte ja nichts als sein Velo. Und ich hab mir gedacht: das ist auch so ein armer Teufel wie ich. Und ein paar Mal habe ich ihn bei Versammlungen bemerkt.»

Theo: «Zum ersten Mal haben wir uns eigentlich im ‹Inti› gesehen.»

Das Restaurant Internationale lag im Kreis 4, an der Körnerstrasse, und wurde vom italienischen Ehepaar Bertozzi geführt. Hier trafen sich vor allem die italienischen Emigranten, Frau Bertozzi deckte für sie in einem Hinterzimmer, das Essen kostete wenig oder auch nichts. Nur am Samstag war das Hinterzimmer anderweitig belegt – da wurden aufwendigere Menüs für betuchte Kunden zubereitet.

Vor allem die Kommunisten verkehrten im «Inti»; die sozialdemokratischen Emigranten konnten anderswo gratis essen – in der «Cooperativa» an der Militärstrasse etwa. Zum «Inti» gehörte auch ein Sitzungszimmer, in dem am Sonntagmorgen kontradiktorische Veranstaltungen stattfanden – PCI gegen PSI, PCI gegen die Republikaner – und an den Wochentagen konnte die KPS das Zimmer benutzen.

Theo: «Da war irgendein Kurs, und ich sollte einen Vortrag halten, und Du warst auch dort.»

Amalie: «Das weiss ich nicht mehr, Du hast mich wahrscheinlich nicht beeindruckt, oder Dein Vortrag nicht.»

Theo: «Auf alle Fälle habe ich meinen Vortrag gehalten und Dich angeschaut.»

Amalie: «Das hast Du nicht, jetzt fällt's mir wieder ein, an mir vorbeigedrängelt hast Du dich und mich so angestarrt, richtig zudringlich. Sophie Kirschbaum meinte später, ich sollte einen Büstenhalter tragen. Da habe ich einen gekauft, zum ersten Mal in meinem Leben. Ich war gar nie auf die Idee gekommen, ich brauchte einen, mir hat niemand gesagt, das sehe man. Heute seh ich's auch, wenn ein Mädchen keinen Büstenhalter trägt. – Kennengelernt haben wir uns in der Partei, damals war ich in der Kreisleitung, und Kirschbaums, bei denen Du immer gegessen hast, gehörten zu meinem Stadtkreis; ich hab sie gekannt, bevor ich dich kennenlernte und wahrscheinlich haben wir uns dort gesehen.»

Dass Amalie und Theo einander irgendwo im Umfeld der Partei getroffen haben, ist sicher: wo hätten sie denn sonst zusammenkommen sollen? Wenn andere Leute Freizeit hatten, arbeiteten sie für die Partei.

Noch etwas ist sicher: das wichtigste Datum. Der 10. Mai 1934, Auffahrt.

Theo: «Am Auffahrtsmorgen fand im Limmathaus eine Arbeitslosenversammlung statt. Redner war Hans Anderfuhren [den Theo noch aus der Freibundzeit kannte]. Nach dieser Arbeitslosenversammlung bin ich zu Amalie an die Agnesstrasse gegangen und habe ihr vorgeschlagen, ihre Arbeit doch einmal zu unterbrechen.»

Amalie: «Neben der andern Parteiarbeit führte ich damals auch noch die Administration von ‹Falce e Martello›, und die Auffahrt kam mir grade recht für die Adressbearbeitung. Dann tauchte der Theo auf und wollte mich überzeugen, man dürfe nicht ganz in der politischen Arbeit aufgehen. Ausgerechnet Theo... Und so sind wir auf dem Velo zum Zürichhorn gefahren. Es war ein wunderschöner Maiabend. Im Tiefenbrunnen sind wir eingekehrt, dort, wo heute die ‹Fischerstube› steht. Damals stand dort ein andres Restaurant, aber auch ein bisschen ein gehobenes Lokal. Ich war noch nie drin gewesen. Wir haben beide einen Cervelat und ein Glas Most bestellt. Bezahlt habe ich selber. Ich hätte nie gewollt, dass ein Mann mein Essen bezahlt. Wir hatten es gut miteinander. Später fragte er, ob ich nicht noch auf sein Zimmer kommen wolle. Ich bin auf sein Zimmer mitgegangen, hab mir gedacht, eigentlich sei ich ein selbständiger Mensch, warum sollte ich nicht auf sein Zimmer gehen. Ich hatte schon meine Beden-

Amalie und Theo.

ken, schliesslich gab's da noch meinen Freund, und es kam mir nicht ganz korrekt vor. Aber ich hab mir gedacht, ich könnte ja immer noch nach Hause gehen, Theo würde wohl nicht gewalttätig werden und mich zwingen. Er hat es dann ganz raffiniert gemacht. Und ich bin halt bei ihm geblieben. Bis heute.

Zuerst war ich ganz starr. In meinem Leben hatte ich kein solches Zimmer gesehen, alles voll Bücher, vom Boden bis zur Decke. Dann hat er ein Buch hervorgeholt, Masereels Bildroman ‹Geschichte ohne Worte›. Eine Liebesgeschichte mit einem ganz prüden Mädchen, das immer nein sagt. Ich hatte nicht nein gesagt. Noch nicht. Und er hat einfach vorweg drauf eine Antwort gehabt. Ich habe mir das Buch angeschaut. Und natürlich sagt das Mädchen zu guter Letzt ‹ja›. Theo hatte einen Toaster, den hat er eingeschaltet und Toastbrötchen gemacht. Ich hatte in meinem Leben noch nie Toast gegessen. Und dann hat er Musik gemacht. Ich hatte noch nie einen Freund, der für mich mit dem Grammophon Musik gemacht hätte, wie Theo das tat. Alles hat irgendwie gepasst, und er war immer sehr nett. Schliesslich hat er mich eben gefragt, ob ich nicht bleiben wolle, und ich habe mich ein bisschen geziert. Ich wollte eigentlich noch nicht, aber ich war irgendwie sehr beeindruckt von seinem Auftreten. Er kam aus einer Welt, die ich nicht kannte, einer kulturellen Welt, einer kultivierten Welt, er hatte viel erlebt, er war sehr gescheit. Da bin ich halt geblieben. Und noch etwas hat mich sehr beeindruckt. Ich lag schon im Bett, zugedeckt, in Unterkleidern. Und Theo hat sich nackt ausgezogen und ist im Zimmer umhergegangen, hat hier etwas beiseitegelegt, dort einen Schalter ausgedreht, was weiss ich, allerhand kleine Dinge. Und ich habe ihn die ganze Zeit angesehen, weil er so nackt im Zimmer umherging. Es war etwas sehr Humanes, diese Nacktheit. Meine Eltern hatten sich auch ziemlich frei nackt gezeigt, mein Bruder auch, später habe ich das nie mehr erlebt. Ich hatte nie mehr einen nackten Menschen gesehen. Das hat mich sehr beeindruckt, vor allem, weil Theo so unvorteilhaft aussah. Ich hatte an ihm nichts besonders schön gefunden, nichts derartiges hatte mich zu ihm gezogen.

Mit Theo habe ich dort übernachtet, und es war schön, und ich bin geblieben bis zum Morgen. Wir sind ganz früh aufgestanden, haben die Velos auf den Zürichberg gestossen und im alkoholfreien Restaurant gefrühstückt. Und dann fuhren wir alle die Kurven wieder hinab in die Stadt, ich ins Büro und er in seine Redaktion.

Theo hat so unattraktiv ausgesehen, aber je länger ich ihn kannte, desto mehr gute Eigenschaften kamen zum Vorschein. Alle meine früheren Freunde waren am Anfang tolle Typen, und mit der Zeit kam das ans Licht, und dann dieses und dann jenes... bis ich mir sagte, nein, das geht nicht. Und bei Theo war es genau umgekehrt. Zuerst hatte ich ein Vorurteil, und dann kamen immer mehr gute Eigenschaften hervor, und ihretwegen hat es sich gelohnt, eine stärkere Beziehung aufzubauen.»

Dazu gehören auch Ruhepunkte, und sie zu finden war nicht leicht. Natürlich sah man sich bei der Parteiarbeit (seit Ende 1933 gehörten beide der kantonalen Parteileitung an). Ausserhalb der Parteiarbeit aber blieb kaum freie Zeit, um so dringender wäre die Wohnungsfrage gewesen. Jedoch, Maurizio hielt nicht viel von Theo, und die Wohnung an der Agnesstrasse, die Amalie, Esther, Maurizio und Mario teilten, war auch ein unruhiger Ort – alle vier gingen ihren politischen Arbeiten nach, die recht wenig Überschneidungen boten; Esther und Mario waren durch ihre illegale Arbeit erst recht zum Schweigen und zur Absonderung gezwungen. Theo hatte nichts als sein Zimmer an der Hochstrasse. Wenn Amalie und Theo zusammen sein wollten, machte sich Amalie immer auf den Weg zu Theo. Einen wichtigen, wenn auch nicht ruhigen Ort gab es, an dem man sich sah: das Haus der Familie Kirschbaum.

Vater und Mutter Kirschbaum waren nach dem Zusammenbruch der russischen Revolution von 1905 nach Zürich ausgewandert, wo der Vater unter grossen Mühen eine kleine Schreinerei an der Zurlindenstrasse aufbaute. Genossen waren immer willkommen; wer essen wollte, zahlte einen kleinen Unkostenbeitrag in die Haushaltskasse. Amalie, die um die Ecke wohnte, hatte die Familie Kirschbaum in der Partei kennengelernt, und eine der Töchter, Sophie, arbeitete als Typistin bei der RUNA. Verschiedene RUNA-Mitarbeiter, legale wie illegale, assen regelmässig bei Kirschbaums. Kurz, man sah sich bei Kirschbaums, am riesigen Mittagstisch, oder auf einem der vielen Feste (einmal gab's ein Brötchenfest, da verschwand die Tischplatte unter Dutzenden von Brötchen aller Formen und Sorten).

Theo: «Mutter Kirschbaum stand den ganzen Tag in der Küche, eine richtige jüdische Mutter, die einem dichtgeknüpften Haushalt vorstand: eine ostjüdische Familie aus lauter Kommunisten. Das Haus war eine Art Kulturzentrum, ohne ‹hochkulturelle› Ansprüche, dort hat man sich getroffen, dort hat man diskutiert.»

Gespräche über die Treue zur Partei

Zwei Erschütterungen, die man in einem Atem zu nennen zögert, und die sich doch nicht voneinander ablösen lassen: die Moskauer Prozesse und Theos Entlassung bei der RUNA. Zwei Erschütterungen, die eines verbindet: sie könnten ein Mitglied einer Kommunistischen Partei zweifeln lassen, ob sie oder er noch in diese Partei gehöre. Zwei Erschütterungen, die eine Nachprüfung zu erzwingen scheinen: Wem glaube ich? Auf wen verlasse ich mich? Zwischen welchen Berichten wähle ich aus? Wie entscheide ich zwischen eigener Erfahrung und Erklärungen des Apparats?

Mit schrecklicher Leichtigkeit schlüpft man in die Anklägerrolle: Wie konntet Ihr nur...! Warum habt Ihr nicht wenigstens...? Ein paar ganz einfache Fragen haben wir nicht einmal gestellt – es ging zuerst und zuletzt um eine einfache Moral. Einmal: «Die Moskauer Prozesse», damit sind die grossen Prozesse gemeint, mit denen Stalin und seine Gruppierung in der KPdSU die (potentiellen) anderen Gruppierungen an der Spitze von KPdSU und Roter Armee ausschalteten: Rund sechzig Angeklagte standen vor Gericht. Bei ihnen verweilt die politische Erinnerung. Die Tausende von untergeordneten Funktionären, unteren Offizierschargen, einfachen Parteimitgliedern, die in diesen Jahren – mit oder ohne Verfahren – gefangengesetzt, verbannt oder ermordet wurden, kommen nur irgendwo im Hintergrund des Gedächtnisses vor. Und selbst sie finden noch mehr Beachtung als die seit 1918 mit oder ohne Verfahren gefangengesetzten, verbannten oder ermordeten Sozialrevolutionäre, Anarchisten, Christen, «Techniker» und Bauern. Warum, das wären die einfachen Fragen, verdichtet sich die Diskussion auf jene eine bestimmte Prozesswelle? Warum scheint nichts so wichtig wie die blutige Austragung eines Streits um die Führung der UdSSR und der KPdSU? Warum ist die Rede von einem zeitlich beschränkten Abschnitt in der Grossen Politik – und nicht von der gewaltsamen Konsolidierung der Herrschaft der KPdSU in der Sowjetunion?

Zum andern: Warum sollten justament die «Moskauer Prozesse»

ein Problem darstellen? Und wie wird das Problem gestellt? Gelten die «Moskauer Prozesse» bloss darum als erschütternd, weil man sie nicht als Etappen in einem Machtkampf betrachtet, sondern als Angriff auf Unschuldige, auf alte, verdiente revolutionäre Genossen? Wäre das Schicksal der Sinowjew, Bucharin, Radek, Tuchatschewski, ...für Linke auch noch erschütternd, wenn diese wirklich eine Verschwörung gegen die KPdSU, will sagen: gegen die Stalin-Gruppierung, gebildet hätten?

Beide Fragen gehören zusammen. Sie gehören zusammen, weil die Diskussion über die «Moskauer Prozesse» unter der Voraussetzung geführt wird, in der Geschichte der KPdSU habe sich zwischen der Oktoberrevolution und später ein Bruch gezeigt, und dieser Bruch müsse geheilt werden – etwa durch die Entstalinisierung oder die Beseitigung des Personenkults –, damit die KPdSU und mit ihr die Linke wieder den Anschluss an die (wirkliche) Oktoberrevolution finden könne. Versperrt bleibt mit dieser Betrachtungsweise eine grundsätzliche Diskussion: verwehrt bleibt die Kritik der Oktoberrevolution selbst. «Lange nach der Oktoberrevolution muss ein Verrat an ihr geschehen sein»; wenn man so diskutiert, hat man auch schon ein Datum für den Verrat: die «Moskauer Prozesse», einen Schuldigen: Stalin, ein Entschuldungsverfahren: die Entstalinisierung. Und damit die gerettete Gewissheit, dass nicht alles noch zu tun bleibt, sondern die entscheidende Wende in der Geschichte schon geschehen ist: die Oktoberrevolution. Dann aber muss die Frage: «Wem hält man die Treue?» moralisiert werden; genau dann muss die Auseinandersetzung darüber, wie jemand heute Kommunist sein kann, auf den einen Vorfall zugespitzt werden: wie konnte jemand 1936/1938 Kommunist bleiben? Und man kann weiterhin auf dem Boden der Oktoberrevolution fragen, den Sinn der Oktoberrevolution gegen diejenigen einklagen, die sich nicht gegen den Verrat an ihr gewendet haben. Aber wenn man nicht anklagend fragen wollte: Wie konntet Ihr nur...!?, sondern nur schlicht und einfach *fragen*: Was heisst das, Kommunist zu sein? – dann kann man nicht mehr unerschüttert auf dem Boden der Oktoberrevolution stehen und darauf abgestützt Fragen stellen; dann muss man, ohne sichere Moral, nach Geschichten fragen. Das ist nicht gelungen. (So leicht führt man den eigenen kleinen Moskauer Prozess.)

Die richtige Art zu fragen, wenn man nicht ein Urteil fällen, sondern verstehen will, hat Lieschen gefunden, und darum ist es nützlich, zu Beginn dieses Exkurses aus einem Brief zu zitieren, den sie nach

Zürich schickte, als sie von Theos Entlassung bei der RUNA – die sie, als Mit-Kommunistin, beunruhigen musste – gehört hatte: «Vielleicht ist es Euch möglich, mir zu schreiben, warum der Sohn von Else [Theo] in seiner Tätigkeit so gescheitert ist. Es gibt vieles, was ich nicht verstehe, aber noch nie konnte ich etwas so wenig verstehen wie dieses, denn für mich gibt es eigentlich niemand, der in seiner ganzen Lebensweise so verständig und selbstlos gehandelt hat wie er... ich denke nicht allzu viel über die Schuldfrage nach, denn ich kann nicht gegen ihn sein, also muss ich gegen die andern sein, solange bestimmt, bis er mich eines anderen belehrt.»

Theo: «In der RUNA haben wir natürlich alle offiziellen Berichte über die Moskauer Prozesse veröffentlicht. Alles, was wir brachten, war natürlich eine Auswahl, eine sehr politisch-parteiische, auch subjektive Auswahl. Parteiisch auch in dem Sinne, dass über eine Oppositionsgruppe, von der wir wussten, dass sie im Ausschlussverfahren stand, nichts von dem, was sie uns schickte, gebracht wurde. Wenn uns hingegen jemand einen Artikel über das unmögliche Verhalten von KPO-Leuten oder sonstigen ‹Feinden der Arbeiterklasse› brachte, dann haben wir den natürlich gedruckt.

Der liberale Antifaschist Leopold Schwarzschild hat in der Emigrantenzeitschrift ‹Das Neue Tagebuch› behauptet, die Angeklagten der Moskauer Prozesse seien unter Drogen gesetzt worden. Bruno Frei hat diese Behauptung im ‹Gegenangriff› für unsinnig erklärt, und wir haben natürlich Bruno Frei geglaubt. Wie die Geständnisse der Moskauer Angeklagten wirklich zustandegekommen sind, ist im Grunde heute noch unklar. Vermutlich hat Frei eher recht gehabt als Schwarzschild, und man muss die Geständnisse als Ausdruck einer unglaublichen Loyalität, einer völligen seelischen Unterwerfung unter die Partei verstehen. Es hat nicht an Gegeninformationen zur parteioffiziellen Berichterstattung gefehlt – Koestlers ‹Sonnenfinsternis› kam 1940 heraus; ich habe ihn flüchtig gekannt, er lebte mit Dörte Ascher zusammen, die ich im KJV Berlin-Schöneberg kennengelernt hatte. Aber ich hielt natürlich keinen Kontakt zu einem Antikommunisten.

Unser Verhältnis zur Sowjetunion blieb immer positiv. Allerdings haben uns die Prozesse erschüttert. In Berlin habe ich ja einzelne Genossen, die in den Moskauer Prozessen angeklagt wurden, selber gekannt, zum Beispiel Berman-Jurin, der unter dem Namen Hans Stauer Polleiter in Berlin-Schöneberg war und mich davor bewahrt hat, zu den Rechtsabweichlern hinüberzurutschen. Oder Heinrich Kurella oder Krugljansky, der unter dem Namen Fritz David im Verlag der KPD Ende der zwanziger Jahre zwei wichtige Bücher herausbrachte und Redakteur der ‹Roten Fahne› war. Das hat mich verstört, und ich wurde noch verwirrter, als in den späteren Prozessen Leute angeklagt wurden, die durch ihre Bücher zu meinen Lehrern geworden waren – Bucharin etwa; ich kannte ja seine ‹Theorie des historischen Materialismus›, und ich wusste auch, wie Lenin ihn hoch eingeschätzt hatte. Wir hatten grosse Mühe zu verstehen, dass solche Leute ‹Verräter›, ‹Ottern- und Natterngezücht›, ‹Verbrecher› sein sollten – auch wenn sie der Hauptankläger Wyschinski so bezeichnete. Aber wir haben versucht, den Sinn der Anklagen zu begreifen. Und die einzige Erklärung, die wir gefunden haben, war die sogenannte ‹Amalgam›-Theorie. Sie stellte die Lage so dar: Kritische und oppositionelle Mitglieder der Kommunistischen Partei werden durch die Agenten der antikommunistischen Länder – die schon 1918 bis 1920 Krieg gegen die Sowjetunion geführt hatten und jetzt zu einem neuen gemeinsamen Krieg gegen sie rüsten – benutzt, irregeführt und zu Handlungen verleitet, die die Sowjetunion gefährden. Sie verstricken sich in einem konspirativen Netz und begehen tatsächlich verbrecherische Handlungen. Ob daran etwas wahr gewesen ist, ob diese Leute tatsächlich Sabotage betrieben, Bergwerke in die Luft gesprengt haben und so weiter – wie hätten wir das nachprüfen sollen?»

Amalie: «Ich habe damals noch alles geglaubt, Theo kam ins Zweifeln, weil er ja einige von diesen Leuten kannte, aber ich dachte: Wenn die Partei sagt, es sei so und so, dann... Es war eine Vertrauensfrage, und wir hatten doch Vertrauen zur Sowjetunion. Wir dachten: sie werden ihre Gründe haben. Und Humbert-Droz kam zu jener Zeit aus Moskau zurück und erzählte von den Prozessen und schrieb eine Broschüre ‹Von falscher Theorie zum Verbrechen›. Erst nach dem Krieg, nach der zweiten Prozesswelle – Rajk, Slansky – wurden unsere Zweifel drastisch verstärkt. Vor allem, als wir im Sommer 1956 nach Ungarn fuhren und stundenlang mit unsern Freunden von früher redeten, die in diese Prozesswelle hineingeraten waren. Mit denen konnten wir offen reden, und da haben wir begriffen, dass sie die Dinge richtig darstellten. Das waren Genossen genau wie wir, und wir haben gemerkt, dass es uns genau so hätte gehen können wie ihnen. Das hat mir furchtbar zugesetzt – ich konnte mich auf die eine wie auf die andere Seite denken.»

Theo: «Man darf nicht vergessen, wie einleuchtend die ‹Amalgam›-Theorie war. Dass die Sowjetunion Feinde hatte, die schon einmal Krieg gegen sie geführt hatten, dass sich England, Frankreich und so weiter nie mit der Existenz der Sowjetunion abgefunden hatten, daran gab es keinen Zweifel. Zweifellos versuchten diese Länder weiterhin, die Sowjetunion zu schwächen und zu zerstören. Dass die Kritiker und Oppositionellen in der Partei für die Zwecke dieser Feinde der Sowjetunion eingespannt werden könnten, das hat uns eingeleuchtet. Das hat ja sogar den Angeklagten selber eingeleuchtet. Man konnte zu ihnen sagen: Ihr gebt doch – gerade als Genossen – zu, dass diese Agenten und Spione die Existenz der Sowjetunion bedrohen, und dass alle die, die bewusst oder unbewusst, direkt oder indirekt diesen Spionen helfen, unschädlich gemacht werden müssen. Und Du hast den X gekannt, und der X hat Kontakte zum Y, der Kontakte zu diesen Spionen hat – da musst Du einsehen, dass wir auch gegen Dich Massnahmen ergreifen müssen – wir werden Dich nicht gerade zum Tod verurteilen, aber wir könnten Dich vielleicht eine Weile isolieren. Und zu dieser ‹Amalgam›-Theorie kommt noch unsere wahnsinnige Ehrfurcht vor der ‹richtigen Theorie› – wir waren natürlich überzeugt, dass es eine genau richtige Theorie gibt, und dass diese Theorie in der Weisheit der Partei konzentriert ist, und dass wir alle zu ihrer Weisheit beitragen durch die von uns gewählten Delegierten des Parteitages, die dann das Zentralkomitee wählen, welches wiederum das Politbüro wählt. Die Wahrheit der richtigen Theorie konzentriert sich folglich in der Person des wiederum einstimmig vom Politbüro gewählten Ersten Sekretärs. Ihr könnt Euch heute nicht vorstellen, welches Gewicht für uns in den zwanziger und dreissiger Jahren ein Entscheid hatte, den das EKKI auf Veranlassung des ZK der KPdSU fällte – womöglich gar auf einem Weltkongress der Komintern. Ein solcher Entscheid war so bedeutsam, dass wir seinen Hintergrund gar nicht beachten konnten – wir haben die Auseinandersetzungen in der KPdSU und in der Komintern als theoretische Auseinandersetzungen aufgefasst, die geführt werden mussten, weil die einen Recht hatten und die andern Unrecht: Recht hatte Stalin, Unrecht hatte Trotzki. Erst mit der Zeit haben wir erkennen müssen, habe *ich* erkennen müssen, dass die theoretischen Argumente zum guten Teil Pingpongbälle waren, dass die gleichen Konzepte zuerst von der einen und dann von der andern Seite benutzt wurden, dass die Kunst vieler Parteiführer darin bestand, die Plattform der Opposition in ihr eigenes Programm einzubeziehen und dann zu behaupten, Plattform und Programm seien grundverschieden. Ich habe erkennen müssen, dass sich die Parteiführer darauf verstanden, alle die zu Halunken zu erklären, die ihre eigenen Argumente von heute ein halbes Jahr früher verfochten hatten – zum Teil läuft das ja heute noch... Wir haben unter einer ungeheuren Überschätzung der Theorie gelitten, weil die jeweils machtvolle Theorie eben richtig, orthodox, unangreifbar, auf Marx, Engels, Lenin abgestützt war – ganz gleich, was sie im übrigen behauptete. Du kannst eben jede Änderung der Theorie mit Marx, Engels und Lenin rechtfertigen, weil die drei klug genug waren, ihr Material von allen Seiten herbeizuschaffen. Sie können also zugunsten jeder Theorie zitiert werden und garantieren die Richtigkeit einer jeden. Da lag unser Fehler, und in diesem Zusammenhang muss man auch die Moskauer Prozesse sehen. Und darum haben wir sie akzeptiert als Beweis für eine ganz unglückliche, tragische Verstrickung von Menschen, die wir kannten, einer Verstrickung in ein Netz von Bemühungen zur Unterminierung der Sowjetunion, der Vorbereitung eines Krieges gegen die Sowjetunion, der Beseitigung der einzigen Arbeiter- und Bauernmacht, die es gab.

Und zwei Dinge kommen hinzu. Einmal vertrauten wir den Kritikern der Moskauer Prozesse nicht, weil wir sie als Agenten des feindlichen Propagandaapparats sehen mussten – zum Teil haben sie selber allerhand zu einer solchen Einschätzung beigetragen. Auf der andern Seite standen wir mit unserer Einschätzung der Moskauer Prozesse ja nicht allein; sehr kluge, sehr bedeutende Leute – keineswegs alles Kommunisten – haben die damalige Politik ausdrücklich anerkannt und für richtig befunden. André Gide zum Beispiel, den ich als junger Mensch sehr verehrt, von dem ich vieles gelesen habe, fuhr in die Sowjetunion, schrieb ein Buch über seine Erfahrungen – und dann schrieb er ein zweites Buch, in dem er dieselben Erfahrungen ganz anders schildert und bewertet, weil er in der Zwischenzeit von Trotzkisten und andern Emigranten in Paris erfahren hatte, dass seine ersten Einschätzungen verfehlt waren. Für mich hiess das natürlich: Gide ist in die Hände der Trotzkisten gefallen. Und selbst wenn ich noch gezweifelt hätte – da kam Lion Feuchtwanger, den ich sehr verehrt habe, ein hervorragender Analytiker, einer der besten Historiker unter den Schriftstellern. Und er zerpflückte Gides zweite Schrift, anerkannte die Moskauer Prozesse als Notwendigkeit an. Und Feuchtwanger war nicht der einzige. Ernst Bloch hat die Prozesse verteidigt – das haben wir damals nicht einmal zur Kenntnis genommen – und Roosevelts Botschafter in Moskau, Joseph E. Davies, der nun wirklich auf der andern Seite stand, schrieb ein Buch, ‹Mission to Moscow›, in dem er die Prozesse ohne jede Kritik schildert.»

«Amalgamtheorie», Misstrauen gegen Kritiker, Beruhigung durch Prominente, Vertrauen zur Partei – war das alles? Vielleicht lässt sich die Stimmung, in der die Moskauer Prozesse gebilligt wurden, besser verstehen, wenn man die Stimmung betrachtet, in der Theo seine eigene Entlassung billigen konnte – eine Entlassung, die – vielleicht – indirekt selber mit den Moskauer Prozessen zusammenhing, wenn denn die KPD-Funktionäre in Moskau wirklich jemanden loswerden wollten, der mit dem ermordeten Heinrich Kurella befreundet war.

Für Theos Entlassung gab's offiziell zwei Motive: schwere Fehler in seinen Zeitungsartikeln und den Protest der Exil-KPD gegen Inkorrektheiten bei Theos Anstellung. Die schweren Fehler wurden nie bezeichnet, der KPD-Protest nie belegt: Theo musste beide offiziellen Motive, die ihm Parteisekretär Hofmaier nannte, beweis- und begründungslos akzeptieren.

Theo: «Was hätte ich tun sollen? Die deutsche Partei war illegalisiert; ich konnte auch nicht in Moskau anrufen und fragen, wie es denn stehe.»

Amalie: «Wir haben angenommen, die hätten schon ihre Gründe. Und es war doch begreiflich, dass die Partei an einem solchen Ort wie der RUNA, wo man täglich mit Illegalen in Kontakt kam und Informationen über Illegale im Ausland hatte, niemanden brauchen konnte, der nicht vertrauenswürdig schien.»

Also: die Partei, oder Kreise in der Partei hatten ihr Vertrauen in Theo verloren. Aber er müsste doch am besten gewusst haben, wie vertrauenswürdig er war? Wieso hat er nicht sein Vertrauen in die Partei verloren?

Theo: «Das ist natürlich ein sehr langer Prozess, in dem man lernt, sein grundsätzliches Vertrauen solchen Erfahrungen zum Trotz zu bewahren. Und es ist ein ebenso langer Prozess, dieses angelernte Verhalten durchschauen und begreifen zu lernen. Man muss sich eben in diese Mentalität hineinversetzen, in die Mentalität eines Mitglieds der kommunistischen Weltbewegung. Wenn die Weltbewegung einen Beschluss fasst, dann mag der auch gegen die tiefsten Überzeugungen und Interessen des einzelnen Mitgliedes gehen – im Zweifelsfalle hat die Partei Recht, und die Zweifel, die einem aufsteigen, räumt man beiseite.

Und diese Mentalität des Mitgliedes der kommunistischen Weltbewegung wurde noch verstärkt durch die Personalpolitik der Komintern. Die Personalabteilung war eine absolut autoritäre Kaderabteilung, deren Beschlüsse definitiv waren – in der Illegalität erst recht. Und so lautet heute noch jede Gratulation für einen Genossen der KPdSU oder der SED, der siebzig Jahre alt wird: ‹Überall da, wo die Partei Dich hingestellt hat, hast Du Deine Pflicht erfüllt.› Nie heisst es: ‹Du hast aus eigener Initiative das Beste für die Partei geleistet›, sondern immer: ‹Du warst der Partei treu ergeben› und so weiter. Noch heute würde ein grossartiger alter Genosse wie Franz Dahlem, der Kaderleiter der illegalen KPD in den dreissiger Jahren (Anfangs der fünfziger Jahre wegen der Affäre Noël Field selbst kaltgestellt), fragen: ‹Wo hat die Partei Dich hingestellt?› Nach meiner Entlassung aus der RUNA war meine Pflicht ganz klar die, weiter für die Partei zu arbeiten – die KPS war von meiner Entlassung ja gar nicht berührt.»

Aber Selbstkritik war dann doch zu leisten?

Theo: «Nein, das ist das Interessante, Hofmaier hat mir schwere Fehler vorgeworfen, aber nie gesagt, welches die Fehler waren. Die Anordnung, mich zu entlassen, kam aus Moskau, und in der KPS hat sie keine Folgen gehabt. Die ganze Kaderpolitik ist wegen der Moskauer Prozesse vollkommen durcheinandergeraten. So konnte ich, der Freund Heinrich Kurellas, im Oktober 1950 dennoch in Warschau am Weltfriedenskongress teilnehmen...
Die Apparate wissen auch nicht immer alles.»

Vertrauen, so möchte man meinen, gilt Menschen und nicht Apparaten; aber Menschen können Spitzel sein. Darum verdient der Apparat Vertrauen und nicht die Menschen. Diese Logik des Misstrauens kann man eine Spirale weiterdrehen: Menschen können Spitzel sein, und wer mit Spitzeln zu tun hat, unterstützt sie bei ihrem Geschäft, ist also – objektiv, wenngleich nicht subjektiv – auch ein Spitzel. Da aber jeder ein Spitzel sein kann, muss jeder fürchten, einen Spitzel zu kennen, also ein Spitzel zu sein. Also gilt nicht nur, dass dem Apparat eher zu vertrauen ist als den Menschen, sondern auch: dass ich ihm eher vertrauen darf als mir selbst. Jeder enttarnte Spitzel bekräftigt mein Vertrauen in den Partei-Apparat. Und jeder Fehler, den ich selber mache, bekräftigt mein Vertrauen. Etwas an dieser Logik geht nicht auf; die Menschen gehen an ihr zugrunde. Fragt sich nur, wie ihr zu entrinnen wäre. Theo, sagt Amalie, habe damals vielleicht ein klein wenig mehr an der Partei gezweifelt als sie selbst; er habe ja einige Moskauer Angeklagte gekannt, sie nicht.

Theo: «Und du warst viel –»
    Amalie: «Sturer –»
    Theo: «Nein, nicht sturer, viel –»
    Amalie: «Treuer –»
    Theo: «Nein, Du bist viel misstrauischer gewesen gegen die Leute.»
    Amalie: «Ja, auch.»
    Theo: «Das hängt mit Deiner illegalen Arbeit zusammen, die konkreter war als meine.»

Denn es *gab* Spitzel: das war die heimliche Stärke des Apparats. (Lieschen und andere Genossen schrieben Theo aus dem Dritten Reich vorwurfsvoll, er sei zu geschwätzig und vertrauensselig. Und ähnliche Briefe hat er auch in den fünfziger Jahren aus der DDR erhalten).

Amalie: «Dass wir illegal gearbeitet haben, war das einzig Richtige, aber oft waren wir nicht misstrauisch genug.»
    Theo: «Dahinter liegt ein viel tieferes Problem, das Problem der Parteiorganisation überhaupt. Wir zum Beispiel, die hier sitzen, kennen einander, wir haben Beziehungen untereinander, wir besuchen einander zu Hause, wir kennen die Geschichte jedes einzelnen, wir können einander auf ganz andere Weise vertrauen als man's in einer Parteizelle kann. Darum glaube ich, dass die – nicht nur zukünftige, sondern gegenwärtige – Organisation der Gesellschaftsveränderung auf der Ebene der menschlichen Beziehungen liegt, des sogenannten ‹alternativen Vitamin B› (Beziehungen); sie läuft nicht mehr über die formelle Aufnahme in irgendeine Parteiorganisation, in der man sich gegenseitig zu wenig kennt.»

Politische Arbeit: Die KPS in den dreissiger Jahren und ihre Massenorganisationen

In den dreissiger Jahren erreichte der Niedergang der KPS den Tiefststand: Bei den Nationalratswahlen von 1931 und 1935 erhielt sie noch 1,5% beziehungsweise 1,4% der Wählerstimmen. Und dies trotz einer Wirtschaftskrise, die doch Wasser auf die Mühlen der KP hätte leiten sollen. Dafür lassen sich viele Gründe nennen: Sicher ist, dass die KPS erst wieder Aufwind erhielt, als sie den Schwenk der Komintern vom «Sturmangriff» zur Volksfront nachvollzog, die ultralinke – oder einfach querköpfige – Parteileitung auswechselte, die RGO-Politik fallen liess und – wenn auch zögernd – wieder mit der Sozialdemokratie zu sprechen begann. Die Wende lässt sich genau datieren: sie wird 1936 auf dem 6. Parteitag der KPS manifest, der im Limmathaus in Zürich stattfindet. Die neue Parteileitung – Sekretär: Jules Humbert-Droz – stellt sich auf den Boden der Beschlüsse des 7. Weltkongresses der Komintern, die alte Parteileitung – Robert Müller, Willi Nöthiger – wird kaltgestellt. Dass die Wende so zügig und erfolgreich vollzogen werden kann, lässt vermuten, die homogene, monolithische Partei sei in Wirklichkeit schon vor dem 6. Parteitag so homogen und monolithisch nicht gewesen. In der Tat hat ein Teil der Aktivisten noch unter der alten Parteileitung faktisch einen Quasi-Volksfront-Kurs gesteuert, schlicht und einfach darum, weil man in jeder alltäglichen Arbeit nicht vom Fleck kommt, wenn man in jedem sozialdemokratischen Arbeiter einen Sozialfaschisten wittert.

Amalie: «Die Sozialfaschismus-These habe ich nie aktiv vertreten, weder innerhalb noch ausserhalb der Partei. Und als Theo von seinen Erfahrungen nach der Nazi-Machtübernahme berichtet hat, habe ich noch deutlicher gesehen, dass die These nichts taugt. Mir war klar, dass die SP der Bourgeoisie sehr gründlich geholfen hat; ich konnte auch noch die These akzeptieren, sie sei die soziale Stütze der Bourgeoisie – nicht aber, sie sei der soziale Flügel des Faschismus. Schliesslich kannte ich einige Sozialdemokraten persönlich. Sehr sympathisch waren sie mir zwar nicht alle. Aber als Faschisten hätte ich sie nie bezeichnet. Auch die Gewerkschafter nicht. Ich habe immer geglaubt, dass nicht die KP allein in der Schweiz die Revolution machen könne, sondern dass die ganze Bevölkerung die Revolution wollen muss, dass wir allein nichts ausrichten könnten. Darum habe ich vielleicht nicht ganz so sektiererisch gehandelt, wie ich manchmal geredet habe, wenn ich Angelerntes nacherzählte.»

Zu den Aktivisten, die in ihrer Praxis schon 1933/1934 auf der erst 1936 durchgesetzten Parteilinie operierten, gehörten also auch Amalie und vor allem Theo. Ein politischer Lebenslauf, den Theo etwa 1937 zuhanden der Partei verfasste, gibt einen Einblick in die Möglichkeiten und Schwierigkeiten dieser praktischen Abweichung von der offiziellen Linie:

«Ich begann meine Tätigkeit 1933 in der KPS im Kreis (Zürich) 3. Dort wurde ich Funktionär. Ende 1933 wurde ich Mitglied der kantonalen Parteileitung, ... Ende 1933 begann ich mit der Organisierung der Angestelltenarbeit in Zürich und wurde dann zum Leiter der Angestelltenkommission in der RGO. ... In der alten Parteileitung (Nöthiger) war eine fruchtbare Arbeit unmöglich, und ich musste meine Angestelltenarbeit selbständig fast ohne Unterstützung der Parteileitung durchführen. Nach Nöthigers Ausschaltung wurde eine gute Zusammenarbeit mit dem Sekretariat der Zürcher Parteileitung ermöglicht, vor allem auf gewerkschaftlichem Gebiet. Mit der Landesleitung der RGO, ... arbeitete ich zusammen, wenn auch die Angestelltenarbeit sehr bald, lange vor Auflösung der RGO, deren Rahmen sprengte. Mit dem Sekretariat des Zentralkomitees kam es erst Ende 1935 zu einer einmaligen Aussprache mit Genosse Müller über die Angestelltenarbeit. Sie hatte weiter kein Ergebnis. ... Im Konflikt des Zürcher Sekretariates (Ende 1935/Anfang 1936) mit dem [nationalen] Sekretariat (Müller/Nöthiger) stand ich in allen sachlichen und politischen Streitpunkten auf Seiten der Zürcher Leitung. ... Die Beschlüsse des Januarplenums des Zentralkomitees, an dem ich als Mitglied der Zürcher Delegation teilnahm, begrüsste ich. Ich beteiligte mich auch aktiv an ihrer Durchsetzung bei der Vorbereitung des 6. Parteitages, an dem ich als Delegierter teilnahm und an dem ich zum Kandidaten des ZK gewählt wurde. ... Mit den Beschlüssen des 6. Parteitages bin ich völlig einverstanden.»

Wer zuhanden der Partei einen solchen Lebenslauf schreibt, muss sich rechtfertigen. Die grosse Wende der Parteilinie hat anscheinend nicht ganz ausgereicht, den treuen Genossen Theo Pinkus der Parteileitung genügend anzunähern. Schliesslich ist Theo wegen «fraktionistischer Tätigkeit» und als «Agent des Sozialdemokratismus» 1943 aus der KPS ausgeschlossen worden. Er sei, hiess es dann, schon immer nur am Rande der Partei tätig gewesen.

«Randständig» erschien der Partei bei Theo die Organisation, an die er (jedenfalls in den späteren dreissiger und den vierziger Jahren) den grössten Teil seiner Arbeit wendete: der Touristenverein «Die Naturfreunde». Theo sah umgekehrt in dieser Organisation ein ausgezeichnetes Feld für kommunistische Massenarbeit.

Theo: «Ich hatte viele Kontakte ausserhalb der Partei. Über solche Kontakte gab es in der Partei zwei Meinungen. Die einen sagten: Wenn ich als Kommunist in einer Massenorganisation aktiv bin, soll ich den Einfluss der KP zu stärken und möglichst viele Mitglieder für die Partei zu werben suchen. Andere – zum Beispiel ich – sagten: Ich arbeite als Kommunist in einer Massenorganisation so gut im Interesse und für die Zwecke der Massenorganisation, dass die Organisation einen sichtbaren Aufschwung nimmt. So gewinne ich als Kommunist einen grösseren Einfluss und mache den Leuten auch die Partei attraktiv. Ich konzentriere mich aber gerade nicht auf Einfluss und Rekrutierung, sondern auf die Arbeit *für die Massenorganisation*. Bei dieser Auffassung bin ich bis heute geblieben, und ich habe sie auch bei Lenin gestützt gefunden. Lenin sagt, die Kommunisten müssen die besten Gewerkschafter sein – und schlau müssen sie auch sein, damit die Reformisten keinen Anlass finden, sie auszuschliessen: ‹Wenn Du einmal Parteimitglied bist, musst Du in Deinen Auseinandersetzungen mit Gegnern und in Deiner Werbung vor Freunden so argumentieren, dass sie Dich verstehen und für Deine Positionen gewonnen werden. Du musst argumentieren wie in einer öffentlichen Rede, in der Du alle Deine Kenntnisse klug ausnützt, das eine ausssprichst, das andere weglässt, zwischendurch einen Seitenhieb austeilst – auch wenn Du weisst, dass man die Sache ganz anders sehen könnte.›

Diese Haltung ist ganz typisch, und es gibt sie heute noch, etwa in den Kursen für Argumentationslehre an der Journalistenfakultät in Leipzig. Zum Beispiel: die Partei beschliesst eine Anhebung des Mindestumtauschsatzes. Die Genossen werden darauf eingestellt, dass sie mit allen nur denkbaren Argumenten plausibel machen, dieser und nur dieser Entscheid sei berechtigt und vernünftig. Ob einer ganz persönlich findet, es wäre vielleicht auch anders gegangen, spielt keine

Rolle; alle lernen die gleiche Argumentationstaktik. Und das Wesentliche ist, dass sie Argumente vorzutragen lernen, die dem Zuhörer einleuchten, weil er in ihnen seine eigene Meinung wiederzufinden meint.»

Auch eine «sokratische Methode»? Dem Zuhörer soll bewusst werden, was er selber längst gewusst hat? Und man hat dabei erst noch das gute Gewissen, man habe dem Zuhörer ja gar nichts aufgeschwätzt?

Theo: «Genau. Man hat ja immer nur die Interessen des Zuhörers vertreten, denn die Interessen der kommunistischen Bewegung *sind* ja die Interessen der Werktätigen überhaupt. Manchmal wissen es halt die Werktätigen noch nicht.

So argumentieren kann nur, wer sich strikt an die Parteidisziplin hält – und das steht überhaupt nicht im Widerspruch zu Kontakten ausserhalb der Partei, im Gegenteil. Wir *mussten* Kontakt nach aussen halten. Wir brauchten die zugewandten Bürger! Sie mussten Geld für Emigranten und Verfolgte spenden, sie mussten Quartiere anbieten – es ist besser, einen Illegalen in einer Zürichbergvilla unterzubringen als bei einem Arbeiter, der dauernd beobachtet wird, und wo der Illegale zum Fenster hinausspringen muss, wenn die Polizei vorn durch die Tür hereinkommt. Am Zürichberg kommt die Polizei nicht. Die kommunistische Grundauffassung sagt ja, jeder sei imstande, an der revolutionären Umgestaltung, heute würde ich sagen, an der Gesellschaftsveränderung, irgendwie mitzuarbeiten, seine Möglichkeiten – und das ist das Spannende – zu nutzen. Viele Parteiarbeiter sind von vornherein auf eine gewisse ‹Instrumentalisierung› eingestellt. Und wenn man sich einmal an diese Haltung gewöhnt hat, findet man nur sehr mühsam wieder aus ihr hinaus. Mir gelingt das heute noch nicht ganz. Aber es wäre irreführend zu sagen, ‹die Kommunisten instrumentalisieren›, das Instrumentalisieren gehört überhaupt zur politischen Arbeit. Auch Anarchisten tun es. Was heisst denn eigentlich ‹instrumentalisieren›? Es heisst zu fragen: was kann dieser Mensch der Bewegung nützen? Und tatsächlich liegt es ja auch im Interesse des Angesprochenen, seine Fähigkeiten so einzusetzen, dass die Bewegung siegt. Instrumentalisieren heisst also nur: jemanden dazu zu bringen, in seinem eigenen Interesse zu handeln. Man darf nicht vergessen: wir hatten eine klare, eindeutige und unserer Meinung nach richtige Theorie über die Machtübernahme. Wir wussten: es gilt alles daranzusetzen, dass die Bourgeoisie nicht mehr kann, die Arbeiter nicht mehr wollen und die Partei bereit steht, die Macht zu ergreifen. Das sind Lenins Grundsätze in ‹Staat und Revolution›. Und *jeder* konnte seinen Beitrag zur Schaffung einer solchen Situation leisten. Die Partei, wir, mussten nur sehen, wie dieser Beitrag klar zu machen war.»

Aber – und darum gab es Meinungsunterschiede in der Partei – es könnte ja sein, dass mehr als eine Aufgabe aufs Mal zu lösen ist. Theo zufolge müsste der gute Kommunist in der Massenorganisation verankert sein und sie voranbringen. Die Verfechter der Gegenmeinung würden darin eine Zurücksetzung des Parteiinteresses wittern. Und dann stellt sich wieder die Frage der Loyalität zur Partei.

Strategisch wie taktisch standen die kommunistischen Parteien im Banne der Oktoberrevolution, die politische Macht sollte durch eine kleine, homogene und durchorganisierte Minderheit errungen werden. Konzepte der Massenmobilisierung oder des Betriebskampfes blieben unentwickelte Beschwörungsformeln. Für eine Partei wie die KPS, die zur Zeit ihrer grössten Erfolge keine drei Prozent der Wähler mobilisieren konnte, lag es ohnedies nahe, sich mit der Rolle der latenten Avantgarde zu bescheiden, die im entscheidenden Moment bereit stünde, mit Verbündeten die Macht zu übernehmen. In der grauen Zeit davor musste die eigene Geschlossenheit gesichert werden. Aktivisten jedoch, die ihren misstrauischen Kollegen tagtäglich die Brauchbarkeit kommunistischer Interventionen am Arbeitsplatz erneut glaubwürdig machen mussten, oder die – wie Theo – den Zusammenbruch der absolut einheitlichen und geschlossenen KPD hatten miterleben müssen, konnten sich schwer mit der Rolle der «latenten Avantgarde» befreunden. Die Spannungen, die damit zwischen den Mitgliedern des Parteiapparats und den in der Gesellschaft wirkenden Aktivisten immer wieder aufbrechen mussten, hat die KPS allenfalls – vorübergehend – zu lösen vermocht, als Jules Humbert-Droz Parteisekretär war (wohl nicht ganz zufällig hat er es später zum Sekretär der SPS gebracht...).

Man darf vermuten, dass randständige Elemente wie Theo in der Partei genau so lange tragbar waren, wie die Partei an der Rekrutierung neuer, mit der Zeit in die Avantgarde hineinwachsender Mitglieder interessiert blieb, solange also, wie sich der Apparat die Integration neuer Mitglieder zutraute. Sobald aber die Partei unter dem Druck der Verhältnisse allein auf Einkapselung und Erhaltung des

Apparats umschaltete, mussten die Randständigen abgeschüttelt werden. (Für diese Einkapselungspolitik hat ja die PdA 1969 und 1981/1983 neue Beispiele geliefert).

In einem scheint die Partei so Unrecht nicht gehabt zu haben: Theos Energien und Interessen galten weniger der Parteiarbeit, sondern mehr der Aktivität in Massenorganisationen. Jedenfalls konzentrieren sich seine Erinnerungen auf die Massenorganisationen. Für Amalie gilt das mit Einschränkungen auch. Amalie wie Theo – obwohl zur kantonalen wie zur schweizerischen Parteileitung gehörend – erscheinen als Aktivisten, die zwar wohl Funktionen im Apparat innehaben, aber im Apparat nicht aufgehen.

Als Theo 1933 nach Zürich zurückkam, stand ihm die schnelle Gleichschaltung aller Organisationen der Lohnabhängigen durch die nationalsozialistischen Apparate noch vor Augen. In der Angestelltenbewegung zeigte sie sich besonders augenfällig. Die Angestellten bildeten ein wichtiges Rekrutierungspotential der NSDAP, und zwar hauptsächlich die – betont standesbewussten und deutschnational orientierten – Mitglieder des Deutschen Handlungsgehilfen Verbandes (DHV), der im Laufe der zwanziger Jahre zum grössten Angestelltenverband anschwoll und den sozialdemokratisch-gewerkschaftlichen Zentralverband der Angestellten überholte. Der dritte – mittelständisch orientierte – Gewerkschaftsbund der Angestellten (GdA), spannte Ende der zwanziger Jahre mit dem Deutschen Handlungsgehilfen-Verband zusammen; damit vereinigten sie rund drei Viertel der organisierten Angestellten. Seit etwa 1930 hatte sich die NSDAP immer tiefer im Deutschen Handlungsgehilfen-Verband festgesetzt. 1933 musste die NSDAP nur noch den Zentralverband der Angestellten gleichschalten; durch Auswechslung der Führungskader liess sich das leicht bewerkstelligen, und im Mai 1933 lag auch der Zentralverband auf NS-Kurs. Die Leichtigkeit und Schnelligkeit, mit der die Nationalsozialisten die organisierte Angestelltenschaft auf ihre Seite gebracht hatten oder wenigstens stillstellten, lag weitgehend in der Abstiegsfurcht der «Stehkragenproletarier» begründet. Ökonomisch stellten sie sich nicht deutlich besser als die Arbeiterschaft, aber sie beanspruchten ein höheres gesellschaftliches Ansehen, und die Nationalsozialisten verstanden sich darauf, dieses Standesbewusstsein für ihre Zwecke zu nutzen. Theo, der diese Weimarer Erfahrungen zu verarbeiten hatte, musste also 1933 im nichtfaschistischen Ausland die Angestelltenfrage sehr ernst nehmen: liess sich hier eine faschistische Entwicklung der Angestelltenschaft verhindern?

In der Schweiz war es weder der KP noch der SP gelungen, in erheblichem Umfange Angestellte zu organisieren oder in bestehende Angestelltenorganisationen einzudringen. (Amalie und Theo, beide im Alltag Angestellte, waren auch als solche organisiert.) Wer also Angestelltenarbeit machen wollte, musste selber initiativ werden, klein anfangen und durfte nicht auf lebhafte Unterstützung durch die Organisationen der Arbeiterschaft rechnen.

Theo: «Als ich in Zürich ankam, versuchte ich mich zu orientieren. Ich habe bald gesehen, dass die richtige Organisation für mich der VHTL war – eine freie Gewerkschaft. Ich bin der Gruppe Handelshilfspersonal beigetreten, einer ziemlich unbedeutenden Gruppe, die nur darum wichtig war, weil sie eng mit der grössten VHTL-Angestelltengruppe zusammenarbeitete, nämlich den Konsumangestellten. Ich musste aber schnell einsehen, dass der VHTL gar nicht die Organisation der Angestellten war; ihre Organisation, mit vielen Tausend Mitgliedern, war keine Gewerkschaft, sondern ein eher merkwürdiges Gebilde, der ‹Schweizerische Kaufmännische Verein›. Als ich Amalie kennenlernte, habe ich viel mit ihr über den SKV diskutiert und sie dazu gebracht, dort einzutreten...»

Amalie: «Ich wäre doch nie in den SKV gegangen!»

Theo: «Für Amalie war der SKV natürlich bürgerlich; aber für mich war er aufgrund meiner Weimarer Erfahrungen eine wichtige Ansatzstelle. Wir haben dort schnell Kontakt zu einer Gruppe junger Sozialdemokraten gefunden – Max Thee, Rudolf Welter, der spätere KV-Sekretär und Stadtrat –, die im KVZ(ürich) eine Arbeitsgemeinschaft gebildet hatten. Amalie hat die Aufgabe übernommen, in der SKV-Frauengruppe die KPS-Linie zu vertreten, soweit das möglich war. Das war gerade damals, 1934/1935, besonders vertrackt: Der Schweizerische Gewerkschaftsbund hatte – zusammen mit den Angestelltenverbänden VSA und SKV – eine Kriseninitiative eingereicht, die eine Reihe sehr naheliegender, dirigistischer Eingriffe in die Wirtschaft verlangte, und die KPS-Leitung – Müller, Nöthiger – stellte dieser reformistischen Initiative eine eigene Initiative entgegen.»

Amalie: «Und ausgerechnet die musste ich im KV vertreten. Es war eine vollkommene Niederlage; auch alle Sozialdemokraten haben gegen mich gestimmt.»

Theo: «Immerhin hatte die Niederlage ihr Gutes, weil die KPS dann doch zur Besinnung gekommen ist und die Kriseninitiative des Gewerkschaftsbundes unterstützt hat. Sobald das geschehen war, fanden wir einen gemeinsamen Boden mit den Sozialdemokraten.

Als ich die Angestelltenarbeit aufnahm, betrieb die KPS noch RGO-Politik. In der Parteileitung war Marino Bodenmann für die Angestelltenarbeit zuständig. Mit ihm konnte ich gut zusammenarbeiten. Ich habe in der RGO-Zeitschrift ‹Der Rote Gewerkschafter› über Angestelltenfragen geschrieben und konnte Bodenmann davon überzeugen, dass wir eine eigene Angestelltenzeitung herausbringen müssten. Wir haben dann also die ‹Angestelltentribüne› herausgebracht, auf Wachsmatrizen getippt, in einer Auflage von etwa dreihundert Stück. Die Infrastruktur stellte die RUNA zur Verfügung. Als dann die Parteileitung bei der Kriseninitiative geschwenkt hat, konnten wir mit den Sozialdemokraten im KVZ zusammenspannen und haben gemeinsam eine neue Zeitschrift herausgegeben, die ‹Angestelltenstimme›; Rudolf Welter machte zusammen mit mir die Redaktion. Die ‹Angestelltenstimme› ist bis 1939 erschienen.»

Amalie: «Wir haben zum Beispiel dagegen gekämpft, dass Prokuristen und andere leitende Angestellte im SKV stimmberechtigt mitwirken konnten; da waren die Sozialdemokraten mit uns einer Meinung. Und die Frauengruppe wurde damals von einer ziemlich fortschrittlichen Frau geleitet, einer Frau Senn, die sich sehr für die Rechte der Frauen eingesetzt hat. Rudolf Welter hat es unglaublich gut verstanden, die Frauengruppe einzuschalten, obwohl eigentlich ziemlich konservative Frauen drin sassen, und zusammen mit dieser Frau Senn hat er die Frauengruppe immer wieder dazu gebracht, für Frauenforderungen zu stimmen. Die Frauengruppe ist auch recht klar aufgetreten, als die SP eine Kampagne gegen die Doppelverdienerinnen führen wollte. Ich hatte trotzdem meine Mühe mit diesen Sozialdemokraten – die nannten sich ‹standespolitische› Gruppe im SKV; sie meinten natürlich gewerkschaftliche Gruppe, aber ich konnte mich an das Wort einfach nicht gewöhnen...»

Theo: «Die Sozialdemokraten und wir konnten in den Mitgliederversammlungen einen gewissen Einfluss gewinnen. Bei einer Neuwahl haben wir sogar eine Frau für den Vorstand vorgeschlagen, eine Angestellte der KP-Zeitung ‹Freiheit› – eine Frau, eine Jüdin, eine

Kommunistin; Angestellte eines kommunistischen Betriebs, also eine ideale SKV-Kandidatin... aber die Sozialdemokraten haben sie unterstützt, und sie hatte gute Chancen gewählt zu werden. Nur hat dann der KVZ-Sekretär, zugleich auch Kantonsrat der Demokratischen Partei, vor der Wahlversammlung mobilisiert wie wild; die Fröntler und alle Rechten sind aufgetaucht, gegen tausend Leute waren auf der Versammlung, und so ist die Genossin nicht gewählt worden.»

Amalie: «1935 wollten die Fröntler auch durchsetzen, dass alle Kommunisten aus dem SKV ausgeschlossen werden, und sie haben ziemlich mobilisiert, aber alle Sozialdemokraten, und viele Demokraten, haben zu uns gehalten.»

Theo: «Schon in Berlin hatten wir versucht, an die Angestellten der Warenhäuser heranzukommen – wir haben dort einen grossen Verkäuferinnenball veranstaltet. In Zürich bekam ich rasch Kontakt zu einigen KP-Genossen, deren Töchter in Warenhäusern beschäftigt waren.

Mit dieser Gruppe, zu der auch Trudi Schmid-Hügi gehörte, produzierten wir von 1934 bis 1939 den ‹Warenhausspiegel›. Der ‹Warenhausspiegel› kam nicht auf Parteiinitiative zustande – im Gegenteil, ich musste die Partei mühsam davon überzeugen, dass Angestelltenarbeit etwas Sinnvolles sei. Nur Marino Bodenmann hat das gleich begriffen. Die Partei hat unsere Initiative erst nach dem 6. Parteitag aufgenommen. Der ‹Warenhausspiegel› erschien zuerst als ‹Zeitschrift der RGO›; das war im Grunde ein Hindernis. Aber er war so konkret geschrieben und steckte so voller Informationen, dass er recht bald ziemlichen Einfluss bekommen hat. Wir mussten den ‹Warenhausspiegel› gratis verteilen, weil wir kein Verkaufspatent bekamen. Gelegentlich hat einem jemand ganz verstohlen ein bisschen Geld in die Hand gedrückt. Nur am 1. Mai, da war der Verkauf auf öffentlichem Grund erlaubt, und da haben wir jeweils bis zu tausend Stück verkauft. Damit reichte das Geld für die Finanzierung einiger weiterer Nummern.

Unsere Forderungen waren sehr einfach und griffig. Das erste, was wir verlangten, waren Sitzmöglichkeiten für die Verkäuferinnen, das zweite war ein Sanitätszimmer im Warenhaus ‹Brann›. Daneben haben wir eine ganze Reihe von Vorgesetzten an den Pranger gestellt – der benimmt sich so-und-so, jener ist rechtsextrem und so weiter. Zum Teil war das recht wirksam – Trudi Schmid (sie arbeitete als Sekretärin in der Direktion) konnte uns jeweils erzählen, wie die Personaldirektion bei Brann auf unsere Forderungen reagierte. Als wir einige Male Sitzplätze verlangt hatten, sagte der Personalchef zu ihr, sie solle Stühle besorgen. ‹Brann› war das empfindlichere Warenhaus; ‹Jelmoli› war ein rein ‹arischer› Laden, während der Inhaber von Brann Jude war.»

Kultur und Politik

Fast möchte es scheinen, als hätte der Büchernarr, Theatergänger, Lyrikleser Theo Pinkus im Laufe der Berliner Jahre seine kulturellen Interessen der politisch-gewerkschaftlichen Arbeit zum Opfer gebracht. Und sicherlich blieb neben dieser Arbeit, neben dem bisschen Privatleben, das er sich gestattete, neben der – auch politischen – Lohnarbeit keine Zeit für Kulturkonsum. Aber die zwanziger und dreissiger Jahre waren auch die Zeit, in der sich die Arbeiterbewegung leidenschaftlich der Erschaffung einer proletarischen Kultur – in der Literatur wie auf der Bühne und im Kino – hingab.

Diese Kulturarbeit beschränkte sich nicht auf Texte und Bilder für den unmittelbar tagespolitischen Gebrauch – Rosta-Fenster, Flugblätter, Sprechchöre, Zeitungen, Agitationstheater –; sie richtete sich durchaus auf die Herstellung von Werken, die eine Tradition zu begründen und sich in ihr zu erhalten fähig waren – proletarische Romane, der russische Film, Theaterstücke, Gedichte, Bilder über den Tag hinaus.

In Zürich ist es Theo geglückt, seine «bürgerlichen» kulturellen Interessen in der organisierten politischen Arbeit zu leben, im Rahmen und am Rande der Kommunistischen Partei, in einer Organisation, die bis heute fortbesteht: Kultur und Volk.

Theo: «Als ich nach Zürich kam, bestand schon die Volksbühne. Ins Leben gerufen hat sie ein Schauspieler, der kurz vor mir aus Berlin zurückgekehrt war, Robert Trösch. Die Volksbühne war eine kleine Laienbühne, an der eine Reihe von Leuten mitgemacht haben, die ich kannte oder bald kennenlernte – Lily Stolle, eine Österreicherin, die meinen Freund Hugo Stolle geheiratet hatte, Hugo Stolle selber, meine Schwester Miriam. Dazu kamen unter andern Helmut «Hello» Zschokke, mit dem ich mich eng befreundet habe, Kurt Früh, Sali

Liebermann, Adam Friedmann, Rolf Liebermann, der ja ein berühmter Opernintendant geworden ist, und Tibor Kasics, der die Musik für unsere Aufführungen schrieb. Trösch war der Hausdichter; er hat auch mit Erika Manns ‹Pfeffermühle› und dem ‹Cornichon› zusammengearbeitet. Ich selber war nicht aktiv beteiligt, aber mein Interesse an der ‹Volksbühne› war ziemlich lebhaft.

Da habe ich vorgeschlagen, etwas ganz Neues zu machen, nämlich einen Besucherkreis zu gründen, um die Leute ins Schauspielhaus zu bringen. Wir sprachen mit dem Schauspielhaus und konnten einen zwanzigprozentigen Besucherrabatt für unsere Mitglieder aushandeln. Also haben wir den Besucherkreis gegründet und ihn Kultur und Volk getauft. Im Vorstand waren vor allem drei Genossen ziemlich wichtig: Sali Liebermann, bis zu seinem Tod ein treuer linker, theaterbegeisteter Mann – er ist später nach Amerika ausgewandert –, Adam Friedmann, heute ein Fabrikant, und ich selber. Liebermann, Friedmann & Pinkus, eine gute jüdische Firma! Ein Teil der Volksbühneleute waren Mitglieder oder Sympathisanten der KPS, die ‹Volksbühne› hat die Gründung von Kultur und Volk angeregt – aber nicht auf Parteiinstruktionen hin. Es schien damals einfach logisch, den Rahmen der ‹Volksbühne› auszuweiten. Die Zeit war günstig – nach dem 6. Parteitag trat die Partei ja für eine Öffnung ein.

Der Besucherkreis hat sich sehr erfolgreich angelassen. Neben dem Schauspielhaus konnten wir einige Kinos und das ‹Cornichon› dazu bewegen, unseren Mitgliedern Rabatte zu gewähren. Unsere Idee war nicht grundsätzlich neu – sogenannte Volksvorstellungen gab's schon früher, aber das waren dann meistens Operettenabende.»

Kultur und Volk war nicht die einzige kulturelle Organisation, in der Theo mitarbeitete.

Theo: «Mitte der dreissiger Jahre wurde in Zürich die Filmgilde gegründet, die den antifaschistischen und kritischen Film förderte. An ihrer Spitze standen Peter Wyrsch, später Redaktor bei der ‹Schweizer Illustrierten› und Trudi Weber, Journalistin und später Galeristin. Ich bin ziemlich schnell in den Vorstand gewählt worden und dort – zusammen mit Primo Medici und anderen – bis 1956 geblieben. Dann waren wir Kommunisten untragbar und mussten gehen.

Als Hofmaier mich bei der RUNA entliess, erteilte er mir zugleich einen neuen Parteiauftrag: Die KPS hatte mit der französischen KP

Vereinbarungen über den Import von Filmen getroffen, an deren Herstellung die KPF beteiligt war – alles mögliche, auch Dokumentarfilme bis zu Jean Renoirs ‹La vie est à nous›. So habe ich also einen kleinen Filmverleih aufgezogen. Die Partei zahlte mir 100 Franken im Monat und stellte mir ein Büro zur Verfügung, das ich mit Ettlin von der Universumsbücherei teilte, im Z-Haus übrigens.

Ich nahm Kontakt mit dem Schwiegersohn des Bauerndichters Huggenberger auf, Inhaber eines der grössten Bühnenverlage für Vereinstheater, des Volksverlags Elgg. Ich schlug ihm eine Zusammenarbeit vor; auch Filme sollten in den Theatersälen auf dem Lande gezeigt werden können. Er fand die Idee ganz gut, druckte gleich ein Verzeichnis.»

Dass die journalistische Arbeit nicht zu kurz kam, versteht sich von selbst. Sie bot zusätzliche Möglichkeiten, Brücken zur Sozialdemokratie zu schlagen.

Theo: «In diesen Jahren hat Harry Gmür eine Wochenzeitung herausgegeben, das ‹ABC›. Gmür war ein linker SP-Genosse aus bestem Hause, sein Vater hat einen berühmten Kommentar zum Zivilgesetzbuch geschrieben. ‹ABC› war die wichtigste antifaschistische Zeitung neben der – von den Gewerkschaften finanzierten – ‹Nation›. Ich konnte an beiden mitarbeiten. Im ‹ABC› habe ich zum Beispiel die erste biographische Skizze über Tschu Teh, den chinesischen Revolutionär und Kampfgefährten Mao Tse-Tungs veröffentlicht, die in deutscher Sprache erschien. Wir hatten damals Edgar Snows ‹Red Star over China› schon entdeckt. Auch über die Naturfreunde habe ich im ‹ABC› geschrieben und mit Hugo Stolle gemeinsam ein ‹Velo- und Ski-Abc›.»

Noch wichtiger war die Weiterentwicklung der «Arbeiter-Illustrierten Zeitung» AIZ, an der Theo schon in Berlin mitgearbeitet hatte.

Theo: «Die AIZ konnte unter Hitler und Dollfuss weder in Deutschland noch in Österreich verbreitet werden. Als Absatzgebiete blieben nur die Schweiz, die Tschechoslowakei und das Elsass übrig. Die Redaktion war seit 1933 nach Prag verlegt. Auch hier war die Wende der KP zur Volksfrontpolitik sehr hilfreich, weil die AIZ jetzt Sozialdemokraten als Mitarbeiter und vermehrt als Leser gewinnen konnte. Sie ist 1936, um die neue Linie zu unterstreichen, in ‹Volksillustrierte› umgetauft worden und unter diesem Titel noch bis 1938 – bis zur Annexion der Tschechoslowakei – erschienen. Der Zentralsekretär der SPS, der spätere Bundesrichter Werner Stocker, hat sich sehr für die ‹Volksillustrierte› engagiert. Ich habe eng mit ihm zusammengearbeitet, und wir haben der ‹Volksillustrierten› eine ganze Reihe von Artikeln über Schweizer Angelegenheiten geliefert. Es gab sogar einige Schweizer Sondernummern; für eine hat John Heartfield die berühmte Montage von Hodlers Tell mit dem Gesslerhut beigesteuert. Am wichtigsten war vielleicht unsere Sondernummer über die Schweizer ‹Richtlinienbewegung›, den Zusammenschluss von SGB, Angestelltenverbänden und Jungbauern, der eine andere Wirtschaftspolitik forderte. Wir haben damals Interviews mit Schmid-Rudin, Generalsekretär des SKV und Nationalrat der Demokraten, der treibenden Kraft hinter der Richtlinienbewegung, mit einem Jungbauernvertreter und anderen gemacht.»

Damit deutlich wird, wie getrennt Amalies und Theos politische Arbeit in den dreissiger Jahren zum Teil verlief, hier ihr Bericht:

Amalie: «Ich ging Ende 1933 zu Minna Tobler, einer kommunistischen Ärztin, um mir ein Pessar einsetzen zu lassen. Sie konnte mich gut leiden. Eine sympathische, sehr feministische Frau. Plötzlich fragte sie mich, ob ich etwas für die italienische Partei tun würde – irgendeinen Botengang. Sicher, sagte ich, so etwas würde ich schon tun. Einige Monate später kam Togliatti selber in Theos Wohnung an der Rotbuchstrasse. Ich sollte Briefe mit Flugblättern der PCI in Italien auf die Post geben, damit die Empfänger sähen, dass die Partei weiterhin in Italien arbeitete. Togliatti hat mir genaue Instruktionen gegeben – ich bekam eine Adressliste und sollte Couverts mit diesen Adressen beschriften; die Couverts sollte ich selber einkaufen. Dann haben sie mir einen Koffer mit doppeltem Boden gegeben, ich habe die Couverts mit den Flugblättern in den doppelten Boden gepackt. Schwierig wurde es erst, als ich den Koffer mit eigenen Sachen füllen musste. Ich hatte fast keine Kleider; die paar Stück rutschten verloren im Koffer herum, und ich konnte doch nicht der PCI sagen, sie solle mir noch Unterwäsche kaufen, damit der Koffer voller werde. Ich habe den Koffer gefüllt, so gut es ging, und bin in den Zug nach Italien gestiegen. Am Zoll hatte ich furchtbar Angst, aber es ist nichts passiert. Ich bin nach Bologna und nach Florenz gefahren, habe Briefmarken gekauft und die Couverts frankiert. Dann habe ich die Briefe eingeworfen, immer nur ein paar Stück pro Briefkasten. Ich hatte ganz schön Angst. Togliatti meinte, es sei besser, wenn eine Schweizerin hinfahre als eine italienische Genossin; für mich würde sich wenigstens die schweizerische Botschaft einsetzen – einer Italienerin hätte die Todesstrafe gedroht. Und in den Hotels in Bologna sei ich sicher; das stimmte auch, da waren immer Genossen. Aber auf der Strasse... Die Italiener sind mir immer nachgestiegen, weil ich allein war. Ich habe mich auch nicht gewandt benommen. In Bologna lief mir einer nach, ein älterer Herr, und ich bin immer weiter gelaufen, über Felder und Wiesen und habe ihn die längste Zeit nicht abschütteln können. Schliesslich hat es dann geklappt, ich war ganz gut zu Fuss. Ich weiss heute noch nicht, ob der ein Spitzel war oder einfach sonst interessiert.

Auf einer Versammlung, ‹Fünfzig Jahre aktiv in der Arbeiterbewegung›, habe ich diese Geschichte 1980 erzählt. Nach der Versammlung kam ein Arbeiter auf mich zu, ein junger Italiener, hat mir die Hand gegeben und gesagt, er habe nicht gewusst, dass es Schweizer gegeben hatte, die solche Sachen gemacht hätten. Grad zu jener Zeit sei sein Vater in Italien im Gefängnis gesessen, und seine Familie hätte eins dieser Flugblätter bekommen.

Ich habe nur einmal eine solche Fahrt unternommen, weil ich da eigentlich etwas ganz Schlimmes gemacht hatte. Natürlich habe ich zu niemandem von diesem Auftrag gesprochen, auch zu Theo nicht, aber als ich zurückkam, hat er mich zur Rede gestellt. Und Theo musste mit einem Verantwortlichen sprechen – er hing ja in diesem halb illegalen RUNA-Apparat drin, und ich hatte mich am illegalen Apparat der PCI beteiligt. Zwei illegale Apparate in der gleichen Wohnung zur gleichen Zeit, das ging gegen jede Regel der konspirativen Tätigkeit. Ich hatte mir das gar nicht überlegt gehabt. Aber wiederholen durfte ich diese Reise auf keinen Fall. Togliatti ist noch einmal zu uns gekommen und hat mit mir gesprochen. Ich habe ihm erklärt, dass ich wegen Theo keinen solchen Auftrag mehr übernehmen könne. Er fragte mich, ob denn die Beziehung mit Theo für mich wirklich wichtig sei. Ich habe Ja gesagt. Er hat das akzeptiert, überhaupt keinen Druck auf mich ausgeübt. Wenn er drauf bestanden hätte, hätte ich mich vielleicht von Theo getrennt. Dann hätte ich jetzt ein ganz anderes Leben; gestorben wäre ich nicht daran. Aber ich sagte Togliatti, das sei schon eine feste Bindung.

Damals, als eine Niederlage nach der andern kam, erst Deutschland, dann Spanien, ist ein ziemlich schlimmes Gefühl aufgekommen. Man hat nicht der Kommunistischen Partei die Schuld gegeben, man hat weitergekämpft, man hat schon noch an die Revolution geglaubt, aber wir hatten das Gefühl, wir hätten etwas falsch gemacht. Wir haben zwar nicht auf bessere Zeiten gewartet. Aber wir waren in der Defensive, anders als früher, wir haben nicht mehr das Lied vom Roten Wedding in den Strassen gesungen:

‹Wir fürchten Polizei und Faschisten nicht
Wir gehen drauf und dran – Rotfront!›

und nicht mehr das Propellerlied:

‹Wir schützen die Sowjetunion
Wir reissen hoch die Riesenapparate
Mit eisernem Griff die Hand das Steuer hält

. . .

Die erste Rote Luftarmee der Welt!›

In Wirklichkeit haben wir uns gefürchtet, und wie! Es ist übel, etwas zu singen, das nicht wahr ist. Aber die Sowjetunion wollten wir schützen, das war unsere Überzeugung.

In der KP haben wir wohl gemerkt, dass wir Fehler gemacht hatten, und man musste sich irgendwann fragen, mit wem zusammen man noch die Revolution machen wolle. Wir mussten doch irgendwie die Bevölkerung gewinnen, und mit Schimpfen kamen wir nirgendwohin. Die SP wollte zuerst mit uns nichts zu tun haben, die Organisation, meine ich. Mit den Arbeitern hat man natürlich diskutiert, die waren zum Beispiel schon lange für gemeinsame Mai-Demonstrationen. So langsam, langsam hat sich die Sturheit aufgelöst. Auch bei uns – und *so* stur haben wir auch nicht gesprochen . . . Wir haben die Arbeiter nie für unsere Feinde gehalten, wir sagten nur, die Führer seien Verräter, die Arbeiter hielten wir für irregeführte und wir wollten sie von den richtigen Ideen überzeugen.

Ich habe die Leute gern gehabt, die Genossen und Genossinnen in der Partei, fröhlich sind wir gewesen. Keine Spur von Resignation. Wir waren *auch* jung, wir haben *auch* Feste gefeiert – wir haben nicht einen Tropfen Alkohol getrunken, nicht aus Abstinenz, einfach weil wir kein Geld hatten, und wir haben gemerkt, dass wir deswegen doch lustig waren; wir haben in unserm ganzen Leben nie Trübsal geblasen, nie Untergangsstimmungen gehabt.»

Die Naturfreunde

Den Naturfreunden beizutreten, hatten Amalie und Theo gute Gründe, lebensgeschichtliche wie theoretische.

Wir erinnern uns: Amalie half ihrer Mutter in der schulfreien Zeit beim Nähen und im Haushalt, auch wenn es ihr schwer fiel, die blühenden Bäume, die grünen Wiesen nur noch von weitem, auf dem Schulweg zu sehen. In den Ferien bei Verwandten wurde sie vertraut mit den Tessiner Bergen. Später hat sie mit ihrem Bruder, mit Esther und ihren tschechischen Bekannten das Wandern und die Bergfahrten fortgesetzt. Und auch Theo kam bis 1927 mit seinem Vater oder mit Freunden regelmässig in die Berge.

Auch die theoretischen Gründe sind nicht unerheblich. Die Arbeiterbewegung hat sich von Anfang an die Aufgabe gesetzt, das Erbe der bürgerlichen Gesellschaft anzutreten. Dass es eine proletarische Beerbung der bürgerlichen Aneignung von «Natur» als Erholungsraum geben kann, ist ebenso unzweifelhaft wie: dass die Arbeiterbewegung aus diesem Beerbungsversuch wichtige Kräfte gezogen hat. Sie hat in einer nun bald ein Jahrhundert alten Anstrengung aus der Beerbung bürgerlicher «Natur»-Aneignung Solidarisierungskräfte gewonnen, die wiederum ihre politische Arbeit gestärkt haben. Wer Solidarisierung sagt, sagt Organisation; die bedeutendste Organisation der proletarischen Erbschaftsarbeit an der «Natur» sind die Naturfreunde.

1932 bestanden in der Schweiz 150 Ortsgruppen, denen rund 9000 Mitglieder angehörten.

Für einen Kommunisten lohnte sich der Eintritt in den Verband Mitte der dreissiger Jahre allein schon wegen dessen Grösse und wegen der recht guten Gelegenheit, potentielle Partei-Mitglieder und Sympathisanten auf Wanderungen intensiv zu «bearbeiten»; der weitgehend sozialdemokratisch festgelegte Verband war faktisch eine Massenorganisation. Seit seiner Gründung 1895 hielt er seinen Hauptsitz in Wien, und in Österreich war die Arbeiterbewegung im Wesentlichen eine Bewegung der Sozialdemokratie geblieben. Freilich einer

Sozialdemokratie, die den linken Flügel der internationalen Sozialdemokratie besetzte. Aber er trieb keine Ausgrenzungspolitik nach links, und Kommunisten hatten weder Schwierigkeiten aufgenommen, noch in Funktionärsstellungen gewählt zu werden.

Wo sich lebensgeschichtliche und politische Motive so eng verknüpfen, wird ein starkes Engagement nicht schwer fallen. Entscheidend verstärkt wurde Theos und Amalies Engagement durch die Bekanntschaft, die enge Zusammenarbeit und die Freundschaft mit einem andern Kommunisten, der in den Naturfreunden eine bedeutende Rolle spielte: Mathis Margadant. Margadant ist für diese Biographie zu wichtig, um en passant erwähnt zu werden. Den Abschluss dieses Kapitels bildet darum eine kleine Erinnerung an diese «echt proletarische Autorität» (Theo).

Theo: «Eine Genossin, die immer betonte, sie sei nicht in der KP – sie war auch tatsächlich nicht drin –, hat den Anstoss gegeben. Das war Lydia Scherrer, die spätere Frau von Edgar Woog. Lydia und ihre Freundin Friedel Mumenthaler haben mich sozusagen überzeugt, ich müsste doch auch bei den Naturfreunden mitmachen.»

Theo war leicht zu überzeugen, und schon Ostern 1934 beteiligte er sich zum ersten Mal an einer Naturfreunde-Tour.

Theo: «Mathis Margadant habe ich auf dem Hauptbahnhof Zürich richtig kennengelernt, als ich Amalie und er Berti Margadant abholte. Die beiden waren zum Pariser Kongress der ‹Frauen gegen Krieg und Faschismus› delegiert worden.

Die Ortsgruppe Zürich der Naturfreunde tagte damals einmal im Monat im grossen Saal der ‹Eintracht› am Neumarkt. Die Versammlungen leitete sehr energisch und gut ein SP-Genosse und aktiver Gewerkschafter, Gusti Deininger, Präsident der Ortsgruppe bis 1937. Auf Mathis' Initiative hin haben wir ausserhalb des Vorstands eine eigene Kommission gebildet, die eng mit dem Vorstand zusammenarbeitete. Bald sind wir auch selbst in den Vorstand gewählt worden. Die Aufgabe unserer Kommission war die Organisation der Naturfreunde-Lager. Die Ortsgruppe Zürich führte damals selber zwei Häuser, eins auf dem Albis (bei Zürich), eins auf dem Stoos (Kanton Schwyz). Im Vorstand war der SP-Genosse Willi Vogel für die Hüttenverwaltung zuständig, und in Zusammenarbeit mit ihm und einigen andern haben Mathis und ich die sogenannte Lagerleitung gebildet; wir organisierten Weihnachts- und Oster-Skilager. Zu Weihnachten und Ostern brachten wir zwischen 30 und 50 Leute, zu Pfingsten vielleicht 20 Teilnehmer zusammen. Aber diese Lager sind schnell gewachsen und zu einem wichtigen Teil der gesamten Naturfreunde-Arbeit geworden.»

Theo scheint den Erfolg der Lagerleitung eher zu unterschätzen. Schon Weihnachten 1934 besuchten 80 Teilnehmer ein Lager in Conters, Ostern 1935 fanden sich auf der Kleinen Scheidegg schon 100 Naturfreunde ein, und das Oster-Skilager 1936 auf der Gemmi war ebenso erfolgreich.

Theo: «Wir haben uns natürlich überlegt, welche direkt politische Arbeit wir mit den Lagern verknüpfen könnten. Von Anfang an haben wir für die Rote Hilfe gesammelt – die Rote Hilfe war ja sehr populär. Und wir haben auch zu allen Lagern politische Emigranten eingeladen.

Der linke Einfluss in der Zürcher Ortsgruppe war recht stark. Das Verhältnis zwischen Sozialdemokraten und Kommunisten blieb aber ziemlich gut, vor allem, weil die Kommunisten und ihre Sympathisanten wichtige Qualifikationen mitbrachten und sich aktiv an der Naturfreunde-Arbeit beteiligten. Mathis war einer der besten Hochtouristen überhaupt, Bollier eine anerkannte Kapazität als Pilzexperte und der parteilose Jean Wyss ein ausgezeichneter Tourist. Und solch qualifizierte linke Leute waren auch bereit, für die Landesleitung, die vom Vorort gewählt wurde, zu kandidieren.

Für uns gab's einen ganz klaren sachlichen Grund, in die Landesleitung einbezogen werden zu wollen. Aus dem Erfolg unserer Lager zogen wir den Schluss, die Naturfreunde müssten auf die enorme potentielle Nachfrage nach billigen Tourismusangeboten reagieren. Bis jetzt waren die Naturfreunde zu stark auf Spezialitäten – Pilzesuchen, später Paddelbootfahrten, Hochtourismus und Alpinistenkurse – ausgerichtet, und ausser den Naturfreunden war überhaupt niemand da, der sich für einen kostengünstigen ‹Volkstourismus› interessiert hätte. Und wir wollten uns genau in diese Lücke drängen.

Die Landesleitung war damals in zehn Ressorts untergliedert. Wir verlangten ein elftes Ressort, das Gelegenheiten für einen billigen Tourismus schaffen sollte, wie wir ihn mit unseren Lagern vorexerziert hatten. Wir konnten das nicht nur mit der Nachfrage nach solchen Gelegenheiten begründen, sondern auch, ganz volkswirtschaftlich, mit der Dauerkrise der Schweizer Hotellerie. Und nach langem Drängeln haben wir unser elftes Ressort schliesslich bekommen.

Was ein solches Ressort leisten könnte, hatten wir schon vorher gezeigt. Die Initiative ging immer von Mathis Margadant aus; er hat eine ungeheure Organisationsphantasie entwickelt – genau das, was Parteibüffeln immer fehlt. Als wir sahen, dass unsere Weihnachts- und Oster-Skilager immer grösser wurden, zu gross für die Naturfreunde-Hütten, fingen wir an, uns für Hotelunterkünfte zu interessieren.

Das Oster-Skilager 1938 fand in Splügen statt; Unterkunft bot das Hotel Bodenhaus. Ein Jahr später, Ostern 1939, bot die Lagerleitung eine neue Pioniertat: man fuhr – mit 230 Teilnehmern und 8 Cars – ins Ausland, nach Chamonix.»

1943 wurde die Landesleitung neu bestellt und Amalie zum Mitglied der Leitung gewählt; sie blieb bis 1945 drin, als Protokollführerin. Für Amalie eine irritierende Erfahrung – mit allen diesen Sozialdemokraten zusammenarbeiten... In einer Diskussion mit Naturfreundefunktionären, an der unter andern Albert Georgi, Obmann der Naturfreunde von 1934 bis 1950 und Sozialdemokrat (gebürtig aus Zwickau, Deutschland), teilnahm, kam das 1982 noch einmal zur Sprache.

Amalie: «Dem Albert gegenüber habe ich ein schlechtes Gewissen; ich habe ihn als ultrarechten Sozialdemokraten angesehen. Als ich mit ihm zusammenarbeitete, habe ich ihn von einer anderen Seite kennengelernt, vorher habe ich ihn immer hochdeutsch reden hören, und er konnte so gut reden, die Deutschen können alle so gut reden. Auszusetzen hatte ich eigentlich nichts an ihm, und ausländerfeindlich bin ich auch nicht – aber es ging mir auf die Nerven, dass er Sozialdemokrat war und immer so besänftigend redete. Ich war in der Landesleitung sehr frech.»

Gewiss war die Mehrheit immer sozialdemokratisch, und die Kommunisten in der Landesleitung spielten nur die Rolle eines Juniorpartners. Aber es ist ihnen gelungen, diese Rolle erfolgreich auszufüllen – weil sie kompetent im Interesse der Naturfreunde arbeiteten. Und dies hat ihnen wiederum ihre eigene Partei verübelt. In den vierziger Jahren sassen immer Kommunisten in der Landesleitung der Naturfreunde – Kommunisten, nicht notwendig KP-Mitglieder: Emil Fritschi, Willy Engeli, Mathis Margadant.

Theo: «Mathis und ich wollten vor allem das 11. Ressort – Volkstourismus – durchsetzen. Das ist uns 1943 auch gelungen, aber weil wir immer so lautstark aufgetreten waren, zögerte man, mich sofort in die Landesleitung zu wählen, als ‹unser› Ressort geschaffen wurde. Darum hat man den aktiven, aber weniger exponierten Kommunisten Willy Engeli gewählt, und ich bin zwei Jahre später nachgerückt, ohne jede Schwierigkeiten. Mathis war seit 1945 als Leiter des Kurswesens in der Landesleitung, und ich habe mich als sein ‹Propagandachef› verstanden.»

Ohne Richtungsstreitigkeiten ging es freilich nicht ab. Vor allem die sehr rechtssozialdemokratische Ortsgruppe Bern versuchte immer wieder, die Kommunisten aus der Landesleitung hinauszudrängen und nach Möglichkeit die mit ihnen zusammenarbeitenden Sozialdemokraten gleich mit. An einer Bezirksobmänner-Konferenz im April 1944 verlas ein Berner Verantwortlicher, Münch, einen zwei Jahre alten Brief von Albert Georgi, der sich damals gegen die Schaffung des 11. Ressorts gewendet hatte, «weil damit ein weiterer Kommunist, Genosse Margadant, in die Landesleitung delegiert würde, und das wäre das Schlimmste, was uns widerfahren könnte». Georgi hatte seine Meinung inzwischen geändert. Münch nicht. Er behauptete, das neue Landesleitungsmitglied Engeli sei als Präsident der «neuen Arbeiterpartei» (später die PdA) fotografiert worden, und er steigerte sich zum Vorwurf, Genosse Georgi sei ein «Achselträger der schlimmsten Sorte», und die Landesleitung sei «leider wirklich eine KP-Zelle», um dann – nicht zum ersten und nicht zum letzten Male – eine Verlegung des Vororts von Zürich nach Bern zu fordern. 1946 versuchte Münch, seine Pläne ein bisschen nationaler durchzusetzen und beantragte eine Statutenrevision, derzufolge «der Landesobmann gebürtiger Schweizerbürger» sein müsste, was genau und nur gegen Albert Georgi gezielt war und von der Landesleitung auch als «chauvinistische Hetze» abgetan wurde. Die Berner meinten es jedoch todernst. Dennoch, Parteikonflikte innerhalb der Landesleitung liessen sich offenbar zügig beilegen; manchmal flackerten sie auch wieder auf, scheinen aber die Arbeit kaum beeinträchtigt zu haben. In aller Regel blieb es bei kleinen Schlägen auf die Finger, wenn die eine oder andere Seite übermarchte – zum Beispiel so: Als Albert Georgi den Jahresbericht 1944 vorlegte, erklärte sich Amalie laut Protokoll «mit dem politischen Teil nicht einverstanden, weil darin die Rolle der Sozialdemokratie in unkritischer und etwas überheblicher Weise dargestellt wird», womit der Einheit der Naturfreundebewegung nicht gedient sei. Diese Querelen waren jedoch – bis 1950 der Kalte Krieg sie überlagerte – nie stark genug, die Arbeit der Landesleitung oder der Zürcher Lagerleitung ernstlich zu behindern. Die Erfolge der Naturfreundeorganisation, und vor allem der Naturfreundelager, trugen die Beteiligten über Parteilinienkonflikte hinweg. Will man Erfolg und Gewicht der Naturfreundelager abschätzen, so muss man sich daran erinnern, dass solche Lager über längere Zeit die einzigen, Arbeitern zugängliche Ferienangebote darstellten. Nicht nur aus finanziellen Gründen – von einem Arbeiterlohn war kein normaler Hotelaufenthalt zu bestreiten –, auch aus zeitlichen: Noch 1939 hatten nur 60 % der Lohnabhängigen überhaupt einen Anspruch auf Ferien, und mehrheitlich waren diese Ferien auf sechs Tage pro Jahr bemessen; wer neun Tage Ferien beanspruchen konnte, gehörte schon zu einer glücklichen Minderheit. Für die andern blieben nur die Ostertage und Weihnachten – je drei bis vier Tage. Hinzu kamen soziale Hindernisse: Arbeiter, selbst wenn sie sich überhaupt ein Hotelzimmer hätten leisten können, waren keine erwünschten Gäste. Die Schweizer Hotellerie orientierte sich unerschüttert an einem Traumgast: dem hablichen Ausländer, der nicht aufs Geld zu schauen brauchte und eine standesgemässe Unterbringung, Bedienung und Umgebung erwartete. Dieser Traumgast machte sich jedoch rar, und die Hoteliers überlebten nur dank – allerdings reichlich bemessener – Bundessubventionen, soweit sie es nicht vorzogen, ihre Bettenkapazität hinunterzuschrauben, was wiederum vom Bund mit 150 Franken pro Bett vergütet wurde. Billigtourismus hätte ihnen schlechter gepasst.

Die Gruppe Volkstourismus der Zürcher Naturfreunde versuchte, die schwierige Lage mit einem Griff zu entwirren, der Fremdenverkehrsindustrie den schweizerischen Arbeiter als Gast genehm zu machen und so den Schweizer Arbeitern Feriengelegenheiten zu erschliessen. Es zeigte sich aber, dass noch so kapitalistisch-rationale Argumente für den Volkstourismus – und das Gespann Margadant/Pinkus scheint sich meisterlich auf solche Argumente verstanden zu haben – nur gelegentlich und nur in begrenztem Umfang den unrentablen Standesdünkel der Schweizer Hoteliers zu erschüttern vermochten. Aber die gelegentlichen Erfolge machten Mut. Den ersten Durchbruch schafften die Naturfreunde 1941 mit ihrem Oster-Skilager in Zermatt, das 460 Teilnehmer versammelte.

Theo: «Mathis Margadant hatte wieder die zündenden Einfälle. Er liess ein dreieckiges Stoffabzeichen herstellen, mit dem für das Lager und die Naturfreunde geworben wurde; das haben wir dann verkauft. Wir druckten Plakate – ‹Mit de Zürcher uf Zermatt› –, die an allen Plakatsäulen hingen. Wir verhandelten mit den SBB, die sehr gern bereit waren, für uns einen Extrazug laufen zu lassen, und auch die Zermatter Bahn, die Mühe hatte, ihre Züge zu füllen, war begeistert, als wir einen Extrazug vorschlugen; so begeistert, dass sie gleich die Plakatkosten übernahm. Den Höhepunkt bildeten die Verhandlungen mit den Zermatter Hoteliers. Der Seiler-Dynastie passte die Arbeiterinvasion überhaupt nicht; sie haben uns nicht nur keinen Platz in ihren Hotels eingeräumt, sondern in der Gemeinde gegen uns Stimmung gemacht, und Seilers hatten natürlich in der Gemeinde viel zu sagen. Aber es hat ihnen nicht gereicht; Zermatt hatte ein gemeindeeigenes Hotel, und den Direktor dort haben wir für uns gewinnen können.»

Die Bergbahn auf den Rütiberg wurde eigens für die Naturfreunde freigeschaufelt – um diese Zeit gab's zu Ostern noch gar keinen Tourismus in den Hochregionen, die Hotels schlossen alle im Februar. Die Bergbahn musste Sonderbillete drucken; sie wollte nicht überborden und gab 500 Stück in Auftrag, in der Meinung, das würde wohl reichen. Es reichte für zwei Tage, an den andern zwei Tagen musste improvisiert werden. Fünfzehn Jahre später unterhielt sich einer der damaligen Organisatoren mit einem Zermatter Bergführer, der sich noch genau erinnern konnte: eine Katastrophe sei es gewesen, ein fünfhundertköpfiger Tatzelwurm, der sich durch Zermatt wälzte, und an der Spitze irgendein Verrückter, der durchs Megaphon brüllte. Hans Hermann erinnert sich, dass er der «Verrückte» mit dem Megaphon gewesen ist, und gebraucht hat er es nur, weil es den Seilers kurzfristig noch gelungen war, eins der Hotels den Naturfreunden abspenstig zu machen, so dass er eine Hundertschaft von Angereisten noch auf dem Dorfplatz hat umquartieren müssen.
  Die Hoteliers hielten im übrigen ein Minimum an ständischer Ordnung aufrecht – in einem der Hotels mussten die Naturfreunde in der

Personalküche kochen und im Saal für die Dienstboten der «normalen» Hotelgäste essen, im Zermatterhof stand lediglich ein Flur als Aufenthaltsraum zur Verfügung. Die Hoteliers wurden nicht zugänglicher, als sie noch erfuhren, dass die Naturfreunde einen Referenten vorgesehen hatten – ausgerechnet Karl Dellberg, den «Löwen von Siders». Der freilich tat nichts Böseres, als übers Klettern und Skifahren zu sprechen.

Der Zermatter Erfolg scheint dann doch einige Hoteliers zum Denken angeregt zu haben. Jedenfalls gelang es den Naturfreunden in den nächsten Jahren, auch in andere «geheiligte» Orte des Hochtourismus einzudringen, mit immer grösseren Teilnehmerzahlen.

Theo: «Wir gingen zu den Hoteliers und sagten: Seht mal, da habt ihr zwanzig leere Zimmer mit vierzig Betten. Gebt sie uns – wir schieben die Betten an die Wand, legen die Matratzen auf den Boden; Bettwäsche brauchen wir keine. Jedes Bett hat zwei Matratzen, das gibt achtzig Gäste auf zwanzig Zimmer, Personal brauchen wir keines, fegen und aufräumen können wir selber. Alles was wir brauchen, ist die Küche, notfalls halt die Personalküche. Und das hat geklappt. 1942 haben wir so ziemlich alle Hotels zwischen Sils und Pontresina in unsere Hand bekommen; im Palace in St. Moritz haben wir ein Fest organisiert mit unseren neunhundert bis tausend Touristen. Der Sankt Moritzer Kurdirektor war begeistert – seine Gemeinde war praktisch bankrott gewesen. Im Schlosshotel in Sils verhandelten wir mit dem Direktor, der im Januar in diesem riesigen Hotel ganz allein mit seiner Frau in einer kleinen Wohnung hauste; das Haus war bitter kalt, wir setzten uns zu ihm an den Ofen in seiner Wohnung, und er fragte besorgt, ob das wohl wirklich ginge. Wir konnten ihm klarmachen, dass sein Haus ohne uns leerstehen würde. Das Schlosshotel kannten einige unter uns nur allzu gut – sie waren vom Militär dort einquartiert worden, alle Zimmer waren leergestanden und die Truppen mussten im Keller auf einem Strohlager übernachten. In Flims haben wir uns mit dem supervornehmen Hotel Waldhaus geeinigt – am Ende konnten wir den Naturfreunden ein Pauschalarrangement anbieten: vier Tage für vierzig Franken, alles inbegriffen; zwölf Franken fürs Hotel, zehn Franken fürs Essen, auf den Extrazug gab's 50% Ermässigung. Als wir das alles unter Dach hatten, sagte Mathis zu einem, der Sekrektär spielen musste: ‹So, jetzt schreibst du der Verbandstoffabrik Schaffhausen, sie müsse uns drei Apotheken schicken, mit allem Drum und Dran, das sei für sie eine prima Werbung.› Die Apotheken kamen postwendend. Wir wurden professionelle Schnorrer! Stand ein Skilager an, bekam die Maggi einen Brief, sie solle uns – zu Werbezwecken, versteht sich – ein paar Kilo Suppenwürfel schicken. Und die Suppenwürfel sind gekommen.

In den Lagern ging's nicht um Vorträge, aber politische Aktivitäten gab's immer. Wir haben in jedes Lager Emigranten mitgenommen – es gab einen eigentlichen Emigrantenbeitrag, jeder Teilnehmer zahlte einen Franken mehr ans Lager, und mit diesem Geld konnten wir zwei, drei Emigranten einladen. Ein Mal die Frau des KP-Organisators Heinz Neumann, Margarete Buber-Neumann, ein anderes Mal Hans Beimler, der dann in Spanien gefallen ist. Ein anderer Gast war Jan Petersen, der Mann, der 1935 auf dem Pariser antifaschistischen Schriftstellerkongress mit einer Maske aufgetreten ist als Vertreter der revolutionären Schriftsteller im Dritten Reich. Peterson hat unser ‹Kulturprogramm› bestritten: er sang Hamburger Lieder. Die Lagerüberschüsse – es gab fast immer einen Überschuss – spendeten wir der Roten Hilfe, zur Zeit des spanischen Bürgerkrieges den spanischen Republikanern.»

Diese Erfolge mussten die Lagerleitung zu weitergreifenden Aktivitäten ermutigen. «Volkstourismus» konnte ja nicht nur heissen: günstige Ferien für – recht sportliche – Skitouristen. In begrenztem Umfange konnten die Naturfreunde kürzere Lager für Mütter mit Kindern anbieten; Haupthindernis dabei war die Schwierigkeit, geeignete Unterkünfte zu beschaffen: die Naturfreundehütten waren eher auf die spartanischen Bedürfnisse der Sporttouristen ausgerichtet, Hotels entweder zu teuer oder für Familien mit Kindern nicht zugänglich. Schon kurz nach dem Krieg gelang es, an den Erfolg des Lagers in Chamonix anzuknüpfen und dort wieder Lager zu veranstalten.

Theo: «Gleich nach dem Krieg sind wir nach Paris gefahren und sind mit der Gewerkschaft der Pariser Métro-Arbeiter ins Gespräch gekommen, haben Brücken zu der Strassenbahnergruppe bei den Naturfreunden Zürich geschlagen, und es ist eine Austauschaktion zustande gekommen: Franzosen bargeldlos in die Schweiz, Schweizer bargeldlos nach Paris, Quiberon in der Bretagne und Brétignolles in der Vendée. Diese Lagererfahrungen haben wir ausgewertet und vorgeschlagen, in dieser Richtung weiterzuarbeiten. Man war aber zu kon-

Mit den Naturfreunden ans Meer!

Austausch-Ferien

Im Sommer 1947 führte die Landesleitung — Ressort Volkstourismus — mit Hilfe des Unterverbandes der Paddler und Zeltler ein 1. Ferienlager an der Meeresküste durch. Uns allen unvergessen bleiben die herrlichen Wochen am Strande in der Nähe von Les Sables-d'Olonne! Mit Hilfe unserer Pariser Genossen und vor allem unter praktischer Mitarbeit der Ortsgruppe Nantes der Naturfreunde wurde das Meer-Lager zu einem äußerst großen Erfolg.

Ungefähr 60 Genossinnen und Genossen aus allen Teilen der Schweiz, besonders aber aus Zürich, kamen in 3 Reisegruppen über Paris nach Les Sables. Die Kinder hatten die Hin- und Rückreise entgegen mancherlei Bedenken einiger Eltern ausgezeichnet überstanden.

Nicht nur die Freunde des Schwimmens kamen auf ihre Kosten, sondern auch die Wanderer, und vor allem die Zeltler hatten alles, wie sie es sich nur wünschen konnten. Stundenlang zogen wir an dem über 15 km langen, einsamen Strand entlang — Muscheln, Seegetier und Pflanzen suchend. Unsere Zelte bildeten hinter den Dünen, im vor starkem Wind und allzu heißer Sonne geschützten Föhrenwald, ein ganzes Dorf.

Der französische Stadtteil wurde von den Genossen aus Nantes und einigen Parisern gebildet. Wir fanden uns aber immer — Sprachschwierigkeiten wurden bald überwunden — am Strand oder um ein Lagerfeuer zusammen. Ein tiefes Erlebnis war unser großes Lagerfeuer, an dem auch die Pariser Kinderkolonie im benachbarten Dorf St-Martin-de-Brem teilnahm.

Die Bürgermeisterin von Les Sables-d'Olonne, die selbst aus der Arbeiterjugend-Bewegung stammte, und die nach der Befreiung als tapfere Gefährtin ihres Mannes, der von den Nazis erschossen worden ist, für diesen Posten gewählt wurde, sprach zu uns, ergreifend. Sie war uns ein lebendiges Beispiel der französischen Resistenz, die mit revolutionärem Bewußtsein erfüllt, die Interessen des arbeitenden Volkes vertritt und den Aufbau vorwärtstreibt. Unter der Leitung der Genossen von Nantes, von denen sich der Genosse Peger aufopferungsbereit ganz zur Verfügung gestellt hatte, fuhren wir zur Ile de Noirmoutier und machten andere Ausflüge. Einige Genossen von uns waren im Dorf in Zimmern untergebracht, doch auch von diesen zogen es manche vor, wie sie ihre Zelte hatten, mit uns allen im Zelt-Dorf unter den schattigen Föhren zu wohnen. Verpflegt wurden wir ausgezeichnet durch unseren unermüdlichen Genossen Deminier, der sein kleines Restaurant «Aux Dunes», wenige 100 Meter hinter unserem Zeltdorf gelegen, fast ganz in den Dienst unseres Lagers gestellt hat. Der Aufenthalt von je 2 Tagen auf der Hin- und Rückreise in Paris hat unseren freundschaftlichen Kontakt mit unseren Pariser Genossen verstärkt und uns doch den Beweis erbracht, daß die Naturfreunde-Idee in Paris, in Nantes und in vielen anderen Orten Frankreichs von unseren französischen Genossen aktiv umgesetzt wird, und zwar unter weit größeren Schwierigkeiten, als wir sie in der Schweiz haben.

Viele der Lagerteilnehmer kannten unsere Naturfreunde-Bewegung noch nicht genau; manche von ihnen sind nach diesen Ferien treue Helfer und Mitglieder unserer Organisation geworden. Alle aber fragen immer wieder, ob auch 1948 das Meer-Lager zustande kommt. Wir sind dabei, es wieder vorzubereiten und sind überzeugt, daß unser Bericht und die Begeisterung der Teilnehmer des 1. Lagers, das diese kleine Auswahl aus der Fülle wunderbarer Photos zeigt, sehr zu seinem weiteren Gelingen beitragen wird. Vergessen wir aber nicht, daß durch die Teilnahme an diesem Meerlager die gleiche Zahl französischer Genossen zu uns in die Schweiz gekommen ist. Und daß auch dieses Jahr für unsere französischen Genossen Ferien in der Schweiz nur dann möglich sein werden, wenn wir selbst nach Frankreich in die Ferien gehen. Es wird uns dies nicht schwerfallen!   Th. Pinkus.

Die Flut kommt.

Im Hafen von Les Sables-d'Olonne.

Wir waren am Meer und unsere Pariser Genossen bei uns!

Zwei Bilder von einer der drei Gruppen, die im Sommer 1947 in die Schweiz gekommen sind. — Bild links: Französische Genossen bei der Besichtigung von Basel. Bild rechts: Auf dem Vierwaldstättersee.

23

Mit den Naturfreunden ans Meer!
Artikel von Theo Pinkus, in der Illustrierten der Naturfreunde (erschien halbjährlich).

servativ, sorgte sich auch um die Hütten, die durch Auslandsreisen konkurrenziert worden wären, und so sind diese Aktivitäten nicht richtig zum Tragen gekommen. An Ansätzen hätte es nicht gefehlt. Wir hatten Verbindungen zur Reso, der Reiseorganisation der schwedischen Gewerkschaften, zu den Österreichern und vor allem zu den Franzosen, mit denen wir von 1949 bis 1951 Lager – auch Lager am Meer mit Zelten – organisieren konnten. Der Kalte Krieg hat aber auch hier dazwischengespielt. Es gab fruchtbare Neuansätze in Polen, Ungarn und der DDR, die dann alle blockiert worden sind, weil die Naturfreunde den entsprechenden Staatsorganen allzu sozialdemokratisch schienen, und wir konnten unsere Kontakte auch nicht nutzen, weil bei uns damals Kontakte zu sozialistischen Ländern ohnehin verteufelt wurden.»

Mit ihren Skilagern waren die Naturfreunde im wesentlichen an die Grenzen gestossen, die ihnen als Organisation gesetzt waren. Eine Ausweitung des «Volkstourismus»-Konzeptes machte die Zusammenarbeit mit anderen Organisationen der Arbeiterbewegung notwendig. Der Versuch, von den Arbeiterorganisationen her einen breitenwirksamen Volkstourismus in Gang zu bringen, ist schliesslich weitgehend gescheitert – zum Teil an der Zurückhaltung der verschiedenen Organisationen, zum Teil, weil die Hochkonjunkturperiode der fünfziger Jahre ihnen den Wind aus den Segeln nahm, zum Teil einfach, weil die Organisationen viel zu lange gezögert hatten, sich zu engagieren. Mathis Margadant und seine Leute hatten schon um 1937 die Entwicklung des Volkstourismus gefordert; ihre Schuld war es nicht, dass keine grössere Organisation sich vor Ende des Zweiten Weltkrieges hatte darum kümmern mögen.

Theo: «Wir gingen auf Volkstourismus-Kurs, und die Naturfreunde machten sich immer Sorgen wegen der ‹Trittbrettfahrer›, die nur von billigen Reiseangeboten profitieren und zur Organisation nichts beitragen würden. Dabei war das Feld leer – es gab nur eine einzige Organisation, die schon Anfang der vierziger Jahre auf diesem Bereich arbeitete, das war Duttweilers Migros mit dem ‹Hotelplan›. Der ‹Hotelplan› ist sehr dynamisch aufgetreten, hat auch Sanierungsvorschläge für die Schweizer Hotellerie vorgelegt. Zwischen Migros und Gewerkschafts- und Genossenschaftsbewegung herrschten grosse Spannungen. Zwar konnten wir den Zürcher Leiter fürs Hüttenwesen, Willi

Vogel, überzeugen, mit dem ‹Hotelplan› über die Benützung unserer Hütten zu verhandeln. Eine Zusammenarbeit blieb jedoch unmöglich, weil der Widerstand in den eigenen Reihen zu gross war. Wir hätten uns nur andere Möglichkeiten versperrt. 1944 versuchten wir einen neuen Anlauf und haben mit SP-Leuten, Naturfreunden und Gewerkschaftern eine ‹Genossenschaft Volkstourismus› gegründet, die dann aber nicht recht in Gang gekommen ist. Zur gleichen Zeit war die ‹Reisekasse› ins Rollen gekommen, und von der Reisekasse ging die Initiative zur Gründung der Genossenschaft ‹Popularis› aus.»

1945 wurde Theo – nicht ohne einiges Geplänkel – in die Landesleitung gewählt, wo er das Ressort «Volkstourismus» übernahm. Er fällt in den Protokollen der Landesleitungssitzungen sofort durch lebhafte Aktivität auf. Am 4. September regte er einen Werbeprospekt an, kündigte an, er gebe ein Bulletin zum Volkstourismus heraus und orientierte über eine Besprechung mit der «Reisekasse». Am 18. September schlug er vor, der – demnächst zu gründenden – Genossenschaft «Popularis» beizutreten. Am 27. November 1945 trat Mathis Margadant in die Landesleitung ein und stürzte das Ressort «Kurswesen» in ebenso heftige Aktivitäten wie Theo das Ressort «Volkstourismus». Am 5. März 1946 verzeichnet das Protokoll: «Zufälligerweise erfuhr Genosse Pinkus, als er in Bern weilte – 10 Minuten vor Beginn der Sitzung –, von der Gründung der ‹Popularis Schweiz›. Er nahm an der Sitzung als Gast teil.»

Ob Schlamperei im Spiel war oder ob irgendwelche sozialdemokratischen Supertaktiker die «KP-Zelle» der Naturfreunde-Landesleitung hatten draussen halten wollen – die elegante Frechheit jedenfalls, mit der sich Theo selber zur Gründungssitzung einlud, ist wohl ebenso typisch für ihn wie für die «Margadant-Pinkus-KP-Zelle» (die damals, notabene, aus dem sozialdemokratischen Parteimitglied Theo Pinkus und dem Parteilosen Mathis Margadant bestand...).

Theo: «Die Naturfreunde haben mich als Delegierten in den Verwaltungsrat der ‹Popularis› entsandt. Da sass ich nun mit dem rechtssozialdemokratischen SGB-Präsidenten Robert Bratschi an einem Tisch. Das hat mir irgendwie auch ganz gut getan; in diesen Jahren habe ich ein wenig gelernt, was Reformisten doch alles zustande bringen – wie etwa Bratschi, der ja immerhin auch der Vater der AHV gewesen ist.»

Von besonderer Wichtigkeit in dieser Zeit war die Broschüre, die Theo im Auftrag der Naturfreunde herausgegeben hat: «Ferien für alle – Volkstourismus ja oder nein?» Auf achtundvierzig Seiten sind hier umfassend die Argumente dargelegt, die – sowohl aus der Perspektive der Arbeiter wie der Fremdenverkehrsindustrie – für einen massiven Ausbau des Arbeitertourismus sprechen. Ernst Nobs, erster Sozialdemokrat in der Landesregierung (Bundesrat) und damals Bundespräsident, schrieb das Geleitwort. Ein paar Kernsätze aus der Broschüre:

«Verklungen sind die grossen Worte von nationaler Gemeinschaft und sozialem Fortschritt, mit denen in der Kriegs- und unmittelbar folgenden Nachkriegszeit nicht gespart wurde. Das Zeitalter des ‹kleinen Mannes› ist ebensowenig angebrochen, wie sich die Hoffnungen auf eine ‹Neue Schweiz› erfüllt haben. … Von entscheidender Bedeutung sollen heute [nach dem Willen der Hotellerie] wieder die ausländischen, zahlungskräftigen, … Gäste sein. … Hier werden ganz einfach, entgegen den tatsächlichen Entwicklungen und – … – entgegen allen wissenschaftlichen Feststellungen, die Interessen einer kleinen Zahl von ‹First-Class-Hotels› mit denen der schweizerischen Hotellerie identifiziert. … … für uns kann die Erhaltung und Wiederherstellung der Arbeitskraft gewiss nicht der einzige und entscheidende Gesichtspunkt sein, … Für uns [sind Ferien] auch nicht nur ein ‹Gebot der Menschlichkeit›, ein sozialpolitisches Mittel, um die Lage der Arbeitenden zu erleichtern, … für uns ist der Mensch nicht für die Wirtschaft da, … Als Menschen haben wir einen Anspruch darauf, an den Schönheiten, wie an den kulturellen und materiellen Gütern der Erde, teilzuhaben, auch die Annehmlichkeiten des Lebens kennenzulernen und freie Zeit zu haben, um sie nach unserem Willen für uns selbst, unsere Familie, unsere Liebhabereien zu verwenden. … »

Es wird nun ausführlich begründet, dass die Löhne auch nach dem Krieg zu tief geblieben sind, um den Arbeitern Ferien überhaupt zu ermöglichen. Die geeignete Lösung ihrer Probleme – wie jener der Hotellerie – liege in einer Anhebung der Reallöhne. Flankierende Selbsthilfemassnahmen könnten genutzt werden: Reisekasse, Ferienheime, Naturfreundehäuser, Jugendherbergen, Fahrtvergünstigungen, Popularis. Der Ball liege aber bei der Hotellerie:

«... Was wir brauchen, sind billige Volkshotels, ohne überflüssigen Luxus, mit ausreichenden Gesellschaftsräumen und Einrichtungen für Kinder, die vor allem auch die Frauen von der Hausarbeit entlasten. ... Dabei denken wir keineswegs an riesige Hotelkästen, in denen der Gast zur Nummer wird. Die Vermassung des Fremdenverkehrs ist keineswegs unser Ideal. ...»

Eine ausführliche Nachzeichnung der Krise der Hotellerie – Bauwut, überhöhte Preise – mündet in die Forderung, die Hotels auf kostengünstige Übernachtungen umzustellen; eine Forderung, die sich ohne staatlichen Druck nicht durchsetzen lasse. Bisher habe man Hotelpleiten und Bettenaufhebungen subventioniert; hier sei eine andere staatliche Finanzvergabe nötig und nützlich:

«... Die ‹freie Wirtschaft› hat sich als unfähig erwiesen, das Problem zu lösen. Zahlt das ganze Volk die Kosten einer verfehlten Spekulation, so soll es wenigstens auch Nutzen davon haben. Es genügt nicht, die Verluste zu ‹sozialisieren›. ... Die Zahlen beweisen, dass wir nicht zu viele, sondern bei vernünftiger Sozialpolitik weitaus zu wenig Betten haben, um alle Ferienberechtigten unterzubringen. ... Da unser Ziel mindestens zwölf Tage Ferien für alle 1 400 000 Arbeitenden und ihre Angehörigen ist, brauchten sich alle Schweizer Hotels – sehen wir von den 1.-Klasse-Hotels ab – nicht über mangelnde Frequenz beklagen und gleichzeitig wäre noch Bedarf für eine grosse Bettenzahl in neuen Ferienheimen und Volkshotels. ... Es gibt wirklich nur einen Ausweg: dass der Fremdenverkehr zu einem Volkstourismus, aus einem Luxusbedürfnis einer kleinen Schicht zu einem lebensnotwendigen Bedürfnis der arbeitenden Menschen werde. ... Wir wollen... – zur Vermeidung von Illusionen – noch hervorheben, dass letzten Endes die Verwirklichung unseres Zieles eine Ordnung des Wirtschaftslebens voraussetzt, die dem arbeitenden Menschen einen steigenden Ertrag und die Befreiung von der Geissel der Arbeitslosigkeit garantieren kann!»

So behutsam musste man 1949 das Wort «Sozialismus» umschreiben.
Im Oktober 1949, kurz vor Erscheinen der Broschüre, hatten sich die Naturfreunde mit einer Eingabe an das Eidgenössische Volkswirtschaftsdepartement gewandt, in der sie eine Subventionierung des schweizerischen Volkstourismus anstelle der damals praktizierten

Subventionierung von hablichen Touristen aus England vorschlugen. Das Volkswirtschaftsdepartement antwortete freundeidgenössisch:

> Ihre an den Bundesrat gerichtete Eingabe vom 6. Oktober ist uns überwiesen worden. Wir möchten Ihnen nahelegen, mit den Spitzenorganisationen der Hotellerie und des Fremdenverkehrs Fühlung zu nehmen. (Vollständiger und ungekürzter Antwort-text)

An der Jahreswende 1949/1950 standen die Naturfreunde also mit einer reichen Vorschlagspalette, wenig Geld und ohne effektive Unterstützung durch einflussreiche Organisationen im Leeren. Die SP-Rechte im Verband witterte Morgenluft; zwar scheiterten sie an der Landesdelegiertenkonferenz von Juli 1949 sowohl mit dem Versuch, Kommunisten aus der Funktionärsarbeit zu drängen, wie mit dem Versuch, den «Vorort» von Zürich nach Bern zu verlegen. Aber als sie 1950 in die gleiche Kerbe schlugen, fiel der Baum. Mitglieder von Parteien, die «mit Diktaturen sympathisierten», konnten zwar noch Mitglieder der Naturfreunde sein, aber nicht mehr Funktionsträger. Der «Vorort» wurde von Zürich nach Bern verlegt, Albert Georgi demissionierte, Mathis Margadant, Theo Pinkus, Emil Fritschi und der Verbandskassier flogen aus der Landesleitung. Es gab noch ein Nachspiel mit Rekurs, Urabstimmung undsoweiter, aber das änderte nichts mehr. Seither haben Amalie und Theo noch an einigen Lagern teilgenommen, im Verband aber keine aktive Rolle mehr gespielt. Und der Volkstourismus? Der ist gekommen und hat die Reisebüros gross gemacht, den Traum der Naturfreunde – eine politisch-kulturell motivierte Aneignung von Natur, die Arbeiterpolitik und Arbeiterkultur ihrerseits stärkt und belebt – aufgelöst. Erholung ist Erholung, Politik ist Politik, wer beides zusammenrührt, stört nur.

Mathis Margadant – «eine proletarische Autorität»

Die Kommunisten wurden 1950 aus den Funktionärsstellungen der Naturfreunde hinausgesäubert, haben jedoch «eine Art Rache genommen», eine friedfertige Rache: 1958 erschien im Verlag Neues Leben, Berlin–DDR, ein Buch: «Sonne, Fels und Schnee – Freizeit in den Schweizer Bergen. Nach Bergerinnerungen von Mathis Margadant und anderen Arbeiter-Alpinisten erzählt von Emmy Nöthiger-Bek»,

Mit Mathis Margadant und der Buchhändlerfamilie Bernhard aus Chur auf einer Bergwande-
rung, ca. 1941 (Mathis mit Zigarre in der Mitte).

Umschlagbild des Naturfreundebuchs des alten Limmatverlags 1958, «Sonne, Fels und
Schnee». Mathis Margadant beim Klettern.

Osterskilager der Naturfreunde in Champery, 1944: Amalie und Theo, hinter ihnen links Hans Hermann, Erwin Schneider, später Regierungsrat des Kantons Bern, damals VHTL-Sekretär. Daneben Mathis Margadant und ein weiterer Naturfreund.

herausgegeben von Theo Pinkus. Die kaltgestellten Kommunisten haben den Naturfreunden ein Denkmal gesetzt.

Theo: «Mathis' Vater war Postbeamter in Chur. Die Familie hatte kein Geld, darum haben sie den Buben nach Flims geschickt, als Hirtenknaben. Dort ging er bei einem Lehrer zur Schule – Danuser hiess er –, der meinte, wenigstens eine Lehre müsse der Mathis doch machen. Danuser hat sich sehr für ihn eingesetzt und schliesslich erreicht, dass Mathis nach Zürich gehen und im Rietergut eine Gärtnerlehre machen konnte. Später hat er eine Stelle bei den städtischen Wasserwerken bekommen. Mit Pflanzen hat er sich ausgekannt – hier, der Baum in unserem Zimmer, den hat er uns 1939 zu Marcos Geburt geschenkt.

Für mich war Mathis der Inbegriff proletarischer Autorität, die sich demokratisch bemerkbar macht: Man hat ihm vertraut, weil man wusste, das und das kann er. In den Bergen hat man das am klarsten erlebt – er hat gespürt, wann eine Lawine herunterkommen wird, er konnte bei schönstem Wetter rechtzeitig vor Gewittern warnen, und er war auch Wünschelrutengänger, hat Wasser gefunden. Ein absolut mit der Natur verbundener Mensch, kein Mystiker, er hatte einfach einen Sinn für die Natur.»

Amalie: «Für die Menschen hatte er auch einen Sinn.»

Theo: «Ja, für die Menschen auch – das war in den Lagern ganz lustig, er hat sofort gewusst, wie er die Leute plazieren sollte, wer mit wem im gleichen Zimmer unterkommen sollte. Er hat bei jedem Menschen herausgespürt, wo seine Fähigkeiten liegen, und hat ihn entsprechend eingeteilt.»

Amalie: «Zwiebelschneiden habe ich von ihm gelernt. – Auf Versammlungen hat er nicht oft gesprochen, aber wenn er aufstand und sagte: Losed emal – dann waren alle mucksmäuschenstill und hörten zu. Er hat eigentlich nicht gut gesprochen, aber er hatte immer etwas Wichtiges zu sagen.»

Theo: «Faszinierend war seine dreifache Autorität: Naturverbundenheit und Naturkenntnis, Organisationsphantasie, politische Einsicht. Als Kommunist war er der beste Propandist für seine Partei. Jedermann wusste, dass er Kommunist war – auf einem berühmten Wahlplakat ist er abgebildet –, in Zürich war er stadtbekannt. Er hat der Partei unheimlich genützt, die einzigen, die das nicht verstanden haben, waren die Kommunisten selber. Die sagten immer, der Mathis und der Theo und die andern machen alles mögliche, nur für die Partei tun sie nichts. Wir sagten: Wir bringen tausend Leute ins Engadin, da habt ihr doch genug Zuhörer, da könnt ihr doch agitieren...

Im Militär war er einfacher Soldat, aber weil er sich in den Bergen so gut auskannte, hat man ihn als Leiter für Ausbildungskurse im Engadin eingesetzt. Und er hat sich einen Spass daraus gemacht, die Offiziere über die Alpen zu treiben. Er war dem Militär gegenüber revolutionär eingestellt, er sagte sich: ‹Man kommt nicht drum herum›, Dienstverweigerer war er nicht – keiner von uns hat den Dienst verweigert. Er hat auch Lager für den militärischen Vorunterricht geleitet; das schien uns vernünftig, schliesslich konnte er da mit den Leuten reden.

Orthographisch schreiben hat er nicht gelernt, aber er hat unheimlich viel gelesen –»

Amalie: «Und erzählen konnte er!»

Theo: «Zuhause hat er sich eine Bibliothek über die Arbeiterbewegung aufgebaut, vielleicht fünfhundert Bände – den Schwejk hat er sehr gut gekannt – und revolutionäre Romane.

Als die Partei mich ausgeschlossen hat, ist Mathis aus Empörung ausgetreten – wir hatten so gut zusammengearbeitet und einander ergänzt, wir hatten eine wirkliche Beziehung zu den Bergen und zur Natur, das hat Mathis sehr ernst genommen, ernster als die Ausschlussgründe der Partei.»

Protokoll der Landesleitung des Verbands der Naturfreunde, Sitzung vom 23. Mai 1944, Votum des Landesobmannes Albert Georgi: «Die Genossen Margadant und Pinkus machen doch, was sie wollen.»

1934–1980:
Verfasst von Werner Schweizer

Kriegsjahre

Zur Ausgangslage 1933 in Zürich: Theo, 24jährig, arbeitet als Redakteur des kommunistischen Pressedienstes RUNA; Amalie, 23jährig, ist Sekretärin in einem Büro, das für verschiedene kleine Unternehmerverbände die Administration erledigt. Beide sind in der Kommunistischen Partei organisiert, überzeugt, voller Engagement.

In den dreissiger Jahren existierte noch keine feministische, autonome Frauenbewegung. Doch die «starken» Frauen in der Partei und unter den Pazifistinnen machten Amalie grossen Eindruck, und sie engagierte sich im Zürcher «Frauenkomitee gegen Krieg und Faschismus».

Amalie: «Ich hatte guten Kontakt mit Berti Margadant. Sie war auch eine einfache Arbeiterfrau wie ich. Wir arbeiteten zusammen im ‹Frauenkomitee gegen Krieg und Faschismus›. Mit dabei war auch Clara Ragaz, die Frau von Leonhard Ragaz, und eine bedeutende Rolle spielte Gertrud Düby, die den internationalen Kongress ‹Frauen gegen Krieg und Faschismus› 1934 in Paris vorbereitete. Gertrud Düby lebt heute in Mexiko.

Berti Margadant und ich wurden als Zürcher Delegierte gewählt. Dieser Kongress in Paris war meine zweite Auslandreise und beeindruckte mich natürlich sehr, vor allem der Auftritt der ‹Pasionaria›, einer spanischen Frau und Genossin, die selber vier Kinder hatte und aus einfachsten Verhältnissen stammte. Sie hatte Temperament und konnte die Leute in ihren Reden mitreissen, dass niemand mehr sitzen blieb. Sie hatte schon damals – noch vor dem Spanischen Bürgerkrieg – einen grossen Namen, und ihr Auftritt blieb mir lange in Erinnerung.

Überhaupt konnten diese Frauen sehr wirkungsvoll reden, auch bei uns in der Partei. Ich erinnere mich noch an Rosa Grimm, die ich kennenlernte; wir mochten uns sehr gut. Sie spielte damals in der Partei keine besondere Rolle, doch sie konnte sehr gut reden, sie war eine gescheite Frau und eine Russin – das hat mir sowieso imponiert. Ich war damals ja noch sehr jung, hatte keine speziell gute Ausbildung oder Schulung; ich hatte manchmal richtige Minderwertigkeitsgefühle gegenüber anderen.»

Solidarität mit dem kämpfenden Spanien

Gleich nach Hitler und Mussolini anerkannte auch der Schweizerische Bundesrat das putschistische Franco-Regime. In dringlichen Bundesbeschlüssen wurde jede Unterstützung der spanischen Republik in anderer als karitativer Form unter Strafe gestellt. Trotzdem schlossen sich ungefähr 800 Schweizer – Kommunisten, Sozialdemokraten und Parteilose – den Freiwilligen aus aller Welt an, die junge Republik militärisch zu verteidigen. Die Unterstützung der Spanischen Republik war eines der konkretesten Resultate der Einheitspolitik von Kommunisten und Sozialdemokraten.

Theo: «Ich war froh, dass mich die Partei nicht nach Spanien schicken wollte. Wenn sie es verlangt hätten, wäre ich sicher gegangen – keine Frage. Ich war ein zu ergebenes Mitglied. Glücklicherweise wurde ich nicht vor diese Entscheidung gestellt. Als ‹legaler› Redakteur des Tagespressedienstes der Komintern war ich eigentlich ‹unabkömmlich›; man brauchte mich hier. Aber wenn ich ehrlich bin, habe ich mich auch nicht darum gerissen, in den Krieg zu ziehen – ich hätte zu grosse Angst gehabt. Natürlich bewunderte ich die kämpfenden Genossen in Spanien und unterstützte sie in jeder Weise, vor allem durch meine Pressearbeit. Spanien stand damals nicht nur im Zentrum unseres Lebens, sondern auch im Zentrum meiner journalistischen Tätigkeit. Auch bei den Naturfreunden leisteten wir eine grosse Solidaritätsarbeit für die spanische Republik.»

Amalie: «Ich dachte schon an einen Einsatz in Spanien, aber es wurden doch auch gewisse Fähigkeiten verlangt. Gerade Frauen durften nur gehen, wenn sie eine bestimmte Ausbildung hatten. Dass doch auch einige Frauen gingen, das wird oft unterschlagen. Berti Bickel war zum Beispiel dabei, Clara Thalmann aus Basel, die sich den Trotzki-Anhängern anschloss, oder Emmy Stocker, die kranke Kinder betreute. Ich konnte zudem nicht einfach weg, weil ich ja Mitglied der Parteileitung war. Nöthiger beispielsweise war sehr empört, dass Otti Brunner als Mitglied der Parteileitung einfach nach Spanien ‹abgehauen› war, ohne die Leitung anzufragen; er sah darin einen Diszipli-

narbruch. Um so grösser war dann mein Einsatz für die Solidaritätsarbeit hier. Wir sind herumgerannt und haben gesammelt, Versammlungen besucht. Ich sammelte vor allem im Entlisberg, zusammen mit
Nathalie Meyer. Wir gingen von Haus zu Haus, und jede Familie
spendete etwas. Wenn jemand wirklich nichts hatte, fragte ich nach
einer Seife – da gingen sie in den Keller hinunter und brachten eine.
Die Solidarität war einzigartig. Das war eine ganz grosse Aktion und
ein gutes Erlebnis.

Nie vergessen werde ich aber die Anschuldigungen von Robert
Bolz, einem damaligen ‹Volksrecht›-Redakteur. An einer Versammlung im Schulhaus Manegg sprach er sehr widersprüchlich über Spanien und erzählte Details, die mich sehr wütend gemacht haben. Und
das gerade zu einer Zeit, als die ersten Schwierigkeiten auftauchten.
Vielleicht war ja etwas Wahres dabei, aber ich fand das unerhört.»

Theo: «Die gute Zusammenarbeit bei den Solidaritätsaktionen mit
den Sozialdemokraten wurde mit der Zeit stark beeinflusst von den
ersten Prozessen in Moskau, die gerade in dieser Zeit begannen. Kurz
nach unserem mit Glanz und Gloria beendeten Parteitag im Limmathaus, der für die KP einen grossen Aufschwung im Zeichen der Volksfront brachte – ausgerechnet da kam der erste Prozess in Moskau gegen
kommunistische Oppositionelle. Und auch in Spanien zeigten sich
Schwierigkeiten an. Wir hofften zwar noch...»

Amalie: «Spanien war für uns die zweite grosse Niederlage, nach
Hitlers Machtübernahme in Deutschland.»

Niederlage in Spanien, Niederlage in Deutschland. Viele politische
Hoffnungen sind zerschlagen – es herrscht Angst vor einem neuen
Krieg.

Theo verliert aus undurchsichtigen Gründen seine Stelle bei der
RUNA.

Amalie ist schwanger. Beide nähern sich dem dreissigsten Lebensjahr. Zusammen mit Emmi und Hans Hermann wohnen sie in einer
Genossenschaftswohnung in Zürich-Wollishofen.

Wohngemeinschaft

Amalie: «Theos Mutter fand für uns 1937 eine Dreizimmerwohnung
an der Besenrainstrasse 21 in Wollishofen. Wir konnten uns diese nur
leisten, indem wir dort zu viert, zusammen mit Emmi und Hans,

wohnten. Ihm sagten wir nur ‹Globi›, weil er ein Appenzeller war. Eine seiner liebsten Redensarten war ‹Säb gloob i›, das gab ihm seinen Übernamen. Globi war Buchbinder. Er und Emmi arbeiteten in der Schokoladenfabrik Lindt & Sprüngli; er machte Kartonage-Arbeiten, sie packte Schokolade ein. Wir sind ganz gut miteinander ausgekommen.»

Gut auskommen war nicht besonders schwierig – für Probleme war einfach keine Zeit. Beruf, Politik und Veranstaltungen der Naturfreunde bestimmten das Leben. Das Privatleben lief wie selbstverständlich nebenher. Es sei denn, es gab «Pannen»: Mit der Empfängnisverhütung wollte es in den fünf Jahren wilder Ehe – und auch nachher – nicht recht klappen.

Abtreibung

Theo: «Am Anfang wollten wir noch keine Kinder. Wir hatten einfach keine Zeit dazu. Amalie musste in den Jahren unseres Zusammenlebens drei Mal eine Abtreibung machen lassen. Es gab einen Arbeiterarzt in Winterthur, der die Abtreibung für acht Franken gemacht hat, und dann kam noch das Bahnbillet von zwei Franken achtzig dazu.»

Amalie: «Als ich 1936 zum ersten Mal schwanger wurde, war ich noch nicht sicher, ob unsere Beziehung halten würde, obwohl ich sehr in Theo verliebt war. Doch ich wollte noch kein Kind. Esther gab mir dann die Adresse dieses Arztes in Winterthur, von dem sie über italienische Emigrantinnen gehört hatte. Er machte Abtreibungen für die Sulzer-Arbeiterinnen. Er war ein grundanständiger Typ, ein Anthroposoph. Die linken Ärzte konnten keine Abtreibung riskieren, sie wurden zu genau kontrolliert. Und zu den Engelmacherinnen in Genf wollte ich nicht, mir fehlte das Geld für die Bahnfahrt, und dann hatte ich auch Angst um meine Gesundheit.»

Theo: «Wir haben nie beschlossen, ‹jetzt machen wir ein Kind›. Sondern immer haben Anti-Konzeptionsmittel nicht funktioniert. Aber nachdem es dann passiert war, haben wir uns überlegt und fanden, ja, eigentlich doch. Wir sind gemeinsam zur Auffassung gekommen, dass die Erfahrung von und mit Kindern zu einem kommunistischen Paar gehören sollte. Fast alle Arbeiter haben ja Kinder, und die Arbeiterfamilien kann man viel besser begreifen, wenn man selber Kinder hat.

Heirat

Der Anstoss zur Gründung einer ‹richtigen› Familie mit Trauschein kam vom Präsidenten der Baugenossenschaft. Er wies subtil auf das Konkubinatsverbot hin – damals wurde die Bettentemperatur mit dem Thermometer gemessen, um festzustellen, ob zwei darin geschlafen haben – und da wir auf eine grössere Wohnung spekulierten, war des Vermieters Meinung von entscheidender Bedeutung. Zudem hatten zwei Freunde von uns, Ude Thörig und Hugo Stolle, ähnliche Absichten. Mit Ude arbeitete ich bei den Naturfreunden und in der Angestelltenbewegung, Hugo war mit mir in der RUNA. Wir vier beschlossen, eine Doppelhochzeit zu machen.»

Amalie: «Bei mir brauchte es allerdings noch einen Wink vom Schwiegervater. Er fragte, ob ich etwa Theo nicht heiraten wolle, weil er Jude sei, und das wollte ich schon nicht auf mir sitzen lassen. Er meinte auch, wenn die Nazis kämen und Theo ins Gefängnis steckten, könnte ich ihn als seine Ehefrau eher besuchen. Das leuchtete mir ein.»

Doppelhochzeit

Theo: «Am 28. Juli 1939 erschienen Hugo und ich per Velo auf dem Standesamt am Stadthausquai. Amalie musste zu Fuss kommen; sie war im siebten Monat schwanger. Es war ein Samstagmorgen, elf Uhr, wir kamen direkt von der Arbeit. Wir waren die Trauzeugen von Ude und Hugo, und sie waren die unsrigen. Der Standesbeamte schaute ganz irritiert, als Hugo zuerst Amalie und ich zuerst Ude einen Kuss gab. Das war ein Gaudi!»

Amalie: «Der Beamte wunderte sich auch, dass wir keine Ringe hatten. Ich hielt dafür eine schöne Rose, die mir Theos Mutter geschenkt hatte. Aber mir war es mit meinem ‹Bäuchlein› so peinlich, dass ich gar nicht recht wusste, wohin mit dieser Rose. Der Standesbeamte machte mich darauf aufmerksam, dass ich jetzt die Urkunde mit Frau Pinkus unterschreiben müsse, und dann las er noch ein paar ganz furchtbare Verse herunter.»

Theo: «Anschliessend fuhren wir nach Hause und bereiteten uns ein Hochzeitsessen. Es war nicht ganz gar, erinnere ich mich.»

Amalie: «– schlecht war es! Ich kochte gefüllte Zucchetti, die schlechtesten meines Lebens.»

Nach der Doppelhochzeit. Theo, Amalie, Ude und Hugo Stolle, August 1939.

Amalie mit Marco vor der Besenrainstrasse, August 1940.

Theo: «Aber wir hatten einen tollen Chriesi-Kuchen, den Hugo gebacken hatte. Jean Field biss sich an einem Stein einen Zahn aus...

Kurz vorher waren wir mit Emmi und Globi in eine grössere Vierzimmerwohnung an der Besenrainstrasse 26 gezogen, wo wir heute noch wohnen. Die ‹Wohngemeinschaft› hielt noch zwei Jahre. Als sich unser zweites Kind ankündigte, zogen Emmi und Globi aus.»

Amalie: «Als ich nach vielen Jahren mit Emmi über diese Zeit sprach, meinte sie, das wären die schönsten Jahre ihres Lebens gewesen. Auf meine Frage, weshalb sie denn ausgezogen wären, meinte sie, ich hätte den Küchenboden zu wenig rein gehalten! Ich war ganz erstaunt, das war mir nie aufgefallen. Aber seither putze ich meinen Küchenboden besonders gründlich.

Familie und arbeitslos

Am 9. Oktober 1939 kam Marco auf die Welt, einen Monat nach Kriegsausbruch. Drei Wochen später musste ich wieder arbeiten. Theo hat dann Windeln gewaschen, für uns gekocht und dazwischen Arbeit gesucht. Das war die schwerste Zeit meines Lebens. Wir lebten monatelang nur von meinem Lohn von 250 Franken. Theo verdiente durch Gelegenheitsarbeit ungefähr 50 Franken, und davon mussten wir noch ab und zu Theos Eltern, die wieder in der Schweiz wohnten, unterstützen.»

Theo: «Ich war arbeitslos. Da hatte ich Zeit, mich hauptsächlich um unser Kind zu kümmern. Ich habe fast alles gemacht, was es mit einem Kind zu tun gibt. Ich wickelte ihn, bereitete das Essen zu und brachte ihn in die Krippe. Nur die Brust konnte ich dem Kleinen nicht geben, das musste Amalie tun, und zwar sehr lange. Das war ja auch interessant, weil sie dafür das grossartige Stillgeld von zweimal 50 Franken erhielt, auf das wir natürlich damals nicht verzichten wollten. So sind alle Kinder eigentlich lange mit Muttermilch aufgewachsen.

Zuerst hatte ich noch eine kleine Arbeitslosenunterstützung, aber bald wurde ich ausgesteuert. Am Montag sortierte ich dann jeweils während fünf Stunden Sport-Toto-Zettel, am Freitag trug ich bei Frau Stähli mit dem Velo Fische aus. Ich hatte damals noch nicht gewusst oder bemerkt, dass sie sich so für die Emigranten einsetzte und illegale Leute beherbergte; Globi hatte mir geraten, dort um Arbeit nachzufragen.» [Frau Stählis Fischhandlung war eine wichtige Anlaufstelle für deutsche Emigranten. Ihren Einsatz dokumentiert Matthias Knauers Film «Die unterbrochene Spur».]

Amalie: «Mein Bruder Moritz hatte inzwischen auch geheiratet; sein Sohn war drei Jahre alt. Meine Schwägerin Helene war wieder schwanger, und ich werde nie vergessen, wie sie in dieser Zeit während mehrerer Monate jeden Tag mit dem Kind von Oerlikon nach Wollishofen kam, um den kleinen Marco zu pflegen, damit ich arbeiten konnte. Natürlich gratis, sie hat nur bei uns gegessen. Ich hätte ihr gar nichts geben können. Später gaben wir Marco in die Krippe.»

Mitarbeit an der «Landi»

Die Landesausstellung 1939 in Zürich war ein patriotisches Grossereignis in der neueren Geschichte der Schweiz, eine Demonstration schweizerischer Eigenart, Unabhängigkeit und Selbstbehauptung, die der faschistischen «Blut und Boden»-Ideologie von «ennet dem Rhein» ein Heimatbild schweizerischer Provenienz entgegenstellte. Viele Bauernfamilien, Angestellte und christlich motivierte Schweizer teilten damals den Anti-Faschismus der politischen Linken. Patrioten und Anti-Faschisten spannten zusammen, und so war es möglich, dass Theo, obwohl als Kommunist in der ganzen Stadt bekannt, im Frühling 1939 für ein halbes Jahr Programmredaktor der «Landi»-Zeitung werden konnte.

Theo: «Ich rannte den ganzen Tag herum und brachte in Erfahrung, was nächstens los ist, sammelte und stellte Veranstaltungsdaten zusammen. Mit der Zeit organisierte ich aber auch die anderen Artikel für die ‹Landi›-Zeitung. Einige davon hatte mein Vater verfasst – vor allem populärwissenschaftliche Sachen. Zuletzt machte ich eigentlich fast die ganze ‹Landi›-Zeitung, weil der Chefredaktor Peter Wyrsch ganz froh war, dass ihn da einer entlastete.

Diese ‹Landi›-Zeit war für mich persönlich wichtig. Ich hatte wieder eine Stelle und verdiente 400 Franken im Monat, ein ganz fürstlicher Lohn damals. Und Amalie hatte vom Schlossermeisterverband eine Dauerkarte erhalten, so dass wir uns oft in der ‹Landi› sahen. Interessant war auch, dass ich viele frühere Bekannte an der ‹Landi› wiedergetroffen habe. So sind allmählich interessante Verbindungen entstanden – auch zu ganz bürgerlichen Leuten, die meine Arbeit achteten und in dieser patriotischen Stimmung keine besonders antikommunistische Einstellung hatten, sondern eher eine nationale: man wollte mit allen zusammenarbeiten und einheitlich gegen die Nazi-

Ausfahrt mit Marco, mit Veloanhänger, 1941, Konstruktion Theo Pinkus. Foto: Kurt Abraham.

Gefahr vorgehen, wenigstens auf kulturellem Gebiet. – Mit dem üblichen Patriotismus hatten wir Linke uns nicht identifiziert, aber in der ‹Landi› sahen wir die Demonstration der Unabhängigkeit der Schweiz. Der ‹Landi›-Chef Meili war ein guter Freisinniger, aber auch ein aufgeschlossener Bürger. Und so war auch die ‹Landi›: Neben dem Patriotismus dokumentierte sie auch Modernität, die natürlich stark von der Industrie – vor allem von der Aluminium-Industrie – geprägt war. Im ‹Landi›-Bild von Hans Erni finden wir diese ‹Landi›-Elemente: keine Kritik, aber auch kein Superpatriotismus – so haben wir das empfunden.

Im grossen und ganzen äusserten wir uns als Kommunisten nicht kritisch zur ‹Landi›. Natürlich führten wir immer den Kampf gegen die Pro-Nazi-Tendenz des Bundesrates, Pilet-Golaz war Aussenminister. Aber es gab die Kritik des ‹Cornichon›, eine nationale Kritik an der nicht-nationalen, verräterischen und miesen Anpassungs-Politik, die in der Schweiz auch betrieben wurde.

Heute wird oft kritisch auf die damaligen Gegensätze hingewiesen, mit den Fragen ‹Wer trug die Kriegslast?›, ‹Wie wurde die Mobilisation durchgeführt?›, ‹Wer zog ab ins Reduit?› Diese klassenmässigen Widersprüche waren ohne Zweifel da. Sicher gelang es, einen schönen Teil der Widersprüche an der ‹Landi› zu verstecken. Aber angesichts der Situation in Deutschland war klar: Die Kommunisten waren nicht an einer deutschen Eroberung interessiert, und ein Teil der Industriellen hatte auch kein Interesse, unter der deutschen Industrieführung zu produzieren und dabei viele andere Geschäfte zu verlieren. Aus all diesen Gründen war die ‹Landi› ein grosser Erfolg im Sinne einer nationalen Einigung.»

Not macht erfinderisch

In diesen Tagen begann Theo, sich die Lagerbestände bestimmter Bücher bei einigen Zürcher Buchhandlungen zu merken. Damit schuf er sich eine originelle, allerdings noch sehr bescheidene Verdienstmöglichkeit: Er konnte einem Buchhändler, der ein bestimmtes Buch suchte, gegen eine kleine Vermittlungsgebühr das Gewünschte aus dem Lager eines anderen liefern. Seinen Erfindergeist richtete er aber auch auf die Weiterentwicklung von einfachen, raffinierten Transportsystemen – eine Leidenschaft, die ihn bis heute nie ganz losgelassen hat.

Damals stand sein Velo im Mittelpunkt. Theo erfand und konstruierte die «Progress»-Velotasche, die sich mit wenigen Griffen in ein tragbares Köfferchen umwandeln liess. Er meldete für die «Progress» sogar ein Schweizer Patent an, und der befreundete Fabrikant Friedmann liess sie serienmässig herstellen. Der Erfolg war allerdings bescheiden. Später konstruierte Theo als stolzer Familienvater einen kombinierten Veloanhänger, der sonntags mit dem Kinderwagen beschnallt, werktags mit schweren Bücherkisten beladen werden konnte. Mit diesem Anhänger liess sich alles transportieren, was die junge Firma brauchte, mitunter auch eine grosse Leuchtreklame... Als dann das Velo durch ein Moped ersetzt wurde, fiel nicht nur die mühsame Pedalerei weg, sondern es konnte auch eine grössere Anhängerlast transportiert werden, was sich vor allem auf den Ferientouren mit der Campingausrüstung und der sich ständig vergrössernden Familie bewährte.

Verwirrung durch den Nichtangriffspakt

Das beinahe idyllische Bild von den Kommunisten, die mit den fortschrittlichen und liberalen Kräften gemeinsam den ideologischen Kampf gegen das Hitler-Regime führten – so jedenfalls kann es nach Theos Schilderung seiner «Landi»-Arbeit ausgesehen haben –, erlitt eine schwere Trübung, als im August 1939 Stalin völlig unerwartet den berühmten Nichtangriffspakt mit Hitler schloss. Die KP-Führung stellte sich nach dem ersten Schock gegen die SPS und die öffentliche Meinung in der Schweiz, indem sie der Argumentation der Kommunistischen Internationale folgte und den Pakt sowie die sowjetische Mitwirkung an der Aufteilung Polens und den etwas später erfolgten Winterfeldzug gegen Finnland mit legitimen russischen Verteidigungsinteressen rechtfertigte.

Amalie: «Wir akzeptierten 1939 die Änderung der Einschätzung des deutschen Faschismus nach dem Nichtangriffspakt. Nicht aber Theos Vater, der gerade zu dieser Zeit bei uns war und es unerhört fand, dass die Sowjetunion in Polen einmarschiert war. Er und Theo gerieten sich deswegen in die Haare, es war richtig dramatisch. Theo verteidigte auch den sowjetisch-finnischen Krieg. Ich selber fand ebenfalls, das sei nötig. Nach all den Niederlagen, die wir erlebt hatten, fand ich, es bleibe kein anderer Ausweg.»

Eine praktische Neuheit

1. AUF VELOTOUREN

2. BEI EINKÄUFEN

3. ZUM BADEN

4. PICNIC IM FREIEN

5. BEI BAHNSPEDITIONEN

244 🔲 52060

Die „PROGRESS" Velotasche

Die glückliche Lösung eines alten Problems ist gefunden! Der Wunsch vieler Velofahrer wird erfüllt durch die Velopacktasche, die sich mit wenigen Griffen in ein bequem tragbares Köfferchen umwandeln läßt.

So urteilt die Presse („Sie und Er"): „.... Noch besser ist folgende Kombination: eine patentierte, doppelte Velotasche, die — z. B. für Eisenbahnfahrten — abgenommen und dank ihres kräftigen Lederbügels als geräumige Reise- oder Badetasche verwendet werden kann."

6 große Vorzüge!

1. Auf Velotouren. Die „Progress" wird im Hause gepackt und vor der Abfahrt mit einem Handgriff auf dem Gepäckträger befestigt. Vor dem Gasthof, Hotel und bei der Rückkehr wird sofort wieder ein handlicher Doppelkoffer daraus.

2. Bei Einkäufen. Die vollgepackte „Progress" ist im Nu vom Velo weggenommen und kann mit allem, was darin ist, ins Haus getragen werden. Kein lästiges Auspacken auf offener Straße. Kein Verlieren oder Vergessen von Paketen.

3. Zum Baden. Ihr Badezeug und der Proviant sind gut versorgt in der „Progress"-Doppeltasche. Am Ort angelangt, wird sie ganz einfach vom Velo genommen und dient nun als Badetasche.

4. Picnic im Freien. Am Fluß, See oder im Wald versieht die „Progress" ihren Dienst als Picnic-Koffer. Mit allem gepackt, was zu einem Mahl im Freien gehört, bequem am soliden Lederbügel getragen, kann man sich das schönste Plätzchen aussuchen. Kein Hin- und Herrennen vom Picnicplatz zum Velo.

5. Bei Bahn-Speditionen. Bekanntlich dürfen Velo-Packtaschen bei der Spedition per Bahn nicht auf dem Velo belassen werden. Mit der „Progress" gibt's kein umständliches Abmontieren und kein lästiges Tragen auf dem Arm. In ein paar Sekunden wird aus der „Progress" ein handlicher Reisekoffer, der sich elegant tragen läßt.

Die „Progress" ist das Resultat unermüdlichen Suchens nach einer wirklich praktischen Velo-Packtasche. Wer Velo fährt, weiß darum die Vorzüge dieser Neuheit (⊹ Patent angemeldet) zu schätzen. Lassen Sie sich die „Progress"-Velopacktasche vorführen; sie wird auch Ihnen gute Dienste leisten.

Erhältlich bei:

Theo: «Ich hielt den sowjetisch-deutschen Nichtangriffspakt für einen notwendigen diplomatischen Schachzug. Im Gegensatz zu meinem Vater, der den Vertrag als absolut falsch hingestellt hat. Er argumentierte vor allem moralisch – es gebe bestimmte Dinge, die man einfach nicht machen könne. Er meinte, der Verlust für die kommunistische Bewegung werde grösser sein als dieser temporäre Zeitgewinn. Ich rechtfertigte den Pakt vor allem mit der Vorgeschichte, die ich, obwohl nicht mehr bei der RUNA angestellt, ziemlich genau und interessiert verfolgt hatte. Bis zum Zeitpunkt dieses Vertrags hatte die Sowjetunion ja ununterbrochen versucht, sich mit den Engländern und Franzosen über die Durchmarschrechte im sogenannten ‹Korridor› durch Polen zu verständigen, für den Fall eines deutschen Angriffs auf Frankreich und die Tschechoslowakei. Denn die Politik der Sowjetunion, wie sie im Völkerbund durch Litwinow vertreten wurde, ging bis zuletzt dahin, eine ‹Linie der kollektiven Sicherheit› durchzusetzen. Hitler sollte mit einem ‹eisernen Ring› daran gehindert werden, offensiv Krieg zu führen. Doch die Engländer unter Chamberlain und die Franzosen unter Daladier sabotierten das Zusammengehen mit der Sowjetunion ständig, zuletzt in München 1938. Sie inszenierten unglaubliche Verhandlungsmanöver, schickten beispielsweise eine Delegation per Schiff in die Sowjetunion, obschon bereits damals die halbe Welt im Flugzeug reiste.

Diese französisch-englische Politik war offensichtlich darauf ausgerichtet, das deutsche Kriegspotential in Richtung Sowjetunion zu lenken. Und schliesslich gab es damals schon das heute ‹offizielle› Argument, dass die Sowjetunion eine Atempause nötig habe, um den unvermeidlichen Krieg und den Angriff Hitlers auf Russland möglichst lange hinauszuzögern. Diese ganze Situation hat uns irgendwie verstehen lassen, wieso dieser Schwenk in der russischen Aussenpolitik von Litwinow zu Molotow zustande kam. Wir fanden, diese Atempause müsse ausgenützt und jetzt erst recht gegen Hitler gekämpft werden. Der antifaschistische Widerstand ist durch den Pakt, jedenfalls offiziell und verbal, nicht abgeschwächt worden.»

Die Schweizer Kommunisten waren verwirrt, hielten aber an ihrer grundsätzlichen antifaschistischen Einstellung fest. Sie unterstützten die Generalmobilmachung, als mit einem deutschen Angriff gerechnet werden musste. Die KPS erliess am 9. September einen Aufruf, in dem es unter anderem hiess:

Darum unterstützen und begrüssen wir alle Massnahmen, die zum Ziel haben, die Unabhängigkeit des Landes zu sichern, und die geeignet sind, Durchmarsch- und Eroberungspläne, wo immer sie bestehen mögen, zu vereiteln. Die Kommunisten werden als Soldaten und Bürger ihre Pflicht zur Verteidigung der schweizerischen Demokratie und Unabhängigkeit mustergültig erfüllen.

Doch die Einschätzung des Nichtangriffpakts war auch unter den Kommunisten nicht unumstritten:

Theo: «Der moralisch-politische Verlust für die kommunistische Bewegung war ohne Zweifel gewaltig. Der Pakt hat eine unerhörte Verwirrung innerhalb der kommunistischen und antifaschistischen Opposition gebracht. Es gab einige KP-Austritte. Ein uns bekannter deutscher Genosse, sein Deckname war ‹Thomas›, arbeitete früher als illegaler Redakteur der ‹Inprekorr›, wurde nach Paris versetzt und liess uns von dort eine Nummer der ‹Zukunft› zukommen, worin Willi Münzenberg aus seinem Pariser Exil den Nichtangriffpakt entschieden kritisierte und ihn als logische Konsequenz der falschen Politik Stalins hinstellte. ‹Thomas› forderte uns auf, den Kampf Münzenbergs zu unterstützen und die falsche Politik der Komintern einzusehen. Natürlich haben wir nichts eingesehen – ich lehnte diese Haltung Münzenbergs ab.»

Theo wollte mit seinen eigenen Fähigkeiten die Landesverteidigung unterstützen: mit der Organisation und Vermittlung von Kultur. Zusammen mit einigen Leuten aus der Kultur und Volk-Vereinigung wurde nach der Generalmobilmachung beschlossen, eine Kulturaktion für die Soldaten zu organisieren. Diese Aktion sollte für die Soldaten «im Dienst» Grammophonplatten und Bücher beschaffen und so kulturelle Möglichkeiten bieten. Die mindestens zu Beginn sehr erfolgreiche Aktion erhielt – ganz im Stil des damaligen Zeitgeistes in Mundart – den Namen «Soldatenabig», auf Hochdeutsch «Soldatenabend».

Aktion «Soldatenabig»

Theo: «Für diese Aktion konnten wir vom Vorstand Kultur und Volk auch Hermann Leeb, Lehrer am Konservatorium, begeistern.

Mitgemacht hat auch die Genossin Gret Bollschweiler, die bei den Naturfreunden sehr aktiv war. Ich wurde als Sekretär dieser Aktion angestellt und erhielt dafür ein ‹Gehalt› von 100 Franken. Dafür habe ich praktisch den ganzen Tag gearbeitet, denn ich war ja, nachdem die ‹Landi› im Oktober zu Ende war, wieder arbeitslos.

Ich habe meine ‹Landi›-Beziehungen ausgenutzt: So konnte etwa Fritz Wetzel, der die Jugendwerkstätten an der ‹Landi› geleitet hatte, zusammen mit Lehrlingen Holzkistchen produzieren, in die die zerbrechlichen Grammophonplatten verpackt wurden, sowie geeignete Kisten für die Bücher. Es gelang uns auch, einige im Angestelltenverband des Buchhandels organisierte Leute zu gewinnen, unter anderem Toni Drittenbass, eine Genossin, die in der Partei sehr aktiv war. Sie war Buchhändlerin bei Oprecht an der Rämistrasse.

Wir führten eine riesige Büchersammelaktion durch, an der sich die Pfadfinder, die Jungwacht [katholische Jugendorganisation], die Migros, der Lebensmittelverein und der Konsumverein beteiligten. Überall wurden Kisten aufgestellt mit Aufschriften: ‹Gebt Eure Bücher ab zu Gunsten der Soldaten.› Es kamen Tausende von Büchern zusammen. Die Stadt hatte uns Abbruchräumlichkeiten am Mühlesteg, zwischen Urania- und Bahnhofbrücke, zur Verfügung gestellt, wo wir ein riesiges Bücherlager einrichteten und die Bücherkisten zusammenstellten mit einem breiten Angebot, von Gottfried Keller über Gorki bis zu Sinclair.

Im Kongresshaus organisierten wir ein riesiges Fest, das sämtliche Räume beanspruchte. Unter anderen haben auch das Schauspielhaus und das ‹Cabaret Cornichon› mitgemacht – gratis natürlich. Als Festredner holten wir Georg Thürer, einen patriotischen, ‹offiziellen› Historiker aus St. Gallen, der Bücher zur schweizerischen Unabhängigkeit geschrieben hat. Das Programm selber wurde von Wolfgang Langhoff, Ginsburg und anderen Mitgliedern des Schauspielhaus Zürich bestritten und hatte natürlich ganz radikale, antifaschistische Inhalte. Die ‹besseren› Kreise, die teure Eintrittskarten gekauft hatten – es gehörte nämlich zum guten Ton, diesen grossen gesellschaftlichen Anlass zu besuchen –, waren etwas erstaunt. Das Fest wurde ein Erfolg, alles war überfüllt. Und da hat sich das national und patriotisch eingestellte Bürgertum wirklich mit den Kommunisten, mit Edgar Woog und den andern, getroffen. Ein Misston an diesem Fest, das die ganze Nacht dauerte, waren die Diskussionen darüber, wie wir Kommunisten eigentlich zum Nichtangriffspakt stünden, und was ich denn dazu sage, dass die Russen Finnland bekämpften, undsoweiter. Trotz dieser Schwierigkeiten, in denen wir damals bei Kriegsausbruch standen, war es eine grosse, einheitliche und eigentlich patriotisch-antifaschistische Veranstaltung. Sie brachte 9000 Franken Überschuss, welcher verabredungsgemäss der schweizerischen Nationalspende überwiesen wurde – postwendend kam der Betrag zurück, zur Finanzierung unserer Aktion ‹Soldatenabig›.

Über diese ganze Aktion ‹Soldatenabig› schrieb ich zuerst im Schweizerischen Kaufmännischen Zentralblatt, dann für die ‹Neue Zürcher Zeitung› einen umfassenden Artikel. Dieser wurde angenommen und war bereits gesetzt, als ich Besuch eines Hauptmann Wirz aus Bern erhielt. Wirz war hauptamtlich Chef der schweizerischen Volksbibliotheken. Er kam mit einem Angestellten der Zentralbibliothek und liess sich alles zeigen. Ich habe erwähnt, dass in der NZZ ein Artikel erscheinen werde, der eine genaue Übersicht über unsere Aktion gebe. Er hat nun nichts Besseres zu tun gewusst, als sofort die NZZ zu alarmieren, der Artikel dürfe nicht erscheinen, es sei eine kommunistische Verschwörung im Gang!

Die ganze Sache ging bis zum Generalstab, und Wirz wollte dort weismachen, dass die Aktion ‹Soldatenabig› eine kommunistische Spionageangelegenheit sei, weil wir durch den Bücherversand Truppenstandorte herausfinden würden. Wirz prangerte zudem an, dass an der Spitze von ‹Kultur und Volk›, die diese Aktion ja gestartet habe, drei Juden im Vorstand seien: Liebermann, Pinkus und Friedmann. Und Friedmanns Vater habe doch im Jahre 1917 etwas mit Lenin zu tun gehabt, wie er herausgefunden hätte!

Die ganze Verleumdung war so gravierend, dass auf die andern, Hermann Leeb und Gret Bollschweiler, unheimlich Druck ausgeübt wurde. Ich trat als Sekretär zurück und auch aus dem Vorstand von ‹Kultur und Volk›, um die Aktion zu retten; die riesigen sortierten Bestände mussten ja weitergeleitet werden. Doch die Hetze hatte gewirkt. Man beschloss, die Aktion ‹Soldatenabig› aufzulösen. Wir stellten eine Bedingung: einen Rapport zuhanden des Generals erstellen zu können, was wir dann auch gemacht haben. Der General hat uns darauf die gute kulturelle Arbeit für die Soldaten verdankt. Das war eine Ehrenerklärung, so dass der Makel der Spionage gelöscht war. Doch den Leuten um Wirz war es nicht darum gegangen, uns als Spione zu entlarven, sondern darum, die Aktion zu liquidieren, weil sie darin eine Einflussnahme und vielleicht auch Konkurrenz sahen.

Als ich 1933 aus Berlin zurückkehrte, musste ich mich auch einer Nachmusterung stellen. Aber bei meinem Brustumfang, den Plattfüssen, hatte man mich in den HD (Hilfsdienst) eingeteilt. Als RUNA-Mitarbeiter wurde ich vorerst Presse-HD, später kam ich dann zum Luftschutz, damals eine Armee-unabhängige Organisation mit mehr lokalen Aufgaben. Als Luftschutz-Feuerwehrmann musste ich, das war glaube ich 1942, in eine sechswöchige Rekrutenschule nach Vevey. Mich interessierte vor allem das Abwaschen und die Küche. Dazu meldete ich mich immer freiwillig und kam so um manches Exerzieren – wo ich eine völlig unmögliche Figur abgab – herum. Immer hatte ich Hašeks ‹Schwejk› bei mir, den ich allen empfahl und zum Lesen weitergab. Ich fand, das sei die beste Möglichkeit, sich über das Militär Gedanken zu machen.

Als der Luftschutz in die reguläre Armee integriert wurde, musste auch ich wie alle andern regelmässig Wiederholungskurse leisten, konnte aber wählen, ob ich ein Gewehr wolle oder nicht. Ich lehnte ab. So kombinierte ich meinen ‹privaten› Pazifismus mit der Unlust, das Gewehr putzen zu müssen. Trotzdem habe ich auch hin und wieder geschossen. Wir hatten einen Korporal, mit dem ich recht gut stand, und der nahm mich oft zu Übungen im Wald mit, gab mir ein Gewehr und sagte: ‹Komm, Theo, schiess auch mal.› Diesen Gefallen habe ich ihm ab und zu gemacht.

In Thun hatte ich Bürodienst bei einem netten Hauptmann. So konnte ich Amalie jeden Tag einen Brief schreiben; ein Freund aus Basel, den ich im Dienst kennengelernt habe, hat die Briefe illustriert. Ich bin ganz gut durchs Militär gekommen, hatte nie besondere Konflikte, und bei der Entlassung bekam ich eine Flasche Rotwein aus der Staatskellerei.»

Amalie: «Ich wollte Theo mal im Dienst sehen. Der Zivilschutz übte in den Bunkern am Helvetiaplatz, und so ging ich hin – André im Kinderwagen, Marco an der Hand –, um Theo beim Exerzieren zu beobachten. Das war ein Bild! Er brachte seine Vorgesetzten fast zum Verzweifeln, beim Marschieren war er immer eine Synkope zu langsam, einfach unmöglich!»

Der 10. Mai 1940

Theo: «Der 10. Mai war ein entscheidendes Datum. Einen Monat zuvor überfielen die deutschen Truppen Dänemark und Norwegen und am 10. Mai Holland und Belgien. In der Schweiz kam es zur zweiten Generalmobilmachung, zu der auch der Luftschutz einberufen wurde, und für viele Leute aus dem Mittelland begann die ‹freiwillige Evakuation›: Wer ein Häuschen, Geld oder Verwandte in der Innerschweiz hatte, verliess die schwach geschützten Städte und zog ins sichere ‹Réduit› in den Alpen.»

Amalie: «In unserem Haus war auch eine Frau Major, die ging als erste. Ihr Mann war Berufsoffizier, der wusste offenbar schon mehr und holte gleich seine ganze Familie. Mit der Zeit verschwanden immer mehr Leute aus unserem Haus, bis am Schluss nur noch wir und eine katholische Familie mit ihren vier Kindern übrig blieb. Daraufhin fuhr ich mit dem Velo in das Arbeiterquartier im Kreis 4, um zu schauen, ob dort auch alle Leute verschwunden sind. Aber hier waren noch fast alle da – nur die Bourgeois konnten abhauen.

Im Haus hatten wir auch einen Nazi, der fragte mich einmal im Waschraum unten, ob meine Schwiegereltern Juden seien. Ich sagte ja, hatte aber ehrlich Angst. Diese Frage war damals so ekelhaft, in einem Moment, da die Nazis überall im Vormarsch waren und alle Grenzen überschritten. Dieser Typ ist nach dem Krieg ausgewiesen worden, weil er, als Uniformschneider bei PKZ, Schweizer Uniformen-Muster den Deutschen vermittelt hatte. Beim Angriff auf Polen steckten die Nazi-Soldaten ja auch in polnischen Uniformen...

Im Haus war ich Luftschutzwart, weil ich am wenigsten Kinder hatte. Ich war am Stillen, aber musste trotzdem diesen Kurs besuchen, obwohl ich mich weigerte, in die Übungs-Gaszelle zu gehen.

Auf unserer Kellertüre war ein ‹L› gemalt, aber dahinter war nichts von dem, was wir benötigt hätten. Ich redete mit den Frauen im Haus, und wir kamen überein, dass es keinen Sinn habe, bei einem Alarm in diesen kalten Keller hinunterzugehen, denn unsere Kinder hatten alle Keuchhusten.»

Die Partei, die Partei, die Partei!

Als nach der Kapitulation Frankreichs anpassungswillige Schweizer Grossbürger zur «Erneuerung» aufriefen, der Abbau demokratischer Rechte durch die bundesrätliche Vollmachtenpolitik immer spürbarer wurde, lehnten sich die Kommunisten noch ein letztes Mal auf: Sie protestierten gegen die Zeitungsverbote. Im Oktober 1939 war die Komintern-Presseagentur RUNA verboten worden, einen Monat später die kommunistische Tageszeitung «Freiheit», und zunehmend richteten sich im Zuge der «Anpassung» die Pressevorschriften und Zensurmassnahmen auch gegen kritische bürgerliche Stimmen. Die Kommunisten protestierten gegen die Einschränkung der Versammlungsfreiheit, gegen die Politik des «Arbeitsfriedens», forderten eine volksfreundliche Steuer- und Sozialpolitik, damit die kriegsbedingten Opfer gerechter, auch auf die grossen Einkommen und Vermögen, verteilt würden.

Die KPS zeigte sich immer ausgeprägter als einzige grundsätzlich oppositionelle Partei der Schweiz. Nach Kriegsausbruch vertiefte sich die Kluft zwischen SP und KP schlagartig: durch die Stellungnahme der Kommunistischen Partei der Schweiz zum Hitler-Stalin-Pakt einerseits, durch die wirtschaftliche, politische und militärische Integration der Sozialdemokratie in den bürgerlichen Staat andererseits. «Die Sozialdemokratie dankt ab und gibt ihr politisches Programm auf», war eine der letzten Schlagzeilen der «Freiheit», bevor sie verboten wurde. Für die KPS begann die Zeit der Illegalität.

Als der Bundesrat im August 1940 «Massnahmen gegen kommunistische und anarchistische Tätigkeit» beschloss, als die KPS am 26. November 1940 schliesslich behördlich aufgelöst und verboten wurde, billigten die Sozialdemokraten dies stillschweigend. Die «Basler AZ» erachtete zwar das Verbot als unnötig, weil die KPS infolge ihrer Isolierung derart bedeutungslos geworden sei, dass sie für den Staat keine Gefahr mehr bedeute, welcher mit Staatsschutzmassnahmen begegnet werden müsste. Als die vier Westschweizer Nationalräte von Nicoles «Fédération Socialiste Suisse» (FSS) aus dem Parlament ausgeschlossen wurden, enthielt sich die Hälfte der SPS-Fraktion der Stimme, nur einer war dagegen: Karl Dellberg. Damit war die letzte kritische Stimme in der schweizerischen Innenpolitik zum Verstummen gebracht.

Theo: «Das begann so: Eines Tages läutete es bei uns zuhause morgens um sechs. Draussen stand die Polizei und erklärte, sie müssten eine Hausdurchsuchung vornehmen und mir mitteilen, dass die Kommunistische Partei verboten sei. Ich habe das zur Kenntnis genommen, ihnen für die Mitteilung ‹gedankt› und sie dann in die Wohnung geführt. Wir schliefen damals fast unter Büchern, so voll davon war unsere Wohnung. In einem der Zimmer wohnten ja noch Globi und Emmi. Wir hatten gerade zuvor noch illegale Zeitungen der Partei erhalten, die haben wir noch rasch hinter die Bücher gestopft. Als die Polizisten diese Riesenmenge von Büchern sahen, erschraken sie sichtlich, weil sie an die Arbeit dachten, das alles durchsuchen und wegschleppen zu müssen. Bei vielen anderen Genossen wurden die Bücher einfach beschlagnahmt, unter anderen bei Jules Humbert-Droz. Aber bei uns waren es einfach zu viele für die Durchsuchung.

Ich musste dann mit der Polizei an die Froschaugasse 18 gehen, dort war im zweiten Stock unsere gerade im Entstehen begriffene Firma ‹Büchersuchdienst›. Zwei Polizisten blieben unterdessen in der Wohnung und studierten mit grossem Vergnügen die Sittengeschichte von Eduard Fuchs. Im Geschäft wurde eine ganze Kiste mit Lenin-Bänden beschlagnahmt, die ich tags zuvor von einem Mitglied unserer Strassenzelle erhalten hatte. Selma Bührer, auf deren Namen die Firma damals lautete, ging daraufhin zur Polizei und schlug einen Riesenkrach, ‹was ihnen denn einfalle, Bücher eines Antiquariats mitzunehmen›. Sie schüchterte die Polizei derart ein, dass am nächsten Tag ein Polizist die Kiste mühsam auf dem Rücken wieder zurücktrug. Das war die eher amüsante Seite des Parteiverbots.»

Einen zweiten Schlag gegen die illegale KPS/FSS startete die Bundespolizei nach dem Überfall Hitlers auf die Sowjetunion im Juni 1941. Auf Weisung des neuen Bundesrates im Justiz- und Polizeidepartement, von Steiger, wurde eine grossangelegte Hausdurchsuchungs- und Verhaftungsaktion durchgeführt. Zahlreiche führende Funktionäre der illegalen Parteien wurden verhaftet. Nach langer Untersuchungshaft inszenierte die Bundesanwaltschaft den berühmten «Kommunistenprozess» gegen Karl Hofmaier und Edgar Woog von der KPS, Léon Nicole und François Graisier von der FSS. Doch die Basiszellen der Kommunisten arbeiteten weiter.

In der Illegalität

Amalie: «Wir waren beide in der verbotenen KP aktiv. Unsere Strassenzelle hat weiter funktioniert. Wir waren im Durchschnitt sechs oder sieben Leute, die regelmässig zusammenkamen, oft bei Genossen an der Mutschellenstrasse. Ich war der Zellenobmann, wenigstens am Anfang, denn später bekam ich ja mein zweites Kind. Wir haben Probleme diskutiert, politische und solche aus den Betrieben, und ab und zu kam ein Flugblatt, das wir dann verteilen mussten.

Da Theo aber in der Stadt bekannt war wie ein bunter Hund, wurde beschlossen, dass er keine Flugblätter mehr in die Briefkästen verteilen solle, das haben dann andere gemacht. Ich fiel weniger auf und konnte auch noch immer meinen Beruf ausüben, da ich nicht als Kommunistin bekannt war. Theo übernahm dann andere Aufgaben, holte jeweils Flugblätter an einem unbekannten Ort und brachte sie per Velo zu uns oder zu anderen Genossen, von wo aus wir sie verteilten. Aber eigentlich haben Theo und ich nie genau voneinander gewusst, welche Funktionen und Aufgaben der andere erfüllte. Wir haben wenig darüber gesprochen. Auch wurden nie Namen und Adressen notiert. Das war für uns selbstverständlich. Gegeneinander hatten wir aber überhaupt nie auch nur das geringste Misstrauen.»

Ausschluss aus der illegalen KP

Theo: «Eines Tages, im Winter 1942, verlangten der Genosse Züsli und ein anderer eine Aussprache mit mir und teilten mir mit, dass gegen mich ein Ausschlussantrag gestellt worden sei. Man teilte mir mit, das Parteisekretariat habe beschlossen, mich auszuschliessen. Ich war ziemlich platt und bestürzt. Es war in einer Beiz im Kreis 6, etwa sechs Leute waren dabei, darunter Edgar Woog und Jules Humbert-Droz, der – Ironie des Parteischicksals – kurze Zeit später ebenfalls ausgeschlossen wurde. Hofmaier war aber nicht dabei. Unter dem Vorsitz von Humbert-Droz wurde mir vorgeworfen, dass ich als Genosse immer ‹am Rande der Partei arbeite und eine falsche Politik› verfolge. Im Auftrag des ZK warf mir Genosse Heiri Grübler vor, ich hätte anlässlich eines Besuches bei meinem Freund Helmut Zschokke in Aarau eine Fraktion gebildet. Das war mir völlig schleierhaft. Hello Zschokke und seine Frau Lili waren mit uns seit langer Zeit befreundet, unsere Kinder waren gleich alt, wir haben uns oft besucht, aber von einer Fraktion in der Partei war doch nie die Rede. In einer illegalen Zeitung stand dann ein kleiner Artikel, darin wurde behauptet, ich sei Agent des Reformismus und Sozialdemokratismus, und man solle den Kontakt mit uns meiden. Da ich die Zeitung nicht bekam, erfuhr ich von dieser Verleumdung durch die Genossin, die diese illegale Publikation tippen musste und die die Behauptungen gegen mich nicht geglaubt hatte.»

Amalie: «Das Schlimmste war, dass mich die Parteileitung ohne Ausschlussverfahren aus der Mitgliederliste strich. Ich wurde einfach gestrichen, weil ich Theos Frau war. Ich selbst war nicht wichtig genug – trotz meiner mehr als zehnjährigen aktiven Parteiarbeit! Das war ein schwerer Schlag für mich, und ich habe so geheult, dass es meinem Chef auffiel und er mich fragte, ob jemand in unserer Familie gestorben sei. Wir konnten nicht einmal rekurrieren, weil 1943 die Komintern aufgelöst worden war. Mit mir hat ja nie auch nur einer über den Ausschluss gesprochen. Ich habe das damals noch halbwegs begriffen, weil die Partei ja offiziell verboten war und man mit Kontakten vorsichtig sein musste. Empört hat mich dann, als ein Arbeiter, mit dem ich vorher jahrelang zusammengearbeitet hatte, behauptete, Theo sei ausgeschlossen worden, weil er sich geweigert habe, Flugblätter zu verteilen. Als ich ihn fragte, wieso er dies, gegen sein eigenes Wissen, behaupte, meinte er, das sei ihm so gesagt worden. Ich war sehr enttäuscht über diesen Genossen, der aus Parteidisziplin ein falsches Zeugnis abgelegt hat. Er war ein Schwächling. Ich dachte, dass ein Arbeiter, der sich so beeinflussen liess, auch bereit wäre, bei den Nazis mitzumachen. Heute würde ich über ihn vielleicht nicht mehr so hart urteilen.»

Ein Ausschluss aus der Partei war für die Betroffenen natürlich mehr als eine bürokratische Massnahme. Ausgestossen sein aus einer Gemeinschaft, einer politischen Bewegung, für die man lebte, arbeitete und sich beschimpfen liess, hatte Konsequenzen, die uns kaum vorstellbar sind. Menschen, die einem lieb waren, mit denen man jahrelang politische Arbeit gemacht hatte, distanzierten sich, zeigten sich nicht mehr, mieden jeden Kontakt.

Theo: «Heute würde mir diese Situation relativ wenig ausmachen. Aber damals war das natürlich anders. Für uns beide war das so absolut ungerecht und sinnlos, weil wir ja keine Opposition gegen die Partei gemacht hatten. Sicher gab es ab und zu Unterschiede in der Einschätzung. Aber ich habe in allen entscheidenden Fragen, angefangen von den Moskauer Prozessen, über den Nichtangriffspakt, bis zu Fragen der schweizerischen Politik, immer die Parteilinie vertreten. Ich habe nicht nur aktiv als Parteifunktionär innerhalb der Partei gearbeitet, sondern als Parteimitglied in den Massenorganisationen. Man kam sich vor, als ob man plötzlich von einer vertrauten, echten Familienbeziehung richtig abgeschnitten worden wäre. Deutsche Emigrantengenossen zum Beispiel haben konkrete Anweisung erhalten, jede Beziehung zu uns abzubrechen.

Bald wurden aber andere Genossen, mit denen wir gewerkschaftlich und politisch zusammengearbeitet hatten, ebenfalls ausgeschlossen, Helmut Zschokke, Jakob Schwarz und andere. Mathis Margadant ist aus Protest über unseren Ausschluss selber ausgetreten. So spürten wir die Isolation weniger. Aber von andern Genossen wurden wir total boykottiert.»

Die Memoiren von Karl Hofmaier und Jules Humbert-Droz zeigen diese Ausschlüsse noch in einem andern Licht. Es war nicht nur darum gegangen, missliebige oder am Rande der Partei stehende Mitglieder auszuschliessen, um andere zu disziplinieren. Es war eine politische Auseinandersetzung zwischen den beiden KP-Führern. In diesen Spannungen sieht Theo heute auch die Ursache für seinen Ausschluss:

Theo: «Hofmaier wollte Humbert-Droz schon immer aus der Partei entfernen, das kommt in seinen Memoiren deutlich zum Ausdruck. Also konstruierte er eine Phantom-Fraktion, die es nie gegeben hatte. Er wollte die Leute, die vorher mit Humbert-Droz loyal zusammengearbeitet hatten, zu einem ‹Amalgam› mischen – einen Moskauer Prozess konnte er ja nicht durchführen. So wollte er einen nach dem andern politisch durch Ausschluss ausschalten. Und eines der ersten Opfer war ich. Das war einfach, da ich schon immer ‹am Rand› stand. Das ging ohne grossen Lärm, abgesehen davon, dass man gar keinen Lärm machen konnte in der Illegalität.»

Humbert-Droz und Hofmaier waren beide früher Funktionäre der Kommunistischen Internationale, beide hatten wegen ihres kompromisslosen Einsatzes für die Arbeiterbewegung längere Zeit in bürgerlichen Gefängnissen gesessen, beide waren starke Persönlichkeiten. Rivalität und starke Antipathie bestimmten ihr Verhältnis untereinander. In der politischen Einschätzung der Sozialdemokratie unterschieden sie sich grundsätzlich: Humbert-Droz' Einheitskonzeption zielte auf eine Schwächung des Reformismus durch den Eintritt der Kommunisten in die SPS und der Wiederherstellung der linken Einheit innerhalb der Sozialdemokratischen Partei, Hofmaier wollte die Stärkung des kommunistischen Flügels der Arbeiterbewegung durch die Schaffung einer neuen revolutionären Massenpartei, der sich die «ehrlichen Sozialisten» in der SP später anschliessen sollten.

Die Ereignisse begünstigten erst Hofmaiers Taktik: Die Rote Armee hatte bei Stalingrad die Hitlertruppen erstmals vernichtend geschlagen, und diese Kriegswende beeinflusste die Haltung gegenüber den Kommunisten. Die KP profitierte anlässlich des grossen Kommunistenprozesses im Januar 1943 von dieser neuen pro-sowjetischen Stimmung. Eine Petitionskampagne zugunsten der Verurteilten und für die Aufhebung der Parteiverbote erreichte in kurzer Zeit 80 000 Unterschriften, darunter waren die Namen vieler prominenter Persönlichkeiten. Hofmaiers Stern war im Steigen.

Bei den Sozialdemokraten wurde die Einheitspolitik wieder aktuell, die Kommunisten hielt man wieder für mögliche Bündnispartner im Kampf gegen den deutschen Faschismus. Weiter begünstigten die Auflösung der Komintern (bisher ein grosses Hindernis) und der Zusammenschluss von KPS und FSS die Schritte zur organisatorischen Vereinigung der schweizerischen Arbeiterbewegung.

Innerhalb der KP-Führung hatte sich die Konzeption der Fusion mit der SP gegenüber der Parole von der «Zerschlagung der SP» durchgesetzt. Zwischen KP und SP-Linken war man sich schon lange einig, dass die Fusion durch die geschlossene Aufnahme der KP-Mitglieder in die SP erfolgen sollte. Doch die SP-Führung verlangte die Auflösung der Partei und individuelle Regelungen in bezug auf die Aufnahme, sowohl auf der Ebene der lokalen als auch der regionalen und zentralen Funktionen. Dadurch sollten wohl auch missliebige KP-Führer abgelehnt werden können. Jules Humbert-Droz jedoch mochte nicht mehr zuwarten: Da ihm die Verhandlungen nicht schnell genug vorwärtsgingen und er sich innerhalb der KP durch die Hofmaier-Fraktion zunehmend isoliert fühlte, entschloss er sich zum Einzeleintritt in die SP und forderte die anderen Genossen auf, es ihm gleichzutun. Damit sabotierte er die Verhandlungslinie der KP und wurde aus der KP ausgeschlossen, während der reformistische Teil der SP frohlockte.

Die Verhandlungsbereitschaft der SP war vor den Nationalratswahlen gestiegen, da sie sich – angesichts des herrschenden Linkstrends – von einer vereinigten Arbeiterliste erhebliche Sitzgewinne erhoffen durfte. Der Winterthurer SP-Parteitag lehnte im September 1943 die Kollektivaufnahme zwar ab, sprach sich aber dafür aus, sämtliche Kommunisten aufzunehmen, worauf die Leitung der KP/FSS mit 18 zu 4 Stimmen beschloss, ihre illegale Organisation zu liquidieren und den Wiedereintritt in die SPS zu erklären. Jetzt aber legte sich Hofmaier quer. Wie Nicole sass er während den ganzen Verhandlungen im Gefängnis und liess nun zornig per Rechtsanwalt ausrichten:

«Ich habe das schändliche Schreiben erhalten... So wollt ihr also Léon Nicoles und meine Inhaftierung ausnützen, und ihr habt bereits die stückweise Liquidierung unserer Bewegung begonnen... Ihr müsst wissen, dass ich mich dieser Politik des feigen Verrats, der Liquidation und der Kapitulation aufs Bestimmteste widersetze. Ich werde sie mit aller Energie, die mir zur Verfügung steht, bekämpfen.»

Und sein Kampf hatte Erfolg; die Einheitsverhandlungen mit der sozialdemokratischen Partei wurden unterbrochen. Sein Prestige, seine Autorität, und wohl auch seine finanziellen Möglichkeiten mögen das ihre dazu beigetragen haben. Der endgültige Bruch erfolgte kurze Zeit später. Die Zürcher Sozialdemokraten provozierten mit einer Nationalratsliste, auf der mehrere ungeliebte Kandidaten bevorzugt plaziert waren – unter anderen Meierhans, der sich besonders für das Verbot der Partei Nicoles stark machte, oder Uhlmann, einer der Initianten des SMUV für das «Friedensabkommen» mit den Arbeitgebern. Die Kommunisten weigerten sich, diese Leute zu wählen. Und als in Genf der Staatsrat noch eine Liste von 400 «Nichtwählbaren» veröffentlichte, schlug Nicole auf Grund dieser krassen Missachtung demokratischer Rechte einen Wahlboykott vor. Diese Parole stiess bei vielen Mitgliedern der KPS/FSS-Föderation auf Unverständnis, wurde aber befolgt. Der Wahlboykott hatte aber praktisch keine Wirkung.

In einer elfseitigen Analyse kritisierte Jules Humbert-Droz das Vorgehen der KP-Führung, die Ausschlüsse und die Boykott-Parole. Er legte das Papier an einer Versammlung der «Ausgeschlossenen» vor, das darauf an einige Mitglieder von KPS und FSS verschickt wurde. Auch Theo unterschrieb.

Theo: «Wir trafen uns damals auf Initiative von Charlot Mussard bei ihm zuhause, wo Jules Humbert-Droz dieses Papier vorlegte und uns bat, zu unterschreiben. Das war das einzige politische Dokument, das ich unterschrieb. Allerdings war es kein offizielles.»

Zürich, Ende November 1943

An unsere Freunde, Mitglieder der KPS und der FSS,
Werte Genossen,

Die eidgenössischen Wahlen sind vorbei. Entgegen der falschen Einschätzung und Perspektive der jetzigen sektiererischen KP-Leitung, musste die Sozialdemokratische Partei keinen «empfindlichen Nachteil in Kauf nehmen». Im Gegenteil, sie gewann Zehntausende von Arbeiterstimmen, wurde durch das Vertrauen der werktätigen Massen in Stadt und Land verstärkt und innerlich auf der Grundlage des Programmes «Die Neue Schweiz» konsolidiert. Die Spekulation der Sektierer auf die Auslösung einer inneren Krise hat kläglich fehlgeschlagen. Die jetzige KP-Leitung hat ihre politische Unfähigkeit einmal mehr bewiesen und hat sich blamiert.

Von den Ausschlüssen der Genossen Schwarz, Pinkus, Zeier, Hauser, Witz, Halperin, Lehmann, Humbert-Droz usw. usw. bis zur Boykottaktik der Wahlen ist eine konsequente sektiererische und den Interessen der Arbeiterschaft und des Kampfes für den Sozialismus schädliche Politik festzustellen.

Mit sozialistischen Grüssen

Walter Hauser, Jules und Jenny Humbert-Droz, Ruedi Lehmann, Jacki und Fanny Messmer, Charlot Mussard, Theo Pinkus, Jakob Schwarz, Peter Winz und Roman Zeier.

Am Schluss dieses Dokuments forderten die Unterzeichner auf, der SP beizutreten. Amalie und Theo hatten diesen Schritt bereits getan.

Theo: «Bereits am Anfang der Illegalität empfahl die KP-Leitung den Genossen, in die SP einzutreten. Wir sind aber erst im Zusammenhang mit unserem Ausschluss beigetreten. Merkwürdigerweise wurden wir von KP-Genossen, die bereits in der SP waren, aufgefordert, in die SP zu kommen, und trotzdem hatten diese vorher innerhalb der illegalen Parteiorganisation für meinen Ausschluss gestimmt.»

Amalie: «Ich bin so ungern in die SP eingetreten, das war sehr gegen meine Überzeugung, obschon es ja einem früheren Parteibeschluss entsprach. Trotzdem bin ich bis heute in der SP geblieben.»

Theo: «Als die PdA gegründet wurde, im Frühling 1944, da traten die ehemaligen KP-Leute wieder aus der Partei aus und nahmen viele SP-Mitglieder mit. Als grossen Rückenschuss empfanden wir, als sich eine linkssozialistische Fraktion unter der Leitung von Fritz Heeb, Ernst Rosenbusch, Walter Jost und anderen der PdA anschloss. Damit war die Entwicklung zu einer gesamtlinken Einheit definitiv vorbei. Denn immerhin war damals die ganze sozialdemokratische Partei von Linken stark beeinflusst, in Zürich vor allem der Bildungsausschuss und viele Stadt-Sektionen. Aber die Linken wurden alle unter dem Druck Hofmaiers aus der SP manövriert, als es hiess, in sechs Monaten werde es keine Sozialdemokratische Partei mehr geben.»

Amalie: «Das sagte mir auch mein Bruder. Ich zweifelte, hoffte aber doch, dass es soweit kommt.»

Zum Schluss muss immerhin festgehalten werden, dass Hofmaiers «Schnellzug»-Konzeption nicht ganz aus der Luft gegriffen war. Die rasante Mitgliederentwicklung der PdA (20 000 in den ersten anderthalb Jahren), der grosse Zulauf aus der SP, die Wahlerfolge in Kantonen und Gemeinden während der ersten drei Jahre – all das schien die optimistischen Prognosen Hofmaiers vorerst zu bestätigen. Doch diese Entwicklung war von kurzer Dauer. Aufgrund eines sogenannten Finanzskandals – Hofmaier verfügte über grosse Geldspenden, die ihm persönlich übergeben worden waren, nach eigenem Ermessen – musste er sich 1947 aus der PdA zurückziehen und verschwand später aus dem politischen Leben. Der nach 1947 einsetzende Kalte Krieg, die beginnende Hochkonjunktur, die weitere Integration der Sozialdemokratie in den bürgerlichen Staat sowie parteiinterne Auseinandersetzungen setzten dem Höhenflug der neuen Partei ein rasches Ende. Jules Humbert-Droz wurde bald in den Parteivorstand der SPS berufen und war von 1947 bis 1959 ihr Zentralsekretär. Zusammen mit Hans Oprecht führte er nun die Kampagne gegen die PdA.

Theo: «In der SP ging dann gleich ein gewisses Werben um uns los, hauptsächlich, weil wir ja keinerlei Karriereabsichten hatten. Die linken Sozialdemokraten haben uns sehr geschätzt, weil wir von der linken Seite her kamen. Die ehemaligen oder Noch-KP-Genossen – das waren zwar nur wenige – haben uns sowieso gekannt und geschätzt, und auch die Rechten haben sich uns gegenüber – abgesehen von Ausnahmen – anständig verhalten, weil sie ja zu Recht darauf spekulierten, dass wir bei Wahlen keine Ansprüche auf Parteipöstchen hätten und deshalb keine Konkurrenz darstellten.

Ich widmete mich dann hauptsächlich der Kulturpolitik, versuchte, die vielen Arbeiterkulturorganisationen in der Stadt Zürich zusammenzubringen. Es gab eine ‹Arbeiter-Kultur-Union›, zu deren Präsidenten ich gewählt wurde.

Das war eine Zusammenfassung sämtlicher Kulturorganisationen der Arbeiterbewegung in Zürich, der Sängergruppen, Sportgruppen, Musikgruppen usw. Ich versuchte, die damalige ‹Kultur und Volk›-Leitung zu überzeugen, in dieser Art ‹Kultur-Kartell› mitzumachen, hatte aber keinen Erfolg. Sie lehnten ab, nur schon, weil ich an der Spitze dieser Organisation war.

Trotzdem nahmen wir dann ‹Kultur und Volk› in unsere Broschüre auf. Das war ein Gesamtverzeichnis sämtlicher linker Kulturorganisationen von Zürich. Die Kultur-Union brach nach zwei Jahren zusammen.»

Amalie: «Mit der SP konnte ich mich nie richtig identifizieren. Ich besuchte zwar regelmässig Versammlungen, unterstützte natürlich die Linken, doch eigentlich aktive Sozialdemokratin war ich nie. Nur bei Angelegenheiten, die ich persönlich für wichtig und richtig fand, setzte ich mich voll ein. Ich verteilte nur Flugblätter, die mir passten. Bei internen Wahlen hielt ich mich zurück. Als jedoch das Frauenstimmrecht durchgekämpft war, liess ich mich ins Wahlbüro als Stimmenzählerin wählen und musste gelegentlich zur Kontrolle an einer Wahlurne sitzen. Seither kenne ich halb Wollishofen. Ich war auch in der Frauengruppe der SP, doch auch hier übernahm ich nie eine Funktion. Ich habe nie an diese Partei geglaubt, war nie innerlich von ihr überzeugt. In kritischen Zeiten setzt sich immer die reformistische Linie durch, das ist meine Erfahrung. Zudem ist auch die SP ziemlich autoritär aufgebaut, ähnlich wie die KP. Nur mit dem Unterschied, dass die KP-Mitglieder viel aktiver waren, und zwar alle. Das hat uns von der SP unterschieden. Das war es, was mir an der KP imponierte. Da gab es keine Genossen, die nur den Beitrag bezahlten.

Einmal wurde ich gefragt, ob ich Schulpflegerin für die SP sein möchte. Doch da waren meine Söhne bereits nicht mehr im Schulalter, und ich hatte auch keine Lust, da als SP-Frau zu gelten. Ich blieb Kommunistin. Andererseits gibt es Genossen, die ich gut kenne, die wirklich an dieser Partei mit Leib und Seele hängen, beispielsweise Werner Egli – so kritisch und links er ist, er stammt aus ihr heraus. Er hat, wie viele SP-Linke, grosse Illusionen. Dann kriegen sie wieder regelmässig eins aufs Dach, und alles ist wieder kaputt. Ob es so anders ist in der PdA weiss ich nicht. Aber jedenfalls fühle ich mich mit den Genossen der PdA noch immer stärker verbunden.»

Parteiausschluss – diesmal aus der SP

Theo: «Besonders beliebt war ich in der SP ja nie. Ich hielt es für notwendig, auf fast jeder Versammlung den kommunistischen Standpunkt zu vertreten. Und das hat einigen sehr gut gepasst, andern natürlich überhaupt nicht.»

Amalie: «Die Leute schätzten es, wenn Theo kontroverse Ideen in die Diskussion brachte, auch wenn sie nicht damit einverstanden waren. Aber das brachte immerhin etwas Leben in die Versammlungen.»

Theo: «Trotzdem muss ich heute selbstkritisch feststellen, dass meine Taktik falsch war. Ich habe mich offen als Stalinisten deklariert und mich mit vielem, was zu kritisieren gewesen wäre, solidarisiert. Dadurch wurde es den Rechten leichter gemacht, gegen mich nach fast vierjähriger Mitgliedschaft ein Ausschlussverfahren einzuleiten, das schliesslich, nach zwei weiteren Jahren, eine knappe Mehrheit fand. 1950 wurde ich also ein zweites Mal aus einer Partei ausgeschlossen. Hintergrund des Ausschlussverfahrens waren einerseits meine Beziehungen zu sozialistischen Ländern, andererseits das Einschwenken der SP auf den Kalten Krieg, vor allem nach den sogenannten Prager-Ereignissen.

Zufälligerweise war ich aus geschäftlichen Gründen im Frühjahr 1948 in Prag und erlebte dort die grossen Aufmärsche der Arbeiter und Bauern mit, die sich mit den sozialdemokratischen und kommunistischen Ministern um Lauschmann und Fierlinger solidarisierten. Damit protestierten sie gegen den Rücktritt der bürgerlichen Minister, die so den Sturz der Regierung Gottwald erzwingen wollten. (In der Tschechoslowakei hatten die Kommunisten mit 40 % Wähleranteil, zusammen mit den Sozialdemokraten, die absolute Mehrheit.) Mit diesem Massenaufmarsch wurde dieser bürgerliche Schachzug verhindert. In der Schweiz gab es eine fürchterliche Diffamierungskampagne gegen die Gottwald-Regierung, bei der sich gerade einige Sozialdemokraten wie Walther Bringolf stark profilierten.

Auf der Rückreise von Prag, die mich über Dresden und Berlin führte, baten mich einige Genossen, die ich schon länger kannte, am eben in Dresden stattfindenden Volkskongress einige Begrüssungsworte zu halten. Als Mitglied der Sozialdemokratischen Partei und der Landesleitung der Naturfreunde – nicht aber in deren Namen redend – begrüsste ich die Ereignisse in Prag. Das Rad der Geschichte habe sich weitergedreht und lasse sich nicht aufhalten, so in dem Stil. Über diesen Auftritt erschien dann in der ‹Tat›, der Tageszeitung des Landesrings der Unabhängigen, eine Glosse, so im Stil, ‹Ein Schweizer hält bei Kommunisten eine Rede›, und darauf ging eine wahre Hetze gegen mich los, welche die Rechten in der SP dann als Anlass für das Ausschlussverfahren nahmen.

Kurze Zeit später wurde ich mit Marino Bodenmann zu den 1. Mai-Feierlichkeiten 1948 in Prag eingeladen. Er als Vertreter der PdA, ich als Mitglied der Sozialdemokraten. So fuhren wir zusammen hin, er als offizieller Delegierter. Das mag die Stimmung weiter verschlechtert haben. Der erste Anlauf zum Ausschluss gegen mich scheiterte dann vorerst, weil die Vertrauensleute-Versammlung im Kreis 2 dieses Traktandum glatt ablehnte. Zwei Jahre später griff dann Jules Humbert-Droz selber in das Verfahren ein, mit einem Foto als Beweismittel. Eine Teleobjektivaufnahme. Auf der war ich in Berlin vor der Nationalgalerie bei einer Aufführung des Moissejew-Ensembles zu erkennen. Neben mir standen Rotarmisten und ein Genosse, den ich noch aus den Zeiten des KJV kannte.

Dieses Foto erschien in einer deutschen Zeitung, jemand muss mich erkannt und das Bild an das Zürcher SP-Sekretariat geschickt haben. Der Zürcher SP-Sekretär forderte Jules Humbert-Droz auf einzugreifen, denn unterdessen war Jules zum SPS-Zentralsekretär aufgestiegen. Er kam also an eine SP-Versammlung nach Wollishofen und präsentierte dieses Foto, das meine ‹enge Verbindung mit den Russen› beweise. Folglich sei ich für die SP nicht mehr tragbar.

Ich war schon empört, auch viele Genossen in unserer Sektion.

Unser Telefoto gibt einen Ausschnitt der Zuschauer während des Pfingstaufmarsches Unter den Linden: FDJ-Mitglieder, Funktionäre, russische Soldaten.   (Telefoto-UP-Acme)

Doch ganz konnte ich es Jules Humbert-Droz auch nicht verübeln. Er hatte – noch als Parteiführer der KP – eine wirkliche Wende zustande gebracht und die KP zu einer grösseren Bedeutung geführt. Persönlich mochte ich ihn recht gut. Und er wusste wohl, dass von mir in dieser Situation nichts mehr zu erwarten war. Einmal hatte ich die Moskauerprozesse verteidigt – das hat ihm wohl gereicht. Er hatte ja einen guten Einblick in die Mechanismen der stalinistischen Politik, er wusste, was der Rajk-Prozess bedeutete. Und wenn der sture Pinkus sich wieder mal total solidarisierte, so war das für die SP nach aussen hin nicht tragbar. Und da hat er ja nicht Unrecht gehabt, von uns Kommunisten hatte er damals nicht mehr viel Positives erwarten können.

Der Parteiausschluss wurde dann mit knapper Mehrheit angenommen. Einige bedauerten den Ausschluss, und ich war empört!»

Amalie: «Mich schlossen sie diesmal nicht aus, doch gemieden haben sie mich schon. Ich rechnete immer damit, dass ich auch ausgeschlossen würde. Später erfuhr ich dann, dass dies tatsächlich im Vorstand diskutiert wurde, weil ich ja alles brühwarm dem Theo hätte

246

erzählen können, was in der SP so vor sich geht. Dann merkten sie wohl selber, dass es da keine Geheimnisse auszuplaudern gab, es lief ja wirklich nichts, was man nicht hätte sagen dürfen. Auf jeden Fall haben sie mir dann nach einiger Zeit wieder Grüsse für Theo aufgetragen, wenn ich an einer Versammlung war.»

Theo: «Mein Ausschluss aus der SP wurde bekannt, und so besuchten mich bald zwei Genossen, Harry Gmür und Edgar Woog, die um eine Aussprache und meinen Eintritt in die Partei der Arbeit baten. Die PdA war zu diesem Zeitpunkt, nach der Hofmaier-Krise, schon wieder total am Rumpf, nach dem Rajk-Prozess auch noch gespalten, die Nicolisten nahmen bereits gegen Woog Stellung und denunzierten ihn sozusagen als amerikanischen Agenten.

Zum Eintritt in die PdA hatte ich allerdings einen Vorbehalt anzubringen, und an dem hielt ich fest, der wurde bei meinem Eintritt auch formell festgehalten: Ich hielt die Gründung der PdA nach wie vor für verfehlt. Edgar Woog antwortete darauf sehr vernünftig: ‹Was willst du, es ist doch schon passiert.› Das entsprach denn auch meiner Einschätzung; die PdA war am Boden, und wir konnten eigentlich von ganz unten anfangen.

Ausserdem wurde auch erklärt, dass mein Ausschluss aus der illegalen KP falsch gewesen sei; eine völlige Rehabilitierung also, und das in einem Moment, in dem eine Vielzahl von Genossen in sozialistischen Ländern vor Gericht gestellt wurden: Slansky-Prozess, Kostow-Prozess, Rajk-Prozess. In einem Moment also, wo die letzte grosse stalinistische Welle zu ähnlichen Exzessen führte, wie es seinerzeit die Moskauerprozesse waren. Die schweizerische Partei jedoch war eine der ganz wenigen – neben der italienischen natürlich –, die diese Hetze nicht mitmachte. Sie entlastete im Gegenteil durch ihre interne Untersuchungskommission angeschuldigte Genossen, die angeblich auch in der Schweiz an der internationalen Verschwörung von Noël Field und andern beteiligt gewesen wären. Die Partei kam zum Schluss, dass diesen Genossen keinerlei Verrats- und Spionagetätigkeit angelastet werden könne.

Auf Wunsch der Genossen nahm ich dann einen Vorstandssitz bei ‹Kultur und Volk› an – der Organisation, die bei der Kultur-Union nicht hatte mitmachen wollen, weil ich deren Präsident war!»

Amalie: «Der Parteiausschluss von Theo machte mir keinen Eindruck – nicht zu vergleichen mit seinem Ausschluss aus der KP. Damals habe ich geheult – wegen ihm. Aber doch nicht bei der SP.»

Bücher suchen, sammeln und verkaufen: Pinkus & Co.

Die eigentliche «Karriere» des leidenschaftlichen Büchermenschen Theo Pinkus begann, als er, arbeitslos und junger Vater, nach einer Möglichkeit suchte, seine Bücherkenntnisse mit der Idee eines eigenen kleinen Geschäftes zu verbinden.

Damals war die Schweiz weitgehend vom deutschen Buch abgeschnitten. Die Nazi-Literatur fand weder von der «Qualität» noch von der Gesinnung her Sympathie, und die Emigrationsliteratur – spärlicher Ersatz der grossen und vielseitigen deutschen Buchproduktion vor Hitlers Machtergreifung – kam immer seltener über die Grenze. Die einheimische Buchproduktion war hoffnungslos im Rückstand. Es herrschte grosser Mangel an guter Literatur, und die Buchhandlungen mussten immer mehr zum Antiquariat greifen, um ihre Kunden halten zu können.

Theos Idee, systematisch Bücher zu suchen und zu vermitteln, die nicht mehr von den Verlagen bezogen werden konnten, wurde von seinen Branchenkollegen gut aufgenommen. Ausgestattet mit Suchlisten, Aufträgen und einem sich entwickelnden phänomenalen Gedächtnis für Buchtitel begann Theo, die ihm seit seiner Jugendzeit bekannten Buchhandlungen abzuklopfen, um die mit Staub bedeckten, in den zwanziger Jahren zuviel gekauften Bücher aus dem Keller des einen auf den Ladentisch des andern zu schleppen. Das war – im wesentlichen – die «zündende Idee», aus der sich bald der «Büchersuchdienst», dann das Antiquariat und später die Buchhandlung «Pinkus & Co.» entwickelte.

Theo: «Beim alten Buchhändler Ryssel, bei dem mein Vater immer einzukaufen pflegte und wo ich mich als Bub schon umhergetrieben hatte, fing ich an, die Zeitung des SBVV, des Schweizerischen Buchhändler- und Verlegerverbandes zu lesen. Ryssel, damals etwa 75-jährig, war ein ‹totaler Buchhändler› in der Buchhandlung Albert Müller, heute ‹zum Elsässer›. Mit ihm diskutierte ich auch meine vage Idee eines Büchersuchdienstes. Er gab mir einige Ratschläge, erlaubte mir, seinen Keller zu durchstöbern; er fand das Ganze recht gut. Und er gab mir einen Tip: Ich solle aufpassen, wenn ich die Bücher in der Mappe herumtrüge, ‹immer Rücken gegen Rücken!›.

Büchersuchdienst Bührer

In der SBVV-Zeitung gab es auch eine mehrseitige Beilage ‹gesuchte Bücher› – darunter gab es die blödesten und simpelsten Sachen – und diese Liste fing ich an zu studieren. Doch um den Suchdienst richtig aufzuziehen, benötigte ich eine eigene Geschäftsadresse, denn meine Wohnadresse eignete sich nicht, ich war zu bekannt als Kommunist. Ich kannte den liebenswürdigen ‹wilden› Buchhändler Kündig, der bis zu seinem Tod in einem kleinen Laden an der Niederdorfstrasse sein Neuantiquariat hatte. Bei ihm habe ich auch oft Bücher durchgeschaut, er hatte so billige Massenauflagen, und einmal fragte ich ihn, ob ich nicht meine Post an seine Adresse senden lassen könne. Er war einverstanden, und so vervielfältigte ich kleine Postkarten, wo hinten drauf stand: ‹Ich offeriere... Bestellung an: etc.›

Die Bücher fand ich zu Beginn nur in den Kellern der verschiedenen Zürcher Buchhandlungen und Antiquariate, und wenn ich einen Suchauftrag in der Tasche hatte, kaufte ich die Bücher oder nahm sie in Kommission und bot sie dann der andern Buchhandlung an. Meine finanziellen Mittel waren am Anfang noch so bescheiden, dass kaum ein fester Ankauf möglich war. Wir lebten ja von Amalies Lohn. Wenn ich dann gesuchte Bücher gefunden hatte, konnte ich sie mit einem kleinen Aufschlag den Buchhandlungen weitergeben. In Zürich gab es damals sehr viele Antiquariate, über zehn. Alle diese Antiquariate klopfte ich mit meiner ‹Taschen-Suchliste› ab. Ich hatte mir vor allem das Aussehen der Bücher gemerkt. Alle diese Titel runtersagen hätte ich nie gekonnt, aber wenn ich was sah, schaltete es sofort. Ich arbeitete vor allem visuell, was viele Leute erstaunte, aber ich wusste, wie die Bücher der einzelnen Verlage aussahen, kannte ihre Farbe oder Grösse. Eines Tages sah ich ein Inserat in der Zeitung, dass jemand Bücher zu verkaufen habe. Es war ein alter Emigrant und Geschäftsmann. Er hatte die 55 kleinen Bände der ‹Goethe-Ausgabe letzter Hand› und wollte dafür zwanzig Franken, ein Band kam also nicht einmal auf 50 Rappen. Das war gerade soviel wie ich ausgeben konnte, und so habe ich diese Bände erstanden, die ich für 50 oder 60 Franken weiterverkaufen konnte. Also ganz vielversprechend – aber trotzdem viel zu billig, da es ja die erste, vom Verfasser noch kontrollierte Gesamtausgabe war.

Kurz darauf traf ich auf der Strasse Selma Bührer, die ich aus der KP kannte. Sie hatte gerade ihre Scheidung hinter sich, suchte Arbeit, und so erzählte ich ihr von meinem Büchersuchdienst. Ich fragte sie, ob sie nicht mitmachen wolle, ich bräuchte etwa tausend Franken Startkapital, um Bücher zu kaufen.»

Amalie: «Als ich von der Arbeit nach Hause kam, traf ich Selma in der Wohnung. Ich war ganz erstaunt. Sie redete mit mir über Theo, ob sie ihm tausend Franken geben solle oder nicht, was ich davon hielte. Ich sagte ihr, dass ich Theo nicht als Geschäftsmann kenne, aber er sei immerhin fleissig. Darauf investierte sie dann einen Teil des Geldes, das sie bei der Scheidung erhalten hatte, in den Büchersuchdienst.»

Theo: «Im September 1940 gründeten wir offiziell die Firma ‹Büchersuchdienst Bührer› – mein Name sollte nicht vorkommen, was sich auch bald, als die KP verboten wurde, als grosser Vorteil erwies. Mit Selmas Geld konnten wir nun auch Bücher kaufen, für die wir keinen Suchauftrag hatten, die aber sonst unser Interesse weckten, und uns so einen kleinen Vorrat anlegen. Wir lagerten sie zuerst noch im leeren Kaninchenstall hinter Selmas Zimmer an der Hammerstrasse 20, aber mit der Zeit wurde dies zu umständlich, und wir suchten eine zentralere Arbeitsstätte und Lagermöglichkeit in der Stadt. In der Froschaugasse 18 fanden wir eine Wohnung im zweiten Stock, über der Druckerei ‹Aschmann und Scheller›, doch die war mit ihren vier Zimmern zu gross, respektive zu teuer. Wir behielten deshalb nur ein Zimmer für uns und vermieteten die anderen an befreundete Genossinnen und Genossen, unter anderen an den Coiffeur und Maler Hans Hügi. In diesem kleinen Haus befand sich während des Mittelalters das Nonnenkloster St. Anna, und später die erste Bibeldruckerei Zürichs, ‹Zum Froschauer›. Besonderen Gefallen erweckte immer wieder unser Toilettenhäuschen – es war der alte Beichtstuhl, umgerüstet zum neuen Verwendungszweck.

Wir arbeiteten am Anfang unheimlich primitiv. Zu jedem Buch schrieben wir ein Karteikärtchen, mit Ankaufs- und späterem Verkaufspreis. Ende Monat zählten wir die Differenz zusammen – zwanzig, dreissig Rappen, einen Franken – und errechneten uns so den monatlichen Verdienst. Jedem blieb im Durchschnitt 50 Franken pro Monat, das reichte natürlich nirgends hin. Ich musste daneben weiter Fische austragen und am Montagmorgen Sport-Toto-Zettel auszählen, während Selma auf der Stadtverwaltung Fahrradschilder herausgab.

Bücherbeschaffung

Die Zeit war günstig für unser Projekt. Bisher gehörten nur seltene wissenschaftliche Schriften, Luxusdrucke und Erstausgaben zum Desideratawesen, wie das Suchen vergriffener Bücher in der Fachsprache heisst. Nach 1933 gehörte jedoch die gesamte, von den Nazis verfemte und vernichtete Literatur dazu. Zudem war es durch die wirtschaftliche Not auch leichter möglich, Bücher von Privaten zu kaufen. Als Ende 1940 auch die Lage für die Schweiz immer bedrohlicher wurde, reisten viele Juden vom Zürichberg nach Amerika und verkauften einen grossen Teil ihrer Bücher. Eine andere Quelle waren die Warenhäuser, vor allem die ‹Rheinbrücke› in Basel. Heiri Strub rief mich mal an – noch vor dem Büchersuchdienst –, es gebe in der ‹Rheinbrücke› einen ganzen Berg Arnheim, ‹Film als Kunst›, für zwei Franken fünfzig, ob ich auch eines wolle. Ich besitze es noch heute, inzwischen ist die erste Ausgabe eine grosse Rarität. Und da gab es auch die Hefte ‹Versuche› von Brecht, für 95 Rappen, die sich später, in den sechziger Jahren, nach vielen Neuauflagen der Brechtliteratur, in Wertobjekte verwandelten. In der ‹Rheinbrücke› fand ich auch die zwei Bände von de Costers ‹Ullenspiegel›, illustriert von Frans Masereel mit Originalholzschnitten, für 25 Franken, in Ganzpergament für fünfzig. Den billigeren habe ich mir dann doch geleistet.

Auf anderes musste ich hingegen verzichten. So hatte Kündig von den Nazis eine Wagenladung Kafka in Prag gekauft, aus dem Mercy-Verlag. Die Gesamtausgabe, herausgegeben von Max Brod in acht Bänden. Dem Buchhandel bot sie Kündig für 18 Franken an, zum Richtpreis von 25 Franken im Verkauf – aber ich hatte einfach zuwenig Geld. Kafka schien mir auch nicht das Dringendste, aber von zuhause her war er mir doch ein Begriff. – Einmal holte Kündig eine Riesenladung aus dem Lager des Phaidon-Verlags in Österreich, der nach der Besetzung gezwungen worden war, sein Lager abzustossen. Ich habe von ihm Bände für vier Franken das Stück übernommen und den Buchhändlern für vier Franken fünfzig verkauft. So ging das wochenlang. Aber wir merkten bald, dass wir mit den 1000 Franken von Selma zuwenig Kapital hatten, da wir die Bücher jeweils nicht gleich wieder verkaufen konnten.

Max Langemann, ein befreundeter Genosse, der als Direktor im Kino Cosmos angestellt war und seit 1928 inkognito in der Partei war, schoss uns weitere 1000 Franken zinslos vor. Wir nahmen das Darlehen nur schweren Herzens an, denn wir machten nicht gerne Schulden. Wir zahlten es denn auch in den nächsten neun Monaten zurück, doch damit wurde unser Lohn natürlich auch nicht grösser. Immerhin entwickelte sich aber das Geschäft, und mit der Zeit wurden uns Bücher von Privaten direkt angeboten. So erhielten wir etwa die Restbibliothek von Leonhard Frank, der auch nach Amerika gezogen war.

Trudi Schmid (-Hügi)

1941 nahm das Geschäft solche Ausmasse an, dass wir ernsthaft daran denken mussten, jemanden für Verwaltung, Korrespondenz und Buchhaltung anzustellen. Selma schlug vor, ihre Freundin Trudi zu fragen. Ich kannte Trudi Schmid sehr gut, sie war Sekretärin in der Direktion des Warenhauses Brann und kam aus der Arbeiterbewegung. Wir hatten schon einige Bedenken, sie aus ihrer wichtigen Position in der Brann-Direktion wegzuholen, doch politisch liess sich in der Zeit der Illegalität sowieso nichts machen. Ein Problem jedoch war der Lohn: Trudi verdiente bei Brann 350 Franken im Monat, eine horrende Summe für uns damals, die wir natürlich nie hätten bieten können. Doch Selma wollte Trudi mit ihrem Restvermögen von zweitausend Franken den Lohn für das erste Jahr garantieren, und daraufhin sagte Trudi zu. Sie beherrschte nicht nur das ganze Verwaltungswesen, sondern war sogar gelernte Buchhändlerin.

An der Froschaugasse benötigten wir mehr Raum, und als unsere Untermieter mit der Zeit wieder auszogen, übernahmen wir die Zimmer für das Geschäft. Der letzte Untermieter, Hügi, hatte eine tragische Ehe hinter sich. Trudi freundete sich mit ihm an und heiratete ihn bald darauf. Sie lebten zusammen bis zu seinem Tod vor einigen Jahren. Trudi Hügi hatte viele gute Eigenschaften. So viel sie auch schimpfte und mich kritisierte – und sie kritisierte mich oft, wenn ich wieder was zu billig verkauft oder zu teuer eingekauft hatte –, so hielt sie doch durch alle Böden zu uns. Sie konnte sich ungeheuer aufregen, wenn sie von einer Verleumdung gegen mich hörte. Doch politisch engagierte sie sich nicht mehr gross – das überliess sie mir.

Frau Hügi, wie sie im Geschäft nun alle nannten, wurde Geschäftsführerin. Dank ihrer Tüchtigkeit entwickelte sich der Büchersuchdienst nun erst richtig.»

Amalie: «Ohne Frau Hügi wären wir längst ‹verlumpet›. Sie leitete das Geschäft und schaute, dass alles lief, dass bezahlt wurde. Theo hätte das nie fertiggebracht.»

Theo: «Jedenfalls hätte sich das Geschäft ohne Trudi Hügi nie so entwickeln können, und vor allen Dingen hätte ich nie die Freiheit gehabt, meine politischen Tätigkeiten in diesem Masse auszubauen, daneben für den ‹Zeitdienst› zu arbeiten, für ‹Kultur und Volk› und vieles andere. Manche aus meiner Generation, die eigene Geschäfte aufbauten, sogar Genossen, die ‹dabeigeblieben› sind, mussten sich durch diesen Existenzkampf auffressen lassen. Viele zogen sich so aus ihrer politischen Aktivität zurück, bis heute.

«Britschgi und Pinkus»

In einem Skilager im Winter 1944 erzählte ich meinem Kollegen Melchior Britschgi vom Büchersuchdienst. Melchior kannte ich seit meiner Jugendzeit. Er selber hatte bereits einen kleinen Laden am Zeltweg, später an der Rämistrasse, in dem er die Bücher aus der Bibliothek seines verstorbenen Vaters verkaufte. Britschgis Mutter, Ina Britschgi-Schimmer, war Sozialistin und bekannt als Literatin, vor allem durch ein Buch über Lasalle und ihre Briefausgabe von Gustav Landauer, ihrem Freund.

Melchior und ich beschlossen uns zusammenzutun. Unser Antiquariat, das sich langsam aus dem Büchersuchdienst entwickelt hatte, sollte an der Rämistrasse ein Schaufenster erhalten. Wir wollten dort den Verkaufsladen machen, und an der Predigergasse das Lager und Antiquariat führen. Trudi Hügi war einverstanden; sie arbeitete nun zwei Tage im Laden, die restliche Zeit an der Predigergasse. Allerdings verlor sie ab und zu die Übersicht über das Angebot im Laden, und so gelang es Schülern, die am Laden vorbeigingen, draussen Bücher aus den Kisten vor dem Schaufenster zu nehmen und drinnen zu verkaufen. Über diese Streiche haben wir oft gelacht.

Melchior Britschgi war auch Kommunist, hatte aber schon immer eine sehr kritische, oppositionelle Meinung. Vor allem war er allergisch auf die Moskauerprozesse. Trotzdem haben wir uns gut verstanden.»

Amalie: «Aber politisch haben wir ihn nie ernst genommen, für uns war er eben ein Trotzkist.»

Theo: «Das Geschäft hingegen entwickelte sich ganz gut. ‹Britschgi und Pinkus› wurde ein bekannter Name an der Rämistrasse,

Trudi Hügi(-Schmid) in ihrem Arbeitsplatz.

Umzug von der Froschaugasse 18, ehemals Druckerei Froschauer, später Aschmann und Scheller, in die Predigergasse 7.
Zeichnung: Fritz Keller, 1944.

Theo im Büchersuchdienst (Predigergasse 7).

in der Nähe der Buchhandlung Oprecht. 1948, nach vier Jahren, trennten wir uns wieder. Wir hatten keinen Krach. Sicher spielten auch politische Gründe ihre Rolle. Er hat meine unkritische Einstellung gegenüber den sozialistischen Ländern nicht akzeptiert. Aber es gab keine materiellen Konflikte.

Kurz darauf lernten wir einen jungen, linken Bühnenmaler aus gutbürgerlich-jüdischem Haus kennen, Kurt Roschewski. Er wollte zu uns kommen und bot 5000 Franken Anteil an. Nach der Trennung von Britschgi waren wir über diesen Zuwachs natürlich sehr froh, und da unser Geschäft damals auf 25 000 Franken geschätzt wurde, hiess es im Vertrag nun einfach: ‹ein Fünftel des Geschäfts›. Dieser Vertrag, den ich auf Rat von Freunden meines Vaters abgeschlossen hatte, erwies sich zwei Jahre später dann aber als ziemlich dumm. Denn bald hatte Kurt Roschewski genug, er nahm in Basel eine Stelle an und wollte ein eigenes Antiquariat aufmachen. Und folgerichtig verlangte er nun ein Fünftel des Geschäfts, nicht in Geld, sondern vom ganzen Geschäft. Das hat Trudi Hügi ungeheuer geärgert, aber es liess sich nichts machen. Wir mussten buchstäblich jedes fünfte Buch, jede fünfte Schreibmaschine, alles, was durch fünf teilbar war, übergeben. Das war natürlich ein gewaltiger Aderlass, und nur meiner Unfähigkeit zuzuschreiben, vor Roschewskis Eintritt eindeutig seinen Anteil und die entsprechende Wachstumsquote festzulegen. Trudi war sehr empört und meinte ‹Nie mehr ein Compagnon!›. Den Namen ‹Pinkus & Co.› behielten wir – Inhaber der Firma waren nun Amalie und ich, Trudi mit einem Anteil von 500 Franken, wurde das ‹Co.›. Das blieb fortan so bis 1971, als Trudi ihr 62. Altersjahr erreichte und sich pensionieren liess.

Geschäftsreisen

Ich bin damals viel gereist, zu Kunden, die mir Bücher angeboten hatten. Mein Transportmittel war immer die Bahn. Ich gab jeweils mein Velo auf, und ins Coupé hinein nahm ich den zusammenklappbaren Veloanhänger und etwa fünf Koffer. Wenn ich die Koffer voll hatte, fuhr ich sie mit Velo und Anhänger zum Bahnhof und verteilte sie in verschiedene Coupés; so musste ich jeweils nur das Fahrrad aufgeben.

Auf meinen Suchfahrten gab es oft merkwürdige Zufälle. Einzelbände wertvoller Sammlungen fanden sich aus verschiedenen Städten zusammen; ich entdeckte Bücher mit Besitzzeichen alter Freunde, längst verschollene frühe Schriften inzwischen berühmt gewordener Autoren und vor allem wenig bekannte Arbeiterliteratur.

Meine erste Geschäftsreise ins Ausland führte 1946 nach Österreich, an die Wiener Messe. Ich fuhr zusammen mit einigen SP-Genossen. Es war eine abenteuerliche Fahrt, in Wien gab es keinen Bahnhof mehr, der Zug hielt auf offener Strecke. Und da auf der ganzen Fahrt nie ein Kondukteur erschien, schickte ich das Billet gleich wieder nach Zürich zurück! In Wien erstand ich einige antiquarische Bücher von der kommunistischen Buchhandlung ‹Globus›. Doch ergiebiger waren dann später die Fahrten in die Tschechoslowakei im Jahr 1947. Ich reiste zusammen mit dem grossen Bücherkenner Dr. Caflisch von der Zentralbibliothek und dem Buchhändler Hans Rohr. Die Tschechen hatten riesige Mengen von Büchern in Schlössern, Turnhallen und Lagerhäusern gestapelt. Das waren vor allem zwei Arten von Büchern: Von den Nazis geklaute und konfiszierte Bücher von Juden und politisch Verfolgten, dann aber auch Riesenmengen von Nazi-Literatur der Sudetendeutschen. Diese Lager durften wir durchsuchen. Für mich war das sagenhaft. Einmal wurde ich von einer Bücherwand richtiggehend ‹begraben›. Ich habe in diesen Bücherlagern zum Teil erstklassige Literatur gefunden. Es wurde aufgepasst, dass keine Nazi-Literatur mitgenommen wurde, aber auch keine trotzkistische! Später konnte ich dann auch Bücher von ‹Reformisten› und ‹Trotzkisten› erwerben, von Bernstein bis Trotzki. Die undogmatische Kontrolleurin hatte nichts dagegen.

Beim ersten Besuch füllten wir einen Eisenbahnwaggon. Während einiger Jahre reiste ich immer wieder nach Prag, und ab und zu auch nach Budapest. Wenn jeweils so eine Bahnfracht in Zürich eintraf, konnten wir Hunderte von Büchern, die auf unsern Suchlisten waren, anbieten. Diese ‹Konjunktur› war absolut einmalig.

Sozialistische Literatur – das besondere Anliegen

Während des Krieges und in den Jahren danach war der Bedarf an Büchern unvorstellbar gross. Der Büchersuchdienst erfüllte ein echtes Bedürfnis, und natürlich suchten und lieferten wir alles, was der Buchhandel im allgemeinen so führt: Romane, Kunstbücher, klassische Literatur, Sachbücher, Gedichte, Reisebeschreibungen, Bergbücher, und so weiter.

Als politisch engagierter Mensch war ich natürlich an der sozialistischen Literatur besonders interessiert, obwohl ich am Anfang noch nicht viele Kunden dafür hatte. Allerdings war es immer schwieriger, fortschrittliche und ‹linke› Bücher zu finden. In Holland und Frankreich, wie Jahre vorher in Österreich, waren von den Nazis die ausgelagerten Bücher fortschrittlicher Verlage und neugedruckte antifaschistische Literatur grösstenteils vernichtet worden. Erreichbar blieb nur noch, was von den Verlegern rechtzeitig selbst oder über den Umweg der weiterreisenden Emigranten in die Schweiz gelangt war. Ich versuchte, unsere Bestände an marxistischer und sozialistischer Literatur ständig zu erweitern und ergänzte sie auch durch Ankäufe von andern Antiquariaten, die mit diesen Büchern wenig anzufangen wussten. So wurde mit der Zeit dieser Bereich zum Spezialgebiet unseres Büchersuchdienstes und des Antiquariats, die Erfahrung aus jahrzehntelanger Tätigkeit in der Arbeiterbewegung zu unserem ‹Kapital›. Unser Spezialgebiet ‹Sozialismus und Arbeiterbewegung› wurde dann vor allem durch die thematischen Kataloge des Büchersuchdienstes weiter bekannt und brachte uns die Anerkennung vieler neuer Kunden: Geschichtswissenschaftler, Schriftsteller und Institute. Einer der ersten Kataloge, ‹1848–1948›, wurde wohl zum berühmtesten der dreiteiligen Kataloge über Ökonomie, Sozialismus und Arbeiterbewegung. Diesen Katalog haben wir vor allem Konrad Farner zu verdanken, der dafür fast dreiviertel Jahre bei uns gearbeitet hat. Alleine hätten wir das nie bewältigen können. Wir bemühten uns, Tausende von Broschüren, Konvoluten und Büchern nach verschiedenen Gebieten einzuteilen, sodass die Kataloge zu richtigen Nachschlagewerken wurden. Später haben wir einen Katalog zum 100-jährigen Jubiläum der Internationale gemacht, 1964. Der war so gut, dass ihn die Japaner nachgedruckt haben.

Von Anfang an versuchten wir mit unserem Geschäft, ‹linke›, antifaschistische und fortschrittliche Bücher aus Emigrationsverlagen zu verbreiten. Ich erhielt Briefe von bekannten Schriftstellern aus Australien und vor allem aus den USA, die bestimmte Schriften suchten, manchmal ihre eigenen Texte, und die sich auch bei mir erkundigten, welche Möglichkeiten für neue Publikationen in der Schweiz bestünden. Nach Kriegsende verhalfen uns zudem Buchsendungen aus Mexiko mit Erzählbänden und Romanen von Anna Seghers und Heinrich Mann, mit politisch-historischen Büchern von Egon Erwin Kisch und Alexander Abusch, die Tätigkeit vom Antiquariat auch auf das neue Buch zu erweitern.»

Bücher aus der «Zone»

Nach Kriegsende tauchten in Zürich bald alte Freunde auf. Viele von ihnen erfüllten nun oft wichtige kulturelle Aufgaben, organisierten den Aufbau von Instituten, Bibliotheken und Verlagen. Einer der ersten war der alte Freund und Genosse Hans Holm, der sich zuerst bei der Partei der Arbeit über seinen ehemaligen Kollegen Theo Pinkus informieren liess. Das wissen wir aus dem Spitzelbericht von Inspektor Fatzer, der den Zentralvorstand und die Landesleitung der «Naturfreunde» beobachtete:

Abschrift

Aus dem Bericht der Sicherheits- und Kriminalpolizei der Stadt Bern, resp. dem darin im Wortlaut zitierten Bericht von Inspektor Fatzer von der SBA vom 3. 8. 1950:

«(...) Hinter den Kulissen spielt auch Edgar *Woog* mit seinen Marionetten im TVN. Der deutsch-russische Agent *Holm* erkundigte sich kürzlich aus Auftrag bei *Woog* über *Pinkus*. Bei dieser Gelegenheit erfuhren auch wir, dass *Pinkus* offiziell der SP angehört, nach wie vor ein guter Kommunist sei, sich nie parteischädigend verhalten habe und nur im kommunistischen Sinne im TVN wirke.»

Für «Pinkus & Co.» wurde Hans Holm in den folgenden Jahren zum wichtigsten Verbindungsmann für den Buchhandel mit der «Sowjetischen Besatzungszone». Sobald die Grenzen in die «SBZ» geöffnet wurden, reisten Amalie und Theo nach Berlin, wo sie von Hans Holm empfangen wurden.

Verlagszentrale Holm

Theo: «Ich kannte Hans Holm von der Arbeit im ‹Neuen Deutschen Verlag› her, dessen Direktor er in den dreissiger Jahren war. 1934 kam er auch in die Schweiz, nach Zürich, da ein Buch-Lager an der Kornhausstrasse geräumt werden musste. Während seiner Emigrationszeit war er kurz in Moskau, dann in Norwegen, wo er einen Parteiverlag gründete. Seine norwegische Freundin, mit der er eine Tochter hatte, wurde von den Nazis verhaftet und umgebracht; er selber kam ins KZ Sachsenhausen – bis zur sogenannten ‹Bernadotte-Aktion›. Dieser schwedische Graf hat im Namen des Roten Kreuzes erreicht, dass sämtliche norwegischen Gefangenen freigelassen wurden, und die schworen dann, dass auch Hans einer der ihren war, da er ja zusammen mit ihnen eingeliefert worden war. Durch einen unglaublichen Zufall fand er später seine Tochter wieder.

Hans Holm hatte den Parteiauftrag, das Verlagswesen in der sowjetischen Besatzungszone wieder aufzubauen. Er leitete in Berlin die ‹Verlagszentrale Holm›. Das war zunächst nur ein Büro mit einer Angestellten; von hier aus wurden dann praktisch sämtliche Verlage der späteren DDR gegründet – mit Ausnahme des Dietz-Verlages, des Aufbau-Verlages und des Verlages ‹Volk und Wissen›, die vorher schon gegründet worden waren.

Ich bemühte mich sofort um die Neuerscheinungen dieser Verlage und konnte dann in Berlin den ersten Kompensationsvertrag zwischen einer Firma im Ausland und der Deutschen Wirtschaftskommission (DWK) der Sowjetischen Besatzungszone über Bücherlieferungen abschliessen. In der ‹Verlagszentrale Holm› habe ich in den nächsten zwei Jahren intensiv mitgemacht und fuhr deswegen alle paar Wochen nach Berlin. Doch den Anfang unserer geschäftlichen Beziehung mit der DDR verdanken wir eigentlich dem mutigen Direktor der Basler Universitätsbibliothek, Dr. Schwarber, der bereits 1948 die erste Buchausstellung mit Büchern aus der ‹Zone› durchführte: Nach der Ausstellung übernahmen wir diese zum Verkauf. Kontakte mit der ‹Leipziger-Kommissions-Buchhandlung› (LKB), deren Auslandabteilung zum ‹Deutschen Buchexport› wurde, hatten wir bereits damals. Die Entwicklung dieser Institution habe ich von allem Anfang an bis heute miterlebt.»

Das IML

Das «Institut für Marxismus-Leninismus» (IML) in Berlin war für das Antiquariat von grosser Bedeutung. Dieses grosse Forschungsinstitut sammelt sämtliche Dokumente der Arbeiterbewegung, des Sozialismus und des Marxismus und wertet sie wissenschaftlich aus. Interessant waren für Theo die Doubletten – Bücher und Zeitschriften, die das IML doppelt oder mehrfach hatte und interessierten Antiquariaten verkaufte. In kürzester Zeit ackerte Theo jeweils die Doubletten-Bestände durch und verglich sie mit seiner memorisierten Suchliste.

Theo: «Meine Verbindung zum IML begann mit Bruno Kaiser. Er war während des Krieges in einem Lager in der Schweiz interniert, und ich schickte ihm jeweils Bücher. Er erhielt die Bewilligung, in Liestal das Herwegh-Museum aufzubauen. 1945 gestaltete er eine kleine Ausstellung zum 50. Todestag von Engels, im Dachstock des kleinen Hauses am Hirschengraben, den das Sozialarchiv Zürich gelegentlich benutzte. Ich half ihm dabei, und so lernten wir uns persönlich kennen. Nach dem Krieg ging Bruno Kaiser nach Berlin, baute die Bibliothek des Instituts für Marxismus-Leninismus auf und wurde deren Leiter. Mit ihm habe ich die ersten grossen Tauschaktionen gemacht, denn er war Bücherfanatiker wie ich und schätzte meine Arbeit.

Im IML gibt es eine Reihe von Genossen, mit denen ich gut zusammenarbeiten kann. Sie haben mir gegenüber eine interessierte, etwas ängstliche Skepsis. Sie lesen natürlich den ‹Zeitdienst›, sie haben ihn im IML abonniert, und wissen, was ich politisch vertrete. Und dann heisst es jeweils, wenn ich sie wieder besuche ‹Wie kannst Du nur etwa die Partei mit einer Strassenbahn vergleichen› – halb ironisch, halb ängstlich, aber eigentlich bin ich wohlgelitten dort.»

Leipziger Messe

Vom 2. bis zum 7. März 1948 fand die erste grosse Leipziger Messe nach dem Krieg statt. Der Messeausweis No. 16661 weist Theo amtlich als «Einkäufer» des Unternehmens «Britschgi und Pinkus» aus. Ein Jahr später vertritt Theo bereits offiziell wichtige Schweizer Verlage an der Leipziger Messe.

Theo: «Die Schweizer Verlage haben zuerst nur zögernd mitgemacht, doch das Echo auf die ersten Ausstellungen war sehr gut. Der Stand mit den Schweizer Büchern war stets umlagert. So haben immer mehr Verlage durch uns ausstellen lassen, trotz des Kalten Krieges. An der Leipziger Messe knüpften wir aber auch neue Verbindungen zu den Aussenhandelsorganisationen anderer sozialistischer Länder, so auch zu China. Das betraf nicht nur den Einkauf von Büchern aus ihrer Produktion, sondern auch den Export von Schweizer Büchern in diese Länder. Umgekehrt führten wir dann in den Jahren nach 1949 regelmässig Buchausstellungen von DDR-Büchern in der Schweiz durch und versuchten, diese Neuerscheinungen in der Schweiz zu verkaufen, was allerdings nicht sehr einfach war. 1964 überbrachte ich dann von der Messe die Goldmedaille des Wettbewerbs um ‹die schönsten

Bücher aus aller Welt›, die dem Rietberg-Museum verliehen wurde, nach Zürich. Das gab einiges Aufsehen. Unsere Pionierrolle in Leipzig wurde von unseren Schweizer Kollegen allerdings nur teilweise anerkannt. Wir hatten acht Jahre lang zu kämpfen, bis wir schliesslich in den Buchhändlerverein aufgenommen wurden, im Jahre 1962. Auch fehlen wir bis heute im ‹Internationalen Adressbuch der Antiquare›, obwohl wir – was niemand abstreiten kann – zu einem international bedeutenden Antiquariat geworden sind.

«Beleidigung von Staatsoberhäuptern»

Mit Behörden und Polizei haben wir nach der Durchsuchung beim Verbot der KP eigentlich nichts mehr zu tun gehabt. Nur einmal gab es noch Schwierigkeiten mit der Bundespolizei. Ich wurde nach Bern vorgeladen, wo man mir mitteilte, ich dürfe jetzt, nach einem neuen Bundesbeschluss, keine kommunistischen Broschüren mehr einführen, ‹in denen Staatsoberhäupter beleidigt werden›. Gemeint waren Schriften aus der DDR. Ich protestierte und wies darauf hin, dass Bibliotheken und Institute diese Schriften für ihre Forschung benötigen, und so schlossen wir einen Kompromiss: Ich dürfe noch bis zu zehn Exemplare solcher Broschüren einführen, solle aber immer ein Exemplar zur Orientierung nach Bern schicken. Das habe ich dann natürlich ‹vergessen›. Aufgrund dieser Aussprache sicherten sie uns dann Hilfe zu, wenn wir an der Grenze mal Schwierigkeiten hätten: wir sollten sofort Herrn Steiger vom Justiz- und Polizeidepartement verständigen. Das haben wir dann zweimal gemacht, und es funktionierte tatsächlich: Innerhalb zweier Stunden nach unserer telefonischen Intervention haben sich die Behörden der zwei zuständigen Departemente verständigt, und die beschlagnahmten Schriften wurden freigegeben.»

Amalie und die dauerhafte Zusammenarbeit mit den Chinesen

Amalie: «An der Leipziger Messe 1949 trafen wir mit der chinesischen Messevertretung zusammen. Sie fragten uns, ob wir ihnen regelmässig Bücher besorgen könnten. Wir trafen dann ein Abkommen, ihnen die gewünschten Bücher und Zeitschriften zu liefern. Die Abwicklung dieser Arbeit war hauptsächlich meine Aufgabe, die ich bis zu meiner Pensionierung, also mehr als 20 Jahre lang, ausführte. Die Chinesen bestellten hauptsächlich wissenschaftliche Zeitschriften und Sachbücher über Medizin, Technik, Bauwesen, und so weiter. Die Lieferungen wurden immer grösser, vor allem, als die Amerikaner einen Wirtschaftsboykott gegen China erliessen. Da fingen wir an, auch amerikanische Zeitschriften zu vermitteln, im Jahr für fast 200000 Franken. Die Chinesen bestellten sämtliche Publikationen der UNO und anderer internationaler Organisationen, Patentbücher, wissenschaftliche und technische Zeitschriften. Aber auch Schweizer Bücher haben wir geliefert, über Gartenbau, Stauseen, alles mögliche.

Die amerikanischen Bücher und Zeitschriften erhielten wir problemlos, wir bestellten sie einfach als schweizerische Buchhandlung. Schwierigkeiten machten nur die Schweizer, und zwar nur wegen dem Porto. Das sei ein Re-Export, und darum mussten die Chinesen das Porto zweimal bezahlen. Aber politische Schwierigkeiten gab es nie, denn die Schweiz hat China – als drittes Land – sofort diplomatisch anerkannt, und der Handel mit China war frei.»

Theo: «Einmal erhielten wir sogar einen Telefonanruf aus Bern, als sie dort erfuhren, dass wir etwa 40000 Franken als Vorauszahlung erhalten hatten – alles war ja devisenkontrolliert. Sie machten uns formell darauf aufmerksam, dass wir keine Waffen liefern dürften!»

Amalie: «Die Chinesen bezahlten immer einen Vorschuss. Sie vertrauten uns, und wir haben immer anstandslos geliefert. Die Abmachung war, dass wir zehn Prozent des Umsatzes für uns behalten konnten, was uns nicht viel mehr als die Unkosten deckte. Doch war es ein regelmässiger Auftrag, die Zeitschriften wurden vorausbezahlt, und die Vorschüsse waren uns oft sehr willkommen, wenn wir gerade grosse Auslagen hatten.

Während der Zeit des Boykotts konnten wir natürlich viel liefern. Die Arbeit nahm solche Ausmasse an, dass ich sie nicht mehr alleine bewältigen konnte und wir gelegentlich Hilfskräfte einstellen mussten. Denn wir mussten alles in drei-Kilo Drucksachen-Pakete verpakken! Am Anfang haben die Chinesen noch zwölf bis zwanzig Stück pro Zeitschrift bestellt, doch mit der Zeit hatten sie offenbar auch mehr Fotokopierer, sodass sie nur noch eins bis zwei Exemplare benötigten. Natürlich hatten wir da für die gleiche Arbeit die gleichen Unkosten, nur war der Umsatz geringer. Als ich dann pensioniert wurde, wollte die Arbeit niemand mehr machen – es rentiere nicht. Doch früher lebten wir auch von dieser Arbeit.»

Theo: «Die Chinesen nahmen mit der Zeit auch selber Kontakt zu grossen Verlagen auf, vor allem zum Karger-Verlag. Wir exportierten noch bis zum Nixon-Besuch, dann war die China-Arbeit abgeschlossen. Umgekehrt haben wir auch chinesische Bücher importiert, vor allem die damals von alten Holzschnitten wieder gedruckten Kunstbücher und Wandbilder. Wir verkauften die Alben des berühmten, über achtzigjährigen Malers Tschi-Pai-Schih. In der Froschaugasse machten wir eine schöne China-Ausstellung und verkauften mehr als 800 Exemplare des ‹Rössli›-Drucks eines jungen chinesischen Malers.»

Amalie: «Die Arbeit für die Chinesen war jedenfalls nützlich, und ich habe sie gerne gemacht. Während der ganzen Zeit, in der wir für sie arbeiteten, also mehr als zwanzig Jahre, gab es nie einen unfreundlichen Brief. Die Chinesen haben uns sehr anständig behandelt – im Gegensatz zu der DDR, mit der es manche Schwierigkeiten gab.»

Theo: «Die Verhandlungen mit der DDR waren nicht immer leicht: Immer, wenn ich etwas für sie machen musste, war ich der ‹Genosse›, und wenn ich was von ihnen wollte, der ‹Geschäftsmann›.

Die eigene Buchhandlung

Unsere Aktivität um den DDR-Buchvertrieb veranlasste uns 1955, eine eigene kleine Sortimentsbuchhandlung zu gründen. Wir wollten dem Publikum unter anderem auch zeigen, was sozialistische Länder an Büchern anzubieten hatten. Aus politischen Gründen wurden sie im übrigen Buchhandel nur ‹auf Bestellung› beschafft.

Da wir an der Predigergasse 7 keinen Platz mehr hatten, suchten wir einen Laden, der die Buchhandlung beherbergen sollte. An der Mühlegasse, nahe von unserem ‹Stammhäuschen›, konnten wir einen schmalen, modern eingerichteten Laden mieten. Wir nannten ihn ‹Limmat-Buchhandlung›, da er nicht weit von diesem Fluss entfernt in der Altstadt von Zürich lag. Zwei Angestellte arbeiteten in der Buchhandlung und organisierten den Verkauf und die Auslieferung von Büchern aus der DDR. Doch das Ganze dauerte nur wenige Monate, der November 1956 sollte unsere Platzprobleme von Grund auf ändern...»

Büchersuchdienst und Antiquariat Pinkus & Co., das waren für viele
Leute, die Bücher lieben oder mit Büchern arbeiten, Begriffe von aus-
serordentlicher Bedeutung. Über alle Grenzen hinweg drangen Wünsche über Wünsche an den Büchersuchdienst, von Bibliotheken, die
nach der «Reinigung» durch die Nazis neu aufgebaut werden mussten, von Verlegern und Wissenschaftlern, die an der Geschichte und
Theorie des Sozialismus weiterforschen und Wissen vermitteln wollten, von Studenten, die Material für ihre Dissertation suchten, von
Sammlern und Buchfreunden, die die vielen Antiquariatskataloge von
Pinkus schätzten und später zu Kunden wurden. Vielen, die während
des Krieges und der Emigration ihre Bücher verloren hatten, verhalf
der Büchersuchdienst zu einer neuen, vollständigeren Bibliothek, und
vielen Buchliebhabern wurde der Buchhändler Pinkus zum Freund.

Theo: «Ich habe im Laden unwahrscheinlich viele und interessante
Menschen getroffen. Während seines Schweizeraufenthaltes nach
dem Krieg holte Brecht bei uns seine Kommune-Unterlagen für das
Stück ‹Die Tage der Kommune›, das er in Zürich geschrieben hat.
Immer wieder signierten im Laden ‹Freunde des Hauses› für ihre Zürcher Verehrerinnen und Verehrer: Frans Masereel, Oskar Maria Graf,
Stefan Hermlin und viele andere. Die ‹Bude Pinkus› war berühmt
dafür, dass man fast alles hier fand oder suchen lassen konnte. Und bei
uns fand manche Bibliothek oder Dokumentationsstelle ihren Grund-
stock. So etwa gaben wir einen grossen Katalog heraus, ums Jahr 1950,
da ruft ein Herr Sager an, er arbeite an seiner Dissertation über stalinistische Wirtschaftspolitik und hätte gerade unseren Katalog erhalten,
er werde jetzt gleich mit dem Taxi von Bern nach Zürich fahren. Drei
Stunden später stand er im Laden und kaufte für ungefähr 500 Franken Bücher und Broschüren ein. Dass dies dann die Grundlage für
seine antikommunistische Dokumentationsstelle ‹Ostinstitut› werden
würde, hätten wir uns natürlich nicht gedacht.
    In den sechziger Jahren besuchten uns mal zwei Italiener, ein ge-
wisser Giuseppe Del Bo und Giangiacomo Feltrinelli. Sie waren sehr
interessiert und kauften einiges an politischer und marxistischer Literatur. Später traf ich Feltrinelli in Mailand, er gab mir die weltbe-
rühmte Langenscheidt-Bibliothek, eine 110-bändige Ausgabe aller
griechischen und römischen Klassiker, die sein Verlag noch vor dem

ersten Weltkrieg herausgab, als Anzahlung für weitere Bücherbestellungen. Was die beiden bei uns an Büchern, Zeitschriften und Broschüren bestellten, war ein Teil des Grundstocks für das ‹Istituto Feltrinelli›, heute ein wichtiges Institut der Arbeiterbewegung.»

Die «Bude» und ihre Angestellten – Ein Portrait

Amalie, die angestellte Geschäftsinhaberin

«Ich war am Anfang ziemlich unglücklich in der ‹Bude›. Ich bereute es fast, dass ich mich von der Arbeit im Sekretariat von Boller hatte abwerben lassen. Es ging ziemlich unkameradschaftlich zu beim Büchersuchdienst. Man hat sich gegenseitig nicht besonders viel geholfen. Die Einzige, die mir etwas half und die simpelsten Sachen erklärte, war Trudi Schöpfer, die Lehrtochter aus dem Wallis. Ich betreute ‹offiziell› die ‹Auslandsabteilung›. Dies bestand vor allem darin, Bestellungen von Verlagen und Emigranten aus Amerika zu erledigen. Wir hatten schon 1944 gute Kontakte mit Emigranten, die bei der Ausreise oft erst nach Zürich kamen. Grosse wissenschaftliche Antiquariate in Amerika, wie etwa Burt Franklin, bestellten damals Bücher bei uns, später kamen dann Universitätsinstitute dazu. Die Nachfrage nach deutscher Literatur, nach sozialistischen und kommunistischen Büchern, war damals, kurz nach dem Krieg, gross.

Allerdings hatte ich oft das Gefühl, diese Arbeit sei zu anspruchsvoll für mich. Ich fürchtete, ich hätte zu wenig Titelkenntnisse. Ich hatte ja keine buchhändlerische Ausbildung. Diejenigen, die eine dreijährige Lehre gemacht haben, wussten alles und haben mir gegenüber denn auch entsprechende Bemerkungen gemacht. Das hat mich wahnsinnig verunsichert, ich war einfach der Meinung, ich könne überhaupt nichts. Wahrscheinlich hätte ich mich umschulen müssen oder etwas machen, das mir besser gelegen hätte. Aber eben, nachher waren die Kinder da, und das hat mich dann noch mehr beansprucht; da war keine Zeit mehr für andere Gedanken. Ich wurde sehr unsicher in dieser Zeit. Früher war die Unsicherheit nicht so ein Problem. Ich war optimistisch, überzeugt von meinen Fähigkeiten. Ich war immer eine gute Schülerin, hatte nie Schwierigkeiten mit der Arbeit. In der Bude musste ich denn eigentlich genau das machen, was mir nicht sehr lag.

Dann wurde auch immer über die ‹Halbtägler› gemeckert. Man sagte mir, ich sei langsam. Das hat man mir vorher noch nie gesagt, auch bei Boller nicht. Ich bin schon eher langsam, dafür habe ich Ausdauer und ich mache meine Arbeit recht. Ich kann nicht pfuschen, und ich kann nicht bluffen. Ich merkte, dass andere das besser können, und die waren denn auch angesehen. Hingegen gefiel mir die Arbeit für die Chinesen. Ich fand das sinnvoll, obwohl die andern immer wieder darüber gespottet haben, das sei defizitär und bringe nur Unkosten. Als ich dann später pensioniert wurde, führte diese Arbeit niemand mehr weiter. Das hat mein Selbstbewusstsein natürlich auch nicht unbedingt gefördert.

Klar war ich als Ehefrau im Prinzip gleichberechtigte Geschäftsinhaberin. Doch die Autorität lag bei Frau Hügi, sie war die Geschäftsführerin. Man hat mich, jedenfalls früher, so behandelt wie die andern Angestellten auch. Auf jeden Fall hatte ich nie das Gefühl, ich wäre Chefin oder könnte etwas bestimmen. Die Jungen im Betrieb schauten mich später eher als Hausfrau an, zuhause fanden die Leute, ich sei eine Geschäftsfrau, jedenfalls keine, die etwas vom Haushalt versteht. So war ich nirgends akzeptiert, in einer ähnlichen Situation wie früher als Tessinerin in Zürich – irgendwie diskriminiert.»

Otto Böni, Angestellter

«Wie ich zu Pinkus kam? Ich habe mich für russische Literatur und Literaturkritik interessiert und stiess so auch auf Lukács, dessen Bücher in Zürich aber nirgends erhältlich waren. Bei Pinkus wurde ich dann fündig, wurde bald Stammkunde, bis es dort fast zum täglichen Gebet kam ‹und gebt uns unseren Böni heute›. Hier habe ich dann auch ‹Sinn und Form› von Anfang an abonniert. Das war so anfangs der fünfziger Jahre, und 1954 bin ich dann als Angestellter in die Firma Pinkus & Co. eingetreten. Vorher habe ich aushilfsweise bei der Post gearbeitet.

Theo machte mir natürlich einen grossen Eindruck. Er führte mich in ganz neue Gebiete und Welten ein. Er gab sich auch grosse Mühe um unsere Jugendorganisation ‹Wissen und Freizeit›, bei der er, neben Koni Farner, so zu einer Art ‹geistigem Vater› wurde. Wir hielten unsere Versammlungen in Räumen ab, welche die Firma für kurze Zeit am Neumarkt hatte mieten können.»

Theo: «Diesen Laden erhielten wir für beschränkte Zeit, bis zur Renovation. Später hat sich das Sozialarchiv in den oberen Räumen einquartiert. Wir machten dort unsere Ausstellungen mit Kinderbüchern, DDR- und Chinabüchern, und hatten auch Teile unseres Lagers dort.»

Otto: «Ich war der erste Reise-Vertreter der Firma, besuchte Buch-

Schaufenster der Limmatbuchhandlung «50 Jahre DADA», gestaltet von Otto Jägersberg, 1966.
Freiheitsstatue von Theo im Sperrmüll gefunden. Foto: J. Zgraggen

Die Belegschaft der Limmatbuchhandlung. Unter ihnen: Atti Baumgartner, Brigitte Landolt, Christine Steiger, Inge Iliades, Theo, Amalie, Marco, Madleine Dierauer.

handlungen in der ganzen Schweiz und bot ihnen Bücher aus unserem Auslieferungsprogramm an. Am Anfang hatte ich noch gewisse Erfolge, doch dann kam der Oktober 1956, ich sollte noch zum Meili nach Schaffhausen. Diese Fahrt sparte ich mir...

Politisch engagiert waren wir Angestellten nicht. Frau Hügi war direkt apolitisch – sie hatte genug Politik durch Theo. Natürlich hatten wir auch in der Bude ab und zu politische Diskussionen, aber deswegen gab es keine Konflikte. Es gab auch nicht irgendwelche politische Vorschriften. Für mich war Theo am Anfang sogar etwas zu hart, zu ‹stalinistisch› – in den ersten Katalogen gab es keine trotzkistischen Bücher, die waren bei uns ganz tief unter dem Ladentisch versteckt. Dann, mit der Zeit, glich sich Theo fast meiner politischen Linie an, und heute ist er mir schon fast ein Revisionist.»

Theo: «Leute, die nicht aggressiv gegen Linke waren, die waren schon halbe Linke, da waren wir schon zufrieden...

Der erste Fall einer politischen Anstellung war dann Victor Schiwoff, der zwei Jahre mit Otto zusammen arbeitete. Er hätte sonst nirgends mehr eine Stelle gefunden. Schiwoff war damals VPOD-Sekretär beim Flugpersonal, und da er auch wirtschaftspolitisch interessiert war, bat ihn ein ungarischer Handelsattaché, für eine ungarische Wirtschaftszeitung einen Artikel über die Schweizer Wirtschaft zu schreiben. Schiwoff sagte zu. Das war verhängnisvoll, denn das Gespräch wurde von der Bundespolizei abgehört. Obwohl der harmlose Artikel nichts mehr als eine Zusammenfassung des NZZ-Wirtschaftsteils war, wurde ihm der Prozess wegen Spionagetätigkeit gemacht. Das wurde so aufgezogen, dass ihn auch der VPOD-Sekretär Max Arnold nicht mehr halten konnte. Schiwoff suchte überall Arbeit, war dann auch auf dem Bau – doch das war einfach körperlich zu schwer für ihn. Jemand von der Partei fragte uns dann an, ob wir nicht Arbeit für Schiwoff hätten, und so stellten wir ihn an. Er war unser erster Akademiker, ein richtiger Doktor mit Dissertation. Später erhielt er eine Stelle als Redaktor beim ‹Vorwärts› und zog dann nach Genf. Und er wurde wieder Sekretär beim VPOD, bis heute.»

Otto: «Doch sonst war die Firma Pinkus & Co. ein Geschäft wie jedes andere auch. Die Lehrtöchter mussten den Pausenkafi machen, die Gipfeli holen, die Post bringen, abends aufräumen – so wie überall auch. Natürlich haben wir uns gesiezt, vor allem die Geschäftsführerin, und auch Theo haben wir ganz klar als Chef anerkannt. Denn schliesslich interessierte uns hauptsächlich, dass wir Ende Monat unseren Zahltag erhielten – das war nicht immer so selbstverständlich. Und folglich wollten wir auch, dass ein Chef da ist und schaut, dass alles klappt, dass am Morgen um acht alle pünktlich da sind und dass gearbeitet wird. Ist doch klar.»

Iris Maier, Lehrling

«Ich kam 1964 als Lehrling zu Pinkus. Vor mir hat schon meine Schwester hier gearbeitet, sie hat die englische Korrespondenz gemacht. Eigentlich waren bei Pinkus die Lehrlinge immer Frauen, Odette Kuratli, Tina Gwerder, Vrone Essek, Lill, Ruth Salzmann, Madeleine Dierauer, Brigitte Landolt – der Buchhandel ist halt ein begehrter Frauenberuf. Von uns Lehrlingen hatte niemand eine grosse Ahnung, in was für einem Betrieb wir arbeiteten. Es war einfach eine normale Buchhandlung.

Ich war überhaupt nicht politisch engagiert, wie fast niemand von der Belegschaft. Die Leute waren einfach ein bisschen ausgeflippter als in andern Betrieben, hingen in der Künstlerszene herum, im Jazz-Keller, bei den Existentialisten. Ein ausgeflippter Haufen, aber keineswegs Linke. Marco war der einzige, der ab und zu eine politische Diskussion anriss. Er hatte eine gute Beziehung zu uns Lehrlingen, wir sind gut mit ihm ausgekommen, und er hat einem viel erklärt. Er wohnte in der Wohnung oberhalb der Bude, und so waren wir oft über Mittag bei ihm oben zum Essen. Er begann dann, subtil zu agitieren. Er erzählte uns von der ‹Freien Jugend›, bis ich dann mal hinging und später auch ab und zu in die Lager. Da lernte ich auch André und Erika, Marcos erste Frau, kennen. Sie hat zusammen mit Ruedi Enderli die ‹Freie Jugend› eigentlich durchgezogen. Meine Politisierung war also das Werk von Marco und meinem damaligen Freund, der als Typograph gleich um die Ecke in der Setzerei Hürlimann arbeitete. Allerdings gab es damals heftige politische Kämpfe; er stand im Verdacht, ein ‹Trotzkist› zu sein, und Marco konnte es nicht verstehen, warum ich mit so einem ziehe.

In der Berufsschule wurden die Pinkus-Lehrlinge schief angeschaut, im Gegensatz zu heute, wo sie doch eher geschätzt werden. Ich hatte lange Zeit einen fürchterlichen roten Wintermantel, und da meinte doch eine Berufskollegin mitleidig: ‹Gäll, Du musst so einen roten Mantel tragen, weil Du beim Pinkus arbeitest!› Oder als ich mal im Literaturunterricht geschwatzt habe, tadelte mich der Lehrer, Dr. Winkler, Verfasser eines Rechtschreibebuches, und meinte: ‹Fräulein

Maier, ich wünsche mehr westeuropäischen Anstand!› So war die Stimmung. Andererseits fühlten sie sich natürlich auch provoziert, als ich mich vom Unterricht wegen des Besuches der Leipziger Messe dispensierte. Denn bei Pinkus durfte jeder Lehrling mal nach Leipzig an die Büchermesse.»

Die fünfziger Jahre

Der «Zeitdienst»

Theo: «Beim Aufkommen des Kalten Krieges nach 1947 hatten viele
Linke das Bedürfnis, auf dem Gebiet der Presse etwas zu unterneh-
men. Die Idee einer Wochenzeitung geisterte herum, doch die Mittel
fehlten, es blieb beim kühnen Plan. Eines Tages sagte mir Lilly
Zschokke, die mit Helmut in der SP-Sektion Aarau war, dass Hugo
Kramer bei ihnen referiert hätte. Anschliessend hätten sie dann vom
Wunsch nach einer neuen politischen Zeitschrift gesprochen. Auf je-
den Fall sollte ich mich mal mit Hugo Kramer in Verbindung setzen.»

Hugo Kramer

Hugo Kramer war zu jener Zeit in SP-Kreisen bekannt als tüchtiger
und engagierter Journalist. Als enger Freund und Mitarbeiter von
Leonhard Ragaz kämpfte er für einen christlich fundierten Sozialismus. Er schrieb in vielen sozialdemokratischen Zeitungen, und regelmässig auch in der Zeitschrift der religiös-sozialen Bewegung «Neue
Wege». Hier hatte er seine eigene Rubrik, die «Weltrundschau», in der
er, als politisch und ökonomisch geschulter Akademiker, die aktuellen
weltpolitischen Ereignisse kommentierte.

Kramers pazifistische und sozialistische Überzeugung verärgerte in
der Zeit des aufkommenden Kalten Krieges manchen sozialdemokratischen Parteifunktionär und Zeitungsredakteur; seine kritische Solidarität mit den sozialistischen Ländern wurde ihm als Sympathie für
den Bolschewismus vorgeworfen. Eines Tages fehlte plötzlich in der
«Seeländer Volksstimme», einem kleinen SP-Blatt im Berner Seeland,
die regelmässige Spalte mit Kramers Artikel. Andere SP-Blätter
schlossen sich dem Boykott an, einige schneller, andere gemächlicher,
aber alle stillschweigend, ohne Begründung. Für Hugo Kramer wurde
es immer schwieriger, von seiner Arbeit als Journalist zu leben. Auf

Theos Anfrage hin berichtete Hugo Kramer von weiteren Schikanen: Der rechte Flügel der Religiös-Sozialen, die sich um den Sohn und die Tochter von Ragaz und den Pfarrer Trautvetter scharten, wollte ihn ebenfalls in einem stillen Coup aus den «Neue Wege» verbannen, eine seiner letzten regelmässigen Publikationsmöglichkeiten.

Im Sommer 1948 kam es darauf zu einer ersten Zusammenkunft, an der das Projekt einer Wochenschrift diskutiert wurde.

Theo: «Wir trafen uns im Café an der Ecke der Gessnerallee. Es kamen etwa 30 Leute, SP- und PdA-Genossen. Dabei waren unter anderen Erwin Lang, Dodo Schneebeli, Heiri Gross, Otto Siegfried, und viele, an die ich mich nicht mehr erinnere. Bei dieser ersten Sitzung war schon klar, dass wir nie imstande sein würden, eine Wochenzeitung zu finanzieren. Da meldete sich eine Genossin: ‹Ich bin bereit, jede Woche zehn oder zwölf Matrizen zu tippen. Vervielfältigen wir das zuerst einmal und schauen wir dann weiter.› Wir diskutierten diesen Vorschlag und nahmen ihn schliesslich an. Wir produzierten darauf eine Nullnummer mit dreizehn Seiten, fanden dann rasch dreissig, vierzig, fünfzig Abonnenten, welche unser Projekt gut fanden und es unterstützen wollten. Und dann fingen wir im Oktober – das war ein altes Prinzip von mir, darauf hatte ich gedrängt – mit der ersten Nummer an. Zeitungen muss man immer Ende Jahr gründen, weil dann im Januar bereits mit dem zweiten Jahrgang begonnen werden kann.

Hugo Kramer wurde offiziell als Redakteur gewählt. Das Ehepaar Furrer-Proud unterstützte ihn mit einer bescheidenen monatlichen Entschädigung von hundert Franken für seine Arbeit beim ‹Zeitdienst› und den ‹Neue Wege›. Die beiden Furrers haben Hugo Kramer in dieser schwierigen Zeit sehr geholfen.»

Der erste «Zeitdienst»

Am 2. Oktober erschien die Nullnummer des «Zeitdienst». Hugo Kramer leitete die Redaktion von Genf aus. Die Artikel wurden ihm zugeschickt, er stellte sie zusammen, schrieb auch eigene und schickte dann alles nach Zürich, wo die Endredaktion stattfand. Getippt wurde auf Matrizen: Theo hatte Hans Eschler, einen Mitarbeiter in der Buchhandlung, gewonnen, die Matrizen auf dem firmeneigenen Umdrucker zu vervielfältigen, und auch der Versand wurde bei Pinkus & Co. abgewickelt.

«Händ Sie scho en Ziitdienscht?» Theo mit einem Sack voll von «Zeitdienst»-Sonderpaketen bei einer Kundgebung des Schweizerischen Gewerkschaftsbundes auf dem Helvetiaplatz, Frühling 1975. Foto: Bildarchiv zur Geschichte der Arbeiterbewegung.

Amalie: «Beim Zusammentragen und Versenden mussten jeweils alle mitmachen. Wir liefen dabei um einen grossen Tisch herum, auf dem die gedruckten Seiten lagen. Es war oft lustig, aber auch eine Riesenarbeit.»

Theo: «Trudi Hügi erklärte sich bereit, jede Woche 5 Franken zu bezahlen, wenn sie den ‹Zeitdienst› nicht lesen müsse! Als Administrator hatte sich der Genosse Heiri Gross zur Verfügung gestellt; er wurde später Gemeinderatspräsident und Präsident der SP 3. Heute ist er eher auf dem rechten Flügel...

Wir lernten dann den damaligen Drucker der ‹Neue Wege› kennen, Adolf Fehr in Leimbach. Er war ein Linker in der Evangelischen Volkspartei, sympathisierte jedoch mit der SP und mit uns vom ‹Zeitdienst›. Er machte uns ein günstiges Angebot, übernahm auch die Adresskartei und den Versand. Das war für uns eine grosse Entlastung. So erschien der ‹Zeitdienst› ab Sommer 1950 gedruckt, erst mit sechs, später dann mit acht Seiten. Fehr druckt den ‹Zeitdienst› noch heute. Inhaltlich ging es damals hauptsächlich gegen den Kalten Krieg, die Diffamierung und die Verhetzung der Ostblockländer. Es war eine Zeitung, die versuchte, einer solchen Stimmung, die auch in der Sozialdemokratie immer stärker wurde, entgegenzuwirken. Die Leute vom ‹Zeitdienst› unterstützten die Friedensbewegung und ähnliche Aktionen, welche auch den Kalten Krieg bekämpften.

Wir machten schon bald Sondernummern, vor allem jeweils zum ersten Mai. Mit der Zeit liessen wir spezielle Titelbilder gestalten, und diese Mai-Nummern verkauften wir dann in der ganzen Schweiz, oft bis zu 2000 Stück mehr als üblich. Das machen wir noch heute so. Wir gaben Broschüren heraus, hauptsächlich verfasst von Hugo Kramer, etwa eine Zusammenfassung seiner Vorträge ‹Russland und Amerika›, oder seiner Reiseberichte. Seine DDR-Reisereportage stiess auf grosse Beachtung, sie hiess ‹Sozialismus auf deutschem Boden›.»

1949 waren wiederum, wie in den dreissiger Jahren in der Sowjetunion, Säuberungsprozesse angesagt. Nach der Zerschlagung des Faschismus, nach der Gründung weiterer sozialistischer Staaten, wiederholte sich die Geschichte: Führende Genossen und Genossinnen wurden als «imperialistische Agenten» und «Titoisten» angeklagt und hingerichtet. Der Prozess gegen den ehemaligen ungarischen Innenminister László Rajk 1949 war nicht nur der Beginn einer

ZEITDIENST

U N A B H Æ N G I G E   S O Z I A L I S T I S C H E   I N F O R M A T I O N

Herausgegeben von der Verlagsvereinigung Zeitdienst Zürich. Redaktion: Dr. Hugo Kramer, Vésenaz-Genf, Telefon 8 2211. Erscheint 50 mal im Jahr in der Regel wöchentlich. Abonnement für Private Fr. 5.- vierteljährlich; 3-er-Abonnement Fr. 12.- vierteljährlich (zahlbar monatl. Fr. 4.—). für Redaktionen. mit Abdruckrecht für den ganzen Inhalt, Fr. 20.- monatlich, bei Einzelabdruck 10 Rp. pro Zeile. Geschäftsstelle: Postfach Zürich 36. Postcheckkonto VIII 14592 Zürich.

Die Artikel der Information drücken nicht notwendigerweise die Ansicht der Herausgeber und der Redaktion aus.

AZ
Zürich 41

Einzelnummer 50 Rp.
1. Mai-Ausgabe

Nr. 17 11. Jahrgang
Samstag. 26. April 1958

Nach einer Skizze von Frans Masereel

Soll die Schweiz atomisiert werden?

Das viele Gerede von der Atomkriegsgefahr hängt Ihnen allmählich zum Hals heraus? Nun, wenn Sie Sensationen und Nervenkitzel suchen, dann lesen Sie allerdings den „Zeitdienst" besser nicht; dafür gibt es genug andere Papiere, abgesehen von Boxkämpfen, Wildwestfilmen und Fünftagerennen, die Sie sich anschauen können, wenn Sie unbedingt Ihr Geld loswerden wollen. Für uns geht es bei diesem „Gerede" über Atomwaffen und Kriegsdrohung nicht um einen interessanten oder langweiligen Unterhaltungsstoff, sondern um eine Frage von Leben und Tod — auch und gerade für die Schweiz.

Nichts wäre darum verhängnisvoller, als wenn wir, der ersten erregenden Enthüllungen über die modernen Massenvernichtungswaffen müde, uns in eine blasierte Gleichgültigkeit gegenüber der uns allen drohenden Lebensgefahr flüchten wollten, um nur ja nicht in unseren alltäglichen Gewohnheiten und Liebhabereien gestört zu werden. Nein, lassen wir offenen Auges und wachen Sinnes immer neu die Tatsachen zu uns reden, die über die planmäßige Vorbereitung eines Atomkrieges bekannt werden, und spannen wir unsere ganze Kraft an, um gemeinsam die über der Menschheit — mindestens der europäischen Menschheit — hängende Katastrophendrohung abzuwenden!

ZD-Illustration von Masereel.

Prozess-Serie in fast allen Ostblockländern, er war auch Ausgangspunkt der Kundgebungen und Demonstrationen im Herbst 1956 in Ungarn.

Theo: «An die Anklagen im Rajk-Prozess habe ich eigentlich noch geglaubt, obwohl uns vieles rätselhaft war. Wie etwa, dass einige Leute verhaftet wurden, unter anderen auch eine Genossin aus Zürich, Toni Drittenbass.

Toni Drittenbass

Toni Drittenbass kannten wir seit der ‹Aktion Soldatenabig›. Sie war Buchhändlerin, arbeitete bei Oprecht, und wir hatten uns eigentlich gewünscht, dass sie bei uns arbeiten würde; doch sie hielt sich an die Empfehlung der Parteileitung und blieb bei Oprecht. Noch während des Krieges heiratete sie einen ungarischen Emigranten und fuhr sogleich nach der Befreiung Ungarns nach Budapest. Im Zusammenhang mit der Affäre Field wurde sie ein paar Jahre später verhaftet. Die Partei der Arbeit und viele Freunde setzten sich vehement für sie ein, doch sie musste im Gefängnis bleiben. Ihr wurden die Medikamente gegen ihre Zuckerkrankheit nicht ausgehändigt, weil man sie für eine Konterrevolutionärin hielt. Ein Arzt hat uns dies später erzählt. So starb denn Toni Drittenbass im Gefängnis. Sie hätte einen Ehrenplatz in unserer Parteigeschichte verdient.

Mit ihr wurde unter dem Namen Szönyi auch der Arzt und Genosse Hofmann, den ich noch aus der Emigration her kannte, verhaftet und zum Tode verurteilt. Es war unglaublich. Aber trotzdem dachten wir, da müsse etwas dran sein.»

«Lügengewebe schändlichster Art»

Nicht alle Zürcher Genossen waren so gläubig wie Theo: Hugo Kramer zum Beispiel hatte von Anfang an seine Zweifel. Neben den «offiziellen» Meinungen, oft von «thp.» verfasst, liess Kramer im «Zeitdienst» auch kritische Artikel zu diesen Prozessen erscheinen. So wies ein K. E. auf die unglaubwürdigen Selbstanklagen hin, auf das «zuviel an Beweisen» und die Regie im «Rajk-Prozess», und meinte:

> Hinzu kommt, dass einige der Angeklagten in der Schweiz bekannt sind. Niemand, der mit ihnen zusammen war, glaubt, was

sie sagen mussten. Oder sollen wir wirklich glauben, dass sie, wie so viele andere junge Menschen, die als überzeugte und begeisterte Sozialisten und Kommunisten z. T. noch vor Kriegsende nach Ungarn zurückkehrten, nahezu sämtlich Spione, käufliche Subjekte, Saboteure und Faschisten waren? … In Wirklichkeit ist dieser Prozess, und nur das können ernsthafte Kommunisten zur Erklärung anzuführen wagen, nur Mittel zum Zweck, die Einigkeit der kommunistischen Bewegung unter bedingungsloser Anerkennung des Vorranges russischer Interessen um jeden Preis aufrecht zu erhalten.

Dieser Beitrag machte Theo wütend: Das bedeute für den «Zeitdienst» eine neue und ungewohnte Hetze. Der Artikel könnte «genau so gut in jedem sowjet-feindlichen Blatt stehen», bedauerte «thp.» in seiner Entgegnung:

So unglaublich naiven Ohren Enthüllungen und Geständnisse wie z. B. im Rajk-Prozess auch tönen, so zeigt die Vergangenheit doch, dass diese Dinge leider stimmen. … Alle Zweifel unaufgeklärter Leute und alle Diskreditierungs-Versuche bewusster Feinde der Sowjetunion und der Volksdemokratien werden von den geschichtlichen Tatsachen widerlegt werden, wie es seinerzeit bei den Moskauer-Prozessen 1937/38 der Fall war. … Erst die Aufdeckung der antisowjetischen Spionage und Sabotage, die heute vor allem in Jugoslawien ihren Ausgangspunkt nimmt, und die jahrelang einfach «nicht für möglich» gehalten wurde, hat die Wachsamkeit gesteigert und selbst so raffinierte Spione wie Rajk und Kostow zu Fall gebracht. Doch besser jetzt, als erst dann, wenn diese Agenten die Türen für eine imperialistische Intervention öffnen können. Etwas muss man doch aus der Vergangenheit lernen – auch wir!

Kramer liess sich nicht beeindrucken und bezeichnete in der gleichen Ausgabe den Rajk-Prozess «wie ja schon von Anfang an vermutet werden musste, als ein Lügengewebe schändlichster Art».

Theo: «Ich war sehr aufgebracht und ging zu Genosse Woog, um ihn nach seiner Meinung zu fragen – es war übrigens das einzige Mal. Ich habe mich sonst nie bei der Partei erkundigt, was ich beim ‹Zeitdienst› machen soll. Woog meinte, es sei das gute Recht von Hugo Kramer, das zu schreiben, und ich solle, wenn das im ‹Zeitdienst› mit dem Einverständnis der anderen Genossen möglich sei, eine Antwort bringen, in der ich meine Meinung oder die der Partei darlege. Aber in keinem Fall solle ich meine Mitarbeit deswegen einstellen oder gar den ‹Zeitdienst› gefährden. Woog wusste, welcher Schwindel dieser Prozess war. Er kannte all diese Vorgänge, umso mehr, als er dann selbst ins Visier genommen wurde und von den Stalinisten in der PdA als ‹amerikanischer Agent› beschuldigt wurde. Ich schrieb dann ohne grosse Überzeugungskraft für den ‹Zeitdienst› einen ‹wenn-und-aber› Artikel. Dabei blieb es, der ‹Zeitdienst› erschien weiter und kritisierte noch viele solche Vorgänge.»

Kritisiert wurde weiter vornehmlich von Kramer – oft gegen Theos Willen. Ihr Briefwechsel aus jener Zeit spricht Bände: Der hinsichtlich Zensur zu Recht sehr sensible Journalist Kramer wehrte sich vehement gegen jede Art von Korrekturen und Eingriffen in seine Texte, die Theo, für die technische Abwicklung zuständig, oft nur allzugern vornahm. Kramer schrieb am 12. August 1950:

Mein Lieber

So geht das natürlich nicht mehr weiter. Es ging schon an die Grenze des Erlaubten und Erträglichen, dass Du, statt unserer telephonischen Abmachung gemäss, in ein paar Zeilen Deinen abweichenden Standpunkt zu präzisieren, meinen ersten Korea-Artikel im ZD durch einen anderthalbseitigen eigenen Artikel entwertet hast.

Die Grenze wurde dann aber unbedingt überschritten, indem Du aufs neue, und ohne mir auch nur ein Wort zu sagen, gegen mich direkt polemisierst, um das russische Auftreten in Schutz zu nehmen. ... Einen Oberredakteur, der ohne mein Wissen gegen mich polemisiert, nehme ich nicht an. ...

Die Freiheit, von einem entschieden sozialistischen Standpunkt aus auch an der Sowjet- und Kominformpolitik Kritik zu üben, muss gewahrt bleiben. Andernfalls verzichte ich *sofort* auf die Redaktionsführung. ...

Theo antwortete:

Du hast recht, es war nicht richtig, meine Polemik zu veröffentlichen, ohne sie Dir zu zeigen. Ich verspreche Dir auch, in Zukunft immer, wie es ja üblich ist bei unserer Zusammenarbeit, alles zur Prüfung zu schicken. Ich bin mir völlig bewusst, dass unsere Zusammenarbeit ... nur bei der gegenseitigen Achtung der verschiedenen Meinungen möglich ist und ein gegenseitiges

Veto, das ja sehr selten angewendet wird, notwendig ist. Auch habe ich gar nicht die Absicht, Oberredakteur zu sein, wenn auch ganz gegen meinen Willen sich das Gewicht meiner Arbeit beim ZD vergrössert hat. . . .

Lange aber scheint dieses Versprechen der Zurückhaltung nicht gedauert zu haben. Ein paar Monate später schrieb Kramer:

. . . Aber eben – wenn ich mir erlaube, einen Artikel zu schreiben, der von der kommunistischen Linie abweicht, dann gibt es sofort Schwierigkeiten. Ich sage Euch offen, und vielleicht zum letzten Mal: Das ertrage ich nicht länger. Der ZD ist eine unabhängige Korrespondenz – damit steht und fällt er, wenigstens soweit ich damit zu tun habe.

Todesurteile

Nach der Auseinandersetzung um den «Rajk-Prozess» kam es zu einer ZD-internen Abmachung mit Kramer, dass in Zukunft nur noch das veröffentlicht werde, womit «beide Strömungen im ZD einverstanden sind oder eine Diskussion ausdrücklich gemeinsam verabredet» werde. Doch bereits beim nächsten Prozess in Prag, dem Slansky-Prozess im Jahre 1952, hielt sich Hugo Kramer nicht an diese Abmachung.

Unter dem Titel «Todesurteile» – genau zur gleichen Zeit wurden in Amerika die Rosenbergs als Atomspione zum Tod verurteilt – kritisierte «HK» die Prozesse in den USA und in Prag in seinem Leitartikel:

Aus psychologischen und politischen Gründen halte ich die Anklagen gegen Slansky und seine Kollegen für gänzlich phantastisch und zweckbestimmt, und auf die «Geständnisse» der «Bandenmitglieder» gebe ich schon rein gar nichts. Das ganze Gerichtsverfahren ist ein Hohn auf alle Grundsätze objektiver Rechtssprechung.

Und eine Nummer später:

Wenn Zilliacus, Crossman, Alexander Werth, Noël Field und andere Westler, deren politische und persönliche Unantastbarkeit bisher niemand in Zweifel gezogen hat und deren Wirken wir seit Jahren kennen, wenn diese Menschen tatsächlich «Agenten des Imperialismus» und «schmutzige Spione» sind, die mit Slansky und seinen Mitangeklagten konspiriert haben, dann bin ich auch solch ein Agent und Spion, und mit mir tausend andere. Wer weiss, wie schnell auch die Ankläger und Henker Slanskys und seiner Freunde als «Verräter» entlarvt werden! (HK)

Kramer sollte bald recht bekommen. Nach dem Tod Stalins wurden viele der damals Angeschuldigten unter dem Druck der rasch wachsenden Opposition rehabilitiert.

Theo: «Das hat mich damals schon betroffen gemacht: Hugo Kramer, der Nicht-Marxist, der vom religiösen Sozialismus her kommt, der hatte eine klarere, vernünftigere – Marxismus und Vernunft ist für mich identisch – Haltung eingenommen als der marxistisch geschulte Pinkus, der doch in ganz falscher Loyalität – es gibt auch eine richtige – gegenüber allem, was in den sozialistischen Ländern aus historischen und andern Gründen passierte, völlig idealistische Positionen eingenommen hat. Wie vielen alten Kommunisten fiel auch mir eine radikale kommunistische Selbstkritik sehr schwer. In Ungarn wurde es offensichtlich, dass ohne diese Kritik und ohne wesentliche Korrekturen nur der Konterrevolution und der Wiederaufrichtung reaktionärer Regimes eine Chance geboten wird.»

Noël Field

In den Prozessen in Ungarn und der Tschechoslowakei wurde vielen Angeklagten ihre Bekanntschaft mit Noël Field zum Verhängnis. Wer mit ihm zu tun hatte, schien im Verdacht zu stehen, für den amerikanischen Geheimdienst zu arbeiten. Nun kannte auch Theo Noël Field sehr gut – er wuchs in Zürich auf und besuchte das gleiche Schulhaus.

Theo: «Noël Field war ein amerikanischer Genosse, mit dem ich seit Jahren befreundet war, dessen Bekanntschaft mir aber – im Gegensatz zu anderen, denen die Beziehung zu Noël Field zum Verhängnis wurde – keine Schwierigkeiten brachte. Im Rajk-Prozess, in den Säuberungen der SED und im Slansky-Prozess wurde er als Schlüsselfigur der Anklage benützt.

Noël Field wuchs in Zürich auf, wir gingen in das gleiche Schulhaus, Zürich-Fluntern, doch da er sechs Jahre älter war als ich, lernte ich ihn damals noch nicht persönlich kennen. Jedenfalls sprach er gut Zürichdeutsch. Noël war der Sohn eines amerikanischen Beamten und Gelehrten. Anfangs der dreissiger Jahre kehrte er in die Staaten zurück und wurde ebenfalls Beamter des Staatsdepartementes, hatte also mit der Aussenpolitik zu tun. Als ich von Berlin zurückkehrte, lernte ich Fields Bruder Hermann und dessen Frau Jean kennen. Beide waren in der marxistischen Studentengruppe, wir hatten viele gemeinsame Bekannte und Freunde. Beide waren schon mal in der UdSSR gewesen und schrieben über ihre Eindrücke im ‹Zürcher Student›: Hermann Field schilderte 1935 seine Erfahrungen ‹Als Taglöhner in der russischen Steppe›, Jean beschrieb das ‹Studentenleben in der U.D.S.S.R.› Später liessen sich die beiden scheiden, Jean heiratete einen unserer besten Freunde, Sali Liebermann, und zog mit ihm in die Vereinigten Staaten.

Noël Field kehrte wohl 1937/38 nach Zürich zurück und wohnte in Wollishofen, nicht weit entfernt von der Wohnung gemeinsamer Freunde. So lernten wir auch Noël kennen und schlossen Freundschaft miteinander. Zusammen mit zurückkehrenden Spanienkämpfern diskutierten wir oft die damaligen Zeitprobleme. Wir alle betrachteten Noël als einen zuverlässigen Freund und Genossen. Dann reiste Noël ziemlich plötzlich ab. Er hinterliess mir als Geschenk zwei Bücher, die ich heute noch besitze: Die Kapital-Illustrationen von Gellert und den Sammelband mit den Zeichnungen von Burk im ‹Daily Worker›.

Bei seinen späteren Aufenthalten in der Schweiz gab es keinen Kontakt mehr zwischen uns, da ich aus der Partei ausgeschlossen war. – Die ausländischen Genossen, die unter den damaligen schwierigen Umständen mit unseren Genossen zusammenarbeiteten, durften natürlich keine Verbindung mit Ausgeschlossenen aufnehmen, auch wenn sie selber den Ausschluss als ungerechtfertigt betrachteten. – Wie ich später von Noël erfuhr, war er bei Ausbruch des Weltkrieges von einer amerikanischen, freikirchlichen Bewegung, den Unitariern, angestellt worden, um in Europa Hilfsaktionen für die Insassen der Konzentrationslager zu organisieren. Es gelang ihm damals mit Hilfe der illegalen KPD und Genossen anderer Kommunistischer Parteien, ein Netz für Hilfsaktionen vor allem in den Internierten-Lagern Vichy-Frankreichs aufzubauen. Führende Genossen der KPD, Franz Dahlem etwa, aber auch italienische Kommunisten, erinnerten sich an diese für ihr Überleben so wesentliche Hilfsaktion. Die offiziellen amerikanischen Stellen betrachteten Field's Arbeit aber mit Misstrauen, weil er sich auf kommunistische Vertrauensleute stützte.

Hertha und Noël Field in Budapest, kurz nach ihrer Freilassung.

Noël Field kehrte nach dem Zweiten Weltkrieg nach Amerika zurück, geriet aber in der McCarthy-Zeit, der Eskalation des Kalten
Krieges mit seinen Ausschüssen gegen ‹kommunistische Umtriebe›,
in Schwierigkeiten. Er kehrte nach Europa zurück und hoffte auf eine
Arbeitsmöglichkeit in der DDR oder in der Tschechoslowakei. Doch
verschwand er urplötzlich in Prag. Er wurde zusammen mit seiner
Frau Herta verhaftet und nach Budapest geführt. Dort verbrachten sie
5 Jahre Einzelhaft in ungarischen Gefängnissen. Field wurde zum
Kronzeugen aller von Moskau aus in Ungarn und den Ostblockländern
organisierten Prozesse.

Besonders krass waren die Prozesse in Ungarn und in der Tschechoslowakei. Field galt überall als der Mann im Hintergrund, der
grosse amerikanische Agent, aber nie war er in einem Prozess Ange-
klagter oder Zeuge. Man wagte nicht, ihn auftreten zu lassen, weil er
sich strikte weigerte, die Leute zu belasten. Offensichtlich wagten
aber die Geheimdienste auch nicht, ihn umbringen zu lassen, da er
immer noch amerikanischer Staatsbürger war. So verlebte er diese
Jahre in Budapest und wurde sofort nach dem Tode Stalins und dem
Sturz Berijas rehabilitiert und freigelassen. Er blieb, zum Entsetzen

der westlichen Medien, in Ungarn und erlebte dort auch das Jahr 1956, und zwar im Spital.

Bei meiner Rückkehr aus Moskau im Frühling 1956 schaltete ich für einen Tag einen Zwischenhalt in Budapest ein, um den wiederaufgetauchten Alex Rado und seine Frau Lene kurz zu besuchen. Wie wir auf dem Reisebüro meine Rückfahrt bestätigten und auf die Strasse hinausgingen, sah ich einen grossen Mann vor mir, der mich an Noël Field erinnerte. Ich fragte Lene: ‹Könnte das nicht Noël Field sein?› Ich wollte herausfinden, wer dieser Mann war, überholte ihn und rief an der nächsten Ecke laut ‹Noël›. Er blickte sich erstaunt um – er war es. Unsere Wiederbegegnung war ausserordentlich herzlich. Er brachte mich mit seiner Frau an den Bahnhof und lud uns ein, ihn sobald wie möglich zu besuchen. Seitdem verging keine Reise nach Budapest ohne ausführliche Besuche bei den beiden. Es war nicht nur unsere gemeinsame politische Arbeit in der kommunistischen Bewegung, sondern auch die starken emotionellen Beziehungen der beiden in Zürich Aufgewachsenen zu uns und unseren Freunden. Sie beherrschten noch immer den Zürcher Dialekt und interessierten sich für das kulturelle und politische Leben in der Schweiz. Noël Field erhielt den ‹Zeitdienst› bis zu seinem Tod im Jahre 1969.»

Noël Field war am 16. November 1954 aus der Haft entlassen worden, einen Monat später als sein Bruder Hermann, der auf der Suche nach Noël ebenfalls verhaftet worden war. Die Amerikaner wollten ihn sofort in die USA zurückholen. Doch das lehnte Noël Field ab. Er blieb in Budapest bis zu seinem Tod. Er erhielt eine Villa und war Redakteur einer englischsprachigen Zeitschrift, die in Ungarn herausgegeben wurde.

Dass Noël und Herta Field um politisches Asyl in Ungarn baten, gab zu aufgeregten Spekulationen in der Westpresse Anlass. Dazu gab Noël eine persönliche Erklärung ab. Theo liess sie aus dem Englischen übersetzen:

> ... Die Ankündigung meines Entschlusses im Dezember 1954, in Ungarn zu bleiben, gab Anlass zu vielfacher Verwunderung über diesen Beweis meiner andauernden Unterstützung des sozialistischen Lagers, in welchem ich als einer unter vielen unschuldiges Opfer falscher Anklagen und illegaler Verfolgungen war. Solchen Reaktionen begegne ich noch bis zum heutigen Tage. Ich glaube, dass sie in falschen Überlegungen begründet

sind. Für diejenigen, die, wie ich selbst, seit vielen Jahren lebhaft an die Arbeiterbewegung als geschichtliches Werkzeug des Fortschrittes der Menschheit zu Freiheit, Frieden und Wohlstand geglaubt haben und die selbst in den dunkelsten Tagen nie zweifelten, dass soziales Gesetz und Gerechtigkeit durchdringen würden – für sie sind die Ereignisse der letzten Jahre eine Bestätigung ihrer innersten Hoffnungen und Überzeugungen.

Nicht wir, sondern die Feinde des Fortschritts müssen heute verzagen. Es ist nicht an uns zu zweifeln und zu bedauern, sondern an jenen, die glaubensschwach dem Sozialismus ihren Rücken kehrten, als tiefe Schatten vorübergehend seinen Weg verdunkelten. . . .

Als ich ins Gefängnis kam, hatten die Volksdemokratien kaum ihren Marsch zum Sozialismus begonnen und China war in den Wehen des Bürgerkriegs. Als ich es verliess, bauten 900 Millionen Menschen friedlich den Sozialismus auf, trotz grossen Schwierigkeiten und schwerer Fehler, und errichteten eine gemeinsame Schranke gegen die Drohung atomarer Vernichtung. Als ich ins Gefängnis kam, wurden sozialistisches Gesetz und Demokratie ernsthaft verletzt. Als ich es verliess, war die Wandlung zu erneuter Menschlichkeit, dessen lebendiger Zeuge ich war und bleibe, schon gemacht und der darauf folgende Fortschritt, wie langsam und stockend er auch dem Ungeduldigen erscheinen mag, verspricht ein Blühen der Demokratie des Gesetzes und der Gerechtigkeit, der menschlichen Wohlfahrt, wie es die Welt noch nie erlebt hat. . . .

Zum Schluss möchte ich noch erwähnen, dass, obwohl ich nie meinen Entschluss bereut habe, in dem Land, wo ich so viel gelitten und in dem ich so viele aufrichtige und grosszügige Entschädigungen entgegengenommen habe, zu leben und zu arbeiten – ich meinem eigenen Land den Rücken nicht gekehrt habe. Ich bin und werde immer Amerikaner bleiben. . . .

Noël H. Field

Der Grund, warum Theo 1956 überhaupt in Budapest einen Zwischenhalt einlegte und überraschenderweise auf Noël Field traf, war ein anderes, ebenso überraschendes Ereignis: Das Auftauchen des verschollenen Freundes Alexander Rado.

Die Geschichte von Alexander Rado ist spannend und tragisch zugleich: Die Familie Pinkus war mit der Familie Rado gut befreundet. Doch nie hätte Theo sich vorstellen können, dass ausgerechnet dieser ungarische Geographie-Professor und Inhaber eines geographischen Fachverlags Leiter der sowjetischen Nachrichtenzentrale in Genf war. «Dora», so sein Deckname, war einer der von der Gestapo am intensivsten gesuchten Personen. Erst die Entdeckung der «Roten Kapelle» am Genfersee, das Verschwinden von Lene und Alexander Rado sowie die Prozesse 1945 und 1947 in der Schweiz enthüllten das Geheimnis «Dora». Alexander (ungarisch Sandor) Rado schilderte die Geschichte dieser «Roten Kapelle» im Buch «Deckname Dora», das 1973 in der Bundesrepublik Deutschland und in der DDR erschienen ist. Theo erfuhr in Budapest aber auch die Fortsetzung von Rados Geschichte, die Alexander Rado in seinen Erinnerungen nur andeutete: Die Verhaftung in Moskau nach dem Krieg, die Haft und Internierung in einem von Stalins zahlreichen Lagern, sein Überleben und schliesslich die Rückkehr nach Ungarn im Jahre 1955.
Theo: «Alex traf ich schon während meiner Berliner Zeit im Kreis der ‹Internationalen Pressekorrespondenz›. Er war nur zehn Jahre älter als ich, aber schon damals einer der bedeutendsten Geographen der Welt. Ich erinnere mich, dass ich für den Verlag ‹Literatur und Politik› Bestellungen für dessen grosses Atlaswerk aufnehmen musste, und zwar für Band 1, ‹Imperialismus›, der von Alexander Rado herausgegeben worden war. An der Ausstellung ‹Interessengemeinschaft für Arbeiterkultur› (IFA) im Haus ‹Vaterland› holte ich 90 Bestellungen herein. Seither blieb mir der Name Rado natürlich unauslöschlich im Kopf.»

Rados Werdegang und seine Politisierung darzustellen ist hier nicht der Platz, nur soviel: Alexander Rado trat mit 19 Jahren in die Kommunistische Partei Ungarns ein. 1921 lernte er auf dem 3. Kongress der Kommunistischen Internationale in Moskau Lenin persönlich kennen. Lenin unterstützte ihn bei seiner Suche nach Kartenmaterial. Entscheidend dürfte für den aus bürgerlichem Haus stammenden

Rado aber seine Freundschaft und Ehe mit Lene Jansen gewesen sein, einer Frau aus einfachen Verhältnissen. Sie war die Tochter eines Arbeiterabgeordneten im Deutschen Reichstag. Als achtzehnjährige überbrachte sie auf dem Gründungskongress der KPD eine Botschaft Lenins aus Moskau. Da sie bei fast allen revolutionären Ereignissen jener Zeit dabei war, erhielt sie bald den Übernamen «die Geschichte auf zwei Beinen».

Theo traf Alex und Lene nach der Emigration 1933 in ihrem Pariser Exil wieder. Rado gab hier eine Pressekorrespondenz heraus mit dem Namen «Inpress». Diese wurde von jüdischen Kreisen finanziert und berichtete über die Judenverfolgung der Nazis in Deutschland. Weiter war Rado Mitarbeiter der Zeitschrift «Regard», dem französischen Pendant zur AIZ..

Theo: «Die Beziehungen zu Alex und Lene wurden intensiver, als sie beide 1936 nach Genf zogen, in die Nähe der Wohnung meiner Eltern. Ich war damals akkreditierter RUNA-Korrespondent beim Völkerbund in Genf und wohnte jeweils bei meinen Eltern. Meine Mutter befreundete sich mit Lene, die unter ihrem Schriftstellerinnen-Namen Maria Arnold für den Rascher Verlag Übersetzungen machte (zum Beispiel den berühmten Arbeiterinnen-Roman ‹Marie-Claire› von Marguerite Audoux).»

Rado liess sich mit Lene, zwei Söhnen und ihrer Grossmutter in Genf nieder. Zusammen mit «Kümmerly & Frey» sowie einem Uni-Professor gründete er den geographischen Fachverlag «Geopress», der hauptsächlich aktuelle Karten für die Tagespresse herstellte. Der Bedarf nach diesen täglich sich ändernden Karten über den Frontverlauf war sehr gross, gerade zur Zeit des Spanischen Bürgerkrieges, so dass die «Geopress» schnell auch finanziell abgesichert war. Die Karten waren für die Presse eine der wichtigsten Informationsquellen über das Kriegsgeschehen.

Theo: «Der Betrieb der ‹Geopress› imponierte mir mächtig. Der grosse Wohnblock an der rue de Lausanne war zugleich Geschäftshaus. Hinten waren Büroräume, eine Assistentin half mit, die Clichés für die Karten herzustellen. Aber von den andern Aktivitäten wusste ich natürlich nichts, ich ahnte auch nicht das Geringste.»

Dass Alexander Rado damit ein bedeutendes Nachrichtennetz aufbaute, erfuhr man erst später. Rado hatte viele hochrangige Informanten, einer von ihnen war der Journalist Otto Pünter, mit Decknamen «Pakbo». Er war Leiter des sozialdemokratischen Pressedienstes INSA und hatte auch zu Theo und der RUNA enge Beziehungen. Otto Pünter verhalf Rado auch zu seinem wichtigsten Informanten: Rudolf Rössler, ein engagierter deutscher Antifaschist, der in Luzern wohnte und und früher die katholische Volksbühne leitete. Unter dem Tarnnamen «Lucy» übergab Rössler der Nachrichtengruppe Rado laufend aktuelle Meldungen aus den höchsten Gremien der deutschen Heeresleitung. Rössler versorgte aber auch die Schweiz mit seinen Informationen und wurde zum wichtigsten Vertrauensmann der Schweizer Spionageabwehr.

Die Nazis hatten für die in Europa tätigen sowjetischen Nachrichtengruppen einen gemeinsamen Kommando-Namen: die «Rote Kapelle». Rados Sender, «Die Roten Drei», wurden im Sommer 1943 von den besetzten Hügeln um Genf angepeilt, und es gelang dem deutschen Geheimdienst nach langwierigen Anstrengungen, zwei der drei benutzten Codes zu dechiffrieren. Unter massivem Druck aus Deutschland mussten die Schweizer im Herbst 1943 die Sender ausheben.

Theo: «Mit Hilfe französischer Partisanen gelang es Alex und Lene, sich noch während des Krieges nach dem befreiten Paris durchzuschlagen. Dort wurden sie von der Sowjetbotschaft feierlich empfangen, und Rado erhielt eine Einladung nach Moskau, der er auch Folge leistete. Gleich nach seiner Ankunft wurde er verhaftet. Er verschwand wie die meisten Leute, die für den sowjetischen Nachrichtendienst gearbeitet hatten. Paul Böttcher, 1923 Finanzminister der linken sächsischen Regierung und Emigrant in der Schweiz, erlebte das gleiche Schicksal. Vor der Verhaftung auf dem Moskauer Flugplatz wurde Böttcher noch rasch ein Orden für geleistete Dienste überreicht, danach hatte er einen Fussmarsch von 8000 Kilometern zurückzulegen...

Lene Rado arbeitete nach ihrer Flucht in Paris als Assistentin im Hilfsbüro der Unitarier, unter Noël Field. Dadurch wurde sie mit in den Strudel gerissen. Plötzlich gingen alle Genossen auf Distanz zu ihr, sie wurde von allen offiziellen Parteileuten gemieden, und viele andere Beziehungen hatte sie als Flüchtling nicht. Das Schlimmste war, dass sie nicht wusste, was mit ihrem Mann in Moskau passiert war. Trotzdem gab sie die Hoffnung nie auf und schrieb ihm jeden Monat einen Brief. Sie wurde krank, hatte eine schwere Krebsoperation. Bei einem Schweizer Schraubenfabrikanten, der in Paris eine Niederlassung hatte, fand sie dann endlich eine Anstellung. Wenige Genossen hielten den Kontakt mit ihr aufrecht. Etwa der Schriftsteller Rudolf Leonhard und Hans Holm. Auch Amalie und ich brachen den Kontakt nicht ab. Für uns war Lene absolut integer, und wir wussten ja durch unsere eigene Ausschlussgeschichte, die wir gerade erlebt hatten, welche Willkür da spielt.

Alex kam inzwischen in verschiedene Arbeitslager, unter anderem auch in das Lager, das Solschenizyn in seinem Buch ‹Der erste Kreis der Hölle› beschreibt. Weshalb er interniert war, was ihm konkret vorgeworfen wurde, wusste er nicht. Offiziell wurden einfach alle, die im Ausland für den Nachrichtendienst gearbeitet hatten, verdächtigt, mit der Gegenseite zusammengearbeitet zu haben. Auch Field galt ja als Doppelspion. Alex erzählte mir später, das, was Solschenizyn über diese Lager geschrieben habe, entspreche der Wahrheit. Personenbeschreibungen habe er leicht abgeändert, so erscheine beispielsweise er als Geologe und nicht als Geograph. (Solschenizyn kannte Rado nicht: Als er eingeliefert wurde, versetzten sie Rado gerade in ein anderes Lager. Doch die Geschichten der Insassen wurden natürlich im Lager weitererzählt.) Viele Insassen hätten normal in Moskau gearbeitet, zum Teil als wissenschaftliche Mitarbeiter. Die Leute im Lager waren über vieles bestens informiert, oft besser als der Kreml. Erstens hatten sie selber Empfangsgeräte und Radiospezialisten, und zweitens wurden immer wieder hohe Kreml-Funktionäre eingeliefert, die irgendwo in Ungnade gefallen waren.

Nach Stalins Tod wurde Alex Rado 1954 freigelassen, ohne Entschädigung, ohne eine Entschuldigung oder Begründung. Von den sowjetischen Geographen wurde er aber sofort wieder als Wissenschaftler akzeptiert.

1955 erhielten wir von Lene eine Postkarte aus Paris: ‹Ich fahre in die Heimat zurück.› Wir begriffen überhaupt nicht, was sie damit meinte, denn in die DDR, das wusste ich, würde sie niemals zurückfahren, da wurde sie ja wegen der Field-Affäre geschnitten. Aber dann wurde uns klar – sie geht nach Ungarn. Eine Zeitlang hatte sie ja überlegt, ob sie sich mit dem Schraubenfabrikanten, mit dem sie sich inzwischen angefreundet hatte, verheiraten solle, doch sie hatte immer diese fixe Idee, dass Alex noch auftauchen würde. Und da kam ein Telefonanruf aus Budapest: ‹Wenn Du willst, kannst Du kommen, ich bin wieder in Ungarn.› Er wusste ja auch nicht, was sie inzwischen gemacht hatte. Sofort gab Lene alles auf und reiste nach Budapest. Leider konnten sie aber nur noch drei Jahre zusammen leben, sie starb am 1. September 1958.

Alex engagierte sich nun nur noch auf dem Gebiet der Geographie. Er arbeitete am neuen Weltatlas von Haack, wurde Leiter der Kartographie in Ungarn und war Mitglied im Vorstand der Geographischen Weltunion. Auch international schätzte man seine Fachkenntnisse; in den USA, bei der UNO wie auch bei der Weltausstellung für Kartographie in Japan. Ein Ministeramt in Ungarn lehnte er aber immer ab.

Alex war kein geborener oder ausgebildeter Agent. Weil er ein so ausgezeichneter Geograph war, verfügte er über Wissen und Kenntnisse, die diese Parteiarbeit – und anders hatte er seine Arbeit für den Geheimdienst nie aufgefasst – überhaupt möglich machte. Die gesamte kommunistische Spionage, inklusive der Fall des Ehepaars Rosenberg in den USA, war für die Handelnden reine Parteiarbeit. Erst jetzt wird ja bekannt, dass Rosenberg tatsächlich Material über die Atombombe der Sowjetunion übergab. Man stelle sich einmal vor, die Sowjetunion hätte damals im Kalten Krieg die Atombombe nicht bauen können! Für Alex als überzeugtem Kommunisten war seine Nachrichtentätigkeit eine Frage des Überlebens der Sowjetunion – und in diesem Sinn half er mit und nahm alles auf sich.»

Die Enthüllung: Stalins Tod und der 20. Parteitag der KPdSU

Der Tod Stalins im Jahre 1953 löste bei den Kommunisten grosse Betroffenheit aus. Die Partei der Arbeit organisierte im Volkshaus eine Gedenkfeier für Stalin.

Theo: «Die Partei forderte mich auf, eine Gedenkrede zu Stalins Tod zu halten, zusammen mit Lotte Hümbelin und Konrad Farner. Ich hatte grosse Mühe, diese Gedenkrede zu formulieren. Vor mir sprach Koni, der schon zum siebzigsten Geburtstag Stalins eine Rede gehalten hatte. Ich weiss, ich hatte Schwierigkeiten mit dieser Rede; ich versuchte, der historischen Bedeutung Stalins gerecht zu werden.»

Amalie: «Ich bezeichnete mich, im Gegensatz zu Theo, nie als Stalinistin. Meine Erziehung in der Schweiz war nie so an leitenden Personen orientiert. Auch als ich in der Sowjetunion war, kam es mir nie in den Sinn, Stalin sehen zu wollen. Aber ich verehrte natürlich Stalin auch, so wie ich Marx, Engels und Lenin verehrte. Er war derjenige, der für Sowjetrussland gut war, der den Sozialismus konkret in einem Lande aufbaute. Wir hatten natürlich sehr vereinfachte Schemata in unsern Köpfen.

Als Stalin starb, tat mir das ebenfalls leid. Viele in unserer Umgebung waren sehr betroffen, die Leiterin der Pioniergruppe weinte, als sie mit den Kindern eine besondere Trauerfeier machte. Doch von Theos Rede war ich nicht überzeugt. – Zweifel hatte ich schon früher. Zuerst war ja unser eigener Ausschluss; dann später unsere Gespräche in Ungarn mit Noël Field, Alex Rado und andern Genossen. Von ihnen erfuhren wir damals, dass diese Prozesse konstruiert waren, und der 20. Parteitag brachte die letzte Gewissheit.»

Theo: «Das ist wichtig. Schon während der Prozesse begannen wir, Parallelen zu unserem eigenen Ausschluss zu ziehen. Natürlich ist das nicht ganz vergleichbar, uns ging es ja nicht um Kopf und Kragen, wir kamen nicht mal ins Gefängnis. Aber diese Willkür, die sich bei unserem Ausschluss aus der illegalen KP zeigte, die war die gleiche in den Prozessen. Da gab es einen Zusammenhang, eine Art System innerhalb der kommunistischen Bewegungen, das einerseits solche Ausschlussmassnahmen, andererseits solche Prozesse möglich machte. Das war für mich damals eine wesentliche Einsicht und eine sehr bittere Erfahrung. Von 1950 bis 1955 hatte sich bei uns eine immer grösser werdende Skepsis entwickelt. Der 20. Parteitag wirkte dann fast wie eine Erlösung, er brachte Klarheit und die Gewissheit, dass Fehler gemacht wurden. Andererseits war die Rede Chruschtschows so aufgezogen worden, dass sie in einem gewissen Sinn wiederum schadete. Sie wurde ja offiziell nicht veröffentlicht. In der Schweiz gab Jules Humbert-Droz als SP-Sekretär die Rede als erster heraus. Das war sein Recht. Wir Kommunisten hätten sie ja auch nicht herausgeben können, durften es ja nicht.

Ich erlebte in der PdA die erschütternde Versammlung in Zürich mit, als Edgar Woog über den 20. Parteitag berichtete. Einige Genossen waren völlig verwirrt und wollten nicht akzeptieren, was sie hörten. Die meisten hatten zuvor Gerüchte über Enthüllungen von Stalins ‹Verbrechen› gehört, einiges war durch die Veröffentlichung von Chruschtschows Rede in der ‹New York Times› bereits bekannt.»

1956 – Ungarn

Die Reise im Sommer 1956

Theo: «Nach dem zufälligen Zusammentreffen mit Noël Field in Budapest war ich natürlich gespannt darauf zu hören, was er zu erzählen hatte. Ich wollte so schnell wie möglich seiner Einladung folgen. So fuhren wir gleich zu Beginn der Sommerferien 1956 nach Ungarn; bis Graz mit dem Zug, dann mit unseren Mopeds, die wir im Zug aufgegeben hatten. Den kleinen Felix und die Campingausrüstung setzten wir in unseren Anhänger, André, unser zweitältester Sohn, fuhr mit seinem Fahrrad. Die Reise war sehr abenteuerlich. Es gab praktisch noch keine Touristen in Ungarn. Sobald wir irgendwo anhielten, standen wir im Mittelpunkt des Interesses.»

André Pinkus ergänzt im folgenden die Erinnerungen von Amalie und Theo.

Karcsi und Erzsi Percel

Amalie: «Wir campierten auf dem Ferienareal einer Partisanen-Vereinigung, wo wir eine unglaubliche Überraschung erlebten. Es gab dort ein Haus, in dem für alle gekocht wurde. Wir waren gerade beim Gulaschessen, und ich erzählte den Kindern von einem unserer früheren ungarischen Freunde. Er hiess Karcsi (Karol) und studierte Mitte der dreissiger Jahre in Zürich Architektur. Später zog er mit seiner Freundin Erzsi nach Paris und kämpfte in der französischen Armee als Freiwilliger gegen die Nazis. Wir wussten, dass sie nach Ungarn zurückgekehrt waren, hatten aber keine Verbindung mehr mit ihnen. Ich sagte noch, ‹genau so ein Gulasch hat Erzsi immer gekocht› – und in dem Moment traten die beiden in den Essaal. Ich vergesse das nie mehr!»

Theo: «Sie schauten uns starr an und erkannten uns wieder. Wir fielen einander um den Hals. Es war wirklich unglaublich. Karcsi war wie Noël Field fast fünf Jahre im Gefängnis und kam Ende 1955 wieder heraus. Sie hatten ihn zusammen mit einem Freund verhaftet und ihnen vorgeworfen, Kontakt mit Noël Field zu haben. Karcsi hatte keine Ahnung; er kannte lediglich die ehemalige Frau von Fields Bruder Hermann, die auch in der linken Hochschulgruppe in Zürich war.

Im Gefängnis erfuhr er dann, dass einer seiner Freunde, mit dem er in Zürich studiert hatte, umgebracht worden war. So beschloss er, zusammen mit einigen andern Gefangenen, ein haarsträubendes, absurdes Geständnis zu machen. Das rettete sie vor dem Tod. Als sie nach Stalins Tod merkten, dass es im Gefüge des Gefängnisregimes etwas wackelte, schrieben sie einen Brief an die Partei, der Direktor gab ihn weiter – etwas, was vorher unmöglich gewesen wäre. Die Sache wurde kurz untersucht und bald waren sie frei und rehabilitiert.

Nächtliche Diskussionen

Zusammen mit Karcsi und Erzsi fuhren wir dann nach Budapest. Wir wohnten bei Fields, besuchten Georg Lukács und seine Frau Gertrud, die ich noch aus meiner Berliner Zeit kannte. Lukács hatte gerade Tage zuvor seine bekannte Rede im ‹Petöfi›-Klub vorgetragen. Alles war in Bewegung. Von den Genossen erfuhren wir jeden Tag Neues, Berichte über die Prozesse mit den unmöglichsten Konstruktionen. Oft diskutierten wir bis drei Uhr nachts, und André war immer dabei, hat alles mitbekommen.»

André: «Diese heftigen nächtlichen Diskussionen bei Noël Field waren sicher entscheidend für meine politische Haltung in Bezug auf Disziplin und Glaubwürdigkeit einer kommunistischen Partei. Diese kritische Haltung, die durch die Ereignisse 1968 bestärkt wurde, habe ich eigentlich bis heute beibehalten.

Theo und Amalie haben damals hauptsächlich zugehört. Sie wussten, dass dies alles engagierte Kämpfer waren, die auf allen Ebenen gegen den Faschismus gekämpft hatten, bis hin zur Spionage für die Russen, dass sie dabei ungeheure Risiken eingegangen waren – und nach dem Krieg waren sie einfach abserviert worden! Die Leute kamen wirklich gerade aus den Gefängnissen, noch nicht rehabilitiert, einfach rausgelassen, ohne ein Wort von Entschuldigung, ohne Entschädigung, nichts. Field setzte sich, wie auch Percel, dafür ein, dass ihre Jahre im Gefängnis als Mitgliedschaftjahre in der Partei anerkannt wurden, das war ein grosses Problem. Und zwar aus prinzipiellen Gründen: Solange sie das nicht akzeptierten, hätten sie die andern Vorgänge auch nicht begriffen, meinte Field.

Dieses Wiedersehen mit Leuten, die er von früher her kannte, unter solchen Umständen, das beeindruckte Theo sehr. Es entstanden feste Freundschaften, und Theo besuchte die Genossen, so oft es möglich war – zu einer Zeit, wo kritische Diskussion absolut noch nicht opportun war.»

Oktober 1956

Als die Familie Pinkus wieder nach Zürich zurückkehrte, überstürzten sich die Ereignisse in Ungarn. Die Opposition gegen das Regime Gerö wurde stärker. Zur Eskalation kam es, als anfangs Oktober auf Druck der Bevölkerung der hingerichtete «Staatsverbrecher» László Rajk exhumiert wurde und ein offizielles Staatsbegräbnis erhielt. Aus dem Begräbnis wurde eine Grossdemonstration mit 300000 Teilnehmern. Gerö diffamierte die Demonstranten als Provokateure, die zu Beginn friedliche Demonstration liess sich nicht mehr auflösen, die Polizei war bald ausgeschaltet, und so entschloss sich das in aller Eile zusammengetrommelte und verwirrte Zentralkomitee, die in Ungarn stationierten sowjetischen Truppen zur Wiederherstellung von Ruhe und Ordnung anzufordern. Doch die waren machtlos, der bewaffnete Volksaufstand war vorerst nicht zu besiegen.

Gerö wurde vom Zentralkomitee der KPdSU abgesetzt und durch die Führung Nagy / Kadar abgelöst. Nagy ergriff die Flucht nach vorn, bildete die Regierung mehrmals um, bis die Linke in der Minderheit war und erklärte am 3. November 1956 den Austritt Ungarns aus dem Warschauer Pakt. In der Nacht zum 4. November intervenierten die Sowjets ein zweites Mal, diesmal wesentlich härter, mit Panzertruppen und Artillerie. Innert 24 Stunden war der Widerstand gebrochen, Tausende kamen in den Strassen Budapests um.

Diese Ereignisse waren der Anfang einer einzigartigen «Solidaritätsaktion» für Ungarn, die sich – da ein konkretes Eingreifen von der Schweiz aus nicht möglich war – auch gegen die verhassten Kommunisten im eigenen Land richtete. Amalie wurde beschimpft, sie erhielt Drohungen, mitten in der Nacht gab es anonyme Telefonanrufe. Sie musste diese Tage alleine mit ihren Kindern ertragen, denn Theo erlebte die schlimmste Zeit des Volkszorns nicht: Er befand sich in Zagreb an einer Buchmesse und hatte keine Ahnung, was daheim geschah.

Amalie: «Wir hatten eigentlich alle Angst. Wir hörten, dass beim Literaturvertrieb der PdA die Scheiben eingeschlagen wurden, dass bei Martha Farner eine wütende Menge von Leuten das Haus umstellt und die Türe eingeschlagen hatte. Zum ersten Mal in meinem Leben hatte ich richtig Schiss. Heute, wenn ich zurückdenke, muss ich sagen, dass es vielleicht nicht so schlimm war. Aber damals, wenn man daran denkt, dass ich allein war, mit drei Kindern...

Am Abend, zum Beispiel, hatte ich richtig Angst nach Hause zu gehen, obwohl ich eigentlich sonst gar nicht ängstlich bin. Die Kinder erlebten damals ziemlich schlimme Zeiten in der Schule. Sie waren bedrückt, was sich natürlich auch auf mich niederschlug. Ich war nicht sehr mutig, muss ich sagen. Ich ging einfach weiter zur Arbeit in die Buchhandlung. Die Angestellten verhielten sich ganz toll; sie bewachten nachts den Laden, und mich schickten sie nach Hause, damit Felix nicht alleine war. Die Situation spitzte sich dann zu in jener Woche. Marco war bei Farners in Thalwil und bewachte das Haus. In der Buchhandlung wechselten sie sich nachts in der Bewachung ab. Ganz undramatisch übernahmen Otto Böni und Hans Eschler diese Aufgabe. Es gab ja niemand Anweisungen. Die Stimmung im Laden war gut, es wurde gearbeitet, als ob nichts passiert wäre. Als ich am Morgen nach der schlimmen Nacht ins Geschäft kam, war eine meiner Kolleginnen eben daran, die Inschrift vom Schaufenster wegzuputzen: ‹Mörder!› stand da.»

Otto Böni: «Es gab damals eine Schweigeminute mit Glockengeläute, und vor unserem Laden blieb eine grosse Menschenmenge stehen, um durch das Schaufenster zu beobachten, was wir nun tun würden. Wir wussten nicht, wie uns verhalten. Eschler ging aufs WC. Das wollte ich eigentlich auch, doch nun war es halt bereits besetzt, und so stand ich einfach ganz blöd da.

Zweimal blieben wir auch über Nacht, um den Laden zu schützen. Nachdem jemand ‹Mörder!› auf die Schaufenster geschrieben hatte, blieb Marco bis zwei Uhr morgens vor dem Laden und diskutierte mit Demonstranten. Die Stimmung war natürlich schon sehr angeheizt. Ich ging mal mit Eschler an eine Solidaritätsveranstaltung ins Kongresshaus, da wurden am Eingang die Leute nach Fotoapparaten abgesucht, weil sie wohl ‹Spione› erwarteten. Und drinnen, wenn ich nicht mitgeklatscht hätte, als gegen die Kommunisten gewettert wurde, ich glaube, ich wäre glatt gelyncht worden.»

«Ist der Firmeninhaber Kommunist?»

Als Theo ein paar Tage nach dem Höhepunkt des «Volkssturms» ziemlich ahnungslos nach Zürich zurückkehrte, wurde er in der Buchhandlung mit unzähligen Briefen, Drohungen, Beschimpfungen, Abbestellungen oder, im besten Fall, mit neugierigen Fragen konfrontiert: «Ist der Firmeninhaber Kommunist?» fragte etwa hochachtungsvoll ein Herr Weber vom Zürichberg. Ein Anonymus von der Bahnhofstrasse 15 liess 21 Rappen plus einen 6-Zeiler im «Nebelspalter»-Stil für die Reise nach Moskau überweisen. Das offizielle Organ des Schweizer Buchhandels wollte ab sofort keine Inserate des Büchersuchdienstes oder Hinweise auf Bücher aus der DDR mehr aufnehmen, und der ´Eugen Rentsch Verlag weigerte sich, die bestellten 21 Schulbücher zum Mittelalter zu liefern – über die Gründe wolle man «keine langen Worte verlieren».

Interessant auch der Briefwechsel mit Hans Werthmüller, damals Buchhändler in Basel. Auf seine Frage «Bekennen Sie Farbe: Sind sie Mitglied der PdA?» schrieb ihm Theo am 15. November 1956:

Sehr geehrter Herr Werthmüller,
von meiner Reise (Zagreber Buchmesse) zurückgekehrt, finde ich Ihre Karte vom 8. 11. 56. Ich habe mich, besonders seit Beginn meiner selbständigen buchhändlerischen Tätigkeit, parteipolitisch nicht betätigt, wenn ich auch aus meiner politischen Gesinnung kein Hehl gemacht habe. Ihre Frage kann ich umsoweniger beantworten, da ja die genannte Partei in die verschiedensten Gruppen zerfallen ist und in meinem Wohngebiet nicht mehr besteht.

Wenn Sie die Frage im Zusammenhang mit den Ereignissen in Ungarn stellen, dann kann ich Sie versichern, dass ich diese aufs Tiefste bedauere und schärfstens verurteile. Als Buchhändler sehe ich aber nach wie vor meine Aufgabe darin, das wissenschaftlich, künstlerisch und menschlich Wertvolle aus allen Ländern, gleich welche Regierung sie haben, zu vermitteln. Ich nehme an, dass Sie unseren Beruf so auffassen.

Für die Kommunisten war damals klar, dass die Reaktion hinter diesem ungarischen Widerstand steckte. Schliesslich befand man sich auf dem Höhepunkt des Kalten Krieges, und hinter vielem, oft zu vielem, wollten die treuen Kommunisten nur das Treiben der westlichen Geheimdienste sehen. Immerhin gab es deutliche Hinweise auf das Wirken antikommunistischer Kräfte in der ungarischen Opposition, wie Theo schon bei seiner Reise im Sommer 1956 hatte feststellen können:

Theo: «Während unserem Aufenthalt hatten wir dank unseren Freunden, die teilweise mehrere Jahre in Gefängnissen sassen oder aktiv in der Opposition engagiert waren, Einblick in die ungarischen Verhältnisse. So sahen wir auch, dass es starke konterrevolutionäre Elemente gab. Natürlich habe ich diese Entwicklung genau beobachtet. Freunde erzählten mir beispielsweise von der Besetzung des Städtchens Györ durch ungarische Faschisten, die aus Bayern kamen. Diese übten die Grenzkontrolle aus und untersuchten die Reisenden nach kommunistischer Propaganda. In vielen Ministerien und Ämtern zeigte sich, dass eine grosse Anzahl Faschisten und Monarchisten nach 1945 wieder in ihre ehemaligen Funktionen zurückgekehrt war, nur ein Lippenbekenntnis zum neuen Regime abgegeben hatten und nun die längst erhoffte Restauration der alten Zustände kommen sahen.

Sicher war der erste Volksaufstand für die Bevölkerung und für die kritischen Kommunisten eine Abrechnung mit dem Stalinismus. Als wir im Sommer 1956 mit oppositionellen Leuten und Studenten diskutierten, schien sich die ganze Opposition so zu entwickeln, dass eine Änderung des stalinistischen Regimes möglich erschien, ohne dass dabei die sozialistischen Errungenschaften in Gefahr gebracht worden wären. Ich habe die Ereignisse in Ungarn wirklich bedauert. Doch die neue Parteiführung in der Sowjetunion um Chruschtschow, die immerhin mit der Entstalinisierung angefangen hatte, wollte ich nicht gleich schon wieder verurteilen!

Viele Genossinnen und Genossen verliessen die Partei im Verlauf dieser Hetze, waren enttäuscht oder konnten es sich aus existentiellen Gründen nicht mehr leisten, als Kommunisten aufzutreten. Einige entwickelten sich zu glühenden Kommunistenhassern oder profilierten sich im Kampf gegen die PdA. Auch der umstrittene und heute in der Versenkung verschwundene Geheimdienstler Oberst Albert Bachmann, Verfasser des legendären Zivilschutzbüchleins in den sechziger Jahren, verliess die Partei im Herbst 1956.

Natürlich hätten es viele gern gesehen, wenn mir, diesem penetrant auftretenden Kommunisten, auch das politische Rückgrat gebrochen worden wäre. Und tatsächlich ging bald das Gerücht um, der Pinkus sei aus der Partei ausgetreten. Sogar das Schweizerische Vereinssortiment SVS, die Einkaufsgenossenschaft der Schweizer Buchhändler und Verleger, versuchte mich mit diesem Gerücht in der DDR zu denunzieren!

(...) Soeben erfahren wir, dass Herr Pinkus in Zürich Schweizer Buchhändlern mitteilte, er sei nicht mehr Mitglied der PdA (Komm. Partei) und er verurteile die Unterdrückung Ungarns durch die Russen aufs schärfste. Sie mögen aus diesem Vorgehen ersehen, wie stark sogar Herr Pinkus durch die Ereignisse beeindruckt worden ist und welchen Schwierigkeiten er sich für die Auslieferung ostdeutscher Bücher gegenübergestellt sieht. (Aus einem Brief vom 26. 11. 56 an den Buchexport der DDR)

Der DDR-Buchexport reagierte ziemlich sauer auf diese Mitteilung, und es bedurfte einiger Briefe, bis diese Geschichte wieder klargestellt war. Das SVS aber erliess eine vertrauliche Mitteilung an seine Mitglieder, Ostliteratur nur noch zu besorgen, wenn sie unbedingt verlangt werde. Der Rabatt werde aber zugunsten der Ungarnhilfe gekürzt, und auch die Verkäufer sollten ihrerseits eine weitere Kürzung vornehmen. – Inzwischen haben sich die Verhältnisse umgekehrt: Das Schweizerische Buchzentrum in Hägendorf, das ehemalige SVS, ist heute Alleinimporteur für die gesamte DDR-Literatur. Auch die Pinkus-Genossenschaft, einst Pionierin in der Verbreitung von DDR-Literatur, muss heute ihre DDR-Bücher in Hägendorf bestellen.»

Die Kündigung der «Predigergasse»

Der schwerste Schlag gegen den Büchersuchdienst bedeutete die Kündigung des Mietverhältnisses für das Geschäftslokal an der Predigergasse, in dem das Antiquariat und der Büchersuchdienst seit 1948 eingemietet waren. Der Vermieter, Max Kessler, kündigte im Anschluss an die Grossdemonstration für Ungarn auf den kürzestmöglichen Termin, den 30. Juni 1957. Theo erhob Einsprache beim Mieteramt der Stadt Zürich und erhielt eine Erstreckung um drei Monate. Dagegen wiederum rekurrierte der Anwalt des Hauseigentümer-Verbands, Dr. Trüb, im Auftrag von Kessler: Theo Pinkus sei ein bekannter «aktiver Kommunist, der nicht nur der kommunistischen Partei der Arbeit, sondern darüber hinaus auch andern derartigen Zirkeln, wie zum Beispiel der Vereinigung Schweiz-Sowjetunion» angehöre. Weiter behauptete Kessler:

Seine Buchhandlung ist denn auch in Wirklichkeit nichts anderes als eine Vertriebsstätte für kommunistische Parteipropaganda, und diese Tätigkeit hat in der Öffentlichkeit so sehr Anstoss erregt, dass ihm im Zusammenhang mit Demonstrationen im Laufe des Novembers 1956 die Schaukästen eingeschlagen worden sind, wodurch die ganze Liegenschaft in Verruf geraten ist. ... Schliesslich ist auch zu bemerken, dass der Mieterin mit einer Erstreckung der Auszugsfrist ohnehin nicht gedient ist, da ein aktiver Kommunist weder im Sommer noch im Herbst 1957 damit rechnen kann, im Gebiet der Stadt Zürich ein Ladenlokal zu erhalten.

Theos Rechtsanwalt Hans Weil bestritt in seiner Antwort hauptsächlich den Vorwurf, die Firma betreibe gar keinen Büchersuchdienst, sondern sei nur eine Tarnung für den Handel mit kommunistischer Literatur. Er legte dem Gericht mehrere Kataloge und Bestell-Listen der Jahre 1951 bis 1956 vor, die dem Richter offenbar einen seriösen Eindruck machten. Jedenfalls wurde der Rekurs des Hausbesitzers abgewiesen, die Fristerstreckung gewährt. Darüberhinaus lieferte die Justizdirektion des Kantons Zürich eine juristische Bestätigung der buchhändlerischen Leistung der Firma Pinkus & Co.:

... Bei ihrem Geschäft handelt es sich vielmehr um ein Unternehmen, welches sich mit dem Aufsuchen von seltenen und vergriffenen Büchern aller Literaturzweige befasst und welches über eine internationale Kundschaft aus zahlreichen europäischen und überseeischen Ländern (zu ihren Kunden gehört auch u. a. die Bibliothek des westdeutschen Bundesgerichtshofes in Karlsruhe) verfügt. Es dürfte deshalb ausser Zweifel stehen, dass ein solcher Betrieb, der von zahlreichen Bücherfreunden aller politischen Richtungen als ein dringendes Bedürfnis angesehen wird und dessen Verschwinden nicht nur in linksgerichteten Kreisen bedauert würde, in der Stadt Zürich andere Lokale finden kann, sofern ihm genügend Zeit zur Verfügung steht, um sich nach einem Ersatz umzusehen.

Diese juristische Würdigung seiner buchhändlerischen Aktivität musste Theo in den nächsten Jahrzehnten noch des öftern zitieren, so zum Beispiel im Frühjahr 1960, als der Schweizerische Feuilletondienst seinen Artikel zum 70. Geburtstag von Frans Masereel nicht veröffentlichte, mit der Begründung, der Autor sei «Leiter eines aus dem Ausland finanzierten kommunistischen Aktionszentrums».

Theo: «Anfang 1957 meldete sich ein Fahrradhändler, der gelegentlich auch mit Liegenschaften handelte. Er hätte das Haus Froschaugasse 7 gekauft und möchte es wieder verkaufen, ob wir vielleicht Interesse am Kauf hätten. An einen Hauskauf hatten wir bis dahin natürlich noch nie gedacht – der Hauseigentümer-Verband hatte ja alle seine Mitglieder instruiert, uns nichts zu vermieten oder zu verkaufen. Wir überlegten uns zu jener Zeit ernsthaft, ob wir den Betrieb überhaupt weiterführen können. Doch der Fahrradhändler offerierte uns, sich um weitere Hypotheken zu bemühen, falls wir 30000 Franken als Anzahlung in bar auftreiben könnten. Und da er ein ganz korrekter Mensch war, sich auch durch das Rundschreiben des Eigentümerverbandes nicht abschrecken liess, versuchten wir, dieses Geld aufzutreiben. Mit Mühe und Not schafften wir es, dank Privatdarlehen von Freunden und mit Hilfe transitorischer Reserven unserer China-Arbeit, das Geld zusammenzubringen. Inzwischen wurde aber vom Bund ein Hypothekarstop für bestimmte Finanzierungsinstitute verfügt: Es war unserem Verkäufer nicht mehr möglich, die fehlende Hypothek für uns, wie geplant, bei einer Versicherung aufzunehmen. Er wollte jedoch mit dem Verkaufspreis um weitere 6000 Franken hinuntergehen, wenn wir die Hypotheken selber aufbringen könnten. Hypotheken waren allerdings schwer aufzutreiben. Wir hatten nirgends eine Chance. An der 1. Mai-Demonstration fragte ich ziemlich verzweifelt den VHTL-Kassier (Verband der Handels-, Transport- und Lebensmittelarbeiter) um eine Hypothek. Ich selber war ja VHTL-Mitglied seit 1933 und blieb es auch weiterhin als Selbständigerwerbender. Vier Wochen später wurde die Hypothek durch alle Instanzen hindurch bewilligt, auch vom Zentralvorstand, dessen Präsident Hermann Leuenberger gleichzeitig auch Präsident des Schweizerischen Gewerkschaftsbundes war. Das also mitten in dieser Hetze gegen uns Kommunisten! Der VHTL-Sekretär kam mit einem Köfferchen voll Geld zum Notar und überreichte dem erfreuten Fahrradhändler die 159000 Franken bar auf den Tisch. Ich glaube, Trudi und ich hatten in unserem Leben noch nie so viel Geld auf einem Haufen gesehen. Ironischerweise hatte mich Trudi gerade noch vor ein paar Wochen tadelnd gefragt, warum ich denn noch immer Gewerkschaftsbeiträge zahle!

Mit Unterstützung von Freunden und Genossen machten wir in einer grossartigen solidarischen Aktion die notdürftigsten Reparaturen selbst. Mit dem Handwagen transportierten wir darauf die Bücher um die Ecke von einer Gasse in die andere. Pünktlich auf den geforderten Termin zogen wir an der Predigergasse aus – in unser eigenes Geschäftshaus. Damit ging den Hauseigentümern, die uns mit der Kündigung die Existenzgrundlage hatten zerstören wollen, der Schuss gründlich hinten hinaus!

Bücher herausgeben: Der Limmat-Verlag

Schon als Sekundarschüler hatte ich den Wunsch, später einmal Bücher herauszugeben. In einem Aufsatz über meinen Wunschberuf schrieb ich: ‹Bücher herausgeben, die gute Bücher sind und die nicht publiziert werden, um ein Geschäft zu machen.› Das war immer in mir lebendig, und auch in Selma Bührer, meinem ersten Kompagnon. Selma machte den Vorschlag, eine Novelle des russischen Klassikers Leskow, ‹Liebe in Bastschuhen›, herauszugeben, die ihr Freund Röbi Gessner, ein Maler und Graphiker, illustrieren sollte. So entstand, noch während des Krieges, unser erstes Buch. Selma und Röbi kümmerten sich um Herstellung und Druck, ich übernahm den Vertrieb und besuchte die Buchhändler.

Als Firmennamen schlug ich Kristall-Verlag vor, vielleicht als Anlehnung an unser früheres Haus? Doch der Berner Dichter Laubscher protestierte, da er seinen Eigenverlag bereits als Kristall-Verlag führte. So nannten wir ihn schliesslich Limmat-Verlag, da unsere Arbeitsstätte ja nahe am Fluss gelegen war und Zürich oft scherzhaft ‹Limmat-Athen› genannt wird.

Das zweite Buch entstand aus unserem Kontakt mit dem ‹Schweizerischen Arbeiterhilfswerk›. Es unterstützte den aus Nazi-Deutschland geflüchteten Hans Dohrenbusch – der heute in Köln lebt – und wollte dessen Gedichte herausbringen. Das SAH bat den Limmat-Verlag, diese Gedichtsammlung herauszugeben, einen Teil der Auflage würden sie übernehmen. Unter dem Titel ‹Du bist ein Gast wie ich› erschien bei Kriegsende das Werk, ein stiller Aufruf zur Solidarität, mit einer Umschlagzeichnung von Altdorfer, und mit unserem Copyright. ‹Nachdruck einzelner Gedichte nur mit Quellenangabe›, hiess es. Wir legten Wert auf die Verbreitung dieser Gedichte auch durch die Presse.

Wir hatten damals grosse Pläne. Vor allem wollten wir mithelfen, die grossen Lücken zu füllen, die der Faschismus und der Zweite Weltkrieg in die Buchproduktion geschlagen hatten. Daraus wurde leider nichts; uns fehlte es einfach an Kapital. Auch waren wir mit dem Büchersuchdienst und der Sicherung unserer Existenz mehr als vollbeschäftigt. Der Verlag fristete daneben ein kümmerliches Dasein. Erst die Möglichkeit zur Zusammenarbeit mit einigen jungen DDR-Verlagen gab dem ‹Limmat-Verlag› neuen Auftrieb. Den Anfang machte das Kinderbuch ‹Leuchtende Schätze› von Alex Wedding (Pseudonym für Grete Weisskopf), herausgegeben vom Kinderbuchverleger Alfred Holz, mit Zeichnungen aus China, die die Autorin von einer Reise mitgebracht hatte. Wir übernahmen eine Teilauflage und verbreiteten das chinesisch gebundene Buch auch im Schweizer Buchhandel.

B. Traven

Ein Zufall verhalf dem ‹Limmat-Verlag› zu den Traven-Ausgaben: Seit Jahren suchte der Zürcher Kaufmann Josef Wieder bei uns alte Romane von B. Traven, darunter die ersten Ausgaben der Büchergilde aus den Jahren vor 1933. Wir fanden immer wieder einzelne Bände für ihn und kamen dabei ins Gespräch. Es stellte sich heraus, dass Wieder ein Freund Travens war, dessen Interessen in Europa vertrat und die ‹B. Traven-Mitteilungen› für interessierte Verleger herausgab. Damals war Traven nahezu vergessen.

Im Auftrag Wieders und im Einverständnis mit Traven konnte ich bald die Traven-Rechte dem DDR-Verlag ‹Volk und Welt› vermitteln, wo dann eine Neuauflage auf die andere folgte. Der Limmat-Verlag konnte sich mit eigenen kleinen Teilauflagen anschliessen und auch die Europäische Verlagsanstalt in der Bundesrepublik miteinbeziehen. Mit Wieder hatte ich eine Pauschalentschädigung ausgemacht, 2000 Franken pro Band. Da die DDR keine Devisen hatte, begann ich mit dem Geld, das ich von dort erhielt, antiquarische Bücher zu kaufen, um so die 2000 Franken irgendwie zusammenzubringen. Anfangs funktionierte das, doch mit der Zeit ergaben sich durch die hohen Auflagen Riesensummen, 80000, sogar 100000 Mark – soviel konnten sie mir nicht mehr ausbezahlen. Ich hatte dann eine Unterredung mit dem Urheberrechtsbüro und verzichtete schliesslich auf 50000 Mark, mit dem Rest kaufte ich Bücher.

Nach dem Tode Wieders war Traven bereit, die Agenturtätigkeit für die meisten Länder Europas unserer Firma zu überlassen. 1966, nach seinem Tode, bestätigte Travens Witwe, Frau Rosa Elena Lujan, unsere Zusammenarbeit. Sie besuchte uns in Zürich und lud Amalie und mich nach Mexiko ein. Wir folgten dieser Einladung 1972, und zum zweiten Mal im Jahre 1981. Beim ersten Besuch konnten wir uns aus dem Nachlass von Traven vergewissern, dass er mit dem Schauspieler und Herausgeber des ‹Ziegelbrenner› Ret Marut identisch war. Der ursprüngliche Namen Travens, respektive seiner Eltern, blieb weiterhin ein Geheimnis. Seine Frau hatte ihn anlässlich der Verfilmung von ‹Der Schatz der Sierra Madre› zuerst nur als Vertreter des Autors, bei einem späteren Wiedersehen dann als Autor B. Traven kennengelernt. Aber das Wissen über seine ursprüngliche Identität – wer war Ret Marut? – hat er in sein Grab mitgenommen.

Büchersuchdienst-Bibliothek gesellschaftswissenschaftlicher Neudrucke

Hinter diesem monströsen Namen verbarg sich das bescheidene Unternehmen, seltene, aber wichtige Dokumente der sozialistischen Bewegung als Neudrucke herauszugeben. Aus der intensiven Suche nach sozialistischer Literatur und aus den Erfahrungen des Antiquariats entstand dieses – aus finanziellen Gründen kleine – Projekt eines Neudrucks der sogenannten ‹Londoner Kommunistischen Zeitschrift›. Es war der erste Versuch des Bundes der Kommunisten gewesen – noch vor der Herausgabe des kommunistischen Manifests –, eine kleine Zeitschrift herauszugeben. Insgesamt sind in den europäischen Bibliotheken drei Exemplare bekannt, eines davon im Schweizerischen Sozialarchiv in Zürich, das uns dieses seltene Dokument zum Reprint zur Verfügung stellte. Bert Andreas, ein befreundeter Historiker und der bedeutendste Bibliograph des ‹Kommunistischen Manifestes› schrieb uns das Vorwort. Als nächstes druckten wir den Katalog der 1926 von der Arbeiterkammer in Wien durchgeführten Ausstellung sozialistischer Erstdrucke nach. Zusammen mit dem Dietz-Verlag in Berlin/DDR organisierten wir dann einen Nachdruck des einzigen und ersten deutschsprachigen Organs der Ersten Internationale, ‹Der Vorbote›, in drei Bänden, mit einem historischen Ergänzungsband von Ernst Engelberg. ‹Der Vorbote› wurde 1863 bis 1865 vom deutschsprachigen Sekretär der 1. Internationalen, Johann Philipp Becker, herausgegeben, der noch mit General Dufour am Sonderbundskrieg teilnahm.

Ein kleines Büchlein war die letzte Neuerscheinung des alten Limmat-Verlags. Zusammen mit Felix Müller und Heinz Hug, beides Geschichtsstudenten, gaben wir aus dem Nachlass von Margaret Faas-Hardegger Briefe von Gustav Landauer heraus.

1972 fand die Tagung der ‹Internationalen Vereinigung der Institute und Bibliotheken der Arbeiterbewegung› in Zürich statt. Anlässlich dieser Tagung wurde eine grosse Ausstellung zur Geschichte der Schweizerischen Arbeiterbewegung angeregt, die das Sozialarchiv mit Studenten vorbereitet und durchgeführt hatte. Die Ausstellung im Zürcher Stadthaus wurde dann auch in St. Gallen, Winterthur, Luzern und Basel erfolgreich gezeigt. Mehr als 30000 Besucher sahen diese Ausstellung.

Nach der Ausstellung meldete sich der Leiter des Huber-Verlags in Frauenfeld beim Sozialarchiv und wünschte, aus dem Ausstellungsmaterial ein Dokumentationswerk herauszugeben. Die berühmten Quellenwerke zur Schweizergeschichte von Oechsli sollten endlich eine Ergänzung über die Geschichte der Arbeiterbewegung erhalten. Der Aufsichtsrat des sehr konservativen Huber-Verlags verbot aber das Buch trotz rechtsgültigem Vertrag, ausserdem wurde der Verlagsleiter entlassen.

Daraufhin bemühte sich die Zürcher Niederlassung von ‹Suhrkamp› um das Manuskript. Doch hier kam ein Veto aus Frankfurt. Einem Professor der Zürcher Universität war es gelungen, den Hauptaktionär von Suhrkamp, Herrn Reinhart in Winterthur zu veranlassen, darauf hinzuwirken, dass sich der Suhrkamp-Verlag vom Projekt zurückzöge. In der Folge wurde die Suhrkamp-Filiale in Zürich, auch im Zusammenhang mit andern Projekten, als eigenständiger Verlag aufgelöst.

Der neue Limmat-Verlag

Da ich in ständigem Kontakt mit den Autoren stand und die ganze Geschichte miterlebt hatte, schlug ich ihnen vor, den Namen ‹Limmat-Verlag› von der Pinkusgenossenschaft zu übernehmen. Sie gründeten eine neue Limmat-Verlag Genossenschaft. Das erste Verlagswerk war selbstverständlich der Quellenband zur Geschichte der Arbeiterbewegung. Es wurde ein Riesenerfolg. Das gab dem Verlag eine feste Grundlage und einen guten Namen in der Arbeiterbewegung. Mit diesem Buch führten die Autoren in den Gewerkschaften,

SP-Sektionen und andern Arbeitergruppen Kurse zur Geschichte der Arbeiterbewegung durch.

Die gesamte Verlagsarbeit wurde damals ehrenamtlich geleistet. Der Verlag zog in das Haus an der Wildbachstrasse, wo sich bereits seit 1972 die Studienbibliothek zur Geschichte der Arbeiterbewegung befand. Auch heute sind wir wieder miteinander verbunden: Der Limmat-Verlag zog ebenfalls in den Quellenhof. Inzwischen hat sich aber die Verlagsarbeit professionalisiert. Es gibt mehrere halbe Stellen für die Herstellung und Koordination, die Genossenschafter leisten noch ehrenamtlich Lektorenarbeit; die Produktion hat sich in den letzten Jahren weiter vergrössert und auch thematisch verbreitert.»

Frans Masereel

Von früher Jugend an war Theo begeistert vom Holzschneider Frans Masereel und sammelte dessen Bücher. Amalie wurde der Holzschnitt-Roman «Geschichte ohne Worte», handelnd von einem prüden Mädchen, das zum Schluss halt doch ja sagt, bereits beim ersten Besuch in Theos möbliertem Zimmer an der Hofstrasse 12 vor Augen geführt...

Nach dem Krieg lernten die beiden Frans Masereel dann persönlich kennen.

Theo: «Auf meiner Reise zu den 1. Mai-Feierlichkeiten 1948 in Prag lernte ich in Dresden Gerhard Ziller kennen, der damals, noch vor der Gründung der DDR, Industrieminister von Sachsen war. Gleichzeitig war er aber auch sehr an Kunst interessiert. Im Sachsen-Verlag Dresden wollte er eine Künstlermonographie über Frans Masereel herausbringen, um ihn den Jugendlichen und Bürgern des neuen Deutschlands wieder bekannt zu machen, denn Masereel war seit 1933 verachtet und verfemt gewesen. Ziller bat mich, Masereel aufzusuchen, der zu dieser Zeit in Saarbrücken unterrichtete. Ich schrieb Masereel vom Wunsch Zillers und bekam die Zusage, er werde bei der nächsten Gelegenheit nach Zürich kommen. Und tatsächlich kam er noch im gleichen Jahr und besuchte uns zu Hause.»

Amalie: «Theo lud ihn einfach zu uns zum Mittagessen ein, und ich hatte nur Bratwürste eingekauft. Das war für unsere Buben zwar ein Festessen, doch ich genierte mich ein wenig, für Masereel nur eine Bratwurst aufzutischen. Ich hatte eine ungeheure Ehrfurcht vor ihm.

Gerade kurz nach dem Krieg hatte es eine grosse Masereel-Ausstellung im St. Annahof gegeben, von der ich begeistert war. Doch Masereel war von der Bratwurst ebenfalls begeistert, und es war sehr nett mit ihm zusammen.»

Theo: «Die hessische Landesregierung hatte kurz nach dem Krieg ‹Die Apokalypse› als grossformatiges Mappenwerk herausgegeben. Für die Zürcher Ausstellung im St. Annahof wurden diese Zeichnungen nochmals vergrössert. Diese Bilder machten damals einen grossen Eindruck und wurden deshalb vom Europa-Verlag als günstiges Heft herausgegeben.

Masereel war in der schweizerischen Arbeiterbewegung schon sehr bekannt und populär, vor allem durch seine für die ‹Büchergilde› illustrierten Bücher. Während des Ersten Weltkriegs zeichnete er täglich für ‹La Feuille›, das waren 860 Zeichnungen gegen den Krieg. Die Bücher der Emigranten- und Friedensdichter im Umfeld von Romain Rolland wurden alle von ihm illustriert. So war er eng mit der Schweiz verbunden. Hier entwickelte er auch seine charakteristische Holzschnittkunst. Auch einer seiner Mäzene lebte hier; einer der Brüder Reinhart in Winterthur. Für sie gestaltete er einen Keramikbrunnen und war darum oft in Winterthur. Auch sein Schreiner, der ihm das gewünschte Holz – das Stirnholz des Birnbaums – jahrelang lagerte, lebte dort. Mit ihm war er eng befreundet.

Seit diesem Mittagessen blieben wir mit Frans Masereel ständig in Kontakt, sahen uns fast jedes Jahr ein- bis zweimal. Schliesslich entstand dann im Sachsen-Verlag auch die erste Monographie von Masereel nach dem Krieg. Es war eine sehr schöne Ausgabe. Dadurch wurde Masereel in der DDR wieder sehr populär, es gab eine grosse Ausstellung Ende der fünfziger Jahre und viele Ehrungen und Auszeichnungen anlässlich der Feiern zu seinem achtzigsten Geburtstag. Von allen bedeutenderen Künstlern, die wir im Verlauf unseres Lebens kennengelernt haben, hatten wir eigentlich nur zu Masereel eine wirklich tiefere Beziehung. Wir mochten uns gegenseitig gut, hatten auch einen regen Briefwechsel. Wir erhielten 250 Briefe, die sich fast alle mit unseren verschiedenen Aktivitäten befassten.»

Amalie: «Masereel nannte Theo immer ‹la locomotive› ...»

Theo: «Der alles nur anreisst ... Doch für Masereel habe ich mich wirklich sehr eingesetzt. Ich war begeistert von seiner Kunst wie von seiner Person. Und ich fand auch bei vielen Leuten, gerade in der DDR, eine grosse Sympathie für ihn. Frans Masereel war nie Mit-

Theo in der Buchhandlung. Holzschnitt von Frans
Masereel, anlässlich 25 Jahre Büchersuchdienst Pinkus
& Co., als Titelbild des Jubiläumskatalogs.

Masereel signiert in der Limmatbuchhandlung. Foto: Hans Staub.

glied einer kommunistischen Partei, hatte aber Sympathien für sie und war immer ‹auf der richtigen Seite›.

So habe ich mich für die Herausgabe seiner Werke eingesetzt. Ich organisierte die ersten Volksausgaben beim Verlag Rütten & Loening, die Masereels Holzschnittfolge ‹Die Stadt› neu verlegten. Höhepunkt unserer gemeinsamen Arbeit war die Produktion der 60 Holzschnitte ‹Weg der Menschen›. Das Buch erschien 1966, auch im Limmat-Verlag und in einer Volksausgabe in der DDR. In dieser Zeit, zum 25. Jubiläum des Büchersuchdienstes, hat mich Masereel auch ‹porträtiert›, wie ich in der Froschaugasse die Treppe hinaufgehe.

Filmarbeiten mit Folgen

In der DDR machte ich einmal den Vorschlag, es sollte eigentlich ein Film über Masereel gedreht werden. Alfred Kurella, ebenfalls ein Masereel-Bewunderer seit den zwanziger Jahren, war einverstanden, auch die DEFA, die staatliche Filmanstalt. Nach einigem Hin und Her war auch ein Dokumentarfilmer gefunden, der Holländer Joop Huisken, ein Freund von Joris Ivens, der als Niederländer Masereel natürlich gut kannte. Für die Filmaufnahmen reiste ich mit Amalie, Huisken und Hellweg, dem Münchner DEFA-Kameramann, zu Masereel nach Nizza, um von ihm auch in seiner Wohnung und im Atelier Filmaufnahmen zu machen. Als wir nach den Dreharbeiten frühmorgens abreisen wollten, wurden wir vier von der Polizei verhaftet und auf die Präfektur gebracht. Dort verhörten sie uns einzeln über mehrere Stunden. Das hat vor allem Amalie richtig fertig gemacht.»

Amalie: «Sie zeigten mir Bilder vom Algerienkrieg, um zu beweisen, wie grausam die Algerier wären. Damals war gerade der Höhepunkt im Algerienkrieg erreicht. Sie dachten wohl, wir würden für die Algerier am Hafen spionieren, weil wir im Hafen, wo Masereel wohnte, Filmaufnahmen gemacht hatten, und dort wohl auch einige französische Kriegsschiffe lagen. Sie legten Karteikarten von uns allen an, auch von unseren Kindern, die gar nicht dabei waren.»

Theo: «Mich fragten sie über meine Beziehung zu Rado aus. Ich sagte, dass ich ihn aus Deutschland kenne und für ihn seine Bücher sammle… Offensichtlich hatten sie einen Sohn von Alexander Rado beobachtet, der in Paris lebt, und festgestellt, dass wir ihn einmal besucht hatten – Jahre vorher. Diese Unterlagen hatten sie aus Paris kommen lassen. Die Untersuchungsbehörden waren unheimlich nervös.»

Amalie: «Mich hatte die ganze Geschichte so mitgenommen, dass ich einen richtigen Verfolgungswahn kriegte. Auf der ganzen Rückreise sah ich Verfolger, ich brachte alles durcheinander, sah plötzlich alte Nazis, italienische Faschisten. Meine damalige illegale Reise nach Italien vermischte sich mit Erlebnissen mit Rado. Das hörte auch zuhause nicht a'uf, während Tagen verfolgte mich das noch. Wenn André am Fenster stand, rannte ich zu ihm und riss ihn weg, weil ich das Gefühl hatte, man könnte von aussen auf ihn schiessen. Zum Schluss mussten sie eine Ärztin kommen lassen, die mich medikamentös behandelte. Ich hatte sie bei ihrem Besuch richtiggehend bedroht – doch nach der Behandlung verschwanden diese Wahnvorstellungen zum Glück vollständig.»

Die Familie Pinkus – De Sassi

Die Zeitumstände anfangs der vierziger Jahre waren eigentlich nicht zum Kinderkriegen. Trotzdem gründeten Amalie und Theo ihre Familie mitten im Krieg. Marco kam 1939 zur Welt, André 1942, und Felix 1949. Eine geplante Familiengründung war das nicht – eher «Unfälle» – doch die Kinder wurden mit Freude akzeptiert. Es war Zeit zum Zusammenrücken: Auch Theos Eltern und seine Schwester Miriam waren wieder in Zürich.

Amalie: «Als André, unser zweites Kind, auf die Welt kam, blieb ich eine Zeitlang zu Hause. Wir konnten schon knapp von unserer Arbeit im Geschäft leben. Mit unseren bescheidenen Einnahmen unterstützten wir – das war ja mitten im Krieg – auch noch Miriam, die Schwester von Theo, und seine Eltern. Theos Vater starb dann bald nach dem Krieg, 1947, als 65jähriger. Gerade als er eine kleine AHV-Rente erhalten sollte.

Die Beziehungen zur Familie Pinkus

Miriam kam 1934 von ihrer Grossmutter in Breslau in die Schweiz. Sie war damals achtzehn Jahre alt und wohnte eine Zeitlang bei uns an der Rotbuchstrasse; ich mochte sie gut. Sie war immer sehr fröhlich und witzig. Sie wollte gerne Schauspielerin werden. Am Anfang ihrer Krankheit wussten wir nie so recht, ob sie jetzt ernsthaft krank sei oder nur ‹ein Theater› mache. Theo und Miriam haben sich nicht besonders gut vertragen, und so zog sie bald zu den Eltern nach Genf.

In Zürich arbeitete sie bei der ‹Volksbühne› mit, einer bekannten Schauspieler-Laiengruppe, die an Arbeiterveranstaltungen auftrat und auch eigene Produktionen bot. Ab und zu arbeitete Miriam in einem Verlag. Sie schrieb dort Romane, die nie veröffentlicht werden konnten, und einige Erzählungen, die sie in Zeitungen unterbrachte. Doch aus einer Karriere als Schauspielerin oder Schriftstellerin wurde nichts. Mit Männern hatte Miriam ständig Probleme. Sie verliebte sich schnell – und sehr schnell wieder in einen andern. Sie zog mit einem Freund nach Wien und heiratete. Sie war im Kreis der kommu-

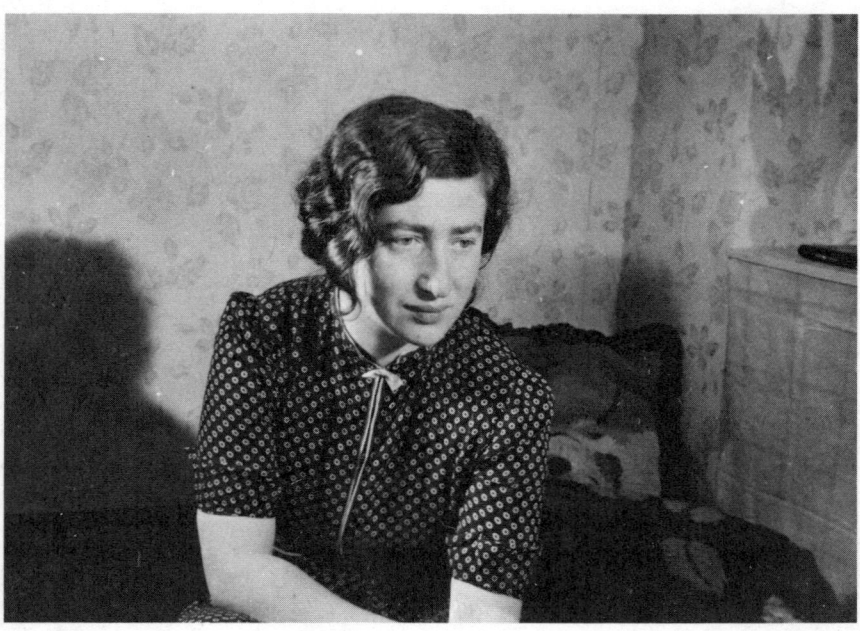

Miriam

nistischen Genossen in Wien sehr geschätzt; sie war auch politisch aktiv – soweit das natürlich ihre Kräfte zuliessen. Doch bald wurde auch ihre Krankheit, die sich schon mit zwanzig Jahren ankündigte, aber nicht erkannt wurde, immer schlimmer. Sie starb 1956 in Wien an Multiple Sklerose.

Das Verhältnis zwischen Miriam und ihrer Mutter hatte sich intensiviert, als Miriam in Wien war. Sie schrieben sich sehr viel. Auch ich habe mich eigentlich sehr mit ihr verbunden gefühlt. Ich war mehrmals in Wien, das letzte Mal vier Wochen vor ihrem Tod, zusammen mit Theo. Wir waren damals auf der Rückreise von Budapest. Auch zu Theos Eltern hatte ich eigentlich eine sehr gute, herzliche Beziehung, vor allem zur Mutter. Leider erlitt sie zehn Tage nach der Geburt unseres dritten Sohnes Felix einen Schlaganfall, von dem sie sich nur mit grösster Anstrengung erholte. In sechs Monaten lernte sie wieder einigermassen sprechen und linkshändig schreiben. Doch geistig arbeiten wie zuvor konnte sie nicht mehr. Zum Glück erhielt sie dann zur kleinen AHV-Rente auch noch eine bescheidene Monatsrente von der ‹Deutschen Wiedergutmachung›. Sie starb 1967.

«Ich hatte nie einen Rappen für mich ...»

Theo gab mir das Haushaltsgeld fünffrankenweise. Und wenn ich speziell danach fragte, erhielt ich zwanzig Franken. Ich war gewohnt, mein Geld selber zu verdienen, darum hat mich dies gedemütigt. Theo begreift das heute noch nicht. Aber dass ich ihn für jede Ausgabe fragen musste, war für mich fast unerträglich. Wenn ich den Buben ein paar Schuhe oder Hosen kaufen wollte, musste ich Frau Hügi, unsere Geschäftsführerin, fragen. Und dann hiess es manchmal ‹Schon wieder?›. Dabei hatten wir drei Kinder! Jede freie Minute flickte ich Kleider. Oft war ich auch einfach zu stolz, um wegen jedem Franken Haushaltsgeld zu fragen. Und dann hiess es immer wieder: ‹Wie ist Amalie doch bescheiden.›

Mit meinem Lohn, den ich von der Bude bezog, bezahlte ich unsere Haushaltshilfe, die mir während drei Tagen in der Woche half, den Haushalt machte, die Kinder betreute, damit ich zur Arbeit gehen konnte. Früher hatte ich immer die Illusion, dass die wirtschaftliche Unabhängigkeit der Frau die Befreiung bringen wird. Ich dachte, die Frauen seien nur unterdrückt, weil sie vom Mann finanziell abhängig sind. Als ich dann Kinder hatte, erfuhr ich, dass dies gar keine so grosse Freiheit ist. Ich war mehr angebunden als Theo, mehr als die Frauen, welche ausser Haus arbeiteten, aber keine Kinder hatten. Ich stellte fest, dass ich selber gezwungen war, eine Frau für Haushaltsarbeiten anzustellen. Wo ist denn da die Emanzipation, wenn ich eine Frau ausbeuten muss, nur damit ich so grossartig selbständig sein kann, dachte ich. Das war für mich als Frau ein ganz schwieriger Konflikt. Heute würde ich das wohl etwas anders machen.»

Theo: «Unsere finanziellen Verhältnisse waren damals wirklich sehr kritisch. Ich hatte einfach immer Angst vor dem geschäftlichen Zusammenbruch. Und so habe ich auch immer wieder versucht, neben meiner Tätigkeit beim Büchersuchdienst noch etwas Geld mit Gelegenheitsarbeiten zu verdienen. Selber hatte ich überhaupt keinen Lohn. Ich nahm nur das aus der Ladenkasse, was wirklich nötig war. Und es ist halt eine Eigenschaft von mir, dass ich, was das praktische Leben anbetrifft, etwas geizig bin. Vor allem bei kleinen Ausgaben. Und dann stand ich auch unter der rigiden Kontrolle von Trudi Hügi, die als Geschäftsführerin die finanzielle Situation kannte und schaute, dass es keine unnötigen Ausgaben gab.»

Amalie: «Ich war lange Zeit zu bescheiden, nahm meine Ansprüche zu wenig ernst. Ein Ereignis hat dann meine Haltung etwas verändert. Meine Freundin, eine Genossin aus Budapest, die auch Theo gut kannte und schätzte, war mal bei mir zu Besuch. Wir wollten zusammen auf die Rigi fahren, aber ich hatte überhaupt kein Geld mehr, um ihr die Bahnfahrt zu bezahlen. Das war furchtbar. Als ich ihr die Situation erklärte, tadelte sie mich und meinte, ich solle meinen Anteil von Theo resoluter fordern. Seit diesem Ausflug habe ich das gemacht. Trotzdem, Theo hat nie gemerkt, wie ich unter dieser Situation litt. Er hat für sich selber überhaupt keine finanziellen Bedürfnisse, aber ich hätte mir gerne mal was Schönes gekauft oder politische Aktionen unterstützt, die ich wichtig fand. Theo ist da einseitiger, er sieht nur seine Projekte. – Heute ist das zum Glück anders. Ich habe von der AHV die Hälfte für mich, das sind 1100 Franken im Monat für Essen, Kleider und Haushalt. Mit dem, was übrig bleibt, mache ich, was ich will. Ich unterstütze verschiedene Frauenprojekte, kann dem LORA [alternatives Lokalradio] oder anderen linken Projekten etwas spenden, wenn es auch wenig ist. Mit der andern Hälfte der Altersrente bezahlen wir die Miete und Krankenkasse.

Familie Pinkus, von links: Friedi (Helferin), Amalie, Marco, André, Theo, in der Wohnung Besenrainstrasse. ca 1945, im Hintergrund die Pflanze, ein Geschenk Mathis bei der Geburt von Marco, heute, nach 50 Jahren, wächst sie rund ums Zimmer.

Die Kinder

Nach Marco wollte ich eigentlich nicht gleich wieder ein Kind, aber als er sechs Monate alt war, wurde ich wieder schwanger. Da ging ich wieder zum Arzt nach Winterthur, bei dem ich schon vier Jahre zuvor war. Er war sehr nett mit mir. Er fragte mich, ob ich das erste Kind stille. Ich bejahte und erzählte ihm, dass wir nicht gleich wieder ein Kind haben wollten, da mein Mann immer noch arbeitslos sei. So hat er denn die Abtreibung durchgeführt. Es war für ihn wie für seine Patientinnen – meist arme Sulzer-Arbeiterinnen aus Italien – gefährlich und illegal. Mindestens zwei Jahre Gefängnis standen in Aussicht. Auch für mich war diese Abtreibung nicht einfach ein chirurgischer Eingriff – das ist für jede Frau eine schwere Sache. Zwei Jahre später war ich wieder schwanger. Eigentlich wollte ich das Kind nicht. Esther empfahl mir Mittel, die ich in der Apotheke besorgte. Noch und noch nahm ich diese Mittel ein, aber das Kind blieb. Ich war wohl zu gesund, um mit natürlichen Mitteln das Kind abzutreiben. Ich hatte dann Angst, dass es irgendwie geschädigt werden könnte von all diesen Mitteln. Und dann kam also André auf die Welt. Ich hatte Glück: er war gesund und überhaupt kein schwieriger Säugling. Es war für mich eine richtige Erholung; ich genoss diese Zeit sehr. Etwa sechs Monate blieb ich zuhause und konnte mich so auch Marco wieder mehr widmen. Es war friedlich, und ich bin mir heute noch nicht ganz klar, ob es richtig war, wieder täglich acht Stunden zur Arbeit zu gehen. Ich bin aber doch ein selbständiger Mensch und ich glaube, ich hätte darunter gelitten, wenn ich nur den Haushalt gemacht und zu den Kindern geschaut hätte.

Obwohl wir keines unserer Kinder bewusst geplant haben, waren wir sehr von ihnen begeistert. Ich habe es nicht eine Sekunde bereut, dass ich Kinder hatte, nie. Im Gegenteil. Es gab mir auch eine gewisse Selbstsicherheit. Ich wollte eine vernünftige, fortschrittliche Mutter sein – damals hatte ich das jedenfalls so empfunden – heute bin ich nicht mehr so überzeugt. Ich war sicher, dass ich es richtig mache. Ich gab mir Mühe, es war mir nicht egal, wie ich meine Kinder erziehe, ich hatte eine gute Beziehung zu ihnen. Sie waren mein Halt, ohne Kinder wäre ich unglücklich gewesen. Natürlich hätte ich gerne ein Mädchen gehabt. Schon bei André sagte ich zur Hebamme, es sei schade. Ich hatte mit einem Mädchen gerechnet. Da waren mein Bruder und ich, Theo und seine Schwester, und auch mein Bruder hatte wieder zuerst einen Bub und dann ein Mädchen. Da dachte ich, das wird bei uns auch so, automatisch. Zuerst ein Bub, dann ein Mädchen. Ein bisschen enttäuscht war ich schon, aber an meinen drei Buben hatte ich auch grosse Freude. Ich empfand die Kinder nie als Belastung. Ich habe viel mehr positive Sachen mit ihnen erlebt als negative. Du staunst jeden Tag wieder: Wie ein Mensch zuerst so hilflos ist und dann langsam wächst. Und Du hast das fertiggebracht! Das war wirklich ein schönes Erlebnis.

Etwas schwieriger wurde es dann später, mit den Schulproblemen, vor allem bei Felix. Theo hatte immer weniger Zeit, sich um die Kinder zu kümmern, Beruf und politische Arbeit nahmen ihn stark in Anspruch. Ich musste auch immer an meine Mutter denken und an die vielen sogenannten ‹bösen› Frauen. Oft redet man ja von ‹bösen› Frauen, wenn Mütter durch ihre Überbelastung durch Kinder und Beruf gereizt sind. Ich habe mir immer Mühe gegeben, möglichst nicht ‹hässig› zu sein mit meinen Kindern. Und so galt ich als ziemlich geduldige Mutter. Aber ich habe trotzdem erfahren, wie überbelastet und diskriminiert die Frauen sind, besonders als Mütter, wenn sie sehr isoliert sind.

Kommunistische Erziehung

Natürlich hatten wir den Anspruch, unsere Kinder ‹kommunistisch› oder fortschrittlich zu erziehen, obwohl wir sie nicht zu früh damit ‹geplagt› haben. Zum Beispiel war es ihre eigene Entscheidung, ob sie den Religionsunterricht besuchen wollten oder nicht. Sie wollten nicht.»

Theo: «Die ‹kommunistische Erziehung› begann eigentlich damit, dass die Kinder lesen lernten und sich für Bücher zu interessieren begannen. Da war es auch für mich interessant. Wir haben eine ganze Kinderbibliothek aufgebaut, die heute noch existiert. Mit etwa 500 Bänden, es ist die Epoche von etwa 1945/47 bis 1960, vor allem mit Kinderliteratur, die damals in der DDR erschienen ist. Das haben wir unseren Söhnen zum Lesen gegeben. Darunter waren auch ältere Bücher aus der Jugendliteratur, die wieder aufgelegt wurden, etwa ‹Gullivers Reisen›. Dann auch die Bücher von Lisa Tetzner und Kurt Held (Pseudonym von Kurt Kläber), der die ‹Rote Zora› und den ‹Trommler von Faido› geschrieben hat. Lisa und Kurt wohnten seit den dreissiger Jahren im Tessin.»

Amalie mit André und Marco.

Felix

Theo mit Marco und André bei einem Ausflug in die Innerschweiz. Foto der ungarischen Fotografin Shusan Shandor, Budapest.

Amalie: «Es ergaben sich immer wieder politische Diskussionen zuhause, gerade mit Gästen und Freunden. Die Kinder waren über vieles informiert, und alle drei haben sehr viel gelesen. Marco und André waren beide bei den ‹Pionieren›, später in der ‹Freien Jugend›, der Jugendorganisation der Partei der Arbeit. Bei Felix war es schon schwieriger, erstens gab es später keine Pioniergruppen mehr, und wir wollten ihn ohnehin nicht noch mehr belasten. Er hatte viel mehr Schwierigkeiten in der Schule, besonders nach dem Schock von 1956.

Felix war ja mit uns und André auf der Ungarnreise im Sommer 56. Nach den Ungarnereignissen wurde er deswegen ziemlich geplagt, denn natürlich hatte er seinen Klassenkameraden von seiner Reise erzählt. Sie rannten ihm nach und riefen: ‹Der Kommunismus rennt davon.› Erst als André dann eingriff, liessen sie ihn etwas in Ruhe. Aber Felix hat sicher am meisten unter dieser Zeit gelitten. Die beiden andern konnten sich besser wehren, doch der Kleine war damals erst sieben Jahre alt.

Meinen Buben habe ich nie Kriegsspielzeuge gekauft. Ich bemühte mich wirklich, sie anti-militaristisch – aber nicht pazifistisch – zu erziehen. Doch grosse Erfolge hatte ich keine, im Gegenteil. Plötzlich fand ich unter Marcos Bett einen Säbel, den er sich von einem Mitschüler ausgeliehen hatte. Und André führte auf dem Teppich die grössten Truppenverschiebungen durch, mit ‹Vorhangringli› und Knöpfen. Dauernd spielte er grosse Schlachten – ich dachte, das wird ein richtiger Militärkopf. Und wenn ich dann mit ihnen darüber diskutieren wollte, versuchten sie mich damit zu beruhigen, dass dies liebe Flugzeuge wären, die Truppen alles Partisanen, Guerilleros oder Indianer. Ich war manchmal richtig verzweifelt und habe dann mal an einem Frauenkongress mit einer Psychologin darüber geredet, einer berühmten Erziehungswissenschafterin. Sie meinte, ich solle das keineswegs verbieten, die Kinder fühlten sich irgendwie bedroht und müssten das so abreagieren, mit der Zeit werde das vergehen. Und das war so. Jedenfalls ist keiner meiner Söhne ein Militärkopf geworden.

Doch ich finde schon, dass ein Linker Militärdienst leisten sollte. Den Klassenkampf können wir schlussendlich nicht gewaltfrei führen, und gegen eine Ausbildung an den Waffen habe ich nichts. Als André mich mal fragte, ob er den Militärdienst verweigern solle, habe ich ihm erklärt, dass eine Verweigerung nicht einfacher und bequemer ist, im Gegenteil. Er absolvierte dann die Rekrutenschule und wurde sogar Gefreiter.

Rollenteilung

Theo kümmerte sich eigentlich zu wenig um die Kinder und die Erziehungsprobleme – mit Ausnahme des ersten Jahres mit Marco. Aber dann hatte er einfach keine Zeit mehr. Der Büchersuchdienst beschäftigte ihn voll und ganz, und dazu kam abends meist noch die politische Arbeit. Die Hauptlast der Arbeit in der Familie ging auf mich über, obwohl auch ich regelmässig in der ‹Bude› arbeitete. Ich musste vieles zurückstecken, was mich früher interessiert hatte. Und so spielte sich die bekannte Rollenteilung auch zwischen mir und Theo ein. Manchmal hatte ich das Gefühl, bei uns wäre es sogar schlimmer als anderswo. Ich war immer allein mit meinen ‹Chnöpf›. Ich ging immer alleine spazieren. Theo hat nie, nicht ein einziges Mal, wegen der Kinder an einem Mittwoch- oder Samstag-Nachmittag frei gemacht. Ich kam mir manchmal vor wie eine Witwe. Mit Theo habe ich ein paar Mal darüber geredet, es half nichts.»

Theo: «Früher, als ich noch arbeitslos war, da machte ich auch noch mehr Haushaltsarbeiten. Ich kümmerte mich in erster Linie um Marco. Als dann André zur Welt kam, setzte Amalie im Geschäft eine Zeitlang aus und kümmerte sich mehr um die Kinder. Ich gewöhnte mich daran, dass Amalie zu Hause ist und für die Kinder sorgt. Und daraus ergab sich dann auch wieder so ein Vorwand, dass mann immer weniger machte, obwohl eine gerechtere Arbeitsteilung eigentlich möglich gewesen wäre. Das sehe ich heute ein.»

Amalie: «Natürlich half Theo auch etwas mit im Haushalt, so machte er zum Beispiel jeden Morgen die Betten und wusch auch regelmässig ab. Doch dazu habe nicht ich ihn gebracht, das brachte ihm schon seine Mutter bei – sie war eben damals schon eine recht emanzipierte Frau.

Eine zusätzliche Belastung waren die Schulprobleme, die immer auf mir lasteten. Davor drückte sich Theo immer etwas – vielleicht nicht bewusst, aber er hatte einfach nie Zeit.»

Reisen

Das Reisefieber Theos war grenzenlos. Während die meisten Leute in den fünfziger Jahren nicht über Ascona und den Genfersee hinauskamen, radelten André, Marco und Felix hinter den Mofas ihrer Eltern nach Ungarn, Südfrankreich und an den Atlantik.

Theo: «Da wir ja in der Naturfreundebewegung engagiert waren, nahmen wir unsere Kinder immer mit in die Ferien. Wir waren oft in Naturfreundehäusern, vor allem im Engadin. Meist haben wir neben diesen Häusern unser Zelt aufgeschlagen. Von 1949 bis 1951 nahmen wir mit den Kindern an den grossen Naturfreunde-Ferienlagern in Frankreich am Meer teil. Das waren wunderbare Ferien. Und so sind unsere Kinder ganz in unserer eigenen politischen Sphäre aufgewachsen.»

André: «Vom ersten bis zum letzten Ferientag waren wir meist fort, oft im Ausland – die andern Kinder haben uns richtig beneidet. Doch wir reisten immer sehr billig, mit den Naturfreunden, wir zelteten oder übernachteten bei Freunden unserer Eltern. Sicher haben andere Familien für ihre Ferien viel mehr Geld ausgegeben als wir.»

«Weltfestspiele der Jugend» 1951 Berlin

Amalie: «1951 wollten wir mit einer kleinen Gruppe von Jugendlichen und Begleitern offiziell an die dritten Weltfestspiele nach Berlin fahren. Marco war damals zwölf, André neun Jahre alt. Doch an der österreichisch-deutschen Grenze liessen uns die amerikanischen Besatzungstruppen nicht passieren. Ueli Kägi, damals eine ganz wichtige Persönlichkeit in der PdA und Leiter dieser Festspieldelegation, bestand energisch auf unserer Rückreise. Wir fuhren dann also ziemlich enttäuscht zurück, obwohl wir meiner Meinung nach durch geschicktes Verhandeln weitergekommen wären. Ich hätte die Verantwortung für die Kinder übernommen. Doch wir mussten nach Zürich zurückreisen.»

Theo: «Als Amalie zurückkam, fragte ich einige Mitglieder der Weltfriedensbewegung, wie die Kinder nun trotzdem nach Berlin fahren könnten. Der Genosse Harro Rotter erklärte sich dann bereit, Amalie mit unsern beiden Söhnen und zwei ihrer Freunde, Fritz Witschi und Ursi Zogg, per Auto über das Engadin ins Münstertal zu bringen. Von Martinsbruck aus konnten sie dann per Zug via Österreich und Tschechoslowakei nach Berlin fahren. Diese Teilnahme an den Festspielen war natürlich eine politische Taufe für die Jungen.»

André: «Wir Kinder waren in der Pionierrepublik ‹Wuhlheide› untergebracht, das war ein riesiges Jugendpionierlager mit Tausenden von Kindern. Wir gingen ins Theater, an Demonstrationen, machten bei Spielen mit – es waren sicher Kinder da aus über 100 Nationen.

Natürlich war die Stimmung sehr politisch, schon von der Herfahrt her, all die Kontrollen. An der Grenze zwischen Österreich und der Tschechoslowakei wurde der Zug von amerikanischem Militär angehalten und durchsucht. Alle zehn Meter stand ein Soldat mit aufgepflanztem Bajonett. Am Festival selber hörten wir von all den Westdeutschen, die nicht kommen durften. Einige schwammen über die Elbe oder andere Kanäle, es gab Schlägereien zwischen der Polizei und Jugendlichen, die teilnehmen wollten. In Essen gab es sogar einen Toten während einer Demonstration. Das ist dann natürlich am Festival breit ausgeschlachtet worden. – Ich erzählte wohl niemandem, dass ich an diesen Weltfestspielen war. Die Zeitungen hier schrieben so aggressiv dagegen, die Stimmung war so total anti-kommunistisch, dass einem heute der Reagan wie ein ‹Brätzeli-Bueb› vorkommt.

Nach dem Festival wollten Marco und ich zu den kommunistischen ‹Pionieren›. Vorher waren wir ja bei den ‹Falken›, der Jugendorganisation der Sozialdemokraten. So hat uns diese Reise sicher stark beeindruckt. Natürlich hatten wir dann auch das Bedürfnis, mit Kindern zusammenzusein, die ähnlich dachten wie wir selber. Wo wir frei reden und erzählen konnten und nicht immer aufpassen mussten, was wir sagten.»

Später nahmen Marco und André auch an andern Weltfestspielen der Jugend teil, in Bukarest 1953, Warschau 1955 und Moskau 1957. Beim letzteren gab es dann Schwierigkeiten bei der Rückkehr: Zeitungen und sogar eine Leuchtreklame am Hauptbahnhof forderten zur Demonstration auf: «Die Schweizer Moskauwallfahrer kommen heute abend um 22.25 in Zürich-Enge an. Wie wird sie die Zürcher Bevölkerung empfangen?»

Es kam zu brutalen Szenen: eine riesige Menschenmenge stürzte sich auf die heimkehrenden Jugendlichen, brach Koffer auf und warf den Inhalt auf die Geleise, verbrannte Bücher und Broschüren, und schlug auf die überraschten Jugendlichen ein. Es gab Verletzte, einige flüchteten durch den Eisenbahntunnel zum Bahnhof Wiedikon. André kam mit einer zweiten Gruppe einige Tage später zurück. Sie wurden in aller Heimlichkeit bereits beim Basler Bahnhof abgeholt und mit Privatautos nach Zürich gebracht.

Brustkrebs

Von schwereren Krankheiten oder Unfällen – abgesehen von einem Sturz Theos mit dem Mofa – blieb die Familie glücklicherweise verschont. Ein Schock aber bedeutete für Amalie der Befund «Brustkrebs» im Jahre 1959.

Amalie: «An einem Sonntagmorgen lag ich im Bett und berührte zufällig meine Brust, da habe ich etwas gespürt. Und ich dachte: ‹Stärneföifi›, was ist das wohl? Ich habe ein paar Tage lang kontrolliert, es wurde mir richtig unheimlich. Theo war gerade bei ‹Vofi› in Behandlung, das war der Übername unseres Hausarztes, von Fischer, den wir aus der Friedensbewegung gut kannten. Ich sagte Theo, er solle mich auch gleich anmelden. Aber sonst sagte ich ihm nichts. ‹Vofi› untersuchte mich dann und meldete mich gleich im Spital an. Er sagte mir, sie würden etwas Gewebe herausnehmen und wenn nichts sei, wieder zumachen. Sollte es allerdings Krebs sein, müsste ich damit rechnen, dass mir die Brust amputiert würde. Im Waidspital wurde ich von Dr. Kaiser, einem Spezialisten auf diesem Gebiet, behandelt.

Ich war nicht viel krank gewesen in meinem Leben – und dann auf einmal sowas. Ich hatte zwei Tage Zeit, und sie meinten, ich sollte alles regeln. Ich rechnete damit, dass ich nicht mehr weiterleben würde. Vor allem war ich traurig um Felix, er war erst neun Jahre alt. Ich dachte, wenn ich nur fünf Jahre länger leben könnte. Das schlimmste war: Marco ging damals nach England, wir haben noch gefeiert. Ich habe nichts gesagt, aber ich wusste, am Montag muss ich ins Spital. Ich wollte ihn damit nicht belasten, dachte, was soll er denn in England sich ängstigen und weiss der Teufel... Felix wollte mich fast nicht gehen lassen. Er hat irgendwie was gespürt. André sagte ich dann am Montagmorgen auf der Treppe, ich müsste ins Spital, und er solle sich nicht wundern, wenn ich nicht da sei.

Dann wurde ich operiert, drei Stunden lang. Sie nahmen alles heraus, den Muskel und die Brust. Aber ich habe weitergelebt. Ich blieb dreizehn Tage im Spital. Felix und Esther waren übrigens die einzigen, die meine Narbe sehen wollten. Das beeindruckte mich. Esther war Samariterin, sie hat sowas interessiert, aber Felix war so klein, er wollte es nicht glauben. Es hat ihn sehr beschäftigt. Als ich wieder nach Hause kam, war Theo fort – irgendwo auf einer Reise. Als die

Operation vorbei war, war für ihn die ganze Sache mehr oder weniger erledigt. Es verletzte mich, dass er dann gleich abreiste.

Dafür kümmerte sich André fantastisch um mich. Er kam jeden Mittag von seiner Lehrstelle nach Hause, hatte eingekauft und kochte uns das Mittagessen. Ich war total erledigt von der Bestrahlerei: Während eines Monats musste ich mich täglich bestrahlen lassen, das nahm mich schrecklich her. In dieser Zeit war ich ganz auf André angewiesen.

Ich hatte Angst vor Metastasen, die wieder ausbrechen könnten. Regelmässig musste ich Spritzen machen lassen, mit einem sehr teuren Mittel. Es war ein Hormonpräparat, und ‹Vofi› fragte mich noch, ob es mich nicht störe, weil man dadurch sexuell unheimlich aktiv würde. Aber mich störte es nicht – ich hatte schon Freude am Sex, aber nicht so, dass ich immer daran gedacht hätte. Das Mittel belebte mich ein bisschen und gab mir eher das Gefühl, wieder ein Mensch zu sein.

Für eine Frau ist das schon ein unheimlicher Eingriff. Es gibt Dir schön ‹eines aufs Dach›, vor allem, wenn dir alle sagen, natürlich vorher: ‹Wenn ich Krebs hätte, würde ich mir gleich das Leben nehmen.› Das hast du dir dann alles überlegt. Aber der Grund, warum ich so am Leben hing, war Felix. Ich wusste, dass er mich noch braucht. Aber wenn es noch einmal ausgebrochen wäre, hätte ich gewusst, dass ich nun eine Todeskandidatin bin. Das wäre schon sehr schlimm gewesen. – Und dann fehlt dir eine Brust. Ich hatte schöne Brüste, und das hat mich sehr beschäftigt. Eine Freundin schrieb mir dann, ich solle die andere auch wegoperieren lassen, es sei dann besser. Ich fand das nicht, mir hat es mit einer gereicht. So hast du doch noch das Gefühl, du seist eine Frau, wenn du dich von der Seite betrachtest.

Am 1. September fing ich wieder an, halbtags zu arbeiten. Ich weiss nur, dass ich mit ‹meinen Chinesen› genau dort weitermachte, wo ich aufgehört hatte – niemand von der Buchhandlung hatte meine Arbeit weitergeführt. Es war schon schwer...»

Die DDR: Von Geschäfts- und Liebesbeziehungen und ihren politischen Dimensionen

«Nicht abschreiben und nicht abschreiben» (nicht kopieren, aber in der «sozialistischen Buchhaltung» auch nicht abschreiben) ist eines von Theos Standardargumenten, wenn die Einschätzung realsozialistischer Länder diskutiert wird. Doch für ihn war diese Diskussion nie nur eine Frage der Einschätzung. Sie war eine Frage der Praxis, nicht der Theorie. Viele Genossinnen und Genossen kannte Theo noch aus seiner Berliner Zeit; Freundschaften entwickelten sich auch mit Emigranten, die sich während des Krieges in Zürich aufhielten und nach der Befreiung vom Faschismus beim Wiederaufbau mithalfen. Diese Freundschaften und guten Beziehungen pflegt Theo bis auf den heutigen Tag.

Seine Kontakte zu Freunden und Genossen in sozialistischen Ländern ermöglichten Theo vieles, was ihm in der Schweiz verwehrt war: Er hatte so einen gewissen Einfluss auf Verlagsprogramme, er konnte Buchprojekte in die Wege leiten, Ideen liefern, Filmprojekte ankurbeln, Ausstellungen mitgestalten, Honorarrechte verwalten und schliesslich auch DDR-Bücher durch seine Firma in der Schweiz ausliefern. Gerade die DDR hatte für Theo eine besondere Bedeutung.

Theo: «In den Klassenauseinandersetzungen kann ich die realsozialistischen Länder nicht abschreiben, wie das manche Ultralinke oder Maoisten tun. Ich kritisiere sie auch nicht von einem kapitalistischen oder bürgerlich-demokratischen Standpunkt aus, sondern meine Kritik – wenn überhaupt – liegt eben darin, dass sich dort immer wieder historisch gewordene und noch vorhandene antisozialistische, zum Teil feudalbürokratische Relikte und Formen in der Herrschaft durchsetzen. Das kritisiere ich aber von links her und von einem sozialistischen Standpunkt. Als Gegenmacht im Weltmassstab ist das sozialistische Lager – trotz der schweren Differenzen, die diese Gegenmacht erheblich geschwächt haben – von Peking bis nach Gdańsk ausgebrochen aus dem kapitalistischen Weltsystem; eine eigene Welt, in seinem Selbstverständnis ein sozialistisches Weltsystem.

Wenn die Kapitalisten etwas von den sozialistischen Ländern wollen, müssen sie verhandeln von Macht zu Macht, von Handelspartner zu Handelspartner, oder mit Vertragspartnern, aber sie können nicht frei darüber verfügen. Sie können weder die Rohstoffe noch das Arbeitspotential mit ihren Profitinteressen ausbeuten. Da können noch so konvergente Erscheinungen, die ich sehr stark empfinde und die es gibt, im Grundsätzlichen nichts ändern: Daran ist nicht zu rütteln.

Das sind die Gründe, weshalb ich mich für die DDR einsetze, persönliche Beziehungen pflege zu meinen alten Genossen, die dort Funktionen innehaben und das Beste in diesem Sinne wollen. Auch meine Tätigkeit zur Verbreitung der DDR-Literatur aufgrund meiner beruflichen Ausbildung – das alles hat mich dazu geführt, diese Verbindungen bis heute freundschaftlich und in jeder Weise aufrecht zu erhalten. Das ist auch eines der Momente, das meine Mitgliedschaft in der Partei der Arbeit begründet.»

Einige Freundschaften und Beziehungen zu Menschen in der DDR möchten wir etwas ausführlicher schildern, um diese spezielle Ost-West-Verbindung zu illustrieren.

Die Kurellas

1982 bot ein Ferienaufenthalt von Stefan Kurella in Zürich Gelegenheit zu einem Gespräch mit Amalie und Theo über die Beziehungen zwischen den Familien Kurella und Pinkus. Stefan Kurella, Jahrgang 1940, lebt in Berlin, Hauptstadt der DDR, als Hausmann, Medizinsoziologe, Übersetzer, Herausgeber von Aphorismen, Ethnologe, Bergsteiger. Seine Frau, Regina Junge, ist selbständigerwerbende Keramikerin. Die beiden haben zwei Kinder.

Stefan ist der Sohn von Alfred Kurella, Schriftsteller und SED-Kultur-Funktionär, der bei der Biermann-Ausweisung eine nicht unbedeutende Rolle spielte. Alfreds Bruder Heinrich Kurella, ist uns in diesem Buch schon mehrmals begegnet: Er war der «POL-Leiter» in Schöneberg und verschaffte Theo später in Zürich die Stelle als «legaler» RUNA-Redakteur. Heinrich Kurella wurde 1934 nach Moskau zurückgerufen. Er verschwand im Jahr 1937.

Amalie: «Bevor ich Alfred Kurella persönlich kennenlernte, kannte ich seinen Namen nur von seinem berühmten Buch ‹Mussolini ohne Maske› aus dem Jahre 1929, das wir damals alle gelesen haben und das uns grossen Eindruck machte.»

Theo: «Alfred Kurella kannte ich vor 1933 nur flüchtig. Als ich

Familie Kurella, Alfred mit seiner Frau Sonja, Regina Junge.

anfangs der fünfziger Jahre wieder in Berlin war, erkundigte ich mich bei seiner Frau nach dem Schicksal meines Freundes Heinrich. Sie sagte mir, Alfred werde in ein paar Monaten aus der Sowjetunion zurückkehren. Aus den immerhin sehr offenen Diskussionen mit Alfred über das Schicksal seines Bruders entstand eine ganz gute Freundschaft. Alfred wusste ja dann auch, dass Heinrich umgebracht worden war.»

Doch auch Alfred Kurella wusste zunächst nichts Genaueres. Man vermutete, Heinrich sei im Jahr 1937 zu fünf Jahren Verbannung verurteilt worden. Erst im August 1956, auf dem Rückweg von einer weiteren Kaukasusreise, erfuhr Alfred Kurella von Heinrichs Tochter Tanja, dass sein Bruder bereits im Jahre 1940 hingerichtet worden war. Sofort schrieb er an Theo:

«... Von ihr erfuhr ich, dass Heini im Dezember 1940 gestorben ist. Auf dem offiziellen Totenschein waren weder Ort noch Art des Todes angegeben. Ein anderes Dokument, das Tanja zugestellt wurde, enthielt die Mitteilung des Genossen Staatsanwalts, dass sein Prozess revidiert, das Urteil (posthum) wegen Abwesenheit eines Tatbestandes und angesichts neuer Tatsachen aufgehoben und er *völlig* rehabilitiert ist.»

Heinis erste Frau war nach Tanjas Mitteilung über diese Mitteilung eigentlich mehr erschüttert als früher über die andere; was nicht ganz unverständlich ist! . . .

Theo: «Alfred Kurella wurde später zum ‹Kulturpapst› der DDR. Er wurde Leiter des neugeschaffenen Instituts für Literatur in Leipzig, und da galt eine Zeitlang nur der sozialistische Realismus. Er vertrat also offiziell die kulturpolitische Linie der DDR und polemisierte gegen Picasso und Kafka, was ihm viele übelgenommen haben. Denn persönlich schätzte er ja die moderne Kunst, er hatte viele dieser Werke in seiner grossen Privatbibliothek. Das war schon ein Spannungsverhältnis, und einige warfen ihm dann auch Unehrlichkeit vor.»

Stefan: «Mein Vater ging schon immer seine eigenen Wege. Als nach dem Krieg Ulbricht und seine Leute unverzüglich nach Deutschland zurückkehrten, um die Regierung zu bilden, zog mein Vater genau in die Gegenrichtung, in den Kaukasus. Dort schrieb er, und meine Mutter baute ein kleines Regionalspital auf. Meine Eltern kamen erst später nach Deutschland zurück. Mein Vater hatte wirklich seinen eigenen Kopf.»

An die ersten Besuche Theos kann sich Stefan nicht mehr erinnern. Als Dreizehnjähriger kam er nach Deutschland und verstand kein Wort Deutsch – in der Familie wurde nur russisch gesprochen.

Stefan: «Für meinen Vater war Theo immer ‹was vom Schrecken› – mit seinen wirren Gedanken, verführerischen Büchern und Ideen. Mein Vater war ja Mitglied des Zentralkomitees und Vorsitzender der Kulturkommission, somit verantwortlich für die Kulturpolitik im ganzen Staat. Auch zu Hause hatte er Politik und Literatur ganz für sich gepachtet. Vor uns Kindern hat er nie offen über Zeitfragen gesprochen, weil er befürchtete, es werde gleich an der Oberschule weitererzählt. Im Familienkreis war er ebenfalls unheimlich dogmatisch, ‹Inoffizielles› gab es für ihn auch daheim nicht – ausser, wenn der Theo zu Besuch kam. Dann war das genau das Gegenteil. Es gab Widersprüche, und das fing mir an zu imponieren.»

Dr. Lore Kaim (-Kloock)

Theo lernte Lore Kaim, eine 38jährige Germanistin, im Jahre 1956 in Berlin kennen. Aus einer in erster Linie beruflichen Zusammenarbeit entstand eine tiefe Freundschaft und Liebe. Lore führte mit Theo einen intensiven Briefwechsel – er erhielt in wenigen Jahren mehr als hundert Briefe. Lore's Briefe geben uns Einblick in die wenig bekannten Fünfzigerjahre in der DDR. Sie sind aber auch Bekenntnis einer besonderen Liebesbeziehung, die in gewissem Sinne stellvertretend für andere Frauenfreundschaften von Theo stehen kann.

Erste Begegnung

Theo: «In Berlin wohnte ich meist bei meinem Bekannten aus der alten Berlin-Zeit, Robert ‹Bobbi› Deway. Er kam ursprünglich aus der sozialdemokratischen Partei und hatte in den dreissiger Jahren als Kommunist illegal gearbeitet. Bobbi und seine Freundin Erna haben uns noch 1936 in Zürich besucht. Kurz nachdem sie uns verliessen, wurde Bobbi verhaftet. In einem Hochverratsprozess wurde er zu 15 Jahren Zuchthaus verurteilt, kam aber glücklicherweise nicht in ein KZ, sondern in die Strafanstalt Brandenburg, wo später auch andere Genossen wie Erich Honecker und Robert Havemann sassen. Bobbi überlebte die Gefangenschaft, und nach dem Krieg wurde er Postdirektor des noch einheitlichen Berlins. Bobbis Freundin Erna war mit meiner früheren Freundin Lieschen befreundet, und durch Bobbi lernte ich dann auch Lore kennen. Er begleitete mich einmal zum Bahnhof, im Frühling 1956, und stellte mir dort Lore vor, die bis Nürnberg mit mir fahren werde.

Lore erzählte mir im Zug ihr merkwürdiges Schicksal. Sie war Halbjüdin und wurde von den Nazis aus der Schule geworfen. Sie arbeitete als Blumenbinderin und wurde später in eine Krankenhauswäscherei zwangsrekrutiert. Hier hatte sie Kontakt zu Antifaschisten. Nach dem Krieg kam Lore zur ‹Arbeiter- und Bauernfakultät› (ABF), in der politisch engagierte Leute in Schnellkursen auf Lehrerberufe oder akademische Stellen vorbereitet wurden, nach dem russischen Vorbild. Hermann Kant, auch Absolvent der ABF, schrieb darüber den Roman ‹Die Aula›. Zu dieser Generation von jungen, engagierten Menschen hatte ich eine sehr intensive Beziehung, es entwickelten sich lebenslange Freundschaften, gerade mit Rosmarie und Wolfgang Heise, Louis und Lotte Fürnberg in Weimar, Rosmarie Schuder und Rudolf Hirsch. Nun, Lore stand vor einem Dilemma, das sie mir auf der Bahnfahrt schilderte: Sie hatte die Wahl zwischen einer Anstellung als Uni-Dozentin oder als Cheflektorin beim damals noch selbständigen renommierten Verlag Rütten & Loening und musste sich nun entscheiden. Klar, zu was ich ihr geraten habe, schliesslich habe ich mit dem Buchhandel mehr zu tun als mit der Universität. Wir haben zusammen diskutiert, und sie wurde Verlagslektorin. So entwickelte sich zwischen uns eine interessante Freundschaft, immer eingebettet in diese Diskussionen ‹Was wäre interessant zu veröffentlichen? Was läuft bei Rütten und Loening? Was könnten wir gemeinsam machen?› Ich kannte die meisten Verlage ja schon von der Gründungszeit her, so auch Rütten & Loening.»

«Ungarn in der DDR»

Einen der ersten Briefe von Lore erhielt Theo im Oktober 1956, also gerade zur Zeit der grössten anti-kommunistischen Hetze in der Schweiz. Lore hörte von diesen Schwierigkeiten; sie schreibt Theo von den Auswirkungen der Ungarn-Ereignisse in der DDR:

«Die letzten Wochen waren wirklich scheusslich – in dreifacher Hinsicht quälend. Die politische Situation ist nach wie vor bedrohlich und die zunehmende Sturheit bei uns... deprimiert uns alle sehr. G. L. (Georg Lukács) wird als ‹Verräter› hingestellt. Ich hörte, dass er sich mit Nagy in der jugoslav. Botschaft aufgehalten haben soll. Über seinen jetzigen Aufenthalt gehen die Meinungen auseinander. Hier hat man Wolfgang H. [Harich] verhaftet und einige Leute mit ihm.

Du weisst, ich habe in mancher Hinsicht nicht viel von ihm gehalten, aber dass er ein Agent war, das glaube ich nicht, dann hätte er sich wohl etwas klüger benommen. ...

Das Schlimme ist, dass – zumindest durch die propagandistische Auswertung solcher Affären – die Antipathie gegen die ‹Intellektuellen› immer mehr geschürt wird.»

Lore selber musste vorsichtig sein: «Der Brief ist wirklich prosaisch», meint sie zum Schluss und schreibt dazu von Hand, kurz vor dem Einwerfen (in West-Berlin): «Um es genau zu sagen: Ich kann nicht schreiben, wenn ich weiss, dass vielleicht andere unsere Briefe lesen – gleich, wer es ist und was darin steht. Schon der Zensurgedanke macht meine Briefe hölzern und unfreundlich. Vielleicht verstehst du das.»

Am 16. Dezember vernimmt Theo die Fortsetzung der Affäre «H.»: «Du kannst Dir denken, dass die letzten Verhaftungen doch die Gemüter einigermassen bewegt hatten und es viele Diskussionen dazu gab und noch gibt. Dass die Verhaftung von Harich zu Recht vorgenommen wurde, wenn auch die Form der Ankündigung unmöglich war und viel zusätzlichen Ärger hervorgerufen hat, scheint mir jetzt doch sehr wahrscheinlich und kaum anzuzweifeln. Seine Pläne zur Regierungsumbildung hätte niemand allzu ernst genommen, wenn er in ihre Verbreitung nicht solch einen Ehrgeiz gesetzt hätte. Aber was sagt ihr zu Janka? Wahrscheinlich ist seine Verhaftung auf Angaben von Harich zurückzuführen. Du kannst Dir denken, dass sie viel Aufregung zur Folge hatte. ...»

Ernüchterung

Ein Jahr nach der Begegnung mit Theo beginnt Lore auch zu fragen, was er sich eigentlich zu ihrer Situation denkt – und erlebt eine erste Enttäuschung: «Du schreibst, ich könne mir ja denken, was du denkst – kein Gedanke daran. Meine Vorstellungen von dem, was Dich bewegt, sind ausserordentlich vage. Bei manchen Menschen, die mir ferner stehen, weiss ich das viel besser. Uli sagt, du hättest ganz bestimmt viel Herz und Gemüt, man würde es nur nicht so merken.»

Am 25. Mai 1957 gebärt Lore ihren Sohn Matthias. Nach langem ein zufriedener Brief: «Ich bin ganz stolz und finde, ich habe meinen Sohn gut gemacht. Nicht ganz allein – zugegeben – aber die Hauptsache! Er heisst übrigens Matthias Georg – Georg, weil die einzige Ähnlichkeit die ich finden kann, die mit meinem Vater ist. ...

Ich habe jetzt viel Zeit zum Nachdenken, auch über meine Freunde. Ich denke sehr freundlich an Dich und ohne Bitterkeit. Und bin fest entschlossen, für Dich immer einen Winkel meines Herzens frei zu halten und Dich nicht ganz zu verlieren. Immerhin hast Du in meinem Leben bisher zwei nur sehr kurze Gastrollen gegeben, aber sie waren dafür umso inhaltsvoller. – Ach, ich wünschte, ich hätte etwas mehr von Deinem Optimismus und Deinem Talent, Probleme leicht zu nehmen!» [30.5.57]

Lore muss wieder Geld verdienen: Sie willigt in den Vorschlag des Verlags ein, nach der Geburt ihres Kindes im Herbst wieder zu arbeiten. Im Verlag herrscht grosse Aufregung, Bücher werden zurückgezogen, einige Produktionen ganz gestoppt. Es sei ein grosses Durcheinander in Kunst- und Literaturfragen, schreibt Lore, und sie überlegt sich, ob sie was dazu schreiben soll: «... doch meine Stellung legt mir doch solche Fesseln an, dass ich keine grosse Lust habe. Ausserdem schreiben so viele, und alles ist so halbwahr, dass einem die ganze Lust vergeht. ... Die Arbeit ist momentan scheusslich schwer, immerzu wird gestrichen, teils wegen Devisen, teils wegen Papier.»

Einige halten die Unsicherheit nicht mehr aus. Der ehemalige sächsische Industrieminister, Mitglied der Parteileitung und grosse Masereel-Freund Gerhard Ziller begeht Selbstmord, unfassbar für viele damals, die ihn gekannt haben: «Erstaunlich, dass man den Selbstmord zugegeben hat. Jeder fragt, warum wohl? Für Dich, der Du ihn ja kanntest, wird es noch schwerer zu begreifen sein...»

Und im gleichen Brief ein ketzerischer Gedanke: «Manchmal stelle ich mir vor, was wohl aus Dir hier werden würde – einfach unmöglich.» [26. 12. 57]

Am 15. März 1958 teilt Lore aufgeregt mit, dass ihr Kollege Uli aus politischen Gründen entlassen wurde. Bald gerät Lore selber in den Strudel der Verdächtigungen. Sie hat das Gefühl, Theo habe zuviel geredet. In einem eilig hingekritzelten Brief am 14. Juni 1958 macht sie ihm Vorwürfe: «... auch ein Reisebrief – ich bin auf dem Weg nach Weimar. Aber diesmal kein freundlicher. Ich hab nämlich Ärger deinetwegen, oder genauer wegen meiner Briefe an Dich, die Du nicht diskret genug behandelt hast. Du hast ein bisschen vergessen, dass Zürich & Berlin nicht 2 Welten sind. Ich hoffe nur, dass es nicht schlimmer wird, dann wird es nämlich bös. Ich werde Dir das genau erklären, wenn ich Dich spreche, solange aber möchte ich Dich bitten, was ich schreibe wirklich als nur für Dich bestimmt (nicht für Söhne oder junge Kollegen) zu betrachten. Und versteh bitte, wenn in Zukunft meine Briefe nur das Notwendigste in privaten und geschäftlichen Mitteilungen enthalten werden.

Nimm es nicht so leicht, es kann ernst genug für mich werden. Und denk auch daran, dass Du von meinen Sorgen, Arbeit usw. nicht zu andern sprichst, Besuchern von uns oder Hans Z. usw. Du bist so schrecklich sorglos und Klatsch kann so viel Unheil anrichten. Ich selbst bin ja auch darin immer zu vertrauensselig – ...»

Die Briefe werden seltener. Amalie begleitet nun Theo an die Leipziger Messe und lernt Lore kennen. Lore schreibt Theo: «Deine Frau hat mir übrigens ganz aufrichtig sehr gut gefallen, sie hätte lieber schon vor 2 Jahren mit zur Messe kommen sollen...»

Abrechnung

Mit dem Kuraufenthalt nach einer schweren Operation im April 1960 in Bad Elster, findet Lore Zeit für eine kritische Abrechnung: «...das Bedürfnis, Briefe zu schreiben ist bei Dir – verständlicherweise – nicht mehr so gross. Ist ja alles schon so lange her!

Der genius loci hat mich doch zum Nachdenken und Zurückdenken angeregt. Meine guten Gefühle für Dich sind mit leisem Zorn gemischt. Zum Teil richtet er sich heute wie stets auch gegen mich und, könnte ich die letzten Jahre noch einmal leben, würde ich manches ein bisschen anders machen. Aber, Theo, ich will Dich in Deiner schönen Selbstzufriedenheit, und wo doch jetzt alles so wunderschön in Ordnung ist und wo die Ehe sicher noch neuen Auftrieb gewonnen hat, gewiss nicht stören.

Das letzte halbe Jahr war sehr schlimm, ich glaube, Du warst so sehr beschäftigt mit Deinen eigenen Dingen, dass Du nicht begriffen hast, worum es bei uns ging bzw. noch geht. Wie sehr ich unter unserer sektiererischen und wissenschaftsfeindlichen (in mancher Hinsicht) Kulturpolitik zu leiden habe. Ich habe zur Zeit allen Mut verloren und auch die Freude an der Arbeit. ...Ich würde gern so schnell wie möglich kündigen.

Manchmal denke ich, wieviel Du wirklich an andere Menschen denkst, was Du wohl merkst. Vielleicht beruht das Geheimnis Deiner grossen Aktivität und Energie auch ein wenig darauf, dass Du halt doch sehr egozentrisch bist. Hast Du eigentlich empfunden, wie unglücklich ich seit meiner Krankheit im Herbst war? Gewiss nicht.

Ich habe das stets als sehr bezeichnenden Zug Deines Wesens empfunden. Auf der andern Seite ist mir in diesen Wochen auch wieder eingefallen, wieviel ich Dir zu verdanken habe – Wissen, Bücher und, nicht zuletzt, das Gefühl, nicht so ganz allein und verlassen zu sein.» [8.4.60]

Theos Antwort: Schweigen.

Zwei Monate später liegt Lore wieder im Spital, als Notfall. Am 9.8.1960 schreibt Lore: «Schrecklich krank gewesen, 14 Tage, jetzt geht es wieder. Ich dachte, ich sterbe, so war mir. Aber wozu DIR das erzählen, da du ja kein Herz hast und überhaupt nicht, wenn man krank ist! (Weiss ich aus langjähriger Erfahrung.) Deine einzige Reaktion ist: gottseidank, *meine* Frau ist (fast) nie krank! und freust Dich Deiner klugen Gattenwahl. So bist Du! ...

Versuch mal, etwas Mitgefühl mit mir zu haben!»

Lore quittiert ihre Stelle und zieht sich aus gesundheitlichen Gründen ins Privatleben zurück. Den nächsten Brief schreibt sie am 12. August 1961, einen Tag vor dem überraschenden Bau der Mauer: «Aus unsern Ferienplänen wird nichts. Die gespannte polit. Situation macht sich zur Zeit doch sehr bemerkbar in Berlin, besonders durch die Grenzgängerfrage, Wahlen, Republikflucht usw. Ich bin seit Jahren nicht so deprimiert gewesen.... Der Radikalismus feiert zuweilen bei diesen Gelegenheiten wieder einmal Triumphe.»

Über die Lösung dieser Fragen schreibt sie am andern Morgen: «Mein Lieber, seit gestern hat sich hier ja einiges ereignet und wir hatten einen bewegten Sonntag. Persönlich ist die neue Regelung sehr schmerzlich, besonders für meine Mutter.

Heute Nacht bin ich ganz allein, Matthias noch bei meiner Mutter, Uli an der Grenze! Es ist alles ziemlich scheusslich, finde ich.»

Einige Wochen später fährt Lore mit Sohn und Ehemann nach Budapest, wo dieser im diplomatischen Dienst als Kulturattaché tätig wird. Sie kann sich endlich einen Wunsch erfüllen: Sie leitet als Dozentin an der Universität von Budapest ein Seminar über «Sturm und Drang». Daneben kümmert sie sich weiter um ihre literarischen Projekte, lektoriert für den Verlag Rütten & Loehning, der inzwischen vom Aufbau-Verlag übernommen wurde. Gesundheitlich geht es Lore immer schlechter. Im Februar 1964 kündigt sich eine weitere Operation an. «Ich habe es gerade heute erfahren. Dieselbe Geschichte wie bei Deiner Frau. Ich bin irgendwie auf das Schlimmste gefasst und rechne mit allen Möglichkeiten.»

Kurz nach Jahreswechsel stirbt sie 1965 in Budapest im Spital, erst 47jährig.

Liebe, Ehe, Sozialismus...

Amalie und Theo leben nun seit mehr als einem halben Jahrhundert zusammen, verheiratet seit bald fünfzig Jahren, und «manchmal immer noch verliebt», wie Theo sagt. Wie war denn das mit der Liebe ausserhalb der Ehe, oder im heutigen Sprachgebrauch gefragt, wie war das mit den Beziehungsproblemen? Wir haben mehrmals darüber gesprochen, oft nur zu zweit, dann auch zu dritt.

«Es tut mir jedesmal weh» – im Gespräch mit Amalie

«Natürlich habe ich jeweils gespürt, wenn Theo etwas mit einer anderen Frau hatte. Nicht, dass ich alle seine Liebschaften mitbekommen hätte. Es war ja fast ein Dauerzustand, der mir ehrlich nicht immer so bewusst war – ich wusste nicht von jeder Freundin. Theo hat nicht erzählt, ‹ich habe jetzt mit der und der geschlafen›, er hat einfach viel von der gleichen Frau erzählt, was sie arbeitet, politisch und beruflich macht, was für tolle Projekte er mit ihr hätte, und so habe ich mir dann schon meinen Teil gedacht.

Bei mir ist das halt einfach anders. Ich hatte das nicht erwartet, dass Theo immer wieder eine andere Freundin neben mir hielt. Wenn Theo sich in den ersten fünf Jahren unserer Bekanntschaft, als wir noch nicht verheiratet waren, so ähnlich verhalten hätte wie später, ich bin sicher, wir hätten nie zusammen Kinder gehabt. Aber, und das muss ich mir zugute halten, ich hatte nie einen Hass auf diese Frauen. Ich dachte immer, das ist ein Problem zwischen Theo und mir und nicht zwischen mir und diesen Frauen. Ich habe die Freundinnen von Theo nicht als Konkurrentinnen oder Nebenbuhlerinnen angeschaut oder so erlebt. Und eigentlich hatte ich auch keine Schwierigkeiten mit diesen Frauen, einige fand ich ganz sympathisch. Aber ich hatte kein Bedürfnis, mit ihnen befreundet zu sein. Und mit Theo habe ich sehr ernst geredet. Seine verschiedenen Liebschaften haben mich schon verletzt, vor allem dann, wenn er damit so aufschnitt, wie fortschrittlich und toll das alles wäre. Für mich war es auf jeden Fall nicht toll, und ich denke, es war auch für einige dieser betroffenen Frauen nicht toll.

Ich habe mit Theo schon so viel über diese Probleme geredet, und eigentlich sind wir noch immer am gleichen Punkt. Er ist so von sich und seiner Einstellung überzeugt, dass er in dieser Beziehung überhaupt keine Fortschritte macht. Er findet, alle sollten so sein wie er. Auch ich sollte mir womöglich einen intimen Freund zulegen – doch wie das herausgekommen wäre, damals, als die Kinder noch klein waren, ich weiss nicht...

Auch Trudi Hügi, die ja durch die verschiedenen Korrespondenzen bestens über Theos Freundinnen orientiert war, sagte oft zu mir: ‹Schaff Dir doch auch einen Freund an!› Aber das konnte und wollte ich nicht. Einmal wollten sie mir sogar einen zuhalten – das habe ich dann schon gar nicht ertragen. Wenn ich einen Freund will, suche ich ihn mir selber aus, aber nicht, weil er zufälligerweise der Mann der neuen Freundin von Theo ist.

In den entscheidenden Jahren, als ich mir eine Freundschaft mit einem anderen Mann noch hätte vorstellen können, hätte ich mich von Theo getrennt, das wäre klar gewesen für mich. Ich kann das nicht, zwei intensive Freundschaften nebeneinander aufrecht erhalten. Ich habe das acht Tage lang gemacht, noch vor meiner festen Freundschaft mit Theo, und bin dabei fast draufgegangen. Ich kann das nicht. Theo meint, er könne das. Er kann es vielleicht für sich arrangieren, aber nicht für die Betroffenen.

Theos Freundinnen sind und waren meist intellektuelle Frauen. Das ist für Theo einfach sehr wichtig, und das fehlt ihm offensichtlich bei mir. Theo war immer gerne um Intellektuelle, schon als wir uns kennenlernten. Er ist halt auch in einem intellektuellen Milieu aufgewachsen. Diesbezüglich habe ich also schon irgendwie einen Minderwertigkeitskomplex. Vielleicht habe ich Theo in dieser Beziehung zu wenig gegeben, doch das wird er nie zugeben. Theo sagt, er liebe mich halt auf seine Weise. Das ist mir auch klar, wir sind verschiedene Menschen, und er kann mich ja nur so lieben, wie er wirklich ist. Es wäre falsch, wenn er sich verstellen würde. Trotzdem leide ich darunter, und Theo weiss das. Wenn er mich weiterhin verletzt, ist das sein Problem. Er kennt ja meine Ansicht.

Was sollte ich machen? Weggehen oder ihm solche Beziehungen zu andern Frauen verbieten? – Ich habe mir oft überlegt, ob ich mit den

Kindern ausziehen sollte. Habe abgewogen, ein Leben mit Theo, ein Leben ohne Theo. Daran habe ich lange herumstudiert, ein paar Mal. Und kam immer wieder zur Ansicht, dass es eigentlich so besser ist. Und natürlich spielten früher auch unsere Kinder eine Rolle: Hätte ich allein für sie sorgen können? Dabei dachte ich überhaupt nicht nur ans Materielle – ich bin sicher, dass Theo seine Alimente bezahlt hätte – doch hätte er sich dann noch um seine Kinder gekümmert? Er hat sich ja jetzt schon nicht sehr um sie bemüht. Manchmal war es mir richtig verleidet. Zum Beispiel nach meiner Brustoperation. Da kam er kurz nach der Operation ins Spital und reiste dann gleich ab nach Berlin. Das hat mich sehr getroffen. Ich meinte eine Zeitlang, Theo nicht mehr zu lieben. Ich dachte, jetzt stirbt unsere Beziehung langsam ab. Doch nach seinem schweren Unfall mit dem Moped, als ich ihn bewusstlos im Spital aufgebahrt liegen sah und um sein Leben bangte, da spürte ich, dass ich diesen Mann doch sehr gerne hatte. Bei meinem zweiten Besuch dann – wir waren immer noch sehr um ihn besorgt und wussten nicht, ob er gelähmt bleiben wird –, da erwacht er, sieht mich an seinem Bett und fragt als erstes, was mit seinem Moped passiert sei! Ich konnte ihn beruhigen, Marco und André hatten es auf Rollschuhen abgeschleppt und nach Hause gebracht. Theo war sich wieder einmal nicht bewusst, wie sehr wir alle um ihn besorgt waren.

Denn schliesslich habe ich Theo ja auch gerne. Er hat auch seine sehr guten Seiten. Seiten, die ich bei meinen früheren Freunden vermisst habe, und die wohl auch ein Grund sind, warum Theo für andere Frauen so attraktiv ist. Unsere Beziehung hat uns gegenseitig viel gegeben. Und was für mich auch wichtig war und ist: Theo hat mir immer meine Unabhängigkeit gelassen.

Ich will Theo nicht zwingen, sich anders zu verhalten, ihm Beziehungen zu andern Frauen verbieten. Er soll nicht unter Druck bei mir bleiben müssen. Ich bin keine Sklavenhalterin. Mein Begriff von Freiheit und Beziehung hat schon etwas anarchistisches: Die Beziehung muss freiwillig sein. Realität aber ist für mich, dass ich immer wieder darunter leide, wenn Theo eine intensive Freundschaft zu einer andern Frau hat. Es ist bitter, immer wieder. – Und Reden bringt nichts. Theo kann mir noch so viel erzählen, wie progressiv und fortschrittlich seine Haltung ist, für mich stimmt es nicht. Ich kann versuchen, seine Ansichten vernunftmässig zu verstehen, doch mein Gefühl sagt mir etwas anderes: es tut mir jedesmal weh. Und so beharre ich in diesem Punkt auf meiner Einstellung. Wenn Theo sein Verhalten fortschrittlich findet, dann verstehe ich halt etwas anderes unter Fortschritt als er.

Ich habe gerade jetzt das Stück ‹Offene Zweierbeziehung› von Franca Rame und Dario Fo gelesen, es hat mir sehr gut gefallen. In vielem habe ich unsere Situation wiedererkannt. Es war wichtig für mich zu sehen, es geht nicht nur mir so. Lange hatte ich das Gefühl, ich sei einfach eine vom letzten Jahrhundert, eine konservative Frau in dieser Beziehung. Doch das Stück zeigt, viele Frauen machen die gleichen Erfahrungen, auch jüngere und ‹moderne›. Die Lektüre hat mir wieder viel Selbstvertrauen gegeben.»

Aus dem Stück «Offene Zweierbeziehung» von Franca Rame und Dario Fo:

FRAU *(zum Publikum)*   Es muss einmal gesagt werden: Die offene Zweierbeziehung hat ihre Nachteile! Die Hauptregel heisst: Soll die offene Zweierbeziehung funktionieren, dann darf sie nur nach einer Seite hin offen sein: Nach der Seite des Mannes! Denn falls die Beziehung nach beiden Seiten geöffnet wird, entsteht Durchzug!

«Die Erotik ist die treibende Kraft unseres politischen Engagements» – im Gespräch mit Theo

«Die Beziehungen zu andern Frauen, Genossinnen, die zum Teil für mich sehr eindrucksvoll waren, sind meistens in einer politischen Zusammenarbeit begründet gewesen. Jahrelang habe ich mit einer Genossin zum Beispiel den ‹Warenhausspiegel› gemacht und mich dann auch mit ihr befreundet. Oder auch die Beziehung zu Lore – die war eingebettet in die interessante Verlagsarbeit in Berlin. Meine Freundschaften zu Frauen waren also immer eng verbunden mit meinem politischen Leben. Ich bereue keine einzige dieser Beziehungen. Trotzdem ist in meinem Bewusstsein die Beziehung zu Amalie wirklich der dauernde Höhepunkt geblieben, auch heute noch. Es ist eine Tatsache, dass Amalie und ich bezüglich Liebesbeziehungen eine andere Auffassung haben. Und ich weiss, dass es für Amalie eine schwere Belastung ist und immer war. Aber eines ist klar: Amalie hat bei mir immer die erste Rolle gespielt. Bis heute hat nur eine Freundin einmal mit Amalie darüber geredet und im gewissen Sinn einen Anspruch erhoben.

Ich bemühe mich immer um Offenheit, Ehrlichkeit und Nicht-Verletzung des Partners. Das Argument des Betrugs gibt es für mich nicht, das ist bürgerlicher Unsinn. Natürlich hängt das auch zusammen mit der sexuellen Sozialisation – wie ist ein Mensch erwachsen geworden, wie stark ist die Monogamie verinnerlicht, wie stark werden Konventionen und gewordene Lebensformen als Gefühle verinnerlicht. Wenn ich aber sage, unter diesen Umständen verzichte ich auf andere Liebesbeziehungen, dann steht Amalie auch unter dem Druck, dass sie mich einschränkt, und das will sie ja auch nicht. Die ganz gleiche Freiheit würde ich ihr natürlich absolut auch geben – ich habe ja gar keine Berechtigung, sie zu geben oder nicht. Obwohl ich ja nie eine handfeste Probe hatte – ich kann schwören, dass ich das absolut akzeptiert hätte, wenn Amalie auch Beziehungen zu andern Männern gehabt hätte. Ich habe das auch bei meinen Freundinnen immer akzeptiert, wenn sie noch andere Freunde hatten.

Gewiss, die Männer-Herrschaftsverhältnisse haben auch bei uns funktioniert. Es war meine Entscheidung, die Bude aufzuziehen, und so habe ich mich hauptsächlich darum gekümmert. Und Amalie trug die Hauptlast des Haushaltes, das ist mir klar. Aber wie soll ich über meinen Schatten springen? Ich behaupte, dass diese Ungleichzeitigkeit in der Frage der Beziehungen und der intimen Sexualität Ausdruck unserer Zivilisation ist, die durch die Männerherrschaft so entstanden ist, und aus dieser können wir nicht einfach so herausspringen. – Müsste ich denn aus dieser Erkenntnis heraus monogam leben? Ich habe doch die Erkenntnis, dass dieser gesellschaftliche Zustand zwischen Mann und Frau nicht in Ordnung ist. Dann muss ich doch dort, wo ich diese Verhältnisse überwinden kann – siehe Genossenschaft, siehe Parteiarbeit –, versuchen, diesen Zustand zu verändern.

Es gibt ja nichts vernünftigeres, als politische Aktivitäten zu verstärken, zu entwickeln oder gar erst zu erfinden mit zwei, drei Menschen, und insbesondere auch mit dem Gleichklang und der Anziehungskraft, welche die Erotik bringt. Das vertrete ich ganz offen: Dass das erotische Moment die treibende Kraft unseres politischen Engagements ist. Erotische Anziehungskraft und sexuelle Lust sind doch ein lebenswichtiges Moment. Das ist meine Überzeugung. Die Erotik, die Sexualität, das sind die Elemente, die überhaupt Perspektive geben für das menschliche Leben. Und das ist sozusagen das Bekenntnis zu meinen Freundschaften.

Die Standpunkte bleiben verschieden

Die Zweierbeziehung und die Monogamie ist für mich nicht das Einzige. Wenn ich von einer Entwicklung des Menschen ausgehe in Richtung einer freieren Gesellschaft, so bin ich der Meinung, dass wir Kurs nehmen müssten auf eine vollkommene Gleichberechtigung von Mann und Frau, Enttabuisierung der Sexualität und Überwindung weiterer kapitalistischer Barrieren.

Wenn wir nicht behaupten wollen, dass die Zweierbeziehung ein göttliches Gesetz ist oder unveränderlich im Mensch-Sein steckt, dann müssten wir in der Perspektive der Befreiung von all unseren herrschenden Zwängen sehen, dass auch in dieser Frage eine Freiheit bestehen wird.»

Amalie: «Doch im Moment beherrschen uns diese Zwänge noch, und die Freiheit haben wir nicht. Die besteht zur Zeit nur für die Männer.»

Theo: «Trotzdem kann so eine Perspektive für eine sozialistische Weiterentwicklung richtungsweisend sein.»

Amalie: «Kann sein, aber jedenfalls nicht im Zusammenhang mit unserer Liebesbeziehung. Ich lebe jetzt, und ich kann da nicht so an die Zukunft denken. Ich sehe, wie auch die jungen Frauen die genau gleichen Schwierigkeiten haben, auch junge Männer, die sind trotz offener Beziehungen nicht glücklicher, trotz Müttern, die ihre Kinder alleine aufziehen. – Deine Ansicht ist einfach idealisiert. Klar bin ich auch für eine Veränderung und Weiterentwicklung des Menschen. Es braucht gesellschaftliche Veränderungen, gerade beim Aufziehen der Kinder, bei der Mutterschaftsversicherung zum Beispiel.

Auf jeden Fall sind die Frauen nach wie vor benachteiligt, du kannst das drehen wie du willst.»

Theo: «Mir ist klar, dass eine männerherrschaftliche Haltung in keiner Weise fortschrittlich sein kann. Das heisst aber nicht, dass es nicht bereits heute Ansätze zu einem freieren Umgang mit der Sexualität und mit Beziehungen gibt. Das ist eine Frage der Entwicklung, der Einstellung und der Bewältigung von Verstand und Emotion.

Immerhin gibt es heute viele Frauen, die eine gute, historisch gewachsene Beziehung nicht aufgeben – Du ja auch nicht –, nur weil der Mann noch eine andere Beziehung hat. Und diese kann ja auch wieder ihre Bedeutung für den andern Partner haben. Wenn wir in unserer Entwicklung der individuellen und sexuellen Freiheiten weiter wären, dann wäre die Zweierbeziehung für viele Frauen nicht so verinnerlicht, wie sie es heute ist.»

Amalie: «Aber weiterhin wird es biologische Unterschiede geben: Die Frauen bekommen schliesslich die Kinder. Und das bedingt auch eine stärkere Bindung an den Mann und Vater, auch wenn der das hundert Mal nicht einsehen will.»

Theo: «Es gibt auch Mütter, die noch andere Beziehungen haben, und der Vater nicht – und er akzeptiert das. Wenn in einer idealen Beziehung durch die Gemeinsamkeiten in der Arbeit, der politischen Überzeugung, des ganzen Komplexes einer Beziehung neben dieser noch andere Bindungen möglich sind und bestehen können, dann bedeutet dies doch eine Befreiung für beide Geschlechter. Woher kommt denn eigentlich die Idee, dass wir die Liebe monogam zu geniessen hätten?»

Amalie: «Das ist nirgends bestimmt, nicht mal in meinem Kopf, aber Du machst aus dem Gegenteil einen Kult. Ich schaue, was macht mir das aus, und es macht mir was aus, das ist meine Realität.»

Theo: «Aber genau dieses ‹ausmachen› ist ja nicht etwas göttliches, sondern ein langwieriger gesellschaftlicher Prozess. Immerhin, wir sind doch in dieser Problematik heute schon weiter, erstens, wir reden darüber – früher hat man nicht mal darüber geredet – und zweitens, wir versuchen jetzt, auch danach zu handeln, und zwar so, dass es vernünftig ist und menschlich unsere Kreativität fördern kann. Wenn eine Frau mit zwei Männern leben kann, diese liebt, und alle drei eine grosse Kreativität entwickeln, ist das genauso legitim, wie wenn eine Frau das nicht will.»

Amalie: «Auffallend ist aber doch, dass ältere Männer viel eher eine jüngere Frau finden, mit der sie Projekte und auch eine Beziehung aufbauen können als etwa Frauen. Wenn du jünger bist, hast du als Frau drei Kinder am Hals, musst du hart arbeiten, um die Familie durchzubringen, und dann bist du verbraucht. Ich hätte früher ja überhaupt nie Zeit und Gelegenheit gehabt, eine weitere Beziehung zu pflegen.»

Theo: «Das mag stimmen. Viele ältere Frauen aus meinem Bekanntenkreis leben tatsächlich in einer festen Beziehung mit nur einem

Amalie und Theo, zuhause, 1983. Foto: Barbara Klemm.

Mann zusammen, oder alleine. Sicher ist das auch eine zivilisatorische, männerherrschaftliche Erscheinung. Aber meine Beziehung zu andern Frauen ist doch nicht nur darauf zurückzuführen, dass sie jünger sind als ich.»

Amalie: «Natürlich nicht. Aber jüngere Frauen sind aktiver und tatkräftiger, und daher für dich auch interessanter.»

Theo: «Ich hätte auch früher nichts dagegen gehabt, wenn Du noch einen Freund neben mir gehabt hättest. Ich hätte das akzeptiert, da bin ich sicher.»

Amalie: «Theoretisch ist alles wunderbar, aber in der Praxis sieht alles anders aus. Besonders, wenn noch Kinder da sind. Da wird gleich alles komplizierter.»

Theo: «Wie ich konkret gehandelt hätte, weiss ich natürlich nicht – jedenfalls ist das meine Einstellung. Du wolltest keine andere Beziehung, und so musste das natürlich Theorie bleiben.»

Amalie: «Ich hatte einfach keine Lust, noch einen andern Freund zu haben.»

Theo: «Da kann ich doch auch nichts dafür, wenn diese Typen für Dich alle unattraktiv waren.»

Amalie: «Jetzt bekommst Du gleich wieder den Grössenwahn. Du seist der Beste von allen! Du bist gar nicht so ein Supertyp, aber ich habe Dich gerne, das ist alles.»

Die sechziger Jahre

I968 – Symbol des Aufbruchs, nicht nur auf den Strassen von Paris, Berlin, Zürich. Zeit auch des individuellen und gemeinsamen Aufstandes gegen das «Establishment», gegen die Spiesser und gegen die eigenen bourgeoisen Eltern. Warum sollte linken Eltern nicht gleiches passieren?

In der Familie Pinkus gab es diesen Generationenkonflikt nicht. Die Söhne engagierten sich wie ihre Eltern, teilweise in den gleichen, teilweise in anderen Organisationen, Gruppen, Gemeinschaften. Und da war höchstens das Problem der Konkurrenz, nicht das der Bevormundung.

Wir fragten André, inzwischen auch verheiratet und Vater dreier Kinder, ob es denn in dieser Familie nie Konflikte gab, etwa über unterschiedliche politische Auffassungen?

André: «Wir hatten eigentlich nie Streit wegen politischen Ansichten. Sicher haben wir mehr in Frage gestellt als Theo, aber so unähnlich waren sich unsere politischen Ansichten nicht. Auch die ‹Pubertätspüffer› waren nicht so ein Problem.

Und die Konflikte zwischen Theo und Amalie – die es gegeben hat – habe ich praktisch nicht mitgekriegt. Marco war da vielleicht sensibler. Aber ich habe nie viel von persönlichen Auseinandersetzungen gespürt. Ich war voller Vertrauen und naiv. Richtiger Krach oder heftige Auseinandersetzungen waren bei uns einfach tabu.

Meine Eltern pflegten in ihrem unbürgerlichen Leben natürlich eine bürgerliche Wohlanständigkeit. Das hängt wohl auch mit dieser sozialistischen Ethik zusammen, dass man ein anständiger Mensch ist, nicht unanständig redet, immer motiviert ist, nicht trinkt, keine Drogen nimmt. Und das färbte natürlich auch auf uns Kinder ab. Dennoch kamen die andern Kinder immer zu uns, weil man hier ungestört spielen durfte. Es war irgendwie freier, offener bei uns. In andern Familien durftest du dich ja kaum bewegen. Ich fühlte mich als Kind nie als Aussenseiter, fand leicht Kontakt zu andern, war nie isoliert. Ich habe mich auch nie als Jude empfunden, ich habe das gar nicht realisiert. Wir wurden ja total areligiös erzogen. Bei Felix war das vielleicht ein bisschen anders, ihn hat auch die ganze Ungarn-Sache mehr belastet als mich. Er wurde in der Schule deswegen verprügelt, ich nie.

Ich wollte nicht in der Buchhandlung arbeiten, wollte etwas ganz anderes machen als Theo oder Marco. Das war wohl meine Form von Absetzung, von Protest, meine Abrechnung. Ich habe sicher so viele Bücher gelesen wie Marco, aber ich wollte einen handwerklichen Beruf lernen. Und so habe ich Elektriker gelernt. Meine Lehrstelle suchte ich noch während des letzten Schuljahres, zusammen mit einem Freund. Die Eltern hatten dazu nichts zu sagen. Bis zum Ende der Lehrzeit wohnte ich zuhause. Marco zog schon bald in ein Zimmer oberhalb der ‹Bude›.

Schon früh begann ich dann mit der Filmerei und arbeite jetzt als freier Filmtechniker. Meine Kenntnisse als Elektriker waren in der ‹Politscene› sehr gefragt, Handwerker wurden immer gesucht, von Salecina über die ‹Ropress› bis zum Frauenhaus. Überall habe ich die elektrischen Installationen gemacht, gratis natürlich.

Marco war eigentlich eher Theos Kind, Felix war Amalies Kind. Bei mir waren beide oft fort. Vielleicht habe ich deswegen keine Schwierigkeiten mit meinen Eltern gekriegt. Wir Brüder haben uns ziemlich weit auseinandergelebt. Wir sehen uns ab und zu, aber selten. Bei Marco kann ich es verstehen, wir hatten viel Krach in unserer Kindheit, und ich zog immer den Kürzeren. Marco hatte sicher viel mehr Schwierigkeiten mit Theo als ich – schon wegen seiner Rolle in der Buchhandlung und der späteren Vergenossenschaftung. Im 68 waren wir noch häufiger zusammen, Marco und ich. Wir gehörten schon zu den Alten, den ‹Senioren›. Felix hing schon auch im Bunker herum, war aber eigentlich nicht dabei. Er ist mehr auf die Hippie-Bewegung abgefahren. Die politische Militanz war nicht seine Sache, was ihn nicht hinderte, in seinem persönlichen Leben konsequent und in gewissem Sinne auch militant zu sein.»

Die Vorboten der 68-er Revolte: Die Ostermärsche

Für Theo und Amalie, wie auch für ihre Söhne, war die Bewegung gegen die Atomrüstung eine logische Fortsetzung ihres früheren Enga-

Amalie und Theo in Andelfingen, zusammen mit weiteren Teilnehmern des Ostermarsches 1966.

gements in der Friedensbewegung. Die nach dem zweiten Weltkrieg entstandene Weltfriedensbewegung umfasste Menschen unterschiedlichster Herkunft, Weltanschauungen und Glaubensbekenntnisse, vielfältigster politischer Richtungen und Überzeugungen. Nach einem «Weltkongress der Kulturschaffenden zum Schutz des Weltfriedens» in Wrozlaw, im Jahre 1948, fand ein Jahr später gleichzeitig in Paris und Prag der «1. Weltfriedenskongress» statt. Unterstützt wurde diese Bewegung hauptsächlich von den sozialistischen Staaten und den kommunistischen Parteien im Westen, als Gegenpol zur «Kalten Kriegs-Doktrin» des amerikanischen Präsidenten Truman.

Der Weltfriedensrat organisierte weitere Weltfriedenskongresse, 1950 in Warschau, 1952 in Wien, 1954 in Stockholm. Theo war in Warschau, Stockholm und 1955 in Helsinki mit der Schweizerdelegation. Die Familie Pinkus war zweifellos ein treues Mitglied der Weltfriedensbewegung.

Viele Menschen fühlten sich angesprochen vom berühmten «Appell des Weltfriedensrates», der 1950 in Stockholm zur Vorbereitung des Warschauerkongresses tagte: Er rief zu einem Verbot der Atomwaffen auf. Für diese Kampagne wurden auf der ganzen Welt mehr als 500 Millionen Unterschriften gesammelt.

Amalie: «Für den ‹Stockholmer Appell› gegen die Atombombe haben wir uns sehr engagiert. Obwohl Marco erst zwölfjährig war, sammelte er am meisten Unterschriften. Das motivierte ihn für seine späteren Aktivitäten gegen die Atomrüstung. Auch André engagierte sich in der Friedensbewegung. Er nahm 1961 am berühmten Marsch von Aldermaston teil – von der Wasserstoffbombenfabrik bei Aldermaston nach London –, den die ‹Campaign for Nuclear Disarmement› organisierte.»

Theo: «Die schweizerische Anti-Atom-Bewegung war für uns eine legitime Fortsetzung des ‹Stockholmer Appells›, des Kampfes gegen die Atomwaffen. Natürlich gab es für uns bereits damals das Problem, dass es ja auch Atomwaffen in der Sowjetunion gab. Doch wir Kommunisten empfanden das eher als Beruhigung. Hingegen mussten diese Widersprüche innerhalb der Bewegung ausgetragen werden, die ja grundsätzlich gegen alle Atomwaffen war, unabhängig davon, wo diese standen. Wir vertraten einfach den Standpunkt, wenn die andern Atommächte begännen, ihre Atomwaffen zu vernichten, dann würden die Sowjets das auch tun.

Die Anti-Atombewegung stand ganz unter dem Einfluss des damals noch trotzkistisch orientierten Heinrich Buchbinder, des früheren Herausgebers des ‹Arbeiterwortes›. Wir hatten da natürlich unsere Reserven, doch Buchbinder nahm alles sehr initiativ in die Hände.»

Amalie: «Unsere ganze Familie war von Anfang an mit voller Überzeugung dabei. André war von Aldermaston tief beeindruckt, er hatte erlebt, welche Kraft und Wirkung eine so grosse Demonstration mit Tausenden von Teilnehmern auslöste. Natürlich waren die ersten Ostermärsche in der Schweiz bescheidener. Da nahmen einige hundert Personen daran teil. Wir fehlten bei keinem Ostermarsch. Vom ersten bis zum letzten waren wir dabei, auch beim ‹berühmten›, der von Biel nach Bern führte. Da kam es zur Konfrontation zwischen Buchbinder und denen, die den Kampf gegen den Vietnamkrieg der USA in die

Diskussion einbeziehen wollten. – Über die Atomkraft machten wir uns aber noch gewaltige Illusionen. Unsere Losung war ‹Nieder mit den Atomwaffen – für die friedliche Verwendung der Atomenergie›. Da glaubten wir noch fest daran, dass die Atomenergie etwas Gutes sei und nur nicht für militärische Zwecke verwendet werden dürfe.»

Theo: «Da gab es den alten Elektroingenieur Schönenberger, der fast auf jeder Versammlung gegen unsere Losung auftrat. Die friedliche Verwendung sei eine absolute Illusion, meinte er, denn erstens könne die Atomenergie auch bei der friedlichsten Einrichtung immer für Atomwaffen benutzt werden, zum zweiten sei diese Energie selber derart gefährlich und ihre Folgen unkontrollierbar, dass man sie grundsätzlich ablehnen müsse. Wir betrachteten diesen Mann mehr oder weniger als ‹Maschinenstürmer›. Er verfasste sogar Broschüren über die Gefährlichkeit der Atomenergie, und ich habe sie nicht mal aufbewahrt.

Die Ostermärsche waren natürlich auch eine grossartige Gelegenheit für einen Grossverkauf des ‹Zeitdienst›. Wir machten jeweils eine Sondernummer und verkauften davon mehrere hundert Exemplare. Auch an der Vorbereitung war der ‹Zeitdienst› zum Teil beteiligt. Das wichtigste Organ dieser Bewegung war allerdings das ‹Anti-Atom-Bulletin›.

Bei den Ostermärschen fanden wir auch Kontakt zu vielen jungen Leuten, die wir vorher nicht persönlich kannten. Wir lernten Hansjörg Braunschweig kennen, der eine so aufrechte Haltung in der SP einnimmt. Aber auch viele alte Sozialisten und Pazifisten trafen wir wieder auf diesen Märschen. Überhaupt kamen uns die religiösen Sozialisten und pazifistische Kreise als Mitkämpfer, Kameraden und Genossen wesentlich näher als je zuvor.

Atominitiativen

Im Zusammenhang mit den Ostermärschen und den Plänen der Militärs für eine Atombewaffnung kam es zu den beiden Atominitiativen. Die Atominitiative 1 wollte die Produktion, Einfuhr und Anwendung von Atomwaffen absolut verbieten. Der VPOD und andere Gewerkschaftsgruppen unterstützten diese Initiative, doch von der SP wurde sie sabotiert. Ihr war die Formulierung zu rigoros. Die SP wollte keinesfalls militärfeindlich dastehen, sondern den Schweizern die bestmöglichen Waffen zur Verfügung stellen. Bringolf inszenierte dann auf dem Parteitag in Luzern ein Spaltungsmanöver, indem er die SPS veranlasste, eine eigene Initiative zu lancieren. Und zwar in dem Sinne, dass das Parlament über die Einführung von Atomwaffen entscheiden müsse! Das war dann die Atominitiative 2.

Die erste Atominitiative hatte doch Eindruck gemacht. 35 Prozent der Stimmbürger sprachen sich dafür aus. Wir unterstützten dann wohl oder übel auch die zweite Atominitiative, doch sie hatte geringeren Erfolg. Immerhin war aber die Bewegung so stark, dass sich auch in Politikerkreisen ein gewisser Widerstand breit machte und sich somit die Militärclique, die die Atomwaffen unbedingt einführen wollte, nicht durchsetzen konnte.»

Die Anti-Atombewegung war in der Schweiz ein bedeutender Schritt zur Politisierung der jungen Arbeiter und Studenten, die ihren ersten Höhepunkt beim Zürcher «Globus-Krawall» 1968 fand. Auf dem letzten Ostermarsch 1967 von Biel nach Bern, mit über 2000 Teilnehmern der grösste überhaupt, wurde der Graben zwischen den alten Pazifisten und den jungen Aktivisten unüberwindbar. Gegen den Willen der ehemaligen Ostermarsch-Initianten beherrschte der Vietnamkrieg die politische Auseinandersetzung. In Biel setzten die jungen Linken eine öffentliche Konferenz zu Vietnam durch, und während des Marsches verbrannten Maoisten Porträts des amerikanischen Präsidenten Johnson.

Theo: «Wir konnten buchstäblich miterleben, wie Heinrich Buchbinder von Stunde zu Stunde an Einfluss verlor. Die Marschleitung verbot strikte jegliche politische Stellungnahme zum Vietnamkrieg und isolierte sich damit völlig. In Biel kam es an der Abendkundgebung bereits zum grossen Streit. Noch während des Marsches diskutierte ich mit Buchbinder, aber er wollte seine Meinung nicht ändern. Und so ging er denn auf dem Münsterplatz in Bern politisch richtig bankrott. Er riss einigen Demonstranten die Fahne der Nationalen Befreiungsfront von Vietnam aus den Händen. Da war er für viele abgeschrieben.»

«1968»

Der Inbegriff für die Zeit der Studentenbewegung, 1968, besass in Zürich andere Schwerpunkte als in andern Städten Europas. Zwar stellten die politisierten Studentinnen und Studenten durchaus die begabtesten Sprecher und Agitatoren, doch die Anlässe für Krawalle und Demonstrationen waren weniger ideologischer Art; Auslöser waren Konzerte der «Stones» und «Jimmy Hendrix» und ganz zentral: der Abriss der «Platte 27», des ersten autonomen Jugendzentrums der Stadt Zürich. Darauf konzentrierte sich der Kampf um ein «autonomes Jugendzentrum», das vorläufig im sogenannten «Globusprovisorium» in der Nähe des Hauptbahnhofes gefunden wurde.

Theo: «Die 68er Bewegung wurde in Zürich sehr viel stärker von Nicht-Studenten bestimmt als in der BRD, wo ich die Entwicklung seit der Gründung des Verlags Neue Kritik im Jahr 1966 mitverfolgen konnte. In der BRD waren es hauptsächlich Studenten, die die 68er Bewegung ausmachten. Dafür entwickelten sie eine sehr grosse Militanz und Radikalität, während die jungen Arbeiter nicht dabei und die älteren eher gegen die Demonstranten waren.

Die aktiven Zürcher Studentinnen und Studenten lernten wir natürlich vor 1968 in unserer Buchhandlung kennen. Esther Burkhardt war eine der aktivsten Frauen in der ‹FSZ›, der ‹Fortschrittlichen Studentenschaft Zürich›; sie heiratete später Emilio Modena. Viele Studenten waren aktive Linke, etwa Georg Degen, Emilio Modena, Fritz Witschi. Einige von ihnen hatten wir schon an den Ostermärschen getroffen, andere waren schon vor 1968 Mitglieder der PdA.»

Eine Fraktion der Gruppe «Jugend gegen atomare Aufrüstung» suchte bereits vor den 68er Ereignissen eine neue politische Organisationsform. Ihre Mitglieder, unter anderem ein Kreis von Jugendlichen um Marco und André Pinkus, waren früher bereits in der «Freien Jugend» der PdA organisiert, andere in Jugendsektionen der Sozialdemokraten. Mit dem Protest gegen den Vietnamkrieg wollten sie sich von der einseitigen Ausrichtung des politischen Kampfes gegen die Atombombe lösen und mehr Gewicht auch auf gesamtgesellschaftliche Zusammenhänge legen. Die Frage kam auf, ob diese Jugendlichen eine neue Partei gründen oder in eine der bestehenden eintreten sollten. Die SP schien zu konformistisch, das stand ausser Frage. Mit Heinrich Buchbinder, der zwar einige polit-ökonomische Schulungskurse veranstaltete und gerne eine Zürcher Sektion der IV. Internationale aktiviert hätte, gab es die Probleme am letzten Ostermarsch, und so blieben eigentlich nur noch die Kommunisten, von denen man zwei unorthodoxe und nonkonformistische Mitglieder kannte: Konrad Farner, den marxistischen Theoretiker, und Theo Pinkus, den Buchhändler, bei dem alle ihre politische Literatur bezogen. Dank Vermittlung der Söhne kam es zu ersten Gesprächen, bei denen Theo die stark verwurzelten Vorurteile gegen die kommunistische Partei abzubauen versuchte.

Theo: «Eine der ersten Veranstaltungen fand in der ‹Eintracht› statt. Ich war mit Koni Farner von den Jungen eingeladen worden, Auskunft über den Kommunismus zu geben. Einer wollte also dann beispielsweise wissen, ob es denn stimme, dass alle, die in der Partei nicht gleicher Meinung seien, erschossen würden! So war die Stimmung, naiv und voller Vorurteile. Wir versuchten, möglichst ehrliche Antworten zu geben und sagten, natürlich würden keine erschossen. Wir beide waren ja bekannt als eher undogmatische Kommunisten, mit denen man diskutieren kann.»

Die «Junge Sektion»

André: «Marco und ich waren als Jugendliche in der ‹Freien Jugend› und eigentlich an einem Übertritt in eine Sektion der PdA nicht besonders interessiert. Wir kannten viele Jugendliche aus allen möglichen sozialistischen Gruppierungen, zum Teil sahen wir uns an den Ostermärschen oder waren über unsere Eltern miteinander bekannt. Irgendwie war uns klar, dass wir lieber weiter zusammenarbeiten und untereinander Kontakt haben wollten als uns in verschiedenste Parteigruppen zu zerstreuen. Als uns die Partei nahelegte, jetzt doch einzutreten, schlugen wir vor, eine eigene Sektion zu gründen, damit wir Jungen zusammenbleiben könnten. Wir sassen dazu einige Male mit

Konrad Farner zusammen, oft auch bei uns zuhause, und diskutierten mit Koni und Theo diese politischen Fragen. In der Partei gab es ein langes Hin und Her, die Welschen waren ganz dagegen – das sei gegen die leninistischen Prinzipien der Parteiorganisation, die Zürcher jedoch haben unsere Idee schliesslich akzeptiert, und so gründeten wir die ‹Junge Sektion› der PdA, im Jahr 1965. Wir waren zwischen 25 und 30 Leute, ein ziemlicher Erfolg damals, denn die PdA hatte absolut keine jungen Leute mehr. Dabei waren unter anderen Roland Gretler, Ruedi Enderli, Franz Heiniger, Walter Bretscher, Peter Hürzeler, und auch Jürg Hassler und Franz Rueb, welche damals gelegentlich für die ‹Tat› schrieben. Die beiden nahm ich in die Partei auf, denn ich war von der Gründung bis zum Jahr 1968 Mitglied in der Parteileitung, als Vertreter der ‹Jungen Sektion›. In der ‹Jungen Sekte›, wie wir uns später spöttisch selber nannten, war ich auch einer der wenigen ‹Vorzeige-Arbeiter›, die anderen waren alles Lehrer, Grafiker, Journalisten; die Studenten kamen dann später dazu, so 1967. Wichtig war uns die Schulung. Wir organisierten Kurse mit Walter Hollitscher und Konrad Farner, und auch einen Kurs zur Geschichte der Arbeiterbewegung. Da bestritt auch Theo zwei, drei Abende. Unser Informationsbedürfnis war riesig, wir hatten einen Nachholbedarf; ‹Wissen ist Macht›, daran glaubten wir.

Wir entwickelten eine für die Partei ungewohnte Aktivität, begannen mit der Herausgabe der ‹Diskussionsdokumente› DD, ein erstes über die Diskussion mit Havemann. Wir gewannen innerhalb der Partei an Einfluss, ich wurde sogar einmal als Nationalratskandidat aufgestellt, und noch 1969 wurde ich am Parteitag in La Chaux-de-Fonds als Mitglied des Zentralkomitees gewählt – kurz darauf warfen sie mich dann aber raus.»

Theo: «Koni Farner und ich wurden immer wieder als Referenten eingeladen, zu den verschiedensten Veranstaltungen. Einige organisierten wir zusammen mit ‹Kultur und Volk›. Im Club von Edi Stöckli am Limmatquai, der mit diesen aufblasbaren Plasticmöbeln ausstaffiert war, diskutierten wir mit dem Berliner Soziologen Hollstein. Grossen Eindruck machten die Biermann-Veranstaltungen – es gab ja noch keine Platte von ihm –, die ich mit Franz Rueb in der ‹Eintracht› organisierte. Ich konnte einige Tonbänder vorspielen, die ich bei meinen Besuchen in der DDR aufgenommen hatte; Biermann hatte ich bei Bobbi Deway kennengelernt, in dessen Wohnung er gelegentlich sang.

Eine andere ‹Kultur und Volk›-Veranstaltung ist mir ebenfalls unvergesslich: der Abend mit Sergius Golowin im ‹Weissen Wind›. Golowin war damals noch Bibliothekar in Burgdorf und wurde bekannt mit seiner Entdeckung des Malers und Arbeiters Minder. In der Zeit lag meine Mutter schwerkrank. Wir besuchten sie noch am Nachmittag. Ich ging zur Veranstaltung, und während ich dort war, starb meine Mutter.

Den Einladungen der Jungen bin ich immer gerne gefolgt. Natürlich war ich als Kommunist an einer aktiven Jugend interessiert. Besonders wichtig fand ich die ‹Junge Sektion›. Ich wollte nicht einfach neue Parteimitglieder werben; viel wichtiger schien mir die Verjüngung unserer Partei und der neue Geist, der mit den Jugendlichen kam.»

Natürlich gab es 1968 nicht nur politische Diskussionen. Es gab auch andere «Szenen», Hippies und «Ausgeflippte», zu denen Theo und Amalie weniger Kontakt hatten, obwohl ihr jüngster Sohn Felix zu einem ihrer bekanntesten Repräsentanten wurde. Zwangsläufig stellte sich denn auch die Frage nach Drogen, der Theo doch meist elegant auswich.

Amalie: «Natürlich liessen sich unsere Söhne die Haare wachsen und hörten die moderne Musik. Als es nach einem Konzert der ‹Rolling Stones› im Hallenstadion zu den ersten Auseinandersetzungen mit der Polizei kam, machte die ‹Junge Sektion› für das nächste Konzert ein schönes Flugblatt, das sehr berühmt wurde. Aber eigentlich interessierte mich das weniger. Ich hatte damals mit Felix sehr oft Diskussionen über Drogen und Rauschgifte. Er probierte ja fast alles aus – mit Ausnahme des Spritzens. Er war sehr an der Wirkung von Drogen interessiert, fast wissenschaftlich, und hat inzwischen ein sehr grosses Wissen. Aber ich glaube, er war auch immer sehr vernünftig und wusste, welche Risiken er eingeht. Ich musste dann auch mal eine kleine Portion Hasch probieren. Ich war so verkrampft und wartete auf die Phantasien, die sich mir nun plötzlich öffnen würden, so dass überhaupt nichts passierte. Theo ging diesen Diskussionen lieber aus dem Wege. Er wollte nichts davon wissen und war ziemlich stur.»

Theo: «Ich sagte Felix immer, ich wüsste gar nichts mit neuen Phantasien anzufangen. Ich hätte schon so viele in meinem Kopf, die ich nur schwer realisieren könnte.»

Amalie: «Dann gab es natürlich auch Probleme mit der Polizei, aber nicht wegen Drogen. Felix wurde schon als Minderjähriger verhaftet, wegen seiner langen, schönen Haare. Der Wirt vom Restaurant ‹Uetliberg› war dafür bekannt, dass er keine Langhaarigen bediente. Deshalb bestellten Felix und seine Freunde telefonisch ein grosses Essen und gingen abends hin. Der Wirt holte gleich die Polizei. Sie wurden verhaftet, auf den Posten genommen und mitten in der Nacht wieder entlassen.»

«Globuskrawall»: Strassenkampf und Kubaferien

André: «‹1968› fing eigentlich schon 1967 an, mit einer Demonstration gegen den Polizei-Stadtrat Sieber im Zusammenhang mit dem legendären Polizisten ‹Meier 19›, einer Art ‹Kohlhaas›, der Ungereimtheiten im Zusammenhang mit dem Zahltagsraub bei der Polizei an die Öffentlichkeit brachte und darauf aus der Polizei geschmissen wurde. Die Demo war ein Erfolg: Die Polizei wurde einfach zurückgezogen, kein ‹Schmier› mehr in der Stadt. Es war lustig, neu, totaler Protest ohne militante Forderungen. Auf dem Hirschenplatz machten wir eine symbolische Sammlung für ‹Meier 19›. Vom Bellevue bis zum Central gehörte die Stadt uns. Wir waren damals so zwischen 200 und 300 Leute, das war viel, eine neue Erfahrung. Bei den ersten Vietnam-Demos waren wir am Anfang vielleicht 50 Leute. Das veränderte sich nun sehr rasch.

Die ‹Junge Sektion› war sehr aktiv im FASS, den ‹Fortschrittlichen Arbeitern, Schülern und Studenten›. Ich war Delegierter der ‹Jungen Sektion› im FASS und half beim Vertrieb und der Administration der Zeitschrift ‹Agitation›. Beim Globus wurde es dann ‹heavy›. Dieses erste Wochenende gehört zu den besten Erlebnissen meiner Jugendzeit. Da spürte man wirklich etwas von Autonomie – dass in diese Richtung etwas laufen sollte. Doch es gab dann schnell ‹Lämpen›, heftige Auseinandersetzungen unter uns. Einige waren ständig besoffen und bekifft.

Die Parteileitungsmitglieder fanden es natürlich das letzte, dass wir zusammen mit diesen Rockern Politik machten. Wir würden von ihnen missbraucht, hiess es. Ich glaube, es war, wenn schon, eher umgekehrt... Doch mit der Partei gab es ohnehin zunehmend Schwierigkeiten. Immer schon hatten wir eine kritische Distanz zum ‹Partei-Establishment› gepflegt. Uns gegenüber gab es teils Wohlwollen, teils Ablehnung. Woog schätzte uns überhaupt nicht. Wir hatten auch keine richtige Basis in der Partei, waren isoliert, obwohl wir natürlich viele Genossen kannten, von früher her, von zu Hause. Die Partei beobachtete unsere Aktionen mit ständig wachsendem Misstrauen. Die ‹Junge Sektion› protestierte 1968 gegen den Einmarsch der Russen in der Tschechoslowakei und organisierte eine Demo. Das war eine grosse Demonstration, mit 5000 Leuten, und voran liefen gut ein Dutzend Leute mit roten Fahnen! Das war die erste Demonstration gegen den Einmarsch – drei Tage später veranstalteten die Bürgerlichen ebenfalls eine Demo – es kamen gut 500 Leute! Wir waren inzwischen doch recht routiniert geworden im Organisieren von Demos.

Grossen Ärger mit der PdA gab es aber schon einige Monate zuvor, als wir Breschnew einen offenen Brief schrieben wegen der russischen Waffenverkäufe an den Schah von Persien. Das gab natürlich einen Riesenskandal in der Partei, aber um solche Streitereien foutierten wir uns. Unser Flugblatt vom ‹anti-autoritären Menschen›, mit Jimmy Hendrix auf der Vorderseite, provozierte einen Artikel von Edgar Woog im ‹Vorwärts›, wir seien halt doch verkappte Anarchisten! Den Begriff ‹anti-autoritär› hatte Roland Gretler irgendwie eingebracht. Langsam zeigten sich die Einflüsse der deutschen Studentenbewegung auch bei uns. Von da an nannten wir uns ‹Anti-autoritäre Junge Sektion›. Damit wollten wir nicht nur provozieren, sondern auch den Rahmen der Partei sprengen. Denn nur in der Öffnung für neue junge Leute sahen wir eine Zukunft für die Partei.»

Viele Formen der politischen Auseinandersetzung – vor allem die militanteren – mussten Theos Naturell damals zuwiderlaufen. Konfrontationen auf der Strasse, mit Polizei und Tränengas in der Luft, liebt Theo nicht besonders. Ging es jedoch um Diskussionen, fehlte Theo selten: Bei Sit-Ins, beim Wochenende im Globus-Provisorium, wo von morgens elf bis weit in die Nacht durchgehend debattiert wurde. Als die Auseinandersetzungen um das Globus-Provisorium ihren gewaltsamen Höhepunkt erreichten, waren Theo und Amalie in sicherer Distanz: Sie waren in den Ferien auf Kuba.

Theo: «In Deutschland erlebte ich ‹68› vor allem in Berlin und Frankfurt. Auf dem zweiten Vietnam-Kongress 1966 in Frankfurt traf ich Herbert Marcuse, Conrad Ahlers, Jürgen Habermas und Iring Fetscher. An einem SDS-Kongress hörte ich Dutschke und Krahl hoch theoretisch diskutieren. Ich erlebte viele Versammlungen im Republikanischen Klub in Berlin, noch unter dem Präsidium von Klaus Meschkat, der bis zum Putsch Professor in Chile war und heute Professor in Hannover ist. Hier referierte ich zum ersten Mal über Willi Münzenberg, was sich anschliessend noch unzählige Male wiederholte und schliesslich auch Anstoss für den Film ‹Propaganda als Waffe› von Gerd Roscher gab.

Zu dieser Zeit war ich daran, das Buch ‹Gespräche mit Lukács› vorzubereiten, und ich suchte Leute, die sich daran beteiligen könnten. Ich kam auf Leo Kofler, Wolfgang Abendroth und Hans-Heinz Holz. Zu viert reisten wir nach Budapest und sprachen mit Lukács. Wir wussten nicht, wie Lukács antworten würde, doch dann lief alles sehr gut, wir gaben ihm lediglich einige Stichworte, und er antwortete präzise und in aller Ausführlichkeit. Er beurteilte die neuen politischen Bewegungen, insbesondere die Studentenbewegung, grundsätzlich positiv und widerlegte damit auch die Legende, dass er ein sturer Dogmatiker sei. Lukács bewährte sich im Gegenteil als alter, orthodoxer Marxist. Hans-Heinz Holz überarbeitete die abgetippten Gespräche, und so kam das Buch ‹Gespräche mit Lukács› im Jahr 1967 heraus und wurde sogar in vier oder fünf Sprachen übersetzt. Möglich wurde das Buch dank Fritz Raddatz, der damals noch bei Rowohlt arbeitete.

Der Verlag «Neue Kritik»

Anlass für meine intensiven Beziehungen zur Generation des deutschen SDS aber war die Gründung des Verlags Neue Kritik im Jahr 1966. Da tauchten eines Tages zwei junge deutsche Genossen auf, Hartmut Dobrowski und Walmot Falkenberg, die die Zeitschrift des SDS Neue Kritik herausgaben und nun auch ein Buch, die ‹Akkumulation› von Rosa Luxemburg, neu drucken und verlegen wollten. Es wurde auf einer einfachen Offsetmaschine gedruckt, und unsere neugegründete Organisation mit dem fürchterlichen Namen ‹Bücher-

Theo interviewt Georg Lukács 1965 in Budapest. Foto: Zsuzsa Sándor.

suchdienst-Bibliothek gesellschaftswissenschaftlicher Neudrucke› war Mitherausgeber. Wir übernahmen die Auslieferung für die Schweiz, sie übernahmen das Buch vom Veritas-Verlag ‹Trotzki – die verratene Revolution›, das seit fast zehn Jahren bei Jost von Steiger herumlag. Und als sie Anteilscheine verkauften zur Sicherung des Verlags, bettelte ich herum, Jost verzichtete auf seine Bezahlung. Hölzli von der Firma Freihofer zahlte einen Tausender, und auch ich gab 500 Franken. So waren wir alle Mitkommanditen des Verlags Neue Kritik. Durch diese Verlagsarbeit lernte ich andere Mitglieder des SDS kennen, Dani Cohn-Bendit, Helmuth Schauer, K. D. Wolf, und viele mehr. Ich befreundete mich mit Renate Dörner, die an einer Dissertation über die ‹Rote Kapelle› arbeitete. Bei einer Autofahrt erzählte sie mir mal, dass sie doch noch bei einer Freundin vorbeigehen sollte, die da etwas mit einem Brandsatz in einem Frankfurter Kaufhaus zu tun hatte…

Ich kannte das alte ‹Konkret› recht gut, diesen grossformatigen, ehemaligen ‹studentischen Kurier› aus Hamburg. Klaus Röhl und seine Frau Ulrike Meinhoff besuchte ich oft, als die Zwillinge noch klein waren. Mit ihm diskutierte ich auch die Ausweitung des ‹Konkret› über Hamburg und die Studentenkreise hinaus; ‹Konkret› wurde in Zürich unter einer eigenen Adresse vertrieben. So bemühte ich mich, für alle neu gegründeten Verlage der Studentenbewegung die Auslieferung für die Schweiz zu übernehmen. Also für die Neue Kritik, den Trikont Verlag und die vielen kleinen andern. Neue Kritik hatte seinen ersten grossen Erfolg mit dem kleinen ‹Roten Schülerbüchlein›, allein in der Schweiz verkauften wir zwischen 40000 und 50000 Exemplare. Es gab riesige Skandale, in Bern wurde es verboten, und einige Bürger versuchten es mit einem Gegenangriff, dem gelben Schülerbüchlein…

Ein anderer Grosserfolg war das Tagebuch von Ché Guevara, das der Trikont Verlag 1969 in einer Übersetzung herausgab. Der allergrösste Erfolg damals war allerdings das ‹Rote Büchlein›, die Worte des Vorsitzenden Mao. Von dem verkauften wir gegen 60000 Exemplare, obwohl wir nicht mal die einzige Auslieferungsstelle für die Schweiz waren. Wir bestellten es einfach direkt in China; maoistische Grüppchen und Verlage gab es erst später.»

Am 9. Parteitag der PdA im November 1968 in La Chaux-de-Fonds wird die «Junge Sektion» offiziell anerkannt.

Theo: «Dieser Parteitag war ein merkwürdiges Ereignis. Kurz zuvor waren Sowjetsoldaten in Prag einmarschiert. Die Parteileitung und der Parteitag verurteilten diese Invervention, doch damit waren nicht sämtliche Mitglieder an der Basis einverstanden. Das spürte man deutlich. Dann war auch deutlich zu sehen, dass die Genfer und ein Teil der anderen Sektionen gegen die Anliegen der Jugend und der ‹Jungen Sektion› waren. Es waren nicht mal die Dogmatischsten, es war eher die Parteibürokratie, die alles abwehren wollte, was sie nicht beherrschen konnte. Die Neuenburger schwankten. Die Zürcher standen natürlich unter dem Druck der Jugend und schlugen sogar zwei ihrer Vertreter für das Zentralkomitee vor, André und Alex Böckli. Die Neuenburger schlossen sich dann den Genfern nicht an, die ‹Junge Sektion› war offiziell anerkannt. Gleichzeitig gab aber der Parteitag der Zürcher Partei den Auftrag, mit den Jungen eine gründliche Diskussion über diese Konflikte zu führen.

Es kam dann zu vier oder fünf Abendveranstaltungen, an denen unter anderen Armand Forel und Edgar Woog sprachen. An einigen nahm ich ebenfalls teil, eher als Beobachter. Schlimm war, wie verständnislos die Parteivertreter den Anliegen der Jugendlichen gegenüber waren. Forel, sonst ein lieber und guter Genosse, sprach einfach abstrakt über den Parlamentarismus. Woog begriff gar nicht, was die Jungen wollten. Er hatte wohl auch die grössten Hemmungen, diesen Strom von rebellierenden, undisziplinierten Jugendlichen in die Partei aufzunehmen. Und so schlossen diese Abende wie das Hornberger Schiessen: völlig ergebnislos.»

André: «Nicht völlig. Diese Abende bedeuteten den Anfang der definitiven Loslösung von der PdA. Irgendwie wurde uns klar, dass wir bei diesen Leuten, die uns nicht verstehen wollten und konnten, nichts mehr zu suchen hatten. 1969 kam es dann zu einer Parteiversammlung, an der auch Vertreter aus Lausanne und von den Oppositionellen in Basel sowie Leute des FASS teilnahmen. Da wurde beschlossen, die ‹Junge Sektion› aufzulösen, da gleichzeitig Franz Rueb ausgeschlossen wurde, und wir andern uns mit ihm solidarisierten.»

Theo: «Der junge Genosse Franz Heiniger äusserte an der nächsten

PdA-Versammlung den Wunsch, im Auftrag der sich in Auflösung befindlichen ‹Jungen Sektion› eine Erklärung der jungen Genossen abzugeben. Ungefähr fünfzig Parteimitglieder waren anwesend. Franz konnte nicht fertig reden. Mit einer fast pogromartigen Wut wiesen ihn einige Genossen aus dem Saal. Das war natürlich der ‹i-Punkt› für den vollständigen Bruch.»

Ein dritter Partei-Ausschluss?

Das Engagement Theos für die «Junge Sektion» wurde nicht von allen Genossen gebilligt. So erstaunt kaum, dass intern wieder nach einer «Lösung» gesucht wurde, die, wie aus Theos bisheriger Biographie bekannt, nur Ausschluss bedeuten konnte. Die Rettung war diesmal aber dem Klassenfeind zu verdanken:

Theo: «Der Wunsch, mich einmal mehr auszuschliessen, gründete offenbar auf einer kleinen Notiz der ‹Neuen Zürcher Zeitung›, die meldete, der Pinkus sei an der Tagung der ‹Jungen Sektion› dabeigewesen, als deren Auflösung beschlossen wurde. Das traf nur zu einem Teil zu, denn ich war höchstens eine Stunde an dieser Sitzung; um vier Uhr fuhr mein Zug nach Berlin – und ich hatte keine Ahnung, was schliesslich diskutiert und beschlossen wurde, doch die NZZ meinte, es sei interessant, dass mich die PdA noch ertrage. Diese Notiz erwies sich allerdings als Bumerang. Als ich an der nächsten Versammlung merkte, dass einige Genossen einen entsprechenden Antrag stellen wollten, stand ich auf und sagte: ‹Genossen, die Leute, die meinen Ausschluss verlangen, stimmen in ihrer Ansicht völlig mit der NZZ überein.› Und dann verlas ich die Notiz. ‹Wenn ihr der NZZ folgen wollt, müsst ihr mich also ausschliessen.› Da war es natürlich unmöglich, in dieser Situation einen Ausschlussantrag zu stellen. Für mich war es ein gutes Erlebnis, und später fiel das Traktandum sowieso aus der Tagesordnung.

Doch kürzlich habe ich von Lydia Woog gehört, welche scharfen Auseinandersetzungen Edgar Woog, der damalige Zentralsekretär, in der Parteileitung führen musste, um zu verhindern, dass ich nochmals ausgeschlossen wurde. Er wehrte sich für mich, weil er bereits bei meiner Rehabilitierung wegen des Ausschlusses von 1943 dabei gewesen war. Er wollte das nicht nochmals wiederholen.»

Zwischen Konrad Farner und Theo waren Meinungsverschiedenheiten keine Seltenheit. Ob dabei nur inhaltliche Fragen im Vordergrund standen, bezweifelten einige, die beide gut kannten. Bestand nicht auch ein gewisses Konkurrenzverhältnis? Wer ist der Wichtigere, Spannendere für die Jungen? Gab es nicht bereits früher persönliche Differenzen?

Theo: «Von Konkurrenz würde ich nicht sprechen, dazu waren wir zu verschieden. Koni Farner war ja viel gebildeter als ich, er war der theoretische, wissenschaftliche Marxist und Kunsthistoriker. Ich war mehr mit der Praxis verbunden, versuchte, Projekte zu realisieren. Das prägte auch unsere Zusammenarbeit. Bereits früher redigierte Konrad Farner bei uns die Politik-Kataloge, und seither arbeitete er immer wieder mal bei uns. Wir fanden für ihn einen Mäzen, der ihn regelmässig und ziemlich tatkräftig unterstützte, denn vom Geschäft aus hätten wir Koni nicht voll bezahlen können. Diesem Mäzen widmete Konrad Farner auch sein Doré-Buch.

Unser grösstes gemeinsames Projekt war sicher das Buch über Gustav Doré. Farner arbeitete dreizehn Jahre an diesem Werk. Von 1951 bis 1964. Ich erhielt jedes Jahr ein, zwei Kapitel, mehr nicht.

Für mich war das ganze Doré-Projekt sehr wichtig. In dem Sinne wichtig, dass man überhaupt den Künstler Doré von einem marxistischen Standpunkt aus betrachten konnte. Davon musste ich Koni zuerst überzeugen, nachdem sich der Sachsen-Verlag bereit erklärt hatte, ein solches Buch herauszugeben. Das war eine ziemliche ‹Chrampferei›. Ich versuchte Farner zu erklären, dass es sinnvoll wäre, etwas über den Künstler Doré zu schreiben. Ich hielt Doré für hochinteressant; er war zwar kein Linker, aber doch von kunsthistorischer Bedeutung in dieser Übergangszeit zur Industrialisierung. Ich schlug ihm vor, eine Einleitung von dreissig bis fünfzig Seiten zu schreiben, und dann würden wir die Bilder zeigen. Koni zögerte lange, ‹hör mal, dieser Kitschier› – die übliche Einstellung eines Akademikers, der zwanzig Jahre vorher Kunstgeschichte studiert hatte. Ich zeigte ihm daraufhin meine Sammlung und das überzeugte ihn schliesslich. Er schrieb meiner Meinung nach tatsächlich die heute noch gültigste und beste Monographie über Doré, nicht nur über ihn, sondern überhaupt über das Problem der reproduzierbaren Kunst.

Mein Anteil an diesem Buch wurde von Koni in der Einleitung der ersten Auflage ausdrücklich und ausführlich beschrieben: Diese Arbeit wäre nicht geschrieben worden ohne die unermüdliche Hilfe und das stete Drängen meines Freundes Theodor Pinkus, des Zürcher Buchantiquars und Sammlers von Gustav Doré und Frans Masereel; er ist es, der die eigentliche Initialzündung zu dieser Arbeit gab und zugleich den Begriff des ‹industrialisierten Romantikers› in die Diskussion warf.

Betroffen machte mich dann, dass Farner erst verhindern wollte, dass in den weiteren Auflagen diese Einleitung – die Farner ja selber geschrieben hatte – nachgedruckt wird.»

Nach der Auflösung der «Jungen Sektion» zog Konrad Farner persönliche Konsequenzen und gab am 1. Oktober 1969 seinen Austritt aus der PdA bekannt, nach 46 Jahren Zugehörigkeit zur kommunistischen Bewegung. Dieser Schritt wurde nun selbstverständlich auch von Theo erwartet.

Warum ist Theo nicht ausgetreten? – Ein Exkurs zur Frage der Partei

Theo: «Ich habe einen Austritt aus vielen Gründen abgelehnt. Einer davon ist, dass ich die PdA als eine Art Fortsetzung der alten KP und als zugehörig zur schweizerischen Arbeiterbewegung und zur politischen Landschaft der Schweiz ansehe. Die PdA ist ein kleiner, aber doch nicht unwesentlicher – in einigen Kantonen sogar wesentlicher – Bestandteil der Gegenmacht zum Kapital. Zu dieser Gegenmacht gehören die Gewerkschaften und die SP, unabhängig davon, ob sie nun gerade sehr grosse Sozialpartnerschaft treiben und kapitulieren. Sie sind für die Bourgeoisie als Sozialpartner überhaupt nur dann anerkannt und interessant, wenn sie selber eine Gegenmacht mit etwas Einfluss bilden. Wenn aber die Arbeiterorganisationen zerschlagen werden können, dann haben wir die faschistische Diktatur. Und in solchen Zeiten zerstört die Kapitalmacht die sozialdemokratische Partei genauso wie die kommunistische. Die Sozialdemokraten kamen genauso ins KZ wie die Kommunisten, obwohl die SP doch angeblich die sogenannte soziale Hauptstütze der herrschenden Klasse ist. Infolgedessen will ich natürlich in einer Partei der Gegenmacht organisiert bleiben. Und das kann für mich nur die Partei der Arbeit sein.

Ich habe auch sehr freundschaftliche Beziehungen zu Genossen der sozialdemokratischen Partei. Die Zusammenarbeit mit den Instanzen der Sozialdemokratie in den wesentlichen Auseinandersetzungen mit dem herrschenden Bürgertum halte ich für dringend und notwendig, etwa in Sachen Bankeninitiative, Finanzprogramm. Ich bedaure, dass mir da Genossen von der PdA und erst recht von der übrigen Linken Opportunismus vorwerfen und dabei doch selber Gewehr bei Fuss stehen. Klar ist für mich einfach, dass mir als Kommunist die PdA näher steht als die Sozialdemokratie, auch wenn sie dort, wo sie anerkannt und stark ist, die Rolle einer linken Sozialdemokratie spielt.

Ein weiterer Grund für mein Verbleiben in der PdA ist meine Einschätzung der sozialistischen Länder, auf die wir bereits zu sprechen kamen. Ich bin aus einer langen Tradition heraus mit der kommunistischen Bewegung verbunden, auch über viele persönliche Verbindungen. Diese Freundschaft möchte ich in jeder Weise aufrecht erhalten. Und in dem Zusammenhang ist eben auch wichtig, dass die PdA die Bruderpartei der andern kommunistischen Parteien ist, so wie es die italienische und spanische Partei auch sind. Trotzdem ich sehe heute die Rolle einer kommunistischen Partei etwas anders als noch vor 40 Jahren, auch wie vor 15 Jahren. Ich bin völlig abgekommen vom Sinn des Liedes von Louis Fürnberg, den ich sehr gut gekannt habe: ‹Die Partei hat immer recht›. Sie hat zuviel Unrecht gehabt, sie hat zuvieles falsch eingeschätzt. Sie ist selbst in ihrem Aufbau ein Widerspruch, den der demokratische Zentralismus einfach mit sich bringt. Der Widerspruch zwischen einem emanzipatorischen, sozialistischen Programm und einer anti-emanzipatorischen – oder milder gesagt, nicht-emanzipatorischen – Organisationsform, die die eigene Aktivität, die schöpferische Tätigkeit der Mitglieder beschränkt und – das ist das schlimme – in ihrer festen Struktur einfach an so und so vielen wesentlichen Vorgängen in der Gesellschaft, auch in der werktätigen, glatt vorübergeht.

Für junge Menschen, die neu zu einer politischen Bewegung stossen, stellt sich die Frage natürlich etwas anders. Einerseits kann die Partei für einen Jungen, der sich schulen und marxistisch handeln will, in jedem Fall ein ganz wichtiger Faktor im politischen Leben eines Landes oder einer Stadt sein. Sie bietet vielerlei Arbeitsmöglichkeiten, vom parlamentarischen her gesehen und darüber hinaus natürlich als Organisationsrahmen für Aufklärung, für Schulung und für vieles andere. Andererseits aber stellt eine Partei heute in ihrer

Form und Konstruktion – ob sie nun demokratisch-zentralistisch und letztendlich anti-emanzipatorisch wirkt, wie dies auch bei der SP der Fall ist, die ja im Grunde demokratisch-zentralistisch aufgebaut ist – nur eine Krücke oder einen Rahmen dar, in dem sich Leute zusammenfinden, die die Gesellschaft verändern möchten. Aber als solche ist sie zu sehr von der herrschenden Ordnung geprägt, um wesentlich zur Veränderung in eine freie sozialistische Gesellschaft beitragen zu können.»

Theo, der Diplomat

Gerade in den Diskussionen um den nicht erfolgten Parteiaustritt, aber auch um seine absolute Treue den sozialistischen Ländern gegenüber, zeigt sich ein Wesenszug Theos, den wir ihm in kleinen, privaten Konflikten zwar selten attestieren, dem wir aber in diesen ideologischen oder strategischen Diskussionen häufig begegnen: Theos Wille, zwischen feindlichenLagern zu vermitteln. Bei Konflikten zwischen Generationen, zwischen linken Gruppen und Grüppchen, zwischen Gewerkschaftern und Selbstverwaltern, zwischen dissidenten PdA-Mitgliedern und deren Parteileitung. Selbstverständlich versucht Theo auch, die «deutsche Spaltung» zu überwinden:

Theo: «In Westberlin habe ich viele Gelegenheiten, Vorurteile und Spannungen zu überwinden. Da gibt es unzählige politische Initiativen, hier mischt sich so vieles – Geschichtswerkstatt, Zukunftswerkstätten, Ausstellungsprojekte, alternative Betriebe. Da gibt es für mich viele Gelegenheiten, meine Beziehungen spielen zu lassen. Macht ein sozialdemokratischer Stadtrat in Schöneberg eine Ausstellung zu 1933, und er möchte diese vielleicht drüben auch zeigen, so gehe ich halt zum IML und überbringe denen diese Wünsche und sondiere. Umgekehrt gibt mir dort ein Genosse Kopien von Betriebs- und Quartierzeichnungen der KPD vor 1933 für diese Ausstellung im Westen, und so bin ich wiederum der Hin- und Herreiter. Ich bin das zwischen Gewerkschaften und Alternativen, bin's hier in Zürich teilweise zwischen Sozialdemokraten und linken Gruppen. Das ist ein Teil meiner Person.»

Willi: «Ist es die Kunst der Vermittlung oder schlichter Opportunismus? Treibst Du nicht manchmal ein Doppelspiel?

Theo: «Ich habe das natürlich vermieden, weil mir erstens der Kontakt nach innen genug wert war, und natürlich hatte die DDR für unsere Firma auch materiell eine gewisse Bedeutung, aber keine existentielle. Hingegen war ich als Kommunist wirklich daran interessiert, die DDR-Buchproduktion in der Schweiz bekannt zu machen und zu verbreiten.»

Ruedi: «1969 hast Du uns ziemlich offen erklärt, wenn ich jetzt aus der PdA austrete, dann kriege ich Schwierigkeiten mit der DDR – umgekehrt bringt Euch mein Austritt aus der Partei wenig, was soll das also, ich bleibe drin. Eine ganz pragmatische Überlegung.»

Theo: «Meine Haltung in dieser Frage ist ganz eindeutig: Ich bin aus innerer Überzeugung und aus meiner ganzen Lebensgeschichte heraus nicht gewillt, einen wirklichen, grundsätzlichen Bruch mit den sogenannt sozialistischen Ländern herbeizuführen. Und zwar nicht nur, weil ich starke persönliche Beziehungen zu vielen Genossinnen und Genossen habe und auch dort aufklärend wirken kann, sondern aus dem einfachen Grund, weil dort – trotz aller Deformationen – halt doch eher Chancen für eine grundsätzliche Weichenstellung unserer Weiterentwicklung bestehen als hier.»

Pierre: «Jedenfalls identifizierst Du dich sehr stark mit der DDR. Mir ist oft aufgefallen, dass Du bei Besuchen in der DDR immer ‹wir› sagtest, wenn du über die DDR gesprochen hast. Wieweit das Taktik war...»

Theo: «Das ist keine Taktik. Ich identifiziere mich wirklich stark mit der DDR. Viele meiner früheren Bekannten wurden, soweit sie die Nazi-Verfolgung überlebt haben, zu führenden Politikern oder Intellektuellen in der DDR. So identifiziere ich mich natürlich mit diesem Land. Ich vermeide es, öffentlich Kritik an der ‹offiziellen› DDR zu üben. Doch das Motiv meiner positiven Einschätzung der DDR ist wirklich das ‹wir›.»

Kampf gegen linkes Sektierertum und Suche nach alternativen Organisationsformen

Im Anschluss an die Globuskrawalle wehte in Zürich ein wahrhaft revolutionärer Wind: In einem ehemaligen, nun leerstehenden Bunker wurde 1971 die «Autonome Republik Bunker» ausgerufen. Hier traf sich eine neue politisierte Generation, die nicht mehr von Ostermärschen und «Pionierlagern» geprägt war. Spontis, Hippies und Freaks gaben ein kurzes Zwischenspiel, die «Seriöseren» teilten sich immer verbissener in Avantgarde-Gruppen und -Grüppchen, mit exotischen Namen wie «Revolutionäre Aufbauorganisation Zürich» (RAZ), «Gruppo autonomo», «Gruppe Ussuri», «Revolutionäre Marxistische Liga der IV. Internationale», «Oktober», usw., usf.. Hier wurde die Revolution und der Klassenkampf herbeigeredet, und in regelmässigen Abständen kam es dann erneut zu Spannungen und Spaltungen: «Keine Gruppe zu klein, gespalten zu sein», meinten Spötter.

Theo führte seinen persönlichen Kampf gegen dieses linke Sektierertum. Er wollte nicht verstehen, warum gerade jetzt, als er selber nach 40jähriger Mitgliedschaft in einer kommunistischen Partei anfing, erste Zweifel an den Veränderungsmöglichkeiten einer zentralistisch organisierten Partei zu äussern, warum also gerade jetzt die kleine Kaderpartei leninistischer Prägung die grosse Veränderung bringen sollte.

Zusammen mit Berthold Rothschild und einem Winterthurer Genossen organisierte Theo im Juni 1971 einen Schulungskurs «Sozialistische Alternative 1». Am fünften und letzten Wochenende veranstaltete diese Projektgruppe «Anti-Integration», der Theo angehörte, eine Konfrontation der theoretischen Konzeptionen und Praxis verschiedener sozialistischer und revolutionärer Gruppen und Fraktionen. Jungsozialisten, die revolutionäre Aufbauorganisation, unabhängige Basis-Gruppen aus Genf, Winterthur und St. Gallen, die Trotzkisten, eine Frau der FBB und ein PdA-Mitglied (Theo) trafen sich im Albishaus der Naturfreunde zur Aussprache.

Theo: «Im Verlauf der fünf Wochenenden diskutierten wir alternative Organisationsformen in Beruf und Politik. Es war vielleicht auf meine langjährige politische Praxis zurückzuführen, dass ich aus Erfahrung wusste, dass die Integration ins Erwerbsleben für viele Linke, gerade Studenten und Akademiker, einen Rückfall in bürgerliche Strukturen bedeutete, ohne Fortsetzung der politischen, revolutionären Arbeit. Am letzten Wochenende im Albishaus der Naturfreunde hielt ich ein zusammenfassendes Referat ‹Berufsrevolutionäre oder Revolutionäre im Beruf›. Davon wurden 1000 Exemplare vervielfältigt und nachher verkauft. Damals fing ich auch an, meine Parteitheorie etwas kritischer zu sehen.»

In diesen Diskussionen und Gesprächen mit linken Aktivisten, Historikern und Theoretikern veränderte sich Theos Sicht der Partei. Ansätze zu einer alternativen, wirkungsvolleren Form von politischer Organisation sah er nun in der «Revolutionären Infrastruktur», in der Selbstverwaltung, in Emanzipationsgruppen, in der autonomen Frauenbewegung.

Theo: «Ich habe kein Patent, welche Organisationsform die beste ist. Ich weiss nur aus der Geschichte, dass die Räteform – und zwar Räte, die wissen, worüber sie zu entscheiden haben – diejenige ist, die letzten Endes eine Selbstverwaltung der Menschen über Dinge, und nicht die Herrschaft der Dinge über die Menschen im Interesse von anderen – einer Bürokratie oder gar von Kapitalisten – möglich macht.

Da die Parteien gerade die emanzipatorische Seite, die heute schon irgendwie in Formen da ist – antizipiert, sozusagen vorweggenommen im Sinne von Ernst Bloch – in keiner Weise anerkennen und auch die Blochsche Philosophie und Theorie, diese Vorwegnahme des Zukünftigen, die Bedeutung des Prinzips Hoffnung, gar ablehnen und als unmarxistisch bezeichnen, zeigen sich hier Grenzen der Partei. Auf diese Hoffnung kann die revolutionäre Jugend aber nicht verzichten.

Die Alten in den Parteien, die das nun eben nicht akzeptieren wollen, müssen heute mit der Jugend – und das haben sie durch die Erfahrung vielleicht inzwischen gelernt – vorsichtiger umgehen. Die heutige Jugend, vor allem die intellektuelle Jugend, die jetzt so langsam zur Partei kommt oder gekommen ist, wird nicht mehr so schlecht behandelt wie die ‹Junge Sektion› damals. Aber schwere Konflikte sind im Rahmen der heutigen Organisation und der Generation, die heute noch die Partei in der Hand hat, durchaus möglich. Und es ist so, dass die KP's – zum Beispiel auch die DKP nach der Jugend- und Studentenrevolution von 1968 – viele Leute aufnehmen und dann gleich wieder ausschliessen möchten, wenn sie nicht konform gehen. Nicht etwa, dass sie Feinde geworden oder zum Bürgertum übergegangen wären, sondern weil sie die überkommenen Formen sprengen wollen, weil ihre sozialistische Kritik an sozialistischen Ländern nicht übereinstimmt mit der absoluten Loyalität, die diese Parteien – unsere macht da eine Ausnahme – demonstrieren wollen.

Die KP Italiens ist wahrscheinlich das grösste und vollkommenste

Sammelbecken für alle revolutionären gesellschaftsverändernden Kräfte. Die Frage ist, wieweit sie selber gerade durch die heutige Politik – die ich für gegeben und richtig halte – eine Gesellschaftsveränderung durchsetzen kann. Sie wird es nicht können, wenn nicht alle die Strömungen, die ausserhalb ihr sind und die in Richtung Selbstverwaltung, in Richtung individuelle Befreiung in grösseren Kollektiven gehen, in die Auseinandersetzungen einbezogen werden. Und da versagen unsere Parteien, gerade auch unsere, vollständig. In dieser Hinsicht ist das Schwergewicht meiner politischen Arbeit auch am Rande. Es geht weit über die Partei hinaus.

Meine Kritik an den Parteien fasse ich heute in drei Punkte zusammen:

Der erste ist der vorhin erwähnte Widerspruch zwischen ihrem emanzipatorischen Programm und ihrem Organisationsaufbau. Der zweite ist, dass keine Partei – unsere beweist das ebenso wie jede bürgerliche – konsequent die Frauenemanzipation bejahen sowie die autonome Frauenbewegung akzeptieren kann. Moralisch und mit Worten macht es jede, aber nicht in der Tat, weil sie von Männern regiert ist und die Männer so oder so niemals die andere Hälfte der Bevölkerung zum Zug kommen lassen, denn damit verlören sie tatsächlich Führungs- und andere Privilegien. Keine Partei ist in diesem Sinne feministisch eingestellt und schaltet damit – trotz ein paar Frauen in der Parteileitung – die Hälfte der Bevölkerung aus.

Der dritte Punkt ist, dass keine Partei in der politischen Landschaft konsequent den Widerspruch lösen kann, der in der Forderung nach Reduzierung oder Begrenzung des Wirtschaftswachstums angelegt ist, weil sie unter dem Druck von Gewerkschaften und Kapitalerpressungen (Arbeitsplätze, Arbeitsbeschaffung) zu extremen, antihumanistischen Forderungen kommen muss, zum Beispiel, man müsse auch Bührle und die Rüstungsindustrie anerkennen, Atomkraftwerke bauen, etc. Keine Partei kann in AKW- und Umweltfragen völlig konsequent sein. Dazu kommt, dass gerade kommunistische Parteien – auch unsere – den absoluten Vorrang der Produktivkraftentwicklung und des Wirtschaftswachstums in sozialistischen Ländern nicht kritisch betrachten wollen. So kommen sie in Widerspruch zu den Bedürfnissen breiter Teile der Bevölkerung, wie es die AKW-Bewegung zeigt. So sind auch Deklarationen, man sei für eine Begrenzung oder ‹demokratische Kontrolle der Atomenergie› etwas unsinniges. Man kann die Atomenergie nicht demokratisch kontrollieren, allenfalls

kann man Sonnenkollektoren und die eigene Windmühle einer Wohn-
genossenschaft oder auf einem Bauernhof kontrollieren. Atomkraftwerke lassen sich nun einmal nur sehr repressiv kontrollieren, alles
andere sind unsinnige und opportunistische Parolen, die unter dem
Druck der Forderung nach Sicherung von Arbeitsplätzen und der
Energienot entstehen. Diese drei Punkte zeigen meiner Meinung nach
die Grenzen der Parteien, ohne ihre Funktion oder auch Notwendigkeit in der heutigen Auseinandersetzung in Frage zu stellen.»

1968 war auch für Amalie eine entscheidende Erfahrung. Sie lernte
neue, junge Frauen kennen, die sich mit denselben alten Problemen
und Schwierigkeiten herumschlugen wie sie. Eingeführt von ihren
Schwiegertöchtern Gertrud und Helen, wird sie zu einer wichtigen
Identifikationsfigur der neuen autonomen Frauenbewegung in Zürich, gerade weil sie ein wesentliches Merkmal der alten Arbeiterbewegung mitbrachte: die Kontinuität.

Demo mit drei Generationen: Amalie mit ihrer Schwiegertochter Helen und Enkelin Ona (in den
Armen ihrer Mutter), Freiburg, 8. März 1978.

Die autonome Frauenbewegung

Amalie: «Bis zu den 68er Ereignissen hatte ich eigentlich keinen Kontakt mehr zu jungen, politisch engagierten Frauen. Gertrud und Helen, die Freundinnen von Marco und André, forderten mich auf, an ihre Frauenversammlungen zu kommen. So besuchte ich dann die Veranstaltungen der Frauen im ‹Weissen Wind› und im ‹Karl der Grosse›. Diese chaotischen Versammlungen fand ich ganz schrecklich. Die Frauen redeten alle so radikal von Klassenkampf und Marxismus, diskutierten mit Begriffen, die uns früher viel bedeuteten, wie wenn sie schon immer so geredet hätten. Später merkte ich dann schon, dass nicht so viel dahintersteckte.

Doch wie das eigentlich mit der Frauenbewegung anfing, weiss ich nicht, da ich ja nicht bei der Gründung der FBB dabei war. Richtig konfrontiert mit der neuen Frauenbewegung wurde ich erst beim 75jährigen Jubiläum des Frauenstimmrechtsverbands.

Frauenstimmrechts-Verband

Ich weiss noch, wie mich Gertrud auslachte, weil ich mich immer noch für das Frauenstimmrecht einsetzte. Sie meinte, die würden uns das nachwerfen, wir brauchten doch gar nicht mehr um dieses Stimmrecht zu kämpfen. Ich fand, das sei doch ein Menschenrecht, für das wir kämpfen sollten. Seit 1943 war ich Mitglied im Frauenstimmrechtsverband, also seit damals, als sie mich aus der Partei strichen. Irgendwo wollte ich mitmachen, und da mich die Frauen nie enttäuscht hatten, trat ich in den Frauenstimmrechtsverband ein. Doch mit der Zeit waren wir nur noch ältere Frauen, es gab fast keine jungen Frauen mehr, die mitmachten.

Der Frauenstimmrechtsverband feierte also sein 75jähriges Jubiläum, und zwar im Schauspielhaus. Ich fühlte mich mit diesen Frauen verbunden und ging hin. Plötzlich sprang eine Studentin, Andrée Valentin, auf die Bühne, nahm das Mikrofon und unterbrach irgend eine langweilige Rede. Sie rief, es sei jetzt endlich Schluss mit Feiern, das sei doch ein Witz, sowas zu feiern, und wir sollten endlich aufhören, noch lange ‹Bitti-Bätti› für dieses Stimmrecht zu machen. Eine neue Zeit sei angebrochen, jetzt sei Schluss mit dem ewigen Betteln. Wir müssten fordern. Und dann verlas sie eine ganze Liste von Forderungen, es war ganz toll.

Im Saal sass auch Charlotte Müller, eine Mathematiklehrerin aus Wetzikon, eine wahnsinnig rabiate Feministin. Sie freute sich. So sei es richtig, so müsse es sein. Wir Frauen diskutierten dann lange miteinander. Ich dachte dann auch, eigentlich haben die jungen Frauen recht, andererseits empfand ich das fast als Rückenschuss. Diese schon lange im Verband organisierten Frauen wurden richtig lächerlich gemacht und als blöd hingestellt, obwohl sie doch lange Zeit die einzigen waren, die entschlossen für das Frauenstimmrecht eintraten und deswegen auch diskriminiert, als Suffragetten hingestellt wurden. Ihr hättet zum Beispiel die Zeit von Iris von Roten erleben müssen...

Iris von Roten war Anwältin in Basel. Sie schrieb das Buch ‹Frauen im Laufgitter›, erschienen 1958. Das war ein wichtiges Buch für die Frauenbewegung damals, mit allen Angaben zur Lage der Frau, ihre Diskriminierung, Scheidungsziffern, und so weiter. Nach Veröffentlichung dieses Buches ging eine unglaubliche Hetze los in der Schweizerpresse gegen Iris von Roten.

Schon vorher war gegen sie gehetzt worden. Sie war rothaarig und elegant, man behauptete, sie sähe herausfordernd aus. Einmal, als sie spät in der Nacht nach Hause lief, wurde sie von der Polizei angerempelt und aufgefordert, auf den Posten zu kommen. Sie weigerte sich und beschrieb darauf in einem Zeitungsartikel ihre Erlebnisse. So wurde sie sehr bekannt, die Männer wetterten über sie. Das gab natürlich erst recht Propaganda für ihr Buch.

Im Frauenstimmrechtsverband traten nur zwei oder drei Frauen gegen Iris von Roten auf, die meisten solidarisierten sich mit ihr. Wir luden sie an eine Versammlung ein und hatten sehr spannende Diskussionen. Ihr Buch war für die Frauenbewegung fast wie ein Eisbrecher. Und darum hatte ich eben ein gespaltenes Gefühl, als Andrée Valentin ausgerechnet die Frauen des Frauenstimmrechtsverbandes angriff, welche doch von allen die militantesten waren. – Natürlich warteten die Frauen im Frauenstimmrechtsverband auch auf neue Mitglieder, junge, engagierte Frauen. Auf jeden Fall wurden diese Jungen dann

Miss-Wahl am Limmatquai, 1968.

eingeladen. Sie erschienen erstmals als eine Gruppe, sogar einen eigenen Namen hatten sie schon: FBB. Ich fragte, was soll denn das heissen? Die Antwort: Frauenbefreiungsbewegung!

Die FBB und die Schönheitskönigin

Kurz darauf veranstaltete die ‹Sie und Er›, eine Ringier-Illustrierte,
eine Schönheitskonkurrenz in Zürich. Es gab da in der FBB einige
schöne Frauen, und sie beschlossen, diese Konkurrenz zu sprengen.
Das war damals auch in Deutschland ein wenig in der Mode.

Vreni Voiret war Kostümbildnerin, hatte schöne Kleider und war
überhaupt eine extravagante; sie konnte einfach jedes Kleid tragen und
bewegte sich so gut. Sie gewann also den ersten Preis. Darauf ging sie
auf die Bühne und sagte, sie lasse sich nicht prämieren wie eine Kuh,
sie nehme zwar das Geld für den ersten Preis an, aber sie spende es der
FBB. Alle waren natürlich schockiert. Es waren auch einige FBB-
Frauen im Saal, du kannst Dir diesen Tumult also vorstellen. Als ersten Preis erhielt sie ein Kleid vom Seiden-Grieder. Sie lehnte dieses
Kleid ab – das könne keine Frau brauchen – und liess sich zwei Kleider

geben, die man tragen konnte. An der ‹Riviera› – so nannten wir den Limmatquai in dieser Zeit – wurden die beiden Kleider dann versteigert. Das waren die ersten 500 Franken, welche die FBB in der Kasse hatte.

Im Vorstand der FBB

An einer der ersten FBB-Versammlungen hiess es dann, es gehe einfach nicht mehr ohne Vorstand, es sei zu chaotisch. Sie wählten mich in den Vorstand, obwohl ich mich mit Händen und Füssen dagegen wehrte. Ich sei doch schon alt und hätte keine Ahnung, doch schliesslich gab ich nach. Gewählt wurden neben mir noch sechs andere Frauen, darunter Doris Stauffer, Monique Klingler und Lotti Gygax, als Kassiererin. Das war ein ganz toller Vorstand, alles junge Frauen, und ich hatte noch keine Ahnung von dieser neuen Frauenbewegung. Zuerst fühlte ich mich noch etwas unwohl, aber dann hatten wir wöchentlich eine Vorstandssitzung bei uns in der Buchhandlung, und so habe ich mich daran gewöhnt, sogar wenn ich turnusmässig eine Versammlung leiten musste. Die Versammlungen waren aber immer noch chaotisch. Es gab die verschiedensten Strömungen; Maoistinnen, Ultralinke, und es war teilweise schlimm, was die Studentinnen für Sprüche gemacht haben. Ich blieb dann anderthalb Jahre im Vorstand, nicht wie vorgesehen nur ein halbes Jahr. Danach wurde ein neuer Vorstand gewählt und schnell wieder abberufen. Seither gibt es keinen Vorstand mehr. Es war nur scheinbar effizienter. Trotzdem haben wir einige gute Sachen gemacht, zum Beispiel die Angela Davis-Demonstration im September 1971.

Grossmutter

In dieser Zeit wurde ich auch Grossmutter: Marco und Gertrud hatten zuerst ein Kind, Salome, im April 1968. Eigentlich wurde sie Salome Fatima getauft; Fatima ist ein palästinensischer Name, Salome ein jüdischer. Marco war eben vorher in Israel, in einem Kibbuz, und sah, wie die Araber unterdrückt wurden. Aber er war für Verständigung. Das war noch vor dem Sechs-Tagekrieg und natürlich eine Illusion, wie sich später zeigte.

André und Helen kriegten kurz danach ihr erstes Kind, Serge, im Januar 1969, und im nächsten Jahr Pablo. Später kam noch Ona, ein

374

Mädchen dazu. An meinen Enkelkindern habe ich grosse Freude. Ich hütete sie gerne und habe auch heute noch guten Kontakt zu ihnen.

Infra

Für die erste Initiative über den straflosen Schwangerschaftsabbruch hatte allein die FBB in Zürich 10 000 Unterschriften gesammelt. Das war sehr viel, denn wir waren ja nur etwa 50 Mitglieder. Wir haben zahlreiche Stände in der Stadt aufgestellt und agitiert. Beim Sammeln der Unterschriften für den straflosen Schwangerschaftsabbruch merkten wir, dass viele Frauen immer wieder die gleichen Fragen stellten, gerade zum Thema Verhütung und Pille. Offenbar war da ein grosses Bedürfnis nach Aufklärung. So beschlossen wir, dazu eine spezielle Standaktion zu machen. Ende 1972 gründeten wir dann die Infra, die Informationsstelle für Frauen. Wir konnten das Zimmer der Mütterberatung an der Gartenhofstrasse benützen. Dafür mussten wir 5 Franken pro Nachmittag bezahlen.

Bei der Infra war ich nicht von Anfang an dabei. Da stellte eine Gruppe von FBB-Frauen eine umfangreiche Kartei zusammen, mit Adressen von Ärzten, Weiterbildungsmöglichkeiten, Adressen für juristische Beratung, und so weiter. Ungefähr ein halbes Jahr später habe ich dann aktiv bei der Infra mitgemacht. Ich wurde gerade pensioniert, und da fragte mich eine Angestellte der Pinkus-Genossenschaft, ob ich nicht in der Infra mitmachen wolle. Ich fragte: ‹Kann ich das?› Sie sagte einfach, ja, ja, das könne ich schon, so ganz sachlich. Und da wollte ich es einmal probieren.

Ich habe dann mit ihr einen Nachmittag lang das Büro gehütet und sah, wie sie in diesen Karteien wühlte und alles wusste. Sie forderte mich auf, die Kartei zu studieren, wenn gerade niemand da sei. Ich hatte Angst vor jeder Frau und jedem Telefon. Doch als ich beim zweiten Mal da war, musste ich bereits eine andere Frau in die Arbeit einführen! Da kam ich mir schon sehr wichtig vor: Ich hatte bereits einen Vorsprung, wusste, wo der Schlüssel lag, wie das Telefon eingeschaltet wurde, was man so normalerweise am Telefon sagt und sagen kann. Ich kam mir manchmal wie eine ‹Seelsorgerin› vor. Eine der ersten an diesem Nachmittag war auch eine alte Frau; sie hat mir lange die Hand gedrückt und mir gedankt. Es hätte ihr so gut getan, über das zu reden, was sie so bedrückt.

Das Hauptproblem in der Beratung waren am Anfang nicht die

Schwangerschaftsabbrüche, sondern die Probleme von Umschulung, Wiedereinstieg in den Beruf, Verhütung usw. Von der FBB übernahmen wir die sogenannte ‹Sex-Kartei› der Sexgruppe, mit einer Liste jener Ärzte, die die Pille auch an junge und unverheiratete Frauen abgaben. Für Rechtsauskünfte konnte ich Yvonne Lenzlinger oder Evi Walder anrufen, später kam alle vierzehn Tage eine Jura-Studentin zur rechtlichen Beratung vorbei, Susanne Nef zum Beispiel. Die FBB organisierte auch den ersten antiautoritären Kindergarten in Zürich, und eine sehr aktive Arbeitsgruppe schrieb das Scheidungshandbuch.

Das Problem der Schwangerschaftsabbrüche kam erst später, mit dem Flugblatt von Christine Böschenstein. Das war ein ausführliches, gut formuliertes Papier, in dem genau erklärt wurde, wie eine Frau vorzugehen hat, wenn sie das Gefühl hat, sie sei schwanger. Diese Schrift haben wir dann vor Warenhäusern und einigen Betrieben verteilt. Nach und nach kamen dann auch einige Frauen bei uns vorbei. Schwangerschaftsabbrüche wurden zum Hauptthema der Beratung. Und da ich selbst ja drei illegale Abtreibungen hatte, konnte ich verstehen, wie schwer es für diese Frauen war, und welche Erleichterung die Legalisierung des Schwangerschaftsabbruchs bedeutet.

Für mich wurde die Arbeit in der Infra immer wichtiger. Obwohl ich die Älteste war, wurde ich von allen akzeptiert. Und ich hatte das Gefühl, hier sinnvolle und wichtige Arbeit für die Frauenbewegung zu leisten.

Frauenzentrum

Anfänglich war ich wenig überzeugt von der Idee eines Frauenzentrums. Ich konnte mir nicht richtig vorstellen, wozu es ein Frauenzentrum braucht. Aber da die jungen Frauen so begeistert dafür waren, habe ich es auch unterstützt und beteiligte mich an einem Stand am Paradeplatz. Schliesslich erhielten wir an der Lavaterstrasse ein Abbruchhaus zur Miete für unser Frauenzentrum. Auch die Infra hatte im Frauenzentrum nun ein eigenes Zimmer.

Als dem Frauenzentrum an der Lavaterstrasse von der Stadt gekündigt wurde, wollten wir einen Ersatz. Doch die Angebote waren zu teuer. Die Liegenschaftenverwaltung hat uns ein Jahr lang vertröstet, und einige Frauen wollten schon ein Haus besetzen. Doch das wäre wegen den Kindern etwas problematisch gewesen. So begaben wir uns eines morgens in die Liegenschaftenverwaltung – wir waren gut ein Dutzend Frauen und einige Kinder – und frühstückten im Gang. Wir erklärten, dass wir nicht früher weggehen würden, als bis wir von der Stadt ein gutes Angebot erhielten. Die Angestellten waren ziemlich erstaunt, einer brüllte uns sogar an, war aber dann gesprächsbereit. Schliesslich wurden wir im Sozialamt empfangen, und plötzlich ergab sich dann auch eine Lösung.

Jetzt haben wir das Frauenzentrum an der Mattengasse, ein ganzes Haus nur für die Frauen. Es wurde sanft renoviert, nun ist das Frauencafé dort, eine Bibliothek, das Frauenambulatorium für gynäkologische Untersuchungen und ganzheitliche medizinische Betreuung, und natürlich auch die ‹Infra›. Heute sind wir eine gute Gruppe von Frauen, die viel Verständnis für die Ratsuchenden haben. Aber eigentlich wollen wir keine Sozial-Institution werden. Wir sind keine Fachleute. Wir informieren aus Solidarität von Frau zu Frau. Daher will ich auch keine Bezahlung für meine Arbeit. Ich finde gut, dass uns die Stadt die Miete für das Frauenzentrum und die Telefonkosten bezahlt, aber ich will keine bezahlte Sozialarbeiterin sein. Gut, ich habe natürlich die AHV, andere Frauen haben das Geld vielleicht nötiger als ich.

Die autonome Frauenbewegung

Diese jungen Frauen in der FBB und der ‹Infra› wurden immer wichtiger für mich. In den mehr als 50 Jahren, in denen ich in der Arbeiterbewegung aktiv bin, habe ich gemerkt, dass die Frauenfragen noch immer die gleichen sind, sich sehr wenig verändert hat. Zum Beispiel der Mutterschaftsschutz: Als ich meine Kinder bekam, habe ich beim Kaufmännischen Verband, wo ich organisiert bin, angerufen. Da haben sie mir gesagt, Schwangerschaft sie keine Krankheit, sondern Selbstverschulden. Der Arbeitgeber müsse nichts bezahlen, manchmal gebe es einen Zuschuss. Mein Chef bezahlte mir dann freiwillig 150 Franken.

Ich merkte, dass die FBB etwas ist, was bisher gefehlt hat. Die Arbeiterbewegung hat die Frauenforderungen einfach nie ernst genommen. Sie haben die Frauenfrage als etwas privates angeschaut. Die Forderungen der Arbeiter sind politisch, die Forderungen der Frauen aber privat. Wieso, weiss kein Mensch. Sogar Lohnforderungen der Frauen haben sie als ‹privat› eingeschätzt, und auch die Frage des Schwangerschaftsurlaubs, die ja eine gewerkschaftliche Forderung wäre. Ich war nie nur ‹frauenbewegt›. Doch je länger je mehr habe ich meine Priorität auf die Frauenarbeit gelegt. Ich habe viel gelernt dabei und damit auch einen wesentlichen Schritt zu meiner eigenen Emanzipation getan.

Ich war schon früher immer in der Frauengruppe des Kaufmännischen Verbands und der Partei. Aber das war für mich so ein Greuel. Die Frauen in der Frauengruppe des KV waren ja nett und eigentlich auch klassenkämpferisch, sind für ihre Forderungen innerhalb des KV aufgetreten. Aber im Dezember haben sie angefangen zu stricken, und es gab einen Klausabend, das ging mir so auf die Nerven. Und da komme ich in die Frauengruppe der SP, und was machen die da? Sie stricken für den Klausabend! Ich dachte – also nein! Es war dann aber doch nicht so schlimm, wie ich anfänglich dachte, aber besonders anregend waren die vielen Vorträge über die Rechte der Frauen auch nicht. Ich hatte schon zu viel davon gehört in meinem Leben. Bei der FBB war das schon anders. Da wollten die Frauen ihre Bedürfnisse herausfinden, über Unrechtserfahrungen diskutieren und sie bekämpfen. Sie wussten, dass die Frauenbefreiung nicht automatisch mit dem Sozialismus kommt, wie ich das immer angenommen hatte. Früher, in den Frauengruppen der Partei, operierten wir immer mit Schlagworten wie ‹nur gemeinsam mit den Männern›. Nur nicht als Frau etwas fordern, keine ‹Frauenrechtlerin› sein. In der FBB habe ich erfahren, dass dies gar nichts schadet, sondern nötig ist, damit die Forderungen ernst genommen werden. Männer können schön darüber reden und am Parteitag eine Resolution zur Frauenfrage verlesen, aber machen tun sie dafür nichts.

Persönliche Erfahrung von Diskriminierung

Im Familienkreis merkte ich lange Zeit nicht, dass die Arbeit der Frauen weniger geschätzt wird als die der Männer. Schon meine Kindergärtnerin war eine selbstbewusste Frauenrechtlerin und meine Mutter war viel tüchtiger als mein Vater. Erst nach der Schule erfuhr ich so richtig, dass wir Frauen diskriminiert werden. Das fing zu Hause an. Mein Bruder war in der Schule viel schlechter als ich, aber er durfte an die Handelsschule und einen Schnellkurs besuchen. Nach dem frühen Tod unserer Mutter begann er, mich und Esther zu tyrannisieren.

Amalie

Ich hatte Schulkameraden, die waren die grössten ‹Dubel›, aber sie machten Karriere. Das konnte ich nicht begreifen. Ich war doch in der Schule eine der Besten, ich wäre auch gerne weiter zur Schule gegangen. Im Beruf war ich dann auch nicht sehr ehrgeizig, es hat mir gestunken im Büro. Viel lieber hätte ich studiert und zum Beispiel in der Forschung gearbeitet. Mein Lehrer sagte, ich hätte das Zeug dazu und ich sollte doch studieren. Aber das ging nicht. Wir hätten das nie zahlen können. Ich habe immer mehr gemerkt, wie die Buben mehr Chancen hatten, im Beruf, bei der Stellensuche, beim Lohn, und dass wir Frauen immer als zweitrangig behandelt werden. Das hat mich gekränkt. Das war sicher auch ein Grund für meine Politisierung und den Eintritt in die Kommunistische Partei. Doch wie weit es mit der ‹prinzipiellen Gleichberechtigung› in der Kommunistischen Partei stand, merkte ich erst beim Ausschluss von Theo – da wurde ich einfach als ‹seine Frau› mit gestrichen. Trotz der eigenen, von Theo unabhängigen Parteiarbeit. Bevor ich Theo kennenlernte, war ich schon lange Leiterin einer Parteizelle, und sogar Mitglied der Zürcher Parteileitung.

Auch in der Buchhandlung wurde ich als ‹Halbtäglerin› nicht für voll genommen. Ich hatte keine Chance zu einer besseren Arbeit, weil ich sie mir auch nicht zutraute. Wir Frauen müssen einfach auch besser ausgebildet sein. Und das Recht auf Arbeit vertrete ich absolut. Viele Frauen sagen, warum Recht auf Arbeit, Arbeit haben wir genug. Doch es hilft, selbständig zu bleiben. Ich bin froh, dass ich neben den Kindern noch gearbeitet habe, selbst wenn ich den Lohn fast ganz für die Haushaltshilfe brauchte.»

Alternativen

Theo bezeichnet die 68er Ereignisse oft als «Revolution». Wie stark die 68er Bewegung unsere Gesellschaft tatsächlich verändert hat, soll hier nicht diskutiert werden. Sicher aber hatte diese Jugend- und Studentenbewegung einen ungeheuren Einfluss auf Theo. Er reflektierte grundsätzlich seine Ideologie der kommunistischen Parteiarbeit. Und er zog aus seinen Überlegungen und Diskussionen praktische Konsequenzen. Er trat zwar nicht aus der Partei aus, nahm aber immer wieder kritische und provozierende Positionen ein. Alternativen zur traditionellen Organisation sieht Theo in «Emanzipationsgruppen», der Schaffung «revolutionärer Infrastrukturen», und vor allem in der Selbstverwaltung. Ein wichtiger Meilenstein in dieser Entwicklung war die Begegnung mit Herbert Marcuse.

Im Gespräch mit Herbert Marcuse

Theo: «Immer wenn Marcuse von den USA nach Europa kam, machte er auch einen Abstecher in unsere Buchhandlung. Mitte der Sechziger Jahre sprach ich ihn dann einmal an. Mir war sein Werk damals nur oberflächlich bekannt, und ich glaubte aus dem, was ich von ihm wusste, einen ‹Pessimisten› vor mir zu haben. ‹Wieso sind Sie so aktiv›, fragte ich ihn, ‹da sie doch die Welt eher pessimistisch betrachten?› – ‹Eben deshalb›, war seine Antwort, ‹um dies und jenes zu verhindern!›»

Es machte auf Theo einen tiefen Eindruck, dass einer, der die Welt nicht grundsätzlich optimistisch beurteilte, eine so starke Aktivität mit der jungen Generation entwickelte. In diesem Aktivismus trafen sich Theo und Herbert Marcuse. In regelmässigen Zusammenkünften vertiefte sich ihre Freundschaft und gleichzeitig ihre Diskussionen um das «Was tun heute?». Was sind die Erfahrungen aus den Jahren nach 68? Wie ist der äusseren Repression und der inneren Resignation zu begegnen?

Im Herbst 1974 diskutierten Theo Pinkus und Herbert Marcuse anhand einer Disposition über Organisationsalternativen.

Zu drei Punkten dieser Disposition äusserte sich Herbert Marcuse ausführlicher. Ein Ausschnitt aus den Gesprächen, die auf Tonband aufgezeichnet wurden:

Revolutionär und radikal

Marcuse: «Die Bereitschaft zur Veränderung muss doch von da kommen und organisiert werden, wo sie potentiell vorhanden ist. Für die Studenten in der Universität, für die Arbeiter im Betrieb, für die Frauen in der Berufsarbeit und im Haushalt, in den Wohnquartieren. Du sprichst von revolutionärer Tätigkeit. Ich würde in diesem Zusammenhang nicht davon sprechen. Für mich ist revolutionäre Tätigkeit die Aktion revolutionärer Massen. Das, was wir machen, machen können, ist keine revolutionäre Tätigkeit. In einer gegenrevolutionären Situation – man kann nicht einmal von vorrevolutionären Kräften reden – sollte man eigentlich nicht von revolutionärer Tätigkeit sprechen. In den Ländern der 3. Welt gibt es diese. Hier operieren mit den Massen verbundene Guerillas. Das ist eine revolutionäre Tätigkeit. Aber in einem hochentwickelten Industrieland von Stadtguerillas zu reden oder gar handeln zu wollen, ist Unsinn. Wer könnte heute, sagen wir einmal in Amerika oder auch in der Schweiz, wirklich revolutionäre Tätigkeit ausüben?»

Theo: «Du hast recht, aber es gibt doch nun mal Revolutionäre, und die müssen in einer Nicht-Revolutionären Siuation wirken.»

Marcuse: «Ich würde sie als Radikale bezeichnen. Es mag unserer Eitelkeit wehtun, aber bestenfalls sind wir Radikale, und keine Revolutionäre.»

Theo: «Sind denn der Bruch mit der bürgerlichen Welt und die sich daraus ergebenden praktischen Konsequenzen nicht revolutionäre Handlungen?»

Marcuse: «Ja, aber trotzdem bin ich nicht bereit zu akzeptieren, dass dieser Bruch mit der bürgerlichen Gesellschaft allein schon als revolutionär bezeichnet werden kann. Ein solcher Bruch kann sich auch in eine faschistische Richtung bewegen.»

Theo: «Wer aber zur Erkenntnis kommt, dass die Gesellschaft mit dem Profit im Mittelpunkt, die die menschlichen Beziehungen und die Umwelt zerstört, radikal verändert werden muss – das heisst bis an die

Wurzel –, wer daraus die Konsequenzen in seinem Handeln zieht, ist der nicht revolutionär?»

Marcuse: «Auch dann bleibe ich bei dem, was ich eben gesagt habe.»

Theo: «Aber in deinen Schriften nimmst du doch eine revolutionäre Haltung ein?»

Marcuse: «Nein, radikal, das genügt doch.»

Hierarchie

Im weiteren Gespräch über mögliche Organisationsalternativen ging es um den Begriff «Hierarchie». Diese ist, von den Herrschenden sorgfältig gepflegt und mit direkt materiellen und auch Prestigeanreizen versehen, eines der wesentlichsten Herrschaftsmittel. Sie muss durchbrochen werden, um die notwendige Solidarität zu schaffen, die allein eine Veränderung bewirken kann.

Marcuse: «Ich unterscheide eine rationelle Hierarchie von einer kapitalistischen. Es gibt eine rationelle Hierarchie, wo die führende Stellung ausschliesslich aufgebaut ist auf Wissen und Erfahrung. Und nicht einmal nur das. Eine Hierarchie ist zum Beispiel auch die Autorität des Polizisten, der an einer Strassenkreuzung den Verkehr regelt. Hierarchie und Macht liegt ebenso beim Piloten im Flugzeug. Also *da* eine Demokratie einführen zu wollen, das geht nicht.»

Theo: «Einverstanden, dass Fachkenntnis, Mehrwissen und Erfahrungsvorsprung echte Autorität schaffen. Sie wird auch anerkannt, vor allem, wenn gleiche Chancen, dieses Wissen zu erreichen, bestehen.»

Marcuse: «Und die viel höheren Löhne für solche Leute und andere Privilegien?»

Theo: «Wenn das nötige Bewusstsein vorhanden ist (revolutionär oder radikal), brauchen sie dadurch nicht gehindert zu sein, solidarisch zu handeln und eben ihre Kenntnisse und materiellen Mittel den andern, mit denen sie die Gesellschaft ändern wollen, zur Verfügung zu stellen. Das heisst ja Brechung der Hierarchien.»

Privatsphäre

Ein Streitgespräch war die Forderung nach der Einheit von privat – öffentlich – beruflich. Das private Leben darf nicht im Widerspruch zum politischen Handeln sein.

Marcuse: «Gerade der Faschismus hat die private Einheit der Familie aufgelöst und zerstört. Ich glaube, dass private Autonomie, wie sie in der guten Zeit der bürgerlichen Familie zum Teil realisiert war, eine unbedingte Voraussetzung jeder besseren Gesellschaft ist. Eine schlechte Kollektivisierung überspringt einfach Zwischenstufen. Dem Widerspruch zwischen privatem und gesellschaftlichem Wirken begegne ich im Stadium des Spätkapitalismus mit der Stärkung des Privaten. Ich würde zum Beispiel meine Kinder nicht am Fernsehgerät erziehen, usw. Ich sehe ein, dass eine Kommune, besonders eine politische, eine mögliche Form des Zusammenlebens ist, aber die Zerstörung der Privatheit führt auch dort, wie es sich zeigt, zur Opposition.»

Theo: «Wenn sich Radiale zu – so haben wir's genannt – Emanzipationsgruppen zusammenschliessen, um in der Gesellschaft verändernd zu wirken, so müssen sie diesen Widerspruch erkannt haben und eben als Teilnehmer einer solchen Gruppe ihre Privatheit wieder herstellen, ohne sie dann als Flucht aus der Gruppe zu benutzen.»

Marcuse: «Für mich besteht die Privatheit darin, dass ich allein wohnen kann, wenn ich will, dass ich nicht gezwungen bin, kollektive Mahlzeiten einzunehmen usw. Das scheint ganz primitiv zu sein.»

Theo: «Ist aber auch wieder abhängig von materiellen Möglichkeiten.»

Marcuse: «Selbstverständlich. Erst wenn diese vorhanden sind, kann der Widerspruch zwischen Privat und Gemeinschaft wirklich gelöst werden. Ich erinnere mich an einen der letzten Sätze im Marxschen Kapital, dass eigentlich der Sozialismus die Wiederherstellung des individuellen Eigentums ist.»

Theo: «Muss aber die Gemeinschaft, von der wir gesprochen haben, wenn sie verändernd wirken will, nicht doch den bisherigen Begriff des Privaten ablehnen?»

Marcuse: «Richtig. Wir dürfen ihn nicht umgehen, weil er immer wieder zur Aufgabe der Emanzipation zurückführen kann. Wir dürfen ihn aber auch nicht so problemlos propagieren.»

Die Emanzipationsgruppe

Aus Marcuses Theorie, die wegen der Hervorhebung der Rolle von Randgruppen und Frauen im revolutionären Prozess gerade in der

Salecina, 18. August 1976. Herbert Marcuse, Max Frisch und Theo Pinkus. Foto: UIP/Photopress.

Studentenbewegung grossen Anklang fand, entwickelten Theo und Herbert Marcuse in ihren Diskussionen gemeinsam den Begriff der «Emanzipationsgruppen».

Herbert Marcuse rückte von seiner in den 6oer Jahren entwickelten «Randgruppentheorie» ab. Die Ansicht, dass die Idee vom Sozialismus von den gesellschaftlichen «Aussteigern», also von denjenigen, welche mit der vom Konsumterror gelähmten Wohlstandsgesellschaft gebrochen haben, weitergetragen würde, bestätigte sich nicht. Statt dessen entstanden eine Vielzahl neuer Gruppen, welche – ihrem Anspruch nach – innerhalb dieses Kreises tabufreie Verkehrsformen praktizieren und ihre gesellschaftliche Arbeit kritisch reflektieren. Marcuse nennt diese Gruppen in seinen Schriften «Katalyst Groups», also Gruppen, die Prozesse beschleunigen. Im Gespräch mit Theo einigten sie sich auf den Begriff «Emanzipationsgruppen». Diese unterscheiden sich von Parteien oder parteiähnlichen Bewegungen etwa dadurch, dass sie eine zentralistische Führung nicht kennen, egal ob demokratisch bestimmt oder nicht. Sie stehen untereinander in einem losen Koordinationsrahmen und sind daher, weil schwer auszumachen, der staatlichen Repression weniger ausgesetzt.

Der ebenfalls in Erwägung gezogene, dem kommunistischen Manifest entlehnte Begriff «Gemeinschaft freier Produzenten» wurde als «zu einfach» fallengelassen.

Theo: «‹Emanzipationsgruppe› ist umfassender, das allgemein Menschliche und das Subjektive betonend. Ein hoffnungsvoller Begriff sozusagen, der ganz verschiedene Versuche, sich in Beruf und Privatheit von Herrschaftsverhältnissen zu befreien, beinahe versöhnlich auf einen Nenner bringt.»

Salecina – ein Stück vorgezogene Utopie?

Piz Salecina heisst ein Berg unweit der italienisch-schweizerischen Grenze, beim Malojapass, dem Übergang vom Engadin ins tiefe Bergellertal. An seinem Fuss steht ein 300 Jahre altes, ehrwürdiges Bauerngehöft mit dicken Mauern und einem festen Steindach. Seit 1972 heisst diese etwas abseits von Maloja gelegene Liegenschaft «Salecina». Viele vorwiegend junge Menschen aus ganz Europa haben hier schon ihre Ferien verbracht, an Seminarien oder Tagungen teilgenommen, andere Menschen, Freunde und Freundinnen kennengelernt. «Salecina» wurde zu einem internationalen Treffpunkt von engagierten und politisch aktiven Menschen. Theo und Amalie haben die Stiftung Salecina 1971 gegründet.

Den Gedanken, in den Bergen eine billige, von Organisationen und Institutionen unabhängige Ferienunterkunft und Tagungsmöglichkeit zu errichten, um sich zu erholen, Erfahrungen auszutauschen, andere, gleichgesinnte Leute zu treffen, diese Idee hatten Theo und Amalie schon lange, eigentlich seit sie bei den «Naturfreunden» aktiv mitmachten.

Theo: «Die Idee ‹Salecina› entspricht eigentlich unserer früheren Tätigkeit bei den Naturfreunden. Salecina ist eine Verbindung von Erholung, von Schulung und von Bewegung, wie es früher Zweck der Naturfreundelager war. Wir träumten schon immer von einem gemeinschaftlichen Ferienhaus irgendwo in den Bergen. Anfangs der siebziger Jahre hatten wir überraschend die Möglichkeit, diesen Traum zu verwirklichen.

Von einem Freund, der anonym bleiben wollte, erhielten wir 1970 die Zusage, dass wir, falls wir ein geeignetes Ferienhaus finden würden, eine Spende von zweihunderttausend Franken erhielten. Diese Spende war an keine Bedingung geknüpft. Er hatte einfach Vertrauen zu uns, kannte uns als Linke und ‹Naturfreunde›, und er wusste auch, dass die neue Generation der 1968 politisierten Linken ein eher zwiespältiges Verhältnis zu den Institutionen der traditionellen Arbeiterbewegung hatte, und damit auch kein besonderes Interesse an den Häusern der Naturfreunde.

Wir begannen mit der Suche nach einem geeigneten Objekt, unter anderem im Engadin. Denn das Engadin war schon immer eine Traumlandschaft für mich gewesen. Bevor es Salecina gab, kam ich schon immer in diese Gegend, weil es für mich eine Region voller Geheimnisse ist. Ich war ja bereits mit meinen Eltern hier in den Ferien gewesen, und unsere erste gemeinsame Ferientour hatten Amalie und ich ins Engadin unternommen.

Orden dent

Wie wir so im Engadin herumfuhren, da dachte ich an den alten Genossen Gaudenz Giovanoli, Lehrer von Maloja, guter Kunde unserer Buchhandlung und ‹Zeitdienst›-Abonnent seit der ersten Nummer. Giovanoli interessierte sich sehr für die Ideen des Genossenschaftswesens; zu dieser Frage hatte er sich im Laufe seines Lebens eine grosse Bibliothek aufgebaut. Ich wollte mich also mit ihm über einen möglichen Hauskauf beraten. Wir spazierten zusammen durch Maloja, und er überlegte, was alles in Betracht kommen könnte. Er erzählte uns vom Bauer Clalüna, der seinen gepachteten Hof in ‹Orden dent› aufgeben wollte. Palmira, Giovanolis Frau, riet sofort davon ab: Das sei zu kalt, ein Schattenloch und im Winter immer eisig – sie hatte als 16jährige Hirtin dort gearbeitet und dauernd gefroren.

Einige Wochen später besuchten wir den Bauer Clalüna, der den Hof von der Familie Baldini gepachtet hatte, dann doch. Er hatte einen schweren Unfall erlitten und war im Rollstuhl, deswegen wollte er den Hof aufgeben. In Maloja-Cresta liess er sich bereits ein neues, bequemeres Haus bauen. Im Haus in ‹Orden dent› gab es eigentlich nur zwei warme Zimmer: die Küche und die Holzstube mit dem frisch renovierten Kachelofen.

Im Sommer des Jahres 1971 verbrachten wir unsere Ferien auf einer Wiese von Gaudenz, wo wir unser Zelt aufschlugen. Zusammen mit einigen anderen Leuten besichtigten wir nochmals alles gründlich. Ich fuhr mit Monique Klingler und Gaudenz zu den Baldinis nach Cavi da Lavagna, um über den Kauf zu verhandeln. Der alte Baldini, ein Arzt aus einer alten Bergeller Patrizierfamilie, hatte zwar Sympathien für den ‹Maestro Giovanoli›, war sich aber über die Kaufbedingungen und den Preis noch nicht im Klaren. Sein Schwiegersohn werde uns dann im Sommer Bescheid geben, wenn er oben in der ‹Villa Baldini› Ferien mache.

In Chur gründeten wir unterdessen eine Stiftung. Sie wurde am 12. Juli 1971 offiziell errichtet. Das Geld für den Hauskauf hatten wir noch nicht, da ja noch nichts klar war. Als Stifter zahlte ich 10000 Franken ein, damit wir vorerst mal eine juristische Form hatten. Der Schwiegersohn wollte möglichst viel Geld herausholen und verlangte 200000 Franken. Wir feilschten den Preis bei einem zweiten Treffen bei Baldinis schliesslich auf 180000 Franken hinunter. Und es kam zu diesem interessanten Vertrag, in dem es hiess, wir dürften in keinem Fall einen Kiosk betreiben, kein Nachtlokal, kein Kino und auch keine Kirche. Baldini betonte ausdrücklich, dass wir natürlich schon ab und zu einen Film über Vietnam zeigen dürften. Und dem konnten wir dann auch bedenkenlos zustimmen. So wurde der Vertrag unterzeichnet. Clalüna war bereits ausgezogen. Der Verkauf wurde auf den Dezember 1971 festgelegt.»

Im Januar 1972 ist die Liegenschaft offiziell im Besitz der Stiftung. An einer ersten Sitzung wird der Vertrag mit Baldini zur Kenntnis genommen. Erste Umbaupläne werden formuliert: «Ausbau der Remise zum Massenlager, 20–30 Leute sollten Platz haben. Kreis der Leute: Linke von Zürich und Viva-Kollektiv, Familienferien, Schulungslager. Benützung im Sommer als ‹Bergellerzentrum der Jugend.

Theo: «Wir kamen zu Neujahr nach Maloja, zusammen mit einer Lehrlingsgruppe von Bauzeichnern, zu denen wir guten Kontakt hatten. Wir übernachteten in diesen eisig kalten Zimmern, massen das ganze Haus aus, überlegten, wie wir es für unsere Zwecke umbauen könnten. Doch bis Pfingsten war noch nichts entschieden. Ein richtiges Umbaukonzept gab es nicht – drei Architekten zeichneten Entwürfe. Grosse Diskussionen gab es jedoch wegen der Zahl der Übernachtungsplätze. Zuerst sprach man von zwanzig Schlafplätzen, ich war eher für mehr. Es wurde auch diskutiert, ob das Haus von politischen Flüchtlingen benutzt werden könnte, es gab ja die ersten Verfolgungen in der BRD, und da war meine Position, dass Flüchtlinge viel besser geschützt wären, wenn da möglichst viele Leute herumspazieren. Je mehr, desto sicherer, fand ich, und konnte diese Meinung schliesslich durchsetzen.

Das Konzept «Salecina»

Ein ausformuliertes Konzept für Salecina gab es eigentlich nie. Die vage Idee war, dass sich hier Leute aus Italien, Österreich und der Schweiz, zu Ferien, Diskussionen und Seminarien in einem internationalen Rahmen treffen könnten. Damit verfolgten wir auch das Ziel, der zunehmanden Zersplitterung der 68er Bewegung entgegenzuwirken.»

«Ein Ferien- und Schulungszentrum für uns!» lautete der Titel des Aufrufes, veröffentlicht im «Zeitdienst» und in der deutschen Zeitschrift «Links», mit dem Theo und Amalie Freiwillige zum Umbau des Bauernhofes suchten:

...Das Bauernhaus, die angebaute Remise und die Ställe sollen Arbeiterferien, Schulungslagern von Arbeiterorganisationen und Studenten, Kinderlagern und individuellen oder Ferien in kleinen Gruppen dienen. Jetzt stehen ca. 20 Plätze zur Verfügung. Duch sozialistische ‹Fronarbeit› sollen weit mehr – *bis zu 70 Personen* Platz finden. Zürcher Genossen führen deshalb vom 1. Juli bis Mitte September *Arbeits- und Ferienwochen* durch, in denen unter der Anleitung von Facharbeitern jeder (auch ohne handwerkliche Ausbildung) *mithelfen* kann, diese einzigartige Ferienmöglichkeit für viele unserer Genossen aus allen Ländern *auszubauen*.»

Erster Umbau mit dem «harten Kern»

Amalie: «Wir begannen im Sommer 1972 mit dem Umbau. In diesem Jahr wurde ich auch in der Buchhandlung pensioniert, und da ich weiterhin etwas Sinnvolles machen wollte, ging ich nach Maloja und half mit beim Umbau. Es waren immer auch viele Frauen dabei. Wir bau-

Salecina mit einer grossen Baukolonne und roter Fahne, 1972.

Salecina, Bau 1972, Strasse der Revolution.

Salecina, nach dem Umbau. Foto: Christoph Merz.

Salecina, beim Archivseminar 1986.

ten den ganzen Sommer hindurch. Roman Kuoni organisierte als Bauleiter den Umbau. Gigi, eine Krankenschwester, kochte täglich für alle und baute mit. Das war, zusammen mit andern, der ‹harte Kern›, wie sich die Leute selber nannten. Es war so eine ‹Siebe-Sieche›-Mentalität.

Die Arbeit war sehr hart. Wir mussten den Boden des grossen Aufenthaltsraumes tiefer ausgraben, das war alles ehemaliger, steinharter Flussgrund mit riesigen Steinen. André installierte das Elektrische, andere die neue Heizung. Neue Wände wurden aufgebaut, das Massenlager gezimmert, und ich kratzte mit Maja Häusermann die alten Balken im kleinen Essraum mit einer Drahtbürste ab. Das war früher ein Keller gewesen, und das Holz war mit Schimmel belegt. Die Sikkergrube wurde ganz allein von Frauen ausgehoben, das war eine Heidenarbeit.»

Die rote Fahne im Malojawind

Die Stimmung war wirklich sehr besonders. Als der Kamin fertig gemauert war, wurde zum Aufrichtfest die rote Fahne aufgezogen. Das sah ein Spaziergänger, der freisinnige Nationalrat und spätere Bundesrat Rudolf Friedrich. Er war so erzürnt, dass er im freisinnigen Pressedienst am 22. Januar 1974 eine Kolumne unter dem Titel «Rote Fahnen im Malojawind» schrieb, die in zahlreichen Schweizer Zeitungen abgedruckt wurde:

> Der landschaftlich überaus reizvolle Weg von Maloja zum Cavlocciosee ist jedem Freund des Oberengadins bekannt. Wer diesen Weg in der vergangenen Saison unter die Füsse nahm, dem ist Seltsames begegnet. Auf dem Dach des letzten Bauernhauses nahe bei der Brücke über den Fluss wehte im täglichen Malojawind, weithin sichtbar, eine Fahne, nicht etwa eine Schweizer Fahne oder jene Bündens, sondern die blutrote Fahne, welche die ‹Internationale› besingt.
>
> Nun ist es natürlich längst kein Geheimnis mehr, dass linksextreme Organisationen ihre Schulungszentren besitzen. Das «Ferienheim Salecina» zeigt einmal mehr, wie gut diese Organisationen auch hierzulande eingerichtet sind und über welche erheblichen finanziellen Mittel aus irgendwelchen Quellen sie offensichtlich verfügen.

Amalie: «Dieser Fahnenstreit war der Gipfel unserer Anfangsschwierigkeiten. Einzelne Bürger der Region liefen Sturm gegen Salecina.

An einer Gemeindeversammlung wurde sogar Protest gegen Salecina eingelegt. Wir würden anfangen, die Strassen umzubenennen, hiess es. Einige Bauleute hatten aus Spass die Wanderwege um unser Haus mit holzgeschnitzten Schildern versehen, ‹Strasse der Revolution›, ‹Karl-Marx-Strasse› und ‹Ho-chi-Minh-Weg›...

Wegen der Fahne auf dem Kamin wurde die Polizei in Silvaplana gerufen. Doch der Polizist wollte nicht eingreifen, die Fahne sei schliesslich auf Privateigentum, da könne jeder hinhängen was er wolle.

Auf dem Bau herrschte die ‹Revolution›. Alles musste immer diskutiert werden. Ein junges Mädchen wollte vor jeder Arbeit, die sie ausführen sollte, grundsätzlich diskutieren, warum das denn so und nicht anders gemacht werden muss. Mit der Zeit verloren die Handwerker langsam ihre Geduld.»

Theo: «Es gab aber auch andere Beispiele. Für ein paar Tage kam eine Kölner Anarchistengruppe vorbei, etwa fünf bis sechs Leute. Die arbeiteten so begeistert und diszipliniert, dass sie in vier Tagen mehr gebaut hatten als unsere ‹Chaoten› in acht. Diese Anarchisten waren sehr motiviert, und das hat mich begeistert.

Meine Aufgabe hingegen war bescheiden: Sie bestand darin, dass ich sämtliches Werkzeug, das verlegt wurde, täglich zusammensuchen durfte. Trotzdem fand ich dann im Frühling noch immer verrostetes Werkzeug, das unter der Schneeschmelze hervorkam. Dann zog ich die Nägel aus den Schalungsbrettern und half beim Entschalen der Betonwände. Das war eine fürchterliche Arbeit. Ich machte sie halt, weil ich handwerklich nicht sehr begabt bin.»

Erst im Verlauf des Jahres 1973 wurde der Umbau fertiggestellt. Über 120 Leute hatten sich daran beteiligt, unentgeltlich, nur gegen Kost und Logis, aus einem Bauerngehöft ein alternatives Ferienzentrum zu schaffen. Es gab nun (offiziell) Platz für 56 Personen, die in zwei Massenlagern «doppelstöckig» schliefen, sich in zwei Dusch- und Waschräumen waschen konnten, eine Gemeinschaftsküche, zwei Ess- und Aufenthaltsräume. Der Stall wurde vorerst nicht umgebaut, er diente als Lager für Lebensmittel, Getränke, und je länger je mehr für die diversen Möbelstücke und Sportgeräte.

Die alten Öfen wurden herausgerissen und durch Zentralheizung ersetzt. Für die Abwässer wurde eine eigene Sickergrube und die entsprechende Kanalisation gegraben. Der Umbau entsprach dem 68er

Zeitgeist: Nichts war unmöglich, Phantasie an die Macht. Salecina strömte eine ganz spezielle, sympathische Atmosphäre aus – das zeigt auch eines der ersten Beschlussprotokolle:

Beschlüsse: – Schlafräume nicht mit Bergschuhen betreten,
– Schlafsäcke mitbringen,
– Jeder ist seine eigene Putzfrau.

Für alles andere soll man wohl Ratschläge erteilen, grundsätzlich aber die Erfahrungen abwarten.

An dieser Sitzung am 24. Dezember 1972 wurden auch die ersten «Vollpreise» festgelegt: Fr. 6.– im Sommer, Fr. 7.– im Winter. Lehrlinge und Rentner sollten 2 Franken Ermässigung erhalten, und... «Politisch Verfolgte unterstehen einer eigenen, vom Stiftungsrat im konkreten Fall festzustellenden Beitragspflicht.»

Dem Stiftungsrat gehörten an: Amalie als Präsidentin, Theo Pinkus und Monique Klingler, Anna Ratti, Hansjörg Martin, Nicolin Giannotti und Hans Eigner.

Theo: «Unsere Gäste sind nicht gewöhnliche Hotelgäste. Sie leben und arbeiten oft in kollektiven Strukturen, in Wohngemeinschaften oder selbstverwalteten Betrieben. So ist es eigentlich ganz selbstverständlich, wenn sie in Salecina mittätig sind. Ich nenne das die ‹kollektive Selbstbedienung›. Diese Form von Gästemitarbeit mag es auch an andern Orten geben, doch wie mir immer wieder nach Seminaren und Ferienwochen bestätigt wird, erlebt man durch dieses Zusammenarbeiten und Zusammensein auch eine Art ‹kollektive Schulung›. Und auf diese legen wir Wert.

Salecina – Grenzüberschreitung als Programm

Nach dem Umbau entwickelte und konkretisierte sich Salecina. Die Baugruppen erzählten zu Hause von Salecina, und so kamen bald die ersten Gäste, meistens Gruppen von Leuten, die sich bereits vorher kannten, oft auch aus einer politischen Initiative.

Ich war immer der Meinung, dass wir in Salecina Ferien und Bildung in Einklang bringen sollten. Die Gegend lädt ja dazu ein, Spaziergänge zu unternehmen, auf Berge zu steigen, das Bergell zu durchwandern. Warum dies nicht mit Gesprächen und Diskussionen verbinden? Dazu kommt die einzigartige Lage von Salecina, am Übergang zwischen deutscher, rätoromanischer und italienischer Kultur, nahe der italienisch-schweizerischen Grenze, in der Nähe der Inn-quelle, die zugleich Wasserscheide zwischen Nordsee, Adria und Schwarzem Meer ist. Salecina soll ein internationales Zentrum sein, das Grenzen überwindet und sprengt, nicht nur Staatsgrenzen. ‹Grenzüberschreitung› – das ist für Salecina eine Art Programm. Sale-cina soll über Parteigrenzen hinaus Leute motivieren, politisch tätig zu sein. Probleme und Lösungsmöglichkeiten sollten auch mit Genossin-nen und Genossen aus anderen Ländern, mit anderen Erfahrungen, diskutiert werden.

Salecina-Seminare

Die ersten Seminare entstanden eher zufällig, spontan. Salecina ist eben ein Ort des organisierten Zufalls. Da treffen sich Ferien- und Bildungshungrige, lernen sich kennen, entdecken gemeinsame Inter-essen. Daraus entstanden oft wichtige Seminare. Eines der ersten war eine Zusammenkunft von «Manifesto»-Leuten mit Furio Cerutti (Flo-renz), der Berliner Italiengruppe mit Gisela Wenzel, Elmar Altvater u. a. und Peter Kühne, Dortmund. Ein anderes war das Internationale Frauentreffen der neuen Frauenbewegung.

Wir erfuhren dann, dass Herbert Marcuse regelmässig in Pontre-sina seine Ferien verbringt. Und da gerade viele Pädagogik-Studenten im Haus waren, fragten wir ihn an, ob er nicht Lust hätte zu einem Gespräch in Salecina. Wir holten ihn mit dem Auto in Pontresina ab, und es entstand eine sehr spannende Diskussion. ‹Sechs Fragen zu Theorie und Praxis› der Gesellschaftsveränderung, das war das Er-gebnis dieser Gespräche, die einige Genossen schriftlich festhielten. Das war die Grundlage für das nächste Seminar, das inzwischen be-rühmte ‹Marcuse-Frisch Seminar›, das bis weit in bürgerliche Kreise Aufsehen erregte.»

In den folgenden Jahren finden in Salecina zahlreiche Seminare statt, einige mit prominenten Teilnehmern, andere ohne. Zum Bei-spiel ein entwicklungspolitisches Seminar mit dem mexikanischen Soziologen Rodolfo Stavenhagen und dem Schweizer Spezialisten für Entwicklungsfragen, Rudolf H. Strahm, regelmässige Bloch-Se-minare mit Carola Bloch und zahlreichen Bloch-Schülern, ein Semi-nar über «Barfuss-Forschung» mit Sven Linquist, dem Autor von «Grabe wo du stehst», eine Diskussion mit dem ehemaligen Atommanager Klaus Traube, eine «Zukunftswerkstatt» mit Robert Jungk. In Salecina fanden die ersten Selbstverwaltungsseminare statt, gibt es regelmässige Tagungen zu Problemen der Berggebiete, der Sozialarbeit, Alternativmedien, Jugendbewegung, Mikroelektronik, sowie Wochen mit naturkundlichem, volkskundlichem oder kulturellem Schwerpunkt: Wandern, Flora- und Pilzwochen, Skitouren, Theaterwochen, kulturelle Wanderwochen. Aber auch Parteien und politische Gruppen ziehen für eine Intensivwoche nach Salecina, um über ihre spezifischen Fragen zu diskutieren, sich wieder mal persönlich zu treffen, ohne die ständige Alltagsbelastung zu spüren.

Theo: «Als immer mehr Leute aktiv in Salecina mitarbeiteten, aus der Hüttenwartsstelle ein Hüttenwartskollektiv wurde, erweiterten wir den Stiftungsrat zum Salecinarat. Diesem Gremium gehören sämtliche Salecina-Aktivisten an, die regelmässig mitarbeiten, Seminare organisieren, den zweiten Umbau planten und ausführten. Weiter sind Vertreter der Gäste aus Italien, Österreich und Deutschland im Salecinarat vertreten, aber auch Leute aus der Region, die sich immer wieder für Salecina einsetzten. Auch die Hüttenwartinnen und Hüttenwarte, die offiziell eingeschriebenen Stiftungsräte, heute neben Amalie und mir Andrea Hämmerle, Jürg Frischknecht und Henrique Schenkel, haben die gleichen Mitbestimmungsrechte. Wir entscheiden sämtliche Fragen kollektiv an den regelmässig in Salecina stattfindenden Salecinarats-Sitzungen. Das Diskussionsklima ist im Vergleich zu früher viel besser, konstruktiver und persönlicher geworden.

Heute zählt Salecina jährlich über 11 000 Übernachtungen. Diese vielen Gäste können sich nur noch zum Teil selbst verwalten: Einkauf, Planung und Administration besorgen heute ein Team von Hüttenwartinnen und -warten. Trotzdem, Kochen, Tageskoordination, Verteilung der Putzarbeiten, kleine Arbeiten ums Haus ist nach wie vor Sache der Gäste, die sich deswegen täglich nach dem Abendessen treffen und den nächsten Tag «koordinieren».

Die verordnete Selbstverwaltung

Theo: «Ich habe mich schon längere Zeit vorher mit der Idee der Selbstverwaltung beschäftigt, zuerst nur theoretisch, bis ich dann 1968 in Linz an der internationalen Tagung der Historiker der Arbeiterbewegung Yvon Bourdet kennenlernte, den berühmten französischen Theoretiker der ‹autogéstion›, der auch in der Redaktion der gleichnahmigen Zeitschrift tätig ist. Mit ihm kam ich ins Gespräch, und dabei fragte ich ihn auch, ob wohl auch Selbstverwaltung in einem kleinen Betrieb mit nur einem Dutzend Angestellten vorstellbar wäre. Er meinte, wieso nicht, so kannst du doch am besten anfangen.

Diese Idee liess mich nicht mehr los. Ich habe hin und her überlegt, bis ich dann ein Rundschreiben, eine Art Fragebogen, an die Angestellten der Firma schickte, in dem ich sie um ihre Meinung zu einer verstärkten betrieblichen Mitbestimmung bat. Dieses Schreiben stiess auf die entschiedenste Opposition von Frau Hügi, und auch von Marco. Sie fand es unerhört, dass die Leute im Betrieb über ihre Arbeitszeit hinaus mit solchen Diskussionen belastet würden. Die Leute wollten nach der Arbeit nach Hause und nichts mehr vom Betrieb hören – also ein ganz konservativer Gewerkschaftsgedanke. Marco war auch total dagegen. Er wollte das einfach nicht, ohne inhaltlich zu argumentieren. Obwohl das in eine Zeit fiel, in der er politisch sehr aktiv war. Er fand die Idee der Selbstverwaltung einfach Unsinn.

Frau Hügi zwang mich dann sogar, den Fragebogen offiziell wieder zurückzuziehen, und so habe ich diese Idee vorerst fallengelassen.

Als sie dann in Pension gegangen war, holte ich die Idee der Selbstverwaltung wieder hervor. So fing ich also an, diese Idee zu konkretisieren. Ich entwarf für mich einige Betriebsverfassungen einer selbstverwalteten Genossenschaft. Eine dieser Verfassungen legte ich dann anlässlich der Stiftungsgründung vor. So führte ich also die Selbstverwaltung in eigener Regie ein, quasi von oben.»

Iris: «Theo diskutierte das auch immer so kompliziert und theoretisch. Er schnitt das Thema so oft an, bis es die meisten im Betrieb langsam anödete. ‹Theo hat wieder mal einen Floh im Kopf›, hiess es dann. Oder ‹Sei ruhig und lass uns jetzt unsere Arbeit machen›, so ungefähr war das Klima. Lange Zeit merkten die Leute in der Bude auch nicht, dass Theo, wenn er von Selbstverwaltung sprach, eigentlich sie damit meinte.

397

Aber natürlich waren auch einige begeistert von dieser Idee, ich zum Beispiel und noch ein paar andere Frauen. Theo steckte uns mit seiner Idee an, und als dann noch Klaus Wagenbach ab und zu vorbeikam und von seinem selbstverwalteten Verlag erzählte, da waren wir Feuer und Flamme für die Vergenossenschaftung. Aber natürlich nicht alle, nur etwa ein Drittel der Angestellten. Klaus sprach überzeugend von den Vor- und Nachteilen der Selbstverwaltung, so dass wir schliesslich unsere Ängste verloren. Der Entwurf der Betriebsverfassung wurde etwa drei Monate lang diskutiert. Punkt für Punkt, niemand war voll dagegen, aber einige waren einfach apathisch und diskutierten praktisch nicht mit.»

Die Stiftung Studienbibliothek zur Geschichte der Arbeiterbewegung

Im Zentrum der Selbstverwaltungsstruktur stand aber nicht die Buchhandlung, sondern die grosse Privatbibliothek von Theo und Amalie, die mittlerweile über 11 000 Bände umfasste, darunter die wichtigsten Werke der Arbeiterbewegung der letzten hundert Jahre sowie bedeutende Erstausgaben, Tarnschriften und sozialistische Kunst und Literatur. Diese Bibliothek wurde in der Folge von 1968 von immer mehr interessierten Personen benützt. Der Betrieb überstieg bald die Kräfte von Theo und Amalie sowie die Grösse ihrer Wohnung. Sie beschlossen, ihre Bibliothek öffentlich zu machen und gründeten die «Studienbibliothek zur Geschichte der Arbeiterbewegung». Zwei Gönner verhalfen zu einem kleinen Haus im Seefeldquartier mit elf Zimmern, wovon vier für die Bibliothek reserviert wurden, in den anderen wohnten bald Mitglieder der neu gegründeten Pinkus-Genossenschaft.

Die juristische Form der Stiftung sollte eine Weiterführung der Bibliothek und der Selbstverwaltungsstruktur der Pinkus-Genossenschaft auch nach dem Tod von Theo und Amalie garantieren. In den Stiftungsrat wählten die beiden Stifter Freunde und Bekannte, die auf dem Gebiet der Erforschung und Erarbeitung der Geschichte der Arbeiterbewegung und des Sozialismus tätig waren.

Das Haus Froschaugasse mit der Buchhandlung, den Büchersuchdienst sowie das Antiquariat schenkten Theo und Amalie im Juni 1972 der Stiftung. Diese wiederum vermietete das Haus und die Firma an die neugegründete Pinkus-Genossenschaft unter folgenden Bedingungen: Die Genossenschaft wird in Selbstverwaltung geführt, und das Sortiment des Buchladens führt progressive und kritische Literatur im weitesten Sinne. Amalie und Theo erhalten zudem einen Einheitslohn als Altersrente.

Mit dieser komplizierten juristischen Konstruktion wollte Theo einerseits den Fortbestand seiner Arbeit, andererseits die Kapitalneutralisation garantieren: «Niemand, der in den Betrieb kommt, muss Eigenkapital mitbringen, und niemand, der weggeht, kann etwas mitnehmen.»

Selbstverwaltungspraxis

Die Begeisterung der jungen Mitarbeiter und Mitarbeiterinnen schien zu Beginn der Selbstverwaltung grenzenlos gewesen zu sein. Den älteren Mitarbeitern war das gewerkschaftliche Denken aber noch nicht ganz abhanden gekommen. Einer von ihnen heftete folgenden offenen Brief ans Anschlagbrett der «Bude»:

> Durch die Umorganisierung unserer Arbeitszeit wird mit grösster Wahrscheinlichkeit eine Produktivitätssteigerung erreicht. Wie schlägt sich dies in den Löhnen der Angestellten nieder?
>
> Wie sieht die vom Stifter so prätentiös verkündete und feilgebotene Angleichung der Löhne und die Anstrebung des Einheitslohnes aus, wenn die Genossenschaft noch nicht einmal in der Lage ist, ihren Mitgliedern einen effektiven Teuerungsausgleich zu zahlen?
>
> Sind die Genossenschafter weiterhin gewillt, die vom Stifter eigenmächtig gesetzten Prioritäten so undifferenziert zu übernehmen, d. h. konkret:
>
> Sind wir weiterhin gewillt, in unserer Arbeitszeit Arbeiten für die Stiftung Studienbibliothek und Salecina auszuführen?
>
> Fändest Du [Theo] es nicht auch angebracht, wenn Dir von der Genossenschaft ein Halbtags-Rhythmus angeboten würde, und Du die andere Hälfte des Tages mit Deinen politischen Arbeiten und Diskussionen an der Wildbachstrasse verbringen würdest?

Von der eigenen Genossenschaft quasi ins Abseits gestellt zu werden, noch vor der Pensionierung? Das war Theo zuviel:

> Die Genossenschafter wissen am besten selbst, wie weit ich, trotz gewisser geschäftlich konservativer «Bremsen» nützlich bei Aufnahme, Wiederaufnahme und Pflege besonders älterer und behördlicher geschäftlicher Beziehungen bin.

Theo versprach, künftig die Arbeitszeit, die er für politische Projekte wie Salecina und andere in seiner Arbeitszeit leiste, nachzuholen,

> ... wie auch diejenige von politischen Besprechungen, die nicht unmittelbar mit meiner Arbeit *für* die Genossenschaft zusammenhängen, nachzuholen. Da man sich über «politisch» und «für» die Genossenschaft streiten kann, führe ich seit Januar 73 Tagesnotizen über meine Besucher und Telefonate. Siehe auch Reiserapport,

schrieb Theo als Antwort auf obigen Brief am 23. 2. 73, mit der bissigen Schlussbemerkung «Ferienarbeit Maloja».

Theo: «Es gab natürlich einige Konflikte. Ich spürte einen Zwiespalt entstehen. Auf der einen Seite sagten sie, ich solle noch dies und jenes machen, weil ich doch alles besser wüsste, auf der andern Seite konnten sie es mir nicht mehr verzeihen, wenn ich etwas nicht mehr wusste und von einigen Sachen keine Ahnung mehr hatte. Und es gab auch Aggressionen gegen mich, die aber Amalie viel stärker betroffen haben als mich.»

Amalie: «Sie haben Theo einfach unwahrscheinlich angepöbelt damals, wegen der kleinsten Sachen. Das war damals offenbar nötig, als Zeichen der Ablösung, der Befreiung. Ich fand, die Genossenschafter waren Theo gegenüber ziemlich ungerecht. Aber andererseits bewies das auch, dass die Genossenschaft langsam selbständig wurde und sich unabhängig von uns entwickelte, und das war ja unsere Absicht. Also mussten wir auch solche ‹Ungerechtigkeiten› ertragen, das war mir klar.

Konflikt mit Marco

Ich sagte Marco von Anfang an, dass er in der Genossenschaft mitmachen könne, aber nur gleichberechtigt wie die andern. Denn vorher war er ja Abteilungschef. Ich sagte ihm aber auch, dass ich es verstehen und akzeptieren würde, wenn er aus der Genossenschaft ausziehen wolle. Ich gewährte ihm zwei Privilegien: Erstens. Wenn Du austreten willst, kannst Du von deinem Arbeitsgebiet einen Fünftel der Bücher mitnehmen. Zweitens. Du kannst weiterhin in der Wohnung oberhalb der Genossenschaft wohnen und bleibst unser Mieter, nicht Mieter der Genossenschaft.

Nach einem halben Jahr ist er dann weggegangen. Die Stimmung hatte sich zunehmend verschlechtert. Die andern Mitarbeiter hatten doch den Verdacht, dass Marco die Rolle des Nachfolgers und Chefs einnehmen werde. Denn in vielem verhielt er sich auch so.»

Früher schon war es zu Streitigkeiten zwischen Theo und Marco gekommen. Anlass war der Ausschluss der «Jungen Sektion» aus der PdA, in deren Folge Konrad Farner ebenfalls austrat. Marco verzieh es Theo nicht, dass er nicht die gleichen Konsequenzen zog.

Theo: «Dieser Konflikt mit unserem ältesten Sohn ist schon einer unserer grössten Misserfolge in unserem Leben – obwohl, viele hatten wir ja nicht. Aber dass es gerade mit dem Ältesten nicht klappte, und zudem mit dem Sohn, mit dem ich am meisten zu tun hatte, mit dem ich mich immer sehr verbunden fühlte, das mag mich schon. Amalie und auch Trudi warfen mir ja immer ein wenig Einseitigkeit gegenüber Marco vor, ich würde ihn als Erstgeborenen zu stark bevorzugen. Wir haben früher seinen Geburtstag immer speziell gefeiert, mit einem richtigen Fest. Ich hatte natürlich schon Freude an ihm.

Heute sehe ich Marco nur noch sehr selten. Er hat ein schönes Antiquariat, und geschäftlich macht er das sicher sehr gut. Er macht auch sehr schöne Kataloge. Früher bin ich ab und zu noch hingegangen, aber jetzt eigentlich nicht mehr.»

Marcos Brüder hatten mit der Stiftung und der Genossenschaft weniger Probleme – sie waren auch nicht so direkt betroffen wie Marco. André arbeitet als Filmtechniker, war Mitbegründer des Filmkollektivs Zürich; Felix verkauft auf dem Rosenhof Mineralien und andere Alternativa.

Die «Wildbachstrasse» wird aufgegeben

Seit ihrer Gründung 1971 ist die Studienbibliothek ständig gewachsen. Anfänglich genügten noch vier Zimmer, Ende 1981 war praktisch das ganze Haus an der Wildbachstrasse mit Büchergestellen und Verschlägen überfüllt. Die Arbeitssituation wurde unzumutbar, für neue Anschaffungen fehlte der Platz. Die «Wildbachstrasse» platzte buchstäblich aus allen Nähten.

Im Frühling 1984 erfolgte der Umzug in ein Gebäude des Schweizerischen Arbeiterhilfswerks. Im «Quellenhof» befindet sich die Studienbibliothek nun zusammen mit andern Kollektiven.

Für Zeitschriften und Buchbestände waren ideale Lagermöglichkeiten gefunden. Dank den regelmässigen Öffnungszeiten und täglich anwesenden Mitarbeitern haben sich die Aktivitäten der Studienbibliothek weiter entwickelt. Hier treffen sich Leute, die sich mit der Geschichte der Arbeiterbewegung, aber auch mit der Geschichte der «Neuen Linken» und der Selbstverwaltungsbewegung beschäftigen. Gesucht werden bibliographische Angaben, Seltenheiten und Zeitschriftenreihen, die in andern Bibliotheken nicht gesammelt wurden (vor allem aus den realsozialistischen Ländern). Ein interessanter Fundus, aber leider in der Weiterführung bedroht, ist das Archiv, das Amalie und Theo gemeinsam seit den frühen fünfziger Jahren führen, mit Zeitungsausschnitten, Flugblättern, Fotos und Dokumenten zum linken Zeitgeschehen.

Die Studienbibliothek, und insbesondere Theo, regten verschiedene wissenschaftliche Arbeiten und Dissertationen an; zu vielen Arbeiten steuerte die Bibliothek wichtige Materialien bei. In den letzten Jahren beteiligte sich die Studienbibliothek an zahlreichen Ausstellungen, mit Exilliteratur und Dokumenten des Antifaschismus vor allem auch an den Ausstellungen, die 1983 anlässlich der «50 Jahre Machtübergabe an die Nazis» gezeigt wurden. Die Bibliothek verfügt heute über eigenes Ausstellungsmaterial, so zum Beispiel über 180 grossformatige Tafeln mit den Fotomontagen von John Heartfield, die ihr von der Akademie der Künste der DDR geschenkt wurden. In den letzten drei Jahren wurden diese Arbeiten Heartfields in über einem Dutzend Ausstellungen in der Bundesrepublik, Italien und der Schweiz gezeigt. Die Studienbibliothek beteiligte sich an sämtlichen Frans Masereel-Ausstellungen mit eigenem Originalmaterial.

Wurden noch Mitte der siebziger Jahre die Sekretariatsarbeiten in der Bibliothek mit Viertel-Stellen bewältigt, so bestehen heute mehrere Teilarbeitsstellen zur Betreuung von Ausstellungen und historischen Projekten, Kursen und Seminaren und zur Erledigung der Bibliotheksarbeiten.

So ist die Studienbibliothek heute längst mehr als eine alternative Bibliothek: Sie versteht sich einerseits immer noch als Aufbewahrungsort und wissenschaftliche Nachweisstelle zur Geschichte der Arbeiterbewegung, ist andererseits aber immer mehr ein operatives Zentrum zur Verbreitung von Theorie und Praxis der Arbeiterbewegung sowie mit ihr verbundener fortschrittlicher Bewegungen geworden. Aus diesem Selbstverständnis heraus ist die Studienbibliothek heute mit ihrer Infrastruktur ein Forum für Diskussionen innerhalb der linken und alternativen Bewegung.

Und die Bilanz? Eine Diskussion mit Theo und Amalie

In einer Art «Schlussgespräch» versuchten wir, ein paar wichtige Aspekte dieser Doppelbiografie noch einmal aufzugreifen. Fragen nach der Bilanz des sechzigjährigen Kampfes, Fragen zum Umgang mit Niederlagen, zum Optimismus der beiden. Hinterfragt werden sollte aber auch das – unterschiedliche – Verhältnis von Amalie und Theo zur eigenen Biografie und zum Nutzen politischer und privater Freundschaften. Teilgenommen an dieser Abschlussdiskussion haben: Pierre Bachofner, Jürg Frischknecht, Willy Nabholz, Urs Rauber, Werner Schweizer und Ruth Wysseier.

Willy: «Grundsätzlich ist der Eindruck stark, dass Ihr ein erfülltes Leben hinter Euch habt, dass Ihr nie absolut gescheitert seid. Umgekehrt kann man aber auch fragen, warum Ihr nie so enttäuscht redet, wie man es angesichts der Geschichte des 20. Jahrhunderts erwarten könnte. Es gibt keine Bitterkeit, keine Vorwürfe, keine Enttäuschung, weder persönlich noch politisch.»

Urs: «Habt Ihr denn den Eindruck, dass mit Eurem sechzigjährigen Engagement sich etwas oder gar vieles verändert hat? Ist die Welt heute besser als 1926?»

Amalie: «Ich glaube schon, dass sich vieles verändert hat. Nicht nur zum Guten. Aber davon abgesehen: es geht den Leuten doch wirklich besser; vieles, wofür wir gekämpft haben, ist Wirklichkeit geworden. Es geht den Arbeitern hier viel besser; es gibt weniger Hunger – es gibt ihn immer noch, ja vor allem in der Dritten Welt. Wir haben ja nie nur unser eigenes Land gesehen. . . .

Aber zur Frage nach unseren Enttäuschungen. Wir waren wahnsinnig enttäuscht – ich weiss nicht, kommt das nie zum Ausdruck in der Biographie? Wir waren von Zweifeln geplagt und auch enttäuscht über die Partei.

Aber wir waren gewiss nicht verwöhnt, waren daran gewöhnt, einiges auf uns zu nehmen: wenn es ganz einfach darum geht, ein Dach überm Kopf zu haben, morgen zu essen zu haben oder die Miete zahlen zu können, dann hast du einfach keine Zeit für alle die Probleme, die die Jungen heute haben.»

Willy: «Es waren bescheidene Utopien, die Ihr damals hattet?»

Amalie: «Gar nicht bescheiden, kam es uns vor! Für uns waren es damals ganz grosse Utopien, aber heute sind sie bescheiden. Zu meinen INFRA-Frauen habe ich gesagt: Was Ihr jetzt macht, so habe ich mir den Sozialismus vorgestellt. Vier Stunden arbeiten und mehr verdienen, als ich damals in acht Stunden. Und in der übrigen Zeit tun, was einem Spass macht. Das ist heute eine Realität – aber nicht die Realität für alle Menschen in der Schweiz. Die Frauen, mit denen ich zusammengearbeitet habe, die konnten sich eine zweite, eine dritte Ausbildung leisten, und ich hatte mir nicht einmal eine erste leisten können. Ich habe immer als Ungelernte gearbeitet, und darum achtete ich auch so darauf, dass meine drei Söhne ihre Lehre abschliessen, obwohl das nicht immer einfach war und einer von ihnen mir jetzt noch sagt, es sei verlorene Zeit gewesen. Das gehört auch zu den Enttäuschungen.

Aber ich habe nie bereut, was ich gemacht habe, denn alles, was ich gemacht habe, habe ich aus voller Überzeugung gemacht. Ich denke, ich würde wieder so handeln. Man tut, was man richtig findet und ist dann nicht so geschlagen... ‹Geschlagen ziehen wir nach Haus, die Enkel fechten's besser aus›.»

Urs: «Ihr habt gewisse Ziele vielleicht erreicht – materiell geht es der grossen Mehrheit in der Schweiz besser als vor 60 Jahren. Aber es sind andere, neue Probleme aufgetaucht; die Umweltfragen, auch die Rüstungsbedrohung.»

Amalie: «Du darfst nicht vergessen, dass wir zwei Weltkriege – wenn auch nur am Rande – erlebt haben in unserem Leben: den ersten erlebte ich als Kind, den zweiten als erwachsene, bewusste Frau. Das waren für uns zwei grosse Enttäuschungen. Wir haben nie gedacht, dass auch ein zweiter Weltkrieg noch möglich würde.»

Jürg: «Gab es denn nie einen Punkt, wo Ihr daran gedacht habt, politisch den Bettel hinzuschmeissen...»

Amalie: «Nein, dieser Punkt kam nie. Es gab Zeiten, da bewirkte die Entmutigung, dass man weniger getan hat, passiver wurde, sich überlegte, eine Zeitlang, was nun zu tun wäre – man hatte stürmisch gekämpft und gewollt, dass die Revolution kommt, bald kommt...»

Jürg: «Da ist wohl ein Unterschied zwischen Eurer Generation und heute: Bei vielen ist die Neigung gross, nach einer politischen Niederlage den Bettel hinzuschmeissen, und dann kommt Ihr mir in den Sinn, oder ich denke an die aktuelle Situation in lateinamerikanischen Ländern, wo ja ganz andere Niederlagen und Rückschläge ausgestanden werden müssen, ohne dass man einfach aufgeben kann.»

Theo: «Bei unserer Generation – bei Amalie ausgeprägter als bei mir, aber auch bei mir – hatte die unmittelbar erlebte Not doch eine grosse Bedeutung. Die Notlage in der unmittelbaren Umgebung, verbunden mit der eigenen, ganz niedrigen Lebenshaltung (in Berlin damals mit 100 Mark im Monat hiess das, jeden Tag in einem miesen Alkoholfreien für 90 Pfennig essen, bis es einem so zuwider war, dass man nicht mehr hingehen konnte). Diese Not erlebt zu haben, das war eine ganz wichtige Voraussetzung. Und das ganze dann noch in der Weltwirtschaftskrise, die heute in Europa von den kapitalistischen Manipulationen doch noch einigermassen gemeistert wird. Arbeitslos erst in Berlin, dann 1939 bis 1941 auch in Zürich, warst du in einer viel mieseren Situation als einer, der heute arbeitslos wird. Aber wir kennen auch all die Gefahren, die heute auf euch wie auf uns lasten. Die Gefahren sind uns doch weit mehr bewusst als vielen anderen in unserem Alter, weil wir eben die Entwicklung in den letzten 60 Jahren bewusst mitgemacht haben, zumindest in unserer Umgebung; nicht nur als beobachtende Teilnehmer oder teilnehmende Beobachter, sondern wir haben versucht, mit unseren Kräften irgendwo etwas dagegen zu tun.

Und in diesem Sinne fühle ich mich eigentlich sehr gut. Im Rahmen der winzigen Möglichkeiten habe ich einiges versucht, was eventuell, wenn die grosse Katastrophe verhindert werden kann, zumindest nützlich war und weiter wirken wird, unter der Regie und nach der Form derer, die es nach uns in die Hand nehmen.»

Werner: «Kommt der ‹Vorwurf› des Optimismus vielleicht daher, dass besonders Du, Theo, mit Niederlagen ganz souverän umgehen kannst. Du bist zwar ein Weilchen verärgert, aber mit Deiner Superaktivität verdrängst Du alle diese Niederlagen. Während es heute wohl der Mode entspricht, dass man sich mit Schmerzen und Niederlagen auseinandersetzen will...»

Theo: «...um die eigene Faulheit und Unentschlossenheit zu entschuldigen...»

Werner: «...während Du das ausgesprochen nicht machst.»

Theo: «Ganz konkret kann ich dazu sagen: Ich empfinde es als

Niederlage, dass es mir nicht gelungen ist, ein freundschaftliches, gutes menschliches Verhältnis – wie ich es zu allen von Euch hier habe – zu meinem ältesten Sohn zu haben. Das ist für mich eine ganz persönliche Niederlage. Und sie ist in meiner Lebensgeschichte sehr wichtig, denn das war das erste Kind, und in seinen ersten Monaten habe ich ihn ausgiebig betreut.

Eine zweite Niederlage ist, dass es mir nicht gelungen ist, aus der 68er Bewegung, die ich heute noch als eine wichtige und entscheidende Sache betrachte, auch nur hundert Leute von den vielleicht 2000 in der Schweiz, die noch in ihrem Geist leben, dafür zu gewinnen, eventuell ein- oder zweimal weniger ins Restaurant zu gehen pro Monat und stattdessen durchschnittlich fünfzig Franken für die Studienbibliothek zu zahlen. Es sind vielleicht fünf. Und wenn einer viertausend oder fünftausend im Monat verdient und seine fünfzig Franken bezahlt hat und dann eine andere Verpflichtung übernimmt, so stellt er das ab. Das ist für mich eine Enttäuschung. Dennoch schreibe ich diese Leute deswegen nicht ab. Mein Optimismus geht, auch in Bezug auf diese Freunde, wegen einer solchen persönlichen Enttäuschung nicht in die Binsen, auch wenn es sich zeigt, dass das, was ich mache, für sie keine fünfzig Franken monatlich mehr wert ist.»

Urs: «Was an Eurer Biographie fasziniert, ist eine grosse Bescheidenheit. Ihr habt viel materielle und andere Entbehrungen auf Euch genommen, um für eine Sache zu kämpfen. Diese Treue zur Sache beeindruckt mich, in bestimmten Momenten die Treue zur Partei, in anderen die Treue zu einem bestimmten Ziel oder zur aktuellen Sache, der man alles unterordnet, während ich bei der Sache selber viel mehr Fragezeichen setzen würde.

Zu dieser Kontinuität im politischen Engagement gehört, dass Ihr damit Euch selber verwirklicht habt. Man spürt aus Eurem Engagement die Lust am Leben und am Kampf.»

Amalie: «Wir haben auch die sogenannten Entbehrungen nicht als solche empfunden. Ich war ja nur zwei Monate arbeitslos in meinem Leben und hatte wirklich Schiss, meine Arbeit zu verlieren. Das hätte ja bedeutet, am kommenden Tag nichts mehr zu essen zu haben oder die Miete nicht zahlen zu können. Also hat man zu vielem geschwiegen, sich seine Sache gedacht und nichts gesagt. Das war keine Entbehrung.

Wir waren, schon zu Hause, nie griesgrämige Leute und haben viel gelacht. Als Tessiner sangen wir viel, und man schimpfte uns eine

Rasselbande... Auch Theo und ich hatten gar kein Geld für Alkohol, aber wir haben Feste gefeiert, halt mit Tee, und haben gerne gelebt.»

Jürg: «Während der Beschäftigung mit Eurer Biographie ist mir immer wieder aufgefallen, dass Du, Amalie, aus Deinem Leben erzählst, während Theo nicht einfach aus dem Leben erzählt, sondern zu agitieren beginnt. Er überlegt sich immer: was kann man aus dem, was ich erzähle, für einen Schluss ziehen, welche Botschaft damit vermitteln. Oftmals hat mich aber die einfache, die authentische Schilderung mehr fasziniert als Deine Art, Theo, bei der man die Absicht spürt, die den Lebensbericht verdeckt. Du instrumentalisierst deine eigene Biographie.»

Willy: «Oft inszenierst Du Dich vermittels eines geschichtlichen Zusammenhangs, Du schilderst Dich durch Beschreibung Deiner Beziehungen zu anderen Personen.»

Amalie: «Theo ist so, wie man eigentlich hätte sein sollen als Kommunist. Und ich habe ihn auch deswegen bewundert. Ich habe simpel immer nur mein Leben geschildert, wie ich es empfunden habe, was mich störte und was mich faszinierte. Aber ich hätte gern wie Theo sein wollen. Damals, als ich Theo kennengelernt habe, hat mir imponiert, wie er alles in einen weltgeschichtlichen Zusammenhang stellen konnte.»

Urs: «Das geht ja bis zur Familiengeschichte, wo Theo sagt, das Kinderhaben sei eine Erfahrung, die man als Kommunist einmal machen müsse.»

Theo: «Es gibt einen Unterschied unserer – im umfassenden Sinne – politischen Sozialisation: es ist eben etwas ganz anderes, ob du Jungkommunist Berlin 1927 bis 1933 erlebt hast, oder ob du in Zürich gelebt hast. Und gewiss spielt auch das unterschiedliche elterliche Milieu eine Rolle. Ich bin sozusagen zwischen Intelligenzija und Bohème aufgewachsen und hatte weit mehr Zugang zur deutschen Literatur als Amalie. Überdies hatte ich – teils beruflich und teils über die politische Arbeit – immer mit Zeitungen, mit Artikeln usw. zu tun. Wenn du schreibst, musst du Formulierungen finden, und das wird schliesslich zur Routine. Und nicht vergessen darf man, dass die Reproduktion der patriarchalischen Strukturen, der Männerherrschaft innerhalb der Parteien, einen auch formt, zumal wenn dann noch Voraussetzungen vorliegen wie bei mir.»

Ruth: «Also es kommt beides zusammen: Theo hat die bessere Bildung, hat mehr Selbstbewusstsein, und er kann mehr verdienen und verdient auch mehr – aber man könnte sich ja auch vorstellen, dass Theo gesagt hätte: ich gehe verdienen, aber am Abend bleibe ich zu Hause, damit Amalie eine ähnliche Chance hat, öffentlich aufzutreten oder sich weiter zu bilden.

Doch mit einer solchen Rollenverteilung tun wir uns ja auch heute noch sehr schwer.»

Theo: «Zurück zur Frage des Agitierens beim Erzählen. In den Jahren, als ich von Berlin nach Zürich zurückkam, habe ich in den vielen Referaten und Voten immer die ganz bestimmten Sachen, die aktuell waren und für die Partei international im Vordergrund standen, als *die* Lösung dargestellt und vertreten. Das gehörte zu einer propagandistischen Tätigkeit. Aber mit der Zeit habe ich eingesehen, dass das alles so nicht mehr geht. Der zweite Weltkrieg kam – schon die Niederlage 1933 war nicht von Pappe, nachdem man vorher in Berlin so mitgemacht hatte –, und heute kann ich nicht mehr wie damals reden. Heute gebe ich keine fertigen Rezepte.»

Jürg: «Heute ist es das ‹System Malojapass›: kurvenreich zum Ziel?»

Theo: «Ich sage nicht mehr, stärkt die Partei, der einzige Weg führt über die Organisation. Heute sage ich: Ihr habt alle die Chance mitzuhelfen, dass wir zu einer vernünftigeren Menschheit, zu vernünftigen Beziehungen, zu einer vernünftigen Gesellschaft kommen. Das mag stereotyp tönen und manchen zum Halse heraus hängen.

Was Ihr als «Instrumentalisierung» ablehnt, muss nicht im Widerspruch zu Eurem Emanzipationsbedürfnis und eigener Erkenntnis stehen. Ich würde nichts sagen wie ‹...deshalb: Kommunismus der einzige Ausweg! – Wer führt dazu? Die Partei und an der Spitze das Zentralkomitee!›, so etwas würde ich nie sagen. Ich habe es auch früher nicht, so etwas haben wir höchstens ironisch gesagt, aber man hat es *gedacht*. Man hat es geglaubt.»

Urs: «Viele, die mit Dir zusammengearbeitet haben, betrachten diese Beziehung heute als instrumentalisiert. Sie hatten Dich interessiert, solange Du sie brauchen konntest, und wenn Du siehst, dass ihr Weg in eine andere Richtung geht, interessierten sie Dich nicht mehr. Und da habe ich bei Amalie den Eindruck, dass man mit ihr eine Freundschaft jahrelang weiterpflegen kann, weil man nicht Angst haben muss, man werde vereinnahmt.»

Theo: «Ja. Das stimmt.»

Pierre: «Aber das ist doch kontraproduktiv. Es gibt so etwas wie eine Scheidung zwischen den Leuten, die Dich von aussen erfahren haben, Dich von Vorträgen kennen, und denen, die konkret mit Dir etwas zu tun haben.»

Theo: «Diese Instrumentalisierung bekommt man in der kommunistischen Bewegung mit auf den Weg. Andererseits ist es eben eine emanzipationsfeindliche Haltung, darüber bin ich mir ganz im klaren. Dennoch, ich möchte – auch wenn das oftmals nicht gelingt – Anstösse geben, möchte helfen, Instrumente, die vorhanden sind, zu benutzen.

Es ist gewiss eine Schwäche oder auch, je nach der Betrachtungsweise, eine Stärke, dass ich in jedem Menschen, mit dem ich zu tun habe, eine Kraft sehe. Wenn ich denke, was alles in Bewegung gesetzt werden kann, wenn einer mitmacht – nicht wie ich will, aber wie *er* will, und wenn er das *kontinuierlich* macht. Es ist ja unsere Absicht und Praxis, in unseren letzten Lebensjahren eine Art Brücke zwischen Generationen, aber auch zwischen Arbeitsbereichen wie Selbstverwaltung, Gewerkschaften, zwischen der alten und neuen Frauenbewegung zu sein. Und von daher sehe ich eben, dass viele jüngere Leute sich gar nicht bewusst sind, was sie alles bewirken könnten.»

Pierre: «Theo hat als ‹Durchlauferhitzer› vielleicht 5000 Leute ‹behandelt›; bei Dir, Amalie, sind es viel weniger. Wie siehst Du die Wirkung und Konstanz Deiner Arbeit in der Frauenbewegung?»

Amalie: «Die Frauenbewegung ist, wie die Jugendbewegung, eine *Bewegung* und geht vorüber. Aber die *Nachwirkungen* der Frauenbewegung haben eine Konstanz und verbreiten sich, viel mehr, als ich je erwartet hätte. Obwohl die FBB eigentlich nicht mehr existiert.

Die FBB war nie eine Organisation wie eine Partei, sondern eben eine Bewegung. Wir sagten immer, die FBB sei so gut, wie die Frauen, die mitmachen. Die Arbeitsgruppen haben sehr gut funktioniert während langer Zeit. Als ich einmal meinte, die FBB sei nun eingeschlafen, gab es auf einmal wieder drei neue FBB-Arbeitsgruppen. Ich habe in der Frauenbewegung gelernt, dass das möglich ist: eine unglaubliche Aktivität, ohne ein Oben, ohne Präsidentin, ohne Hierarchie.»

Ruth: «Theo, ich erfahre Dich als einen Menschen, der relativ wenig davon merkt, was in anderen Leuten vorgeht. Deine Art, mit ihnen umzugehen, ist nicht etwa einfach berechnend, vielmehr hast Du scheinbar keine solchen Bedürfnisse nach Freundschaften, die Nähe vermitteln, Sicherheit vermitteln, die einem Selbstbewusstsein geben. Deine Art, ein politischer Mensch zu sein, nimmt Dich ganz in Anspruch, so dass nicht der geringste Rest Theo ganz privat zurückbleibt. Das hängt zusammen mit Deiner phänomenalen Selbstsicherheit, Deinem Optimismus – das ist kein Konzept, sondern Du funktionierst so. Du hast nicht das Bedürfnis, eine ganze Reihe von Freundschaften zu pflegen, bei denen unmittelbar ‹nichts herauskommt›. Es gibt kein abtrennbares Privatleben von Dir.»

Theo: «Es stimmt, dass mir manchmal die Fähigkeit fehlt, die Probleme des anderen herauszuspüren. Manchmal bemerke ich auch, dass ich Leuten etwas darlege und dass es sie nicht interessiert; dann höre ich auch auf.

Aber ein politischer Mensch ist für mich einer, der die Erkenntnis hat – und danach zu leben versucht –, dass ein einzelner Mensch kein Mensch ist. Dass der Mensch nur in der Gesellschaft leben und überleben kann. Deshalb bin ich für gesellschaftliche Formen. Und wenn Du das Bedürfnis nach einem engen Freundeskreis, der Geborgenheit bietet, ansprichst: das ist ja gerade meine Einsicht, dass dies Bedürfnis von keiner Organisation erfüllt wird, die die wichtigen politischen Funktionen abdeckt. Dieses Bedürfnis kann nur befriedigt werden von Gruppen, von Menschen, die tabufrei miteinander verkehren. Ich bezeichne solche Gruppen als ‹Emanzipationsgruppen›.»

Jürg: «Welches ist dann Deine ‹Emanzipationsgruppe›?»

Theo: «Vorläufig einige wenige, mir am nächsten stehende Menschen. Mein Ideal aber wäre, wenn die hier Anwesenden, die alle an ihrem Ort ihre Funktionen erfüllen, gemeinsam eine Form finden würden, über unsere Probleme im Zusammenhang mit der Gesellschaft zu diskutieren. Zu jedem von Euch sind doch die Beziehungen offengelegt. Nicht nur durch die Arbeit an der Biographie, auch durch die Art, wie ihr mich kennt. Das haben wohl nicht alle Leute gern; viele meinen, ihre Individualität bestehe im Geheimnis, das sie nicht preisgeben.

Widerstand gegen das, was uns bedrückt, und die Möglichkeit konkret zu handeln kann – und damit komme ich eben auf politische, auf die gesellschaftlichen Zusammenhänge – durch den Zusammenhang innerhalb einer solchen Gruppe unheimlich stark werden.»

Willy: «Theo, mich beeindruckt, was Du sagst: da ist etwas, was Du als Utopie siehst und pflegst – aber Du hast es nicht erreicht und wir auch nicht. Das ist doch ein tiefliegender Mangel.»

Urs: «Vielleicht erscheint es nur uns als Mangel? Vielleicht stimmt es für Theo einfach. Er braucht offenbar die Nischen nicht mehr, ausserhalb der politischen Arbeit.»

Theo: «Ein eigenartiger Gedanke – der mich etwas belustigt –, dass ich so etwas nicht nötig hätte. Aber ich brauche es nicht in der Form, die Du als Utopie betrachtest. Das ist keine Utopie, da wehre ich mich dagegen. Utopisch ist für uns heute eine sozialistische Umgebung, die aus Euren Gruppen besteht, die sich gegenseitig vernetzen und sich gegenseitig helfen. Eine Emanzipationsgruppe dagegen ist ein Stück vorgezogener Utopie.»

Theo und Amalie in Salecina. Foto: Bruno Walder, 1984.

Abkürzungen

AfA	Allgemeiner freier Angestelltenbund
AHU	Arbeiterheim Union
AHV	Alters- und Hinterbliebenenversicherung
AIZ	Arbeiter-Illustrierte Zeitung
BDM	Bund Deutscher Mädel
DDR	Deutsche Demokratische Republik
EKKI	Exekutivkomitee der Kommunistischen Internationale
FASS	Fortschrittliche Arbeiter, Schüler und Studenten
FBB	Frauenbefreiungsbewegung
FSS	Féderation Socialiste Suisse
HD	Hilfsdienst
HJ	Hitler-Jugend
IAH	Internationale Arbeiterhilfe
IAV	Internationaler Arbeiter-Verlag
INFRA	Informationsstelle für Frauen
Inprekorr	Internationale Presse-Korrespondenz
INSA	Information S. A. (Sozialdemokratische Presseagentur)
KdF	Kraft durch Freude
Komintern	Kommunistische Internationale
KJO	Kommunistische Jugend Organisation
KJV	Kommunistischer Jugend-Verband
KJVD	Kommunistischer Jugend-Verband Deutschlands
KPD	Kommunistische Partei Deutschlands
KPdSU	Kommunistische Partei der Sowjetunion
KPI	Kommunistische Partei Italiens
KPS	Kommunistische Partei der Schweiz
KV	Kaufmännischer Verein
KVZ	Kaufmännischer Verein Zürich
MASCH	Marxistische Arbeiterschule
NSDAP	Nationalsozialistische Deutsche Arbeiterpartei
NZZ	Neue Zürcher Zeitung
PCI	Partito Comunista Italiano
PdA	Partei der Arbeit
PSI	Partito Socialista Italiano
RFB	Roter Frontkämpferbund
RGO	Revolutionäre Gewerkschaftsopposition
RM	Reichsmark

RUNA	Rundschau Nachrichtenagentur
SA	Sturmabteilung
SAH	Schweizerisches Arbeiterhilfswerk
SBB	Schweizerische Bundesbahnen
SBVV	Schweizerischer Buchhändler- und Verlegerverband
SchKG	Schuldbetreibungs- und Konkurs-Gesetz
SED	Sozialistische Einheitspartei Deutschlands
SGB	Schweizerischer Gewerkschaftsbund
SJO	Sozialistische Jugend Organisation
SKV	Schweizerischer Kaufmännischer Verein
SMUV	Schweizerischer Metall- und Uhrenarbeiterverband
SMV	Schweizer Mittelschüler-Vereinigung
SPD	Sozialdemokratische Partei Deutschlands
SPÖ	Sozialistische Partei Österreichs
SPS	Sozialdemokratische Partei der Schweiz
SS	Schutz-Staffel
SVS	Schweizerisches Vereinssortiment
TVN	Touristenverein Die Naturfreunde
UBL	Unterbezirksleitung
USPD	Unabhängige Sozialdemokratische Partei Deutschlands
VBL	Verwaltungsbezirksleitung
VHTL	Verband der Handels-, Transport- und Lebensmittelarbeiter
VPOD	Verband des Personals Öffentlicher Dienste
VSA	Vereinigung schweizerischer Angestelltenverbände
ZD	Zeitdienst
ZdA	Zentralverband der Angestellten
ZK	Zentralkomitee

Personenregister

Abendroth, Wolfgang 357
Abusch, Alexander 258
Adler, Friedrich 60
Adler, Max 67, 71
Ahlers, Conrad 357
Altdorfer, Hans 302
Altvater, Elmar 395
Anderfuhren, Hans 73, 77, 166
Andreas, Bert 304
Arnheim, Rudolf 251
Arnold, Max 270
Ascher, Dörte 172

Bachmann, Albert 298
Balzac, Honoré 84
Barbusse, Henri 158
Baumgarten, Werner 67
Bärtschi, Willi 66
Becher, Johannes Ph. 92
Bek-(Bühler), Emmy 164
Beimler, Hans 202
Benjamin, Walter 84
Berija, Lawrenti Pawlowitsch 284
Berman-Jurin 172
Bernstein, Max 257
Bertozzi, Familie 165
Bickel, Berti 216
Biermann, Wolf 353
Bleuler, Maxim 143
Bloch, Carola 395
Bloch, Ernst 175, 368
Bodenmann, Marino 245
Bollag, Gebrüder 28
Bollschweiler, Gret 230f.
Bolz, Robert 217
Böni, Otto 267f.
Bourdet, Y. 397
Böckli, Alex 360
Böschenstein, Christine 376
Böttcher, Paul 289
Brandler, Heinrich 88
Bratschi, Robert 205
Braunschweig, Hansjörg 349
Breidtscheid, Rudolf 104
Bretscher, Walter 353
Bringolf, Walther 143, 245, 349
Britschgi-Schimmer, Ina 253

Britschgi, Melchior 253f.
Brod, Max 251
Brunner, Otto 154, 216
Brupbacher, Fritz 71, 78
Buber-Neumann, Margarete 202
Buber, Martin 52
Bucharin, Nikolai Iwanowitsch 87, 171, 173
Burkhardt, Esther 351
Bührer, Selma 235, 249f.

Carlyle, Thomas 30
Cendrars, Blaise 54
Cerutti, Furio 395
Chamberlain, Neville 228
Chäsli-Walder 142
Claudius, Matthias 29
Cohn-Bendit, Dani 359
Coster, Charles de 251

Dahlem, Franz 177, 283
Daladier, Édouard 228
Danneberg 71
Daumier, Honoré 66
David, Fritz 173
Davies, Joseph E. 176
Degen, Georg 351
Deininger, Gusti 195
Dellberg, Karl 201, 234
Del Bo, Giuseppe 265
Deway, Robert «Bobbi» 330, 353
Dierauer, Madeleine 271
Dobrowski, Hartmut 357
Dohrenbusch, Hans 302
Dollfuss, Engelbert 190
Dohm, Hedwig 30
Doré, Gustav 362f.
Dostojewskij, Fiodor Michailowitsch 34f.
Dörner, Renate 359
Drittenbass, Toni 230
Dutschke, Rudi 357
Düby, Gertrud 215

Ebner-Eschenbach, Marie von 30
Egli, Werner 244
Eigner, Hans 394
Enderli, Ruedi 271, 353
Engelbert, Ernst 304